知覚と建築

――クロード・ペロー『五種類の円柱』とその読解史――

土居義岳 著

中央公論美術出版

〔本書は独立行政法人日本学術振興会平成二十八年度科学研究費補助金（研究成果公開促進費）の交付を受けた出版である〕

知覚と建築

クロード・ペロー『五種類の円柱』とその読解史

目次

翻訳

解題

翻訳

『太古人たちの方法による五種類の円柱のオルドナンス』

コルベール閣下こと
セニュレ侯爵、ソー男爵等。国務大臣にして国務卿、国王尚書、国王陛下騎士団の修道騎士にして大財務官、財務長官、国王陛下の建物・庭園ならびにフランス芸術・マニュファクチュア総監にして支払命令長官閣下。

閣下

御下命によりウィトルウィウスを翻訳し注釈をつける仕事を首尾よく終えることができました。これはひとえに閣下がこの文献について正しく判断されたからです。閣下のすばらしい権能を信じなければ、これほど首尾よくは進まなかったでしょう。閣下の処置と配慮のおかげですべての試行が成功裏に終わったのです。私がこんにち献上させていただく本書はそのような恩恵の賜物でございます。大それた、例外的な意図を受け入れていただきました。賞賛していただければ、その幸福と信頼をもち、読者に提供いたします。本書によりウィトルウィウスが論じるにいたらなかったことを補足いたしましょう。この著名な建築書作家が教えたこの美術に関心をいだく方がたなら、本書に書かれた新しい点を喜んで読んでくださるでしょう。こうした法則を実践しようとする方がたなら、通常は骨の折れることでもやすやすとこなせられるようになり、たいへん有用な文献と思っていただけるでしょう。なぜなら建築の愛好家たちがその道に精通し、無敵の君主国の栄光に永遠のモニュメントをもって貢献できるようになるため、可能なすべての手段を彼らに与える、ということを陛下はご要望されたのです。それに応えるためには、有名なウィトルウィウス建築書のなかにふくまれた多くのたぐいまれな点を、ほとんど立ち入ることのできなかった闇のなかから明るみに出さねばならないし、この著者をして、これまでになく明晰に、建設する術についての原理と教訓や、彼が書き残した驚嘆すべき世界的な遺構の特性を、説明させねばならなかった。ただ、それだけではじゅうぶんではなかったのです。さらになすべきことがありました。近代の建築書作家たちは五種類の円柱について、記載のほとんどを当惑し混乱したままに残したのです。そこには確かな法則はまったくなく、彼ら作家たちは、偉大な建物にみられる装飾や壮麗さすべてを成立させる美しいもろもろの部位、それらがもつべき比例については、さまざまであり、統一した意見はありませんでした。これを払拭せねばならないのです。しかし閣下、私がこれらの比例をある法則に収斂《しゅうれん》させようとして提案するやり方が受け入れられるには困難が伴うのです。なぜなら、私とは意見が異なる人びとも敬意をもって評されてしかるべきですし、ひろく評価されている彼らの著作は、私の意図とはいくぶん矛盾するようでもあるからです。にもかかわらず閣下の御承認が周知されれば、まったく無謀なことではなくなると、私は確信いたします。このような特段のことを書きますのも、閣下、これを世に知らしめたいと願うからです。そのため拙著には閣下のような権威が必要なのです。そこで、どんな権威かもおおさ怠りなく書こうと思います。御支持が私にどのような利点をもたらすかは理解されておらず、その重みも知られておりませんので。閣下は、偉大な天分に恵まれ、あらゆる知識をもちえており、そこから圧倒的な光をはなたれ、閣下の精神はいとも気高きことがらで占められているとはいえ、まだ余裕じゅうぶんであり、さほど重要ではないことにも配慮する余地はあるのだ、ということを従前からのように、あらゆる人びとに知らしめるのです。そして、もし閣下の命により優れた著作が、かくも大量に、かくも短い時間で仕上げられ、知識人たちの賞賛の的となり、私たちが生きている偉大な君主国の栄光、そして私たちが幸運にも生をうけた恵まれた世紀の栄光、のために情熱をいだく人びとに、このうえない満足をもたらしたことを人びとが考え合わせると、閣下がつよく傾倒するもののなかで建築という諸芸術の女王が、いちばん重要な地位を占めるものであることを、かならずや人びとは確信するでしょう。しかし私がとりわけ知らしめねばならないのは、あきらかに有用であるべき文献が閣下の命によってなされた、ということです。私が望むのはそこです。読者たちは本書を活用すべきです。そうすれば私も個人として閣下に負っている恩義、かくも重要な仕事を私に課されたその恩義の一部を、あらためて知ることでしょう。この世において私がつよく望むのは、私の深い敬意のしるしを閣下にお伝えすることだけでございます。

閣下、

そのいとも謙遜でいとも従順なしもべたるペロー

王の出版允許

神が祝福するフランス王にしてナバラ王ルイ。敬愛され忠誠なる評定官たち、高等法院の法廷をささえる人びと、宮内裁判所の部長評定官たち、バイイ裁判所長、セネシャル裁判所長、プレヴォ裁判所長、判事、それらの補佐官たち、そのほかすべての裁判官たちと官職保有者たちに。敬愛するジャン・バティスト・コワニャール、私たちのパリ在住専任印刷所にして書店、に栄えあれ。彼は『王立科学アカデミー会員にしてパリ大学医学部医学博士ペロー氏による、太古人たちの方法による五種類の円柱のオルドナンス』と題された文献を印刷しようとしていることを私たちに知らしめた。このために彼はきわめて謙虚にも必需品についての書状を交付するよう嘆願した。この件についてコワニャールを優遇するために、私たちは、書状により、この文献をしかじかの容量、余白、書体において印刷するあるいは印刷させることを彼に許可したし、許可するものであるし、そして初稿が印刷されたその日から数えて連続する六年のあいだにわたり、ぞんぶんにそれを王国のいたるところで販売し、小売りし、配給することを許可した。すべての書店や印刷所やそのほかには、いかなる理由があろうとも、外国の印刷であっても、あるいは陳情者の同意なしに、本書を印刷し、販売し、配給することを禁じる。違反すれば偽造された冊数は没収され、罰金三〇〇〇リーヴル、日歩なしに違反者それぞれが支払うものとする。罰金の三分の一は私たちに、三分の一はパリの中央病院《オテル・ディユ》に、三分の一は陳情者に配分される。そして損害とその利子の全額も。義務としての納本は、二部を私たちの図書館に、一部をルーヴル宮の図書室に、一部を私たちのきわめて親愛で忠誠なシュヴァリエ章佩用者である大法官ル・テリエ氏の図書室に納めること。そしてパリ市書籍商協会の登録簿にこの現在のものを登録すること。本書状なしにはすべて無効である。その内容を私たちは通知し命じ、陳情者に享受させ使用させるのである。その権利がある人びとは、しっかり、また平穏に、逆のトラブルと障害を阻止し、阻止させるのである。私たちは本書状の要旨を本書の冒頭と末尾に納めること、その本書状はしっかり署名されていること、そして私たちの敬愛なる忠誠なる評定官、編集次長により、そのコピーと照合され、原本とつきあわされることを、望むものである。首席執行官かその部下に、本書状のなかのこの要請を執行するため、必要なすべての処置をなし、ほかの許可は要求しないことを、指示しよう。そうしていただければ私たちにとって喜びである。パリ、恩寵の一六八二年、その一〇月二六日の出版。この治世四〇周年。国務諮問会議に臨席された王によって。ジャンキエール。

一六五三年四月八日の高等法院による裁定、そして一六六五年二月二七日の国王諮問会議の裁定にしたがい、一六八二年一〇月二九日、パリ書店・印刷所協会の登録簿に登録された。

C・アンゴ　監督官。

一六八三年三月一日初刷り了。

序

〔古代ギリシア以前の〕太古人たち（anciens）はただしく信じていた。建築をして美しくあらしめている比例の諸規則は人体の比例にもとづいていると。さらに身体は労働するためには頑丈であり、器用で敏捷であるためには軽快でなければならないのは自然の摂理であると。建物もまたより頑丈に、あるいはより瀟洒にしたければ、それぞれ異なる建設術の法則に従わなければならないと。ところで比例が異なれば装飾もそれにあう別のものが備えられ、それが建築オーダーの性格（caractère）となる。こうした装飾は視覚的にもはっきりした示差的な特徴である。とはいえ、部位どうしの寸法の大小という相違こそが、いちばん本質的なのである。(j)

比例やこのような装飾的な性格の違いから、オーダーの差異が生まれる。ただ、それらは厳密でも精密でもない。建築において決められているのはそのていどのことにすぎない。そのほかのすべての部位の正確な寸法やその姿の輪郭について、あらゆる建築家が認めるような規範はない。建築家はそれぞれこれらの部位を、とりわけ比例により決まってくるものをとおして、完全なものにしようとした。そうして、賢人たちの意見によれば、多くの建築家は異なる方法によりながらも、同じくらいの完成度に達した。このことからわかるように建物の美は、人体のそれのように、正確にしるされたある不変な比例や、部位どうしの相対的な大きさよりもむしろ、その形態の優美さにある。そこでは心地よいバリエーションこそが、ときに完全で卓越した美を生み出すのであり、比

(ii)例の規則を遵守しているかどうかはあまり関係ない。つまりある顔が、同じ比例を保ったまま、醜くも美しくもなるように。たとえば笑うと眼が細くなり、口が大きく開くといった顔面の部位にみられる変化は、泣くときの顔の変化と類似している。つまり同じ比例の変化なのに、前者においては心地よく、後者においては不快である。反対に、比例の異なるふたつの顔なのに、同じくらい美しいこともある。建築もそうである。比例の違う建物であるのに、どちらも優美で、建築の趣味が良く聡明な人びとからも、やはり高く評価されることもある。

しかし、美貌にはある比例が不可欠だとはいえないにしても、ある比例から逸脱すると完全な美ではなくなる、ということも認めなければならない。建築にも比例の法則なるものがある。オーダー相互の違いを定めている一般的な比例法則だけでなく、細部についてもそれを守らないと建物の優美さも優雅さも失われるような比例の法則がある。しかしこれらの比例はかなり融通がきく。だから建築家たちは自由に部位の寸法を増減し、さまざまな必要性に対応できる。〔古代ローマの〕古代人はこうした特権を使って尋常ではない比例を建物に用いた。たとえばマルケルス劇場(1)のドリス式とイオニア式のコーニスや、〔通称〕ネロ宮正面(2)のそれである。ウィトルウィウスの法則にしたがえばコーニスに与えられるべき寸法を、それらは半分も超過している。そして、まさにこうした経緯から、建築書作家ごとに比例はまったく違う。だから古代人が建てた建物の遺構においても、オーダー比例を論じたきわめて多くの建築家たちのあいだでも、ふたつの建物やふたりの作家のあいだで比例が一致している(iii)ることは皆無であり、同じ規則に従っているようなことも、まったくない。

人びとは信じているようだ。音楽の和音がもたらす美や心地よさは、たしかに比例によるものである。それらの比例は人為を越えており、自然により定められ打ち立てられた正確で精度の高いものである。それを改悪すれば、いかに鈍感な耳でも、ただちに感情を害してしまう。建築のなかで守るべき比例もまた、この音楽比例のように確かで不変なものだ、と。しかし、以上からわかるように、この論にはしっかりした根拠はない。建築作品には真正で天賦の比例が備わっていると指摘されても、そんなものはないのだから、すくなくとも見識と鑑識眼のある人びとならば、こぞって非難するであろう。音楽家たちが和音の的確さについて意見が分かれることなどない。和音が的確であるなら確かで明らかな美がもたらされ、感覚はやすやすと、いやかならずや満足する。建築家たちも、このような完璧な境地に達するために多くの経験をかさね、いくたの段階をへて、そんな比例を探求したあかつきには、建築比例についての完璧な法則として認めるだろう。さて、ドリス式柱頭のさまざまな張出しの例を検討するのはたやすいことだ。レオン・バティスタ・アルベルティ[3]は円柱の直径を六〇ミニット[4]とし、そのうちの二ミニットと半しか、この張出しには与えていない。スカモッツィ[5]は五ミニット、セルリオ[6]は七と半、マルケルス劇場では七と四分の三、ヴィニョーラ[7]では八、パラディオ[8]では九、ドロルム[9]では一〇、そしてコロセウム[10]では一七である。このように建築家たちは二〇〇〇年にもわたって二と半から一七のあいだで探求と模索をつづけた。張出しの寸法はたがいの七倍にもなった。にもかかわらず、こうした極端な比例が驚愕させることも[iv]なかった。もしそこに自然で真なる比例が含まれていたら、不可知の理由から驚愕させたり心地よくさせるといった作用が及ぶはずであった。だから、驚愕させるものはなかったということは、自然で真なる比例は、期待されたものの、存在しなかったということなのだ。

ところで、なぜ音楽では協和音ができるかの理由を私たちが知らなくとも、調和のとれた美しい楽音は、耳を感動させる。だからといって、建築比例も、不可知の理由から眼に好かれるとか、そうした比例がそれら自身として印象をもたらす、などと主張はできない。つまり私たちは、調和をなす二本の弦の長さの比から生み出されるものを耳により認識する。しかし円柱を構成する各部位の比例から、なにが生じるかを眼により認識することは、それとまったく異なる。なぜなら精神は、耳を媒介にして二本の弦の比率から生じるものに感動するとはいえ、この比例そのものは認識しない。つまり耳は、この比例についての知識を精神に伝えることができない。しかし眼は、愛でさせようとする比例を〔精神に〕認識させることができる。精神は、眼を媒介として比例を認識してはじめて、その比例の効果を感じることができる。だから、現実に、眼が比例を認識せずして心地よさを感じているのなら、この原因はその比例ではありえない、ということである。

　音楽と建築をただしく比較するためには、本質的にすべて恒常的なものである和音のことを素朴に考えるのではなく、音楽家や国によってさまざまで異なっている和音の使い方を考えねばならない。建築の比例もまた著作(v)家や建物によって違っているのだから。つまり和音を扱うある方法が、必然的かつ間違いなくほかよりも優れているはずもないだろうし、またフランスの音楽がイタリアのものよりも優れていることを示す道理もないであろう。だから張出しに大小があるから、ある柱頭が必然的にほかのものより美しいとは、証明できない。ある協和音があるとして、弦がもうひとつの弦の半分よりわずかに長かったり短かったりすれば、その比例から自然にかつ必然的に影響が音に及び、耐え難い不協和音が生じるのは明らかである。しかし建築はそれとはまったく違う。

　身体の機械的な動きなどは、比例による内在的で自然な効果である。しかしこれらは眼にとっての心地よさや魅力のために比例がもたらす効果とはまったく比べられない。なぜなら、もし天秤のある腕がもうひとつの腕よりも長いと、必然的かつ自然に、いっぽうの重りがもうひとつの重りに勝る。だからといって建物の部位どうしがもつある比例から美がもたらされ、この美が精神にそのような効果を及ぼし、その美が精神をしてそれを賞賛するよう導く、あるいはこういってよければ強いるのだ、などということにはならない。それは天秤においてある腕がもうひとつのものより長いとかならず傾くという比例のあり方とは違うのだ。にもかかわらず、ほとんどの建築家はそのように主張する。彼らは、たとえばパンテオンが美しいのは、この神殿の壁の厚さとヴォイド、その幅と高さがある比例関係を保っているからだとか、一〇〇ものそんな類例を信じさせたがる。しかし計測してみなければ、そんな比例関係はまったくわからない。わかったところで、比例を変えればかならず不快感を与えるという確信にはまったく至らないであろう。

この話題に長居は無用である。この課題を解くことは本書にとってたいへん重要だから、わざわざ検討してみようとすると、愚見が受け入れられるには本書で述べただけでは不十分で、もっと理由をつけて説明しなければならないと容易に理解されるであろう。ほとんどの建築家は反対の意見をいだいているのだから。だからといってこの課題は検討するに値しないと考えてはならない。もし理性と、建築家の権威とのあいだに乖離があるのなら、せめて両者のバランスをとり、この課題は保留とすべきである。現実には建築の個々の事象や例のなかに、良識や理性に反しているのにもかかわらず、好まれずにはおかないものが多いからこそ、この課題は建築的なのである。しかし建築家たちはみな、こうした諸例が真実であると信じている。〔vj〕

ところで建築の規則にかなっている比例は、しばしば理由がわからないまま愛好されるといっても、この愛好にもなんらかのわけがあるはずだ。解明が難しいことも限られている。音楽の和音のようにつねに明証的な理由がそこにあるかどうか。ほとんどの場合のように、その理由は習慣だけにもとづくものなのかどうか。そして建物がその比例ゆえに好まれるということと、流行の服がその比例によって好まれることとは同じでないかどうか、である。しかし服の比例には、それ自体で愛好されるような明証的な美はない。なぜなら習慣やそのほかの明証的でない理由により愛好されても、習慣などが変化したとたん、比例は同じままなのに、愛好されなくなるからである。

(vij)

このことをしっかり判断するためには、建築の美には、説得力のある理由にもとづくものと、思い込みだけに依拠するものという、二種類あると仮定しなければならない。そして私が説得力のある理由による美とするのは、素材の豊かさ、建物の大きさや壮麗さ、施工の的確さや端正さ、そして明証的で顕著な美をもたらす比例を意味するフランス語である〔小文字の〕サンメトリといった、その長所や価値が容易にわかるので、だれもが愛好する作品のもたらす美である。つまり比例には二種類ある。まず識別が難しく、比例が割り付けられた各部位の比率という意味での比例である。たとえば部位と部位の比率、あるいは部分が全体の七分の一、一四分の一、二〇分の一であるという比率である。もうひとつの比例はフランス語で〔大文字の〕サンメトリ[11]という意味のものである。それはそれぞれの部位の数、大きさ、場所、秩序が、同等か同一であるので全体として生じる比例であり、きわめて明白であり、欠陥があればかならず気がつくような類のものである。その例がパンテオン[12]の堂内である。ドーム天井の格間はその下にある窓と対応していないので、そこにだれもが容易に気がつくような不釣合、そしてサンメトリの不在がおこるが、こうした欠陥が修正されれば、とても明白な美がもたらされる。それは、神殿の壁厚と神殿内部のヴォイドとの比例、あるいはこの建物のなかにみられるほかの比例、たとえばポーティコの幅は、この神殿外部の端から端までの幅の五分の三であるといった比例、がもたらす美よりも、さらに明白なのである。

さて私は、このような明証的で説得力ある美と呼ぶものに、恣意的なものとする美を対峙させたい。後者を恣意的とするのは、異なる形をあたえても不格好にはならないものに、そしてだれもが納得できる理由によってではなく、習慣によってのみ、そして異質な二物を結合しようとする精神の働きによってのみ心地よくなるものに、ある比例、形態、姿を与えようとすることから、もたらされる美だからである。なぜならこの結合により、精神がその価値を知っている前者の明証的な美にたいしていだいていた敬意が、その価値をまだ知らない後者の恣意的な美についての敬意として刷り込まれ、知らず知らずのうちに、それらをも崇拝するようになるからである。そもそも信仰は、この原理をもとにしている。信仰はたんなる思い込みの効果である。それにより私たちは、事物についてその真実を知らないまま、まったく疑うことなく、認識や良識をもって事物を把握しているつもりでいる。私たちが流行ものや、宮廷で確立された慣用的な話法を好むのもまた、こういう思い込みというものである。というのも、宮廷人たちが美点や優雅さを備えているので、私たちはそれらへの敬意から、彼らの衣服や話法を好むようになる。ところが、それらそのものがほんとうに好感がもてるかどうかは自明ではなく、しばらくすると、まったく変わっていないのに、不愉快なものとなってしまうのである。

建築もそうである。たとえば柱頭の高さと円柱のそれとのあいだの通常の比例といったようなものは、習慣によってのみ、いとも心地よくなり、姿が変わると耐えられないまでになる。ではそれら自身のなかにあやまたず心地よく、かならず賞賛される美があるかというと、けっしてそうではない。また理性と良識にとっては歪んで目障りとなろうものが、習慣によって許容されるようになった例さえある。たとえば〔三角形の切妻〕ペディメントのなかの〔軒を下支えする持送りの小部材〕モディリオン(13)の位置、モディリオン下の歯飾りの位置、ドリス式なのに装飾豊かにされたコーニス、イオニア式なのに簡素であるもの、古代人が建設した神殿のポーティコにおいて垂直ではなく壁にむけて転ばせてすえられた円柱である。理性や良識に反しているので不快感を与えないではおかない、これらすべての事物は、まず明証的な美の傍らに置かれるので許容され、しまいには習慣により心地よいものとなる。なぜなら習慣はたいへん強い作用をおよぼすので、建築の趣味が良いとされる人びとさえ、そうでなければ我慢できないほどになる。

(ix)

道理に反するにもかかわらず好まれるものの法則が、建築にはいくつあるかを知らねばならない。そのために考察すべきは、建築美の法則を定めるための最重要な論拠はなにか、である。まず自然の模倣なのかどうか。たとえば円柱における各部位と全体との対応のしかたは、人体の各部位と全体とが保つ関係と同じようなものだ、というようなことに依拠すべきかどうか。あるいは人類が自然の模倣として建てた最初の建物に、ある建物が似ているというその類似性に依拠すべきかどうか。あるいは〔ドリス式柱頭における膨らんだ皿状の部位〕エキヌス、〔S字形の反曲線輪郭の刳形〕サイマ、〔円形輪郭の刳形〕玉縁やそのほかの部位が、その似姿をとった原型のものに似ていることにもとづくべきか。そして最後に、たとえば木構造の建物を模倣することで〔円柱上の〕フリーズ、アーキトレーヴ、コーニスそのほかの部位の姿が形づくられたし、モディリオンや〔ドリス式エンタブラチュアのトリグリフの上、コーニス下端の板〕ミューチュールもそうであるように、大工技術などほかの分野の技芸でなされることの模倣にもとづくかどうか。しかし模倣や類似性ゆえに、これらが優雅であり美しいのではない。[14] もしそうなら、模倣が正確であるほど、美しくなるはずである。さらにこうした比例や姿形は、すべての物が心地よくあるために備えられねばならず、変更されれば良き趣味をかならず驚愕させてしまう。ではあるが、それらが表象し模倣した対象物の比例や姿形から、そのまま写しとられたわけではない。たとえば円柱全体は人体を表象する。柱頭はその頭部に相当することはまったく明らかである。にもかかわらず、その柱頭の比例は、頭部と身体全体との比例とはひどく異なる。さらに身体がずんぐりしているほど頭身の数も少ない〔頭は比例的に大きい〕ものだが、これとは逆に、とてもずんぐりした円柱には小さな柱頭が、とても華奢な円柱にはそれにつりあわない大きな柱頭が載る。また円柱は、最初に建設された小屋において支柱として使われた樹幹に似るほど、けっして通常の趣味によっては賞賛されない。つまり円柱の中ほどが膨れているのは見て心地よいが、樹幹

(x) はけっしてそうはなっていない。上にむかい細くなっているのである。コーニスもまた、木構造にもとづいて創作されたとはいえ、各部位がその木構造をなす部材の姿や配置をそのまま表象すればするほど、好まれないであろう。というのは賞賛されるためには、エンタブラチュアを構成するコーニスのなかで〔屋根トラス内で左右の対になる垂直材〕対束《ついづか》[15]を表象するモディリオンの上には、歯飾りがこなければならないであろうから。また切妻の傾斜している部位のなかで、母屋桁の端部は、この傾斜線に直角をなしているように、ペディメントのコーニスにおいて、この母屋桁[16]を表象するモディリオンは、ペディメントの傾斜している線にたいして直角であるべきである。しかし通常は、エンタブラチュアの水平な線にたいして直角に配されているのである。そしてエキヌスが、刺のある殻のなかにあるクリの実によく似ているといっても、サイマが小川のさざ波に似ているといっても、玉縁が足の踵《かかと》に似ているといっても、良き趣味はこれらを好まないであろう。さらに良き趣味が道理だけに従うとすれば、イオニア式コーニスはドリス式のそれよりも豊かに飾られねばならないであろう。なぜならより繊細なオーダーが、より質素なオーダーにくらべて、より豊かに飾られることは道理にかなうのだから。最後に、かつて円柱をその鉛直線よりもはみだして膨らますことがなされた。これは道理に反するやりかたであり、けっして許容されえなかった。ところが、習慣により耐えられるものになったのである。

だから円柱の比例や配置、各部位の割付けが美しいと感じられるとはいえ、けっしてその美は自然の模倣、理性、良識によるものではない[17]。じっさい、その悦びはただ習慣によってもたらされただけだ。こうした比例の最初の考案者たち[18]は、自分の幻想のほかに法則はなく、異なる幻想をいだけば新しい比例を考案し、これら新しいものもまた気に入られた。かくしてギリシア人が美しいと思ったコリント式柱頭の比例を、ローマ人は賞賛しなかった。(xj) ギリシア人はその柱頭の高さを円柱直径と同じだけにしたが、ローマ人はこの高さを六分の一増しとした。〔コリント式柱頭の渦巻の直下にある〕葉模様や渦巻装飾をそのままにすれば、柱頭は短く幅広いままであるものの、これらの装飾に十分なスペースを与えると、柱頭の輪郭はより心地よくなるから、ローマ人がこの柱頭の高さを増したことは正しかった。そのことを私はしっかり承知している。こうした理由から、ルーヴル宮正面の大円柱では、柱頭はパンテオンのそれよりも高くされた。その模範とされたミケランジェロは、カンピドリオ丘(19)においてはルーヴル宮のものよりもさらに高い柱頭を使っていたのだ。こうしたことから、建築家たちはギリシア人による柱頭比例をかつて賞賛し、今も賞賛しているとしても、彼らの趣味は、明証的で説得力がありそれ自身に魅力があり、事物における内在的なもの、すなわちほかならぬこの比例によるという美の原理、とはまさに違ったものに立脚している。その趣味は思い込みや習慣によるものとしか考えられない。じっさい、すでに述べたように、この思い込みの立脚点はこうである。比例が施された作品のなかに、明証的で説得力のある理にかなう無数の美もふくまれていたから、この作品はいとも美しい。そんなとき、比例そのものはまったく美には貢献していないのに、作品全体が愛されるのは正当なことから、そのすべての構成要素もまた個々に愛されるようになってしまう。

かくして最初期の建築物においては、材料の豊かさ、大きさ、壮麗さ、施工の緻密さ、同じ序列と状況のもとにある諸部位がたがいに同等で正しく対応しているという意味でのサンメトリ、それが要求される事物のなかにみられる良識、そして美のそのほかの明確な理由、がみられた。こうした最初期の建築物はかくも美しいと眼には映り、かくも賞賛され評価されたので、ほかの建築作品にも有用な規則となるはずだと、人びとは判断してしまった。そして、この明証的な美になにかを追加したり変えてしまうと、かならず作品全体の美を損ねてしまうと信じてしまった。そうではなく、この比例が違うものであっても、ほかの美を損ねることはなかったのに、も

〔xij〕

し変化が加えられても不快な効果をもたらすことはない、とは想像できなくなった。喩えるなら、完璧に美しいのは肌色だけという顔立ちを熱烈に愛してしまったところ、その比例がまったく心地よいと思い込み、もしこの比例が変化すれば美貌が損なわれると信じてしまう、ということである。つまりある部位がとても美しいので全体を愛してしまい、全体を愛してしまったので、もろもろの部位をも愛してしまうのである。

(xiij)したがって真実はこうである。建築には明証的な美もあれば、恣意的でしかない美もある。後者は払拭しがたい先入観によりいかに明証的にみえようとも、恣意的である。さらにいえば、両者の美の関係を知ることが良き趣味のもとである。しかし恣意的な美についての知識こそ、趣味を養うのにもっとも適切である。この知識を所有する者こそ真の建築家であり、そうでない者から区別される。なぜなら明証的な美についての知識をもつには、たいがい、常識があれば十分である。たとえば正確かつ端正に切られた大理石の切石によりつくられた大建築が、粗雑に切られた石で建設され、どの部位もしっかり水平でも垂直でも直角でもない小建築よりも、美しいと判断するのは、さして難しくはない。また住宅の中庭が寝室より狭かったり、階段室が地下室より採光が悪かったり、円柱が台座よりも重厚であったり、そのようなことがあってはならないことを知るために大仰な建築観はいらない。反対に、良識ゆえに認められないことがある。円柱の柱基の高さはその円柱の直径の半分以上でも以下でもいけないとか、ペディメントのモディリオンや歯飾りは水平線にたいして直角をなさねばならないとか、歯飾りがモディリオンの直下になければならないとか、トライグリフの幅は円柱直径のそれの半分であらねばならないとか、メトプは正方形でなければならないとか、いったことである。

あらゆるものは、比例を変えたところで、どんなに洗練された繊細な感覚にたいしても不快感を与えたり傷つけたりはしないことは容易にわかる。病人の病状がどれほど悪化したか、疾患がどのていどなのかをいちいち知らなくとも、処置が悪いと害が及んでしまうのとは、およそ事情が違うのだ。建築比例にたいして不快感や心地よさを感じるためには、慣用によってのみ確立され、良識だけがその知識を示唆できるような法則を、長期間の習慣づけにより教えられていなければならない。民法においても法制者の意志や人民の合意にもとづく法律は、公正さについての自然な理解からは、ぜったい解明できないように。

真の建築家たちは、作品を観察し、比例がまちまちであることをみて、上記のような、さきに引用された諸例のなかから両極端の中庸となる比例だけを賞賛する、としよう。だからといって、それら両極端の比例が良き趣味を驚愕させるのは、自然で明証的な理ゆえに、だれをも不快にさせる欠陥がいくつかあるからでもなく、良識に反するからでもない。たんに太古人の手法に従わなかっただけである。太古人はさほど極端な比例は使わず、その手法により美しい建物を建設し、好まれている。しかし、このような太古人の作品にみられる手法は、それ自身により好まれるというより、明証的で、自然で、理にかなったほかの美とセットになっているので好まれている。これらの美は、いわば同伴することで、その手法を愛でさせているのだ。

しかしこの中庸の手法とは、与えられた諸例にみられる両極端から同じくらいの差がある値をとることなので、現実的には自由度が大きい。それだけではない。さまざまな建物があり、ほとんどが同じくらい評価されているなかで、すっきり選んで決めることもできない。かといって好まれるためにきわめて正確で杓子定規な精度をもたねばならないとする道理もまったくない。その帰結として、建築には厳密にいえばそれ自身で真なる比例はまったくない。だからつぎに検討すべきは、承認され実施されている比例とはさほど差はない、明確な理由にもとづく、蓋然性と信憑性がある比例を打ち立てられるかどうかである。

近代の建築家たちは、建築の五つのオーダーの法則について書物を著すにあたってこの課題をどう扱ったのか。

ふたとおりある。ある人びとは、古代人や近代人の作品のなかからたいへん著名で評価の高いものを集成することで済ませた。これらの作品はさまざまな法則を含んでいたので、彼らはそれらすべてを提示し、比較するだけであり、どれを選択すべきかはまったく決めようとしなかった。ほかの人びとは、偉大な著作家たちについて意見を述べながらも、あえて自分独自の判断をくだした。各オーダーのすべての部分において、どの比例に従うべきかについての建築家たちの認識は、かくも多様だから。結果として良い選択ではなかった。彼らは法則であると称して、個人的意見を述べることまでした。パラディオ、ヴィニョーラ、スカモッツィやそのほかのほとんどの著名な建築家たちも、太古人を踏襲しようともせず、近代人として足並みを揃えようともせず、堂々と自説を述べたのだ、とさえいえるのだから。

すくなくとも後者の建築家たちの意図は立派であった。彼らは適用できるすべての事物において参照されるであろう、確固とした揺るぎない法則を打ち立てようとした。しかし望むらくは、彼らのなかに権威ある者がおり、破られることなく遵守されうる法則を定められれば。あるいは、自明ではっきりした真理を内包するような法則、(xv)すくなくともこれまで提案された、あらゆるほかの法則より好ましい蓋然性や道理のある法則、をみつけられれば。さらには、なんらかの方法で、建築において、すくなくとも五つのオーダーの比例において、しっかりした、不変の、揺るぎないなにかをもてれば[20]。これらはそれほど困難なこととも思われない。これらの比例については、いまさら検討したり、研究したり、発見したりすることもない。建物の堅牢さや利便性にかんする分野では、検討などは必要であり、きわめて有用な新機軸が考え出されることがよくある。軍事施設の建造や、あらゆる機械の製造において、比例はきわめて重要である。しかしオーダーの比例はこれらとはまったく性質を異にしている。

たとえばイオニア式オーダーのコーニスの歯飾りの高さはアーキトレーヴの第二〔の水平な帯〕ファスキアの

それとちょうど同じであろうと、コリント式柱頭の円花飾りは〔柱頭最上部の厚板〕頂板の下はじよりもけっして下がっていないであろうと、そして中央の渦巻は、ドラムすなわち柱頭の花瓶、のへりの高さまでたちあがっていようと、建物の美にとってさして重要ではないことは確かである。こうした比例は、古代人による建築のなかにみられ、ウィトルウィウスによりそう規定されたとはいえ、近代人によってはまったく追随されなかったのだから。その理由はほかでもなく、比例は明証的で必然的な理由にはもとづいてはいなかったからである。築城術や機械術など、ほかのものごとでは比例は明証的である。たとえば防衛線は大砲の射程よりも長くてはならない。天秤のひとつの腕はもうひとつより短いようなことはない。そのようなことがあれば、まったく最悪かつ重大な欠陥が生じる。

　だから五つのオーダーの比例については、こんにちも二種類の手法が受け入れられ実践されているとはいえ、第三の方法を構想することを拒むものはなにもないであろう。目下の課題にとって、私がすでに採用した比較法はまことにふさわしい。この第三の方法はそれにもとづく。つまりこういうことである。第一の方法に従う者は、(xvj) 美貌の比例を規定するために、人びとがヘレネー、アンドロマケー、ルクレティア、ファウスティナら[21]の顔立ちの比例をしっかり正しく描いたのと、同じことをする。彼女らの顔立ちでは、たとえば額、鼻、鼻からあごの先端までの距離はほぼ等しいものの、人が違えばそれらの寸法も異なるように描く。第二の方法を使う建築家たちは、美貌の比例を与えるために、髪の生えぎわから鼻の付け根までは一九ミニットと半、鼻の付け根からその先端まで二〇ミニットと四分の三、鼻の先端からあごのそれまで一九ミニットと四分の三でなければならない、などとする。そして最後に、第三の手法では、三部分を等しくして、それぞれ二〇ミニットとする。

　この比較法を建築にもあてはめてみよう。第一の方法によれば、たとえば、アーキトレーヴ全体の高さがフリーズ全体のそれといかなる比例を持つべきかについては、フォルトゥナ・ウィリリス神殿[22]やマルケルス劇場などほとんどどこでも、この比例はほぼ同じであるものの、数ミニットの誤差はあり、それらのうちある建物ではフリーズはわずかに高いとか、別のものではアーキトレーヴもそうだとか指摘されよう。第二の方法によれば、現在話題としている比例法則を定めた人びとは、この同等性からさほど逸脱しなかったものの、太古人の寸法とは異なるものを使ったこと、またある人びとはあるオーダーでは等しい寸法とし、ほかのオーダーではそうしなかったこと、がわかるであろう。しかし第三の方法によれば、イオニア式にもコリント式にもコンポジット式にもつねに等しい寸法とされよう。

(xvij)

ところで、すくなくともこの第三の手法は、ほかの方法より容易で便利であることは、すぐにわかる。なぜなら、額や鼻やあごが顔全体の一二〇分の一だけ大小されたところで、まさに顔立ちの魅力は揺らぎはしない。また顔立ちが備えるべき比例をみつけ、書きとめ、覚書きとして出版しようとすれば、まさに、それよりも容易なことはない。この比例でないのに顔立ちがとても魅力的なことも、この比例なのに顔立ちが魅力的でないこともあるので、その比例は真正なるものといえない。ならば、たとえば全体が三等分されているというような明快な理由のうえに立脚しているということで、この比例はすくなくとも信憑性があると評価されよう。太古人たちはこの方法を採用していたのであり、ウィトルウィウス自身も比例を使いそのように説いたし、整然としていて覚えやすいこの分割法を常用した。しかし近代人はこの方法を見捨ててしまった。理由はただ、この方法は美しい古代建物の部位にみられる不規則な寸法とは一致しないことを、彼らは発見したからだ。なるほどそれら部位はウィトルウィウスが書き残したこととははなはだ異なっている。だから、それらをいくぶん変更して、規則正しい比例にして、この方法に適合させねばならなかった。しかしほとんどの建築家は、古代の素晴らしい職人たちがそこにつくった部位のどれかの寸法を一ミニットだけ増やしても減じても、これらの作品の美はすべて失われるだろうと思い込んでいる。

なぜ建築家たちがこれほどまでこれらの古代建築なるものを崇拝し信仰しているのかは、どうにも理解できない。彼らは古代建築のすべてを、とりわけに比例の神秘を賞賛している。(23) 彼らはたんに深い敬意をもってそれを瞑想するだけで、なぜある刳形のサイズがもうすこし小さくも大きくもないか、それらを制作した当人たちでさえ知らないような、その理由にまで踏み込もうとはしない。これらの作品にみられる比例が、かりに建築を最初に考案した人びとが打ち立てた比例からまったく変更も変化もないことを確信できたとしても、驚くにあたらない。またヴィラルパンド(24)によれば、神がある特別な霊感によってこれらの比例すべてをソロモン神殿の建築家たちに教え、これらの建築家たちから比例を学んだギリシア人が、その比例の考案者と評されるようになった。彼と同じ見解をいだけたら、こうした崇拝も驚くことではないであろう。

しかし、建築家たちはあまりに古代を尊敬しすぎなのだ。人文科学を職とするほとんどの人びとも、太古人たちの作品に匹敵するものは、こんにち存在しないという意見をいだいている。それと同じことである。こうした尊敬の根源にあるのが、神聖なものへの真の尊敬である。まったく常軌を逸したことではある。周知のとおり、過去の数世紀におよんだ野蛮は、学問(25)に残忍な戦争をしかけて根絶やしにしてしまい、神学しか存続させなかった。この野蛮が禍して、文学(26)は修道院のなかに避難していたごく一部しか生き残らなかった。良識は、古代についても自然についても、あらゆる良き知識のための題材をそのような修道院に探し求めた。そしてこの修道院において推論し精神を鍛える技法を習得せねばならなかった。しかしこの技法は、その本質からしてあらゆる学問に備うべきものだが、あまりにながいこと神学者たちが独占するものとなっていた。彼らは過去に決められたことに盲従するという心情の持ち主であったので、この技法が、好奇心をもって探求するときに必要とされる自由という習慣を、すっかり失わせてしまった。だから文学者たちは幾世紀にもわたり神学流のやりかたでしか推論できず、太古人たちの意見を尋ねることだけを研究の目的とするようになる。アリストテレスのテキストで論考されている事物そのものの真理を発見するのではなく、そのテキストにおける彼の真意を発見することに名誉を感じてしまう。そういうことになった。(27) (xix)

こうした学問や芸術を学び扱うことにおける服従の精神は、教養人たちにまったく素直に吹き込まれて堅固なものとなり、ひどく払拭しがたいものとなった。さらに神聖なものへの尊敬と、神聖ではないのに享受されている敬意とを区別することに不慣れとなった。私たちが真理を知らねばならないとき、これらの事物を節度をもって検討し、批判し、検閲することは許されている。私たちは、宗教的なものの本質が不可知なことと知ってもまったく驚かない。ところが、私たちが探求すべき真理は、そういう神秘的なものではない。(28)

建築は、絵画や彫刻とおなじように、しばしば人文学者たちによって論じられてきたので、ほかの芸術におけるように、この精神により支配された。すなわち建築でも権威主義的な議論がなされた。古代の建築家たちはつねになんらかの道理をもって卓越した建築をつくったのである。いかなる道理かは、もうわからないものの。しかし、なぜこれらの秀作が賞賛されるかは不可知だということに納得できない人もいるだろう。彼らがこの主題にかんするすべてを検討し、優れた専門家にうまく説明してもらい、さらに良識をもって考えるなら、美しくあることの根拠がないと思えるものには、まさに根拠はないことに容易に納得するであろう。また事物は偶然かあるいは職人の気まぐれにより決められるにすぎず、職人たちは道理により物を決めようとはせず、物の精度にもまったく無頓着であった、ということにも納得するであろう。

いろいろ指摘できるものの、この提案は多くの反論を招きかねないパラドクス[29]になりかねず、受け入れがたいであろうことを、私はよく承知している。またたぶんにナイーブに本心から古代を敬愛し、その栄光は無謬であり、比肩できない比類のないものだと信じている誠実な人びともいる。しかしそんな彼らに混じって、そうでない人も多い。後者はきわめて自覚的に、自分たちの専門には自分たちにしか解釈できない秘密があってほしいと望み、この願望を古代の作品への盲目的な尊敬によって隠している。そのことも私はよく承知している。[xx]

しかし、このパラドクスを提示し実証するといっても、さほど重大でも顕著もない点でしか古代と異なっているにすぎない比例を、いくつか変更するお許しをいただきたいと、私は望んでいるだけだ。だから、とりわけ私がこれら古代の建築作品にしかるべき崇拝と賞賛を捧げると宣言すれば、人びとが私に異議を唱えることはないであろう。私は世間とは違うことを述べるかもしれない。あまりに几帳面に過去を賞賛する人びとは、なによりも偉大な巨匠たちの例に従わなかったときの不都合や、私が新しい提案をして信用されなくなることを、危惧するであろう。ただ私はそうしたご批判を頂戴したいと考えているだけである。

というのは、詭弁も弄せず、古代の権威を悪用しようともしない人びとなら、古代の権威の力を不必要なものにまで広げて行使しないであろう。たとえば玉縁の太さ、［コーニスやペデスタルの上部にある張り出した部位である］雨覆いの高さ、歯飾りが大きいか小さいか、といったことである。これらの比例の精度が高いから古代建築が美しいのではない。またそれらの比例を変更するのはさして重大ではない。あらゆるオーダーが構成されているすべての部位に用いる、本当に釣合のとれた比例を定めるため、容易で便利な方法を打ち立てるほうがよほど重要である。

思いのままにならず、結果もおもわしくなく、失寵しても、ひどく憤慨するつもりはない。いとも高名な方が

(xxj) たでさえ、そうであった。ヘルモゲネス、カリマコス、フィロン、ケルシフロン、メタゲネス、[30]ウィトルウィウス、パラディオ、スカモッツィという人びとでさえ、きわめて有能であったが、十分な評価は得られず、その教えを建築比例の規則とすることはできなかった。私が提案する方法には、異論もあろう。承認してもいいが、案としては安易ではないか。比例にはほとんど変更が加えられていないではないか。古代人や近代人の作品のいずれにも類例はたくさんあるではないか。そういう異論である。そのとおり。私は新しい比例を発明したのではないのである。しかし、これこそが自負できる点なのだ。なぜなら本書における私の意図は、それぞれの部位はこの比例であるべきと考えている建築家たちを混乱させることなく、こうした比例をすべて容易に通約できるような、私なりにいえば、きわめて信憑性のある寸法に還元できるようにすること、に尽きる。最初の考案者たちはこうした通約しやすい寸法により各オーダーの比例を定めた。しかしそれらは正確には古代建築に反映されていないようであり、むしろたんなる近似値であったようだ。しかし、考案者たちはまさに正確に定めていたのだ。たとえばコリント式円柱の高さを、けっしてパンテオンのポーティコの円柱のように、九直径半と一六ミニット半とはしなかった。けっしてローマの市場の三円柱にみられるように、一〇直径と一一ミニットとするのではなかった。そうではなく、ぴったり九直径半あるいは一〇直径としたのだ。最初の考案者たちが真正なる比例を確立したと信じていい。ところが古代建築の職人たちが無知であったので、私たちがこんにち対象とする古代建築においては、それらがただしく踏襲されておらず、真の比例は不在である。これが真相である。

拙論にどんな反論が寄せられるだろうか。なぜ建築家たちがわざわざ端数でできた煩雑な比例に準拠しようとし、覚えやすい整数であった太古の比例を変えたがるのだろうか。私はその理由を知らないし、知ることはでき
(xxij) ないだろう。たとえば、ウィトルウィウス以前の太古人たちは、柱基全体の高さの三分の一を〔柱基下部の厚板〕

基板にあてていたのに、なぜマルケルス劇場の建築家はこの三分の一をさらに一ミニットと四分の一だけ高くして一〇ミニットとしたのか。太古人たちはつねにドリス式アーキトレーヴの高さを円柱直径の半と同じにしているのに、なぜディオクレティアヌス浴場の建築家たちはもう五分の一だけ、スカモッツィはもう六分の一だけ割り増ししようとしたのか。そして、いかなる神秘によりパンテオンのポーティコの円柱はふたつとして同じ太さのものはないのか。それらは私にはわからない。はたまた、なぜスカモッツィはその建築オルドナンスのなかでとても煩雑で、記憶できないどころか、理解もできない比例をこのんで使ったか、私は推察すらできない[31]。

ウィトルウィウスののちの建築家たちは、私たちが知りえない理由から、比例を変更してきた。それにたいし私は、容易に分割できたり覚えられるといった、明快で確かな理由にもとづく変更を提案するのである。この新機軸は古代を修正するとか、太古にあった完全性を取り戻すとかいった高慢なものではない。唯我独尊でそうするのではない。ひたすら古代建築や評価の高い著作家たちから引用し、それらの例を参照するにすぎない。私はきわめて控え目な推論や臆測しかしていないし、拙論はすべて献身的な学識者たちの手に委ねて検討していただいているので、非難されるにはあたらないであろう。

そういう意味で、残存している古代の作品は、私たちが建築比例を学ぶべき書物のようなものだ。ただそれらは、最初のそして真の作家たちがものした原典ではなく、さまざまな異本なのだ、と私は考えている。ある異本はある点において、別の異本は別の点において、忠実で正しい。だから建築においてテキストの本来の意味を復元しようとするなら、いわば、さまざまな異本を横断しつつ、その本当の意味を探さねばならない。これら異本が評価された文献であるからには、正確で的確ななんらかの記載がどこかにあるはずであり、それらから取捨選択するためには、ウィトルウィウスの建築書がそうであるように、無意味な端数のない、簡便で規則正しい割り

(xxiij)

（xxiv）


算にもとづくべきことは明らかである。

　古代の作品という異本には欠陥も含まれており、その比例も最初のオリジナルと違っているのではないかという疑惑もある。しかし本序文でくわしく論証したので、拙論は正当で妥当なものだとはっきりしたであろう。その序文で、古代の作品が今でも美しく賞賛されるからといって、そこに真の比例が観察されるなどと結論づけてはならないことを、私は証明しようとした。あきらかに作品からなにかが省略されても、やはり美しいのだから、真の比例がそのとおりに施されているから建物が美しいということではない。そう説明した。さらに、これら真の比例が守られていることが観察されても、真の美をもたらすそのほかの事項、つまり輪郭やシルエットを心地よく描く方法、オーダーそれぞれの装飾的な性格を決めるあらゆる細部を合理的に定める器用さ、といった事項が無視されていれば、さほど魅力はもたらされないだろうことも示した。すでに述べたように、比例が第一義的であり、それらの要素を的確に配列することは第二義的である。そして両者がそろわないと建築の美を包括的に取り扱うことはできない。

　いくつかのオーダー比例をあえて変更して提案することがなぜ許されるかは、一般論としては説明した。それぞれの変更の詳細については後段で述べることとしよう。ここでは私はさらに、オーダーを区別している装飾的な性格においてなにかを変更する理由も述べねばならない。この性格の変更は、比例の変更よりも重大な破格である。なぜならこの変更は、はるかにたやすく認識される。眼はコンパスや定規によらなくとも、それを感知できるからである。

　太古人が確立した規則のどこかを変更するのは正しくないと思う人びとは、私の推論を嘲笑し、私の大胆な意図を非難されるのであろう。しかし彼らに語りかけはすまい。原理を否定する人びととは言い争ってはならない。

そして建築においても、すべてのほかの芸術においても、第一級の原理のひとつであるべきことは決まっている。どの芸術も究極の完全さなどというものはなく、そこに到達することは不可能だとしても、すくなくとも探求してすこしでも近づくことはできる、ということである。不可能だというならそれもよいが、可能性を信じるなら完全さを希求するべきなのだ。私はそう主張したい。

建築オーダーが使われる建物には二種類ある。まず現実に使うために建てる建物である。たとえば神殿、宮殿、そのほかの公共や民間の建物であり、これらには装飾や壮麗さが必要である。それから絵画として描かれ彫刻として彫られるもののような歴史表象としての建築、また劇場、バレエ、乗馬パレード、そして皇太子入市式のための舞台装置もある。ところで、あきらかに後者のような建築では、古代建築に特有のあらゆる手法のひとつひとつをなぞるふりをしなければならない。たとえばテセウス[32]やペリクレス[33]の歴史を再現するもののなかで、ドリス式オーダーを使うなら柱基なしの円柱とすべきであり、イオニア式とするなら柱基の上部は太い〔輪郭が半円である〕トルスとすべきであり、コリント式とするなら柱頭は低くし、頂板は四隅《よすみ》がとがったものとし、コーニス[xxv]はモディリオンなし、とすべきである。しかしこんにち建設される建物のためにオーダーを設計しなければならないときは、そこまで綿密に古代を模倣しなくともよいと思う。たとえば職人が国王メダルすなわち一六八三年付けのメダルの碑文を考えており、古代ローマのメダルに刻まれていた書体に似せようとするのは、受け入れられないであろう。ローマン体は完成された現行の書体とは異なり、それほど美しくもないからだ[34]。建築においても、この道の熟練たちが理性と判断力をもって導入した変化を注意ぶかく観察し、留意し、そして賞賛さえした建築家を非難すべきではない。

建築オーダーについて文献を書き残した人びとはみな、太古人たちが不可侵の規則にして法であるとして定め

（xxvi）

たとされたものに、なんらかの追加や変更をした。ウィトルウィウス以外の著作家はみな近代人であり、古代人を手本として修正をおこなった。その古代人もまた書物ではなく建築物を残しながら、そこに自分が考案したなにかを残したのであった。古代人たちが若干の欠陥を残しておいたものを、創造性あふれる才人たちが完全なものに仕上げようとして検討し研究したので、こうした新機軸が生まれたと考えられてきた。こうした変更のなかには不承認のものもあったが、それでも、核心にまで触れる変更のなかには、受け入れられ追随されたものは多い。以上からわかるように、この分野では見解を変えることはまったく無茶ではない。のみならず、よい方向への変更もまた、熱烈な古代崇拝者たちが力説するほど、けっして難しくはない。

古代人たちはイオニア式とよばれる柱基だけを、およそ柱基のあるオーダーすべてに使っていた。しかしウィトルウィウスののちに登場した建築家はこれがまるで気に入らず、ほとんど使わなかった。イオニア式柱頭は、趣味があまねく変わってしまったせいで、不格好で醜いものとみなされるようになったとはいえ、そこに道理にかなう根拠があるかどうかは疑うまでもない。スカモッツィは古代のものにかわる新しいイオニア式柱頭を考案した[35]。これは広範に受け入れられ、このオーダーについては現在のところ、それ以外は使われないほどである。スカモッツィののちの建築家たちもまた、この柱頭を修正し、さらに洗練させたが、このことはしかるべき箇所で述べよう。そういうことがコンポジット式柱頭についてもいえる。この柱頭はコリント式柱頭が修正され矯正されたものでしかない。なぜなら古代においても、このオーダーを扱ったすべての近代の著作家たちにおいても、この柱頭は不完全なものであったものの、最近やっと完成の域に達したばかりだから。

だから本書は多くの人にとって大胆すぎる箇所があるかもしれない。しかし著名な例や作家たちから引用しており、先例があることしか提案していないことに気がつけば、私の趣旨がひどく無謀だとは、思われないであろうと期待される。こうした理由から、結局のところ歴史をとおしてオーダーの比例や装飾的な性格は変更されてきたのだから、私の書物にはなんら新しさがないと主張されれば、そのとおりである。私はこれまでなされた修正をもうすこし先に進めたいだけなのだ。私よりも博識で有能な人びとが指摘することも受け入れ、この試みそのものを有用で合理的で、そして首尾よく成就させる方向で、善処する。そうすることで、建築オーダーの規則に欠けていた正確さ、完全さ、覚えやすさを回復するための一助としたいのである。

本書は二部からなる。第一部では、エンタブラチュア、円柱の高さ、ペデスタルの比例といったすべてのオーダーに共通する一般的な比例の法則を定める。エンタブラチュアの高さといったスケールはどれも同じであることや、同じ比率で大きくなることを示す。第二部では、すべてのオーダーのあらゆる円柱を構成しているもろもろの部位にみられる固有の装飾的な性格や寸法が、古代の作品や、近代の著者たちから引用する諸例により定められる。私が古代について報告することが正しいかどうかは、近代人から引用するものよりも、証明が難しい。それでもデゴデ氏(36)がローマの古代遺跡について出版したばかりの文献があるので、もし読者にこうした主題について関心があれば、たいへん容易に学べるであろう。この著作は私にとっても貴重であり、この建築家による実測はきわめて正確なので、さまざまな比例をただしく知ることができる。

訳注

(1) ローマのカンピドリオ丘のふもとにある劇場。共和制末期の紀元前一三年に竣工した、野外劇場形式のもの。アウグストゥス帝の従弟にあたるマルクス・マルケルスにちなんで名付けられた。

(2) 桐敷真次郎編著『パラーディオ「建築四書」注解』(中央公論美術出版、一九八六年)によれば、「ネロのペジメント（ペディメント）」と呼ばれていたのはもともとユピテル神殿であり、こんにちではモンテ・カヴァロという名のクイリナーレ丘の上の、コロンナ家の邸宅の背後にあった（桐敷一九八六、三五四頁）。デゴデは『ローマの古代建築』のなかで、場所の指摘はパラディオと同じであるが、パラディオらはそれをユピテル神殿であると信じ、ほかの人びとはアウレリアヌス帝が建設した太陽神殿だと信じていたと指摘している（Desgodetz, *Les Édifices Antiques de Rome*, 1682, p.147 Cf. 注（36））。『五種類の円柱』英語版（一九九三年、以下にペレス＝ゴメス版とする）の注において、アイザック・ウェア版パラディオ建築四書の記載にしたがい、ペローが言及しているのはクイリナーレ丘にありパラディオがユピテル神殿だとしたものだとしている。Claude Perrault, *Ordonnance for the five kinds of columns after the method of the Ancients*, translated by Indra Kagis McEwen, introduction by Pérez-Gómez, 1993, p.176.

（3）Leon Battista Alberti, 1404-1472：イタリアの建築家。*De re aedificatoria*（相川浩訳『建築論』中央公論美術出版、一九八二年）。

（4）minute: 古典ラテン語 minutus「細分された」、中世ラテン語 pars minuta「小部分」に由来し、時間概念としては一時間の六〇分の一が、一分（minute）。建築概念としては円柱下部直径の六〇分の一が、一ミニット。すなわち多くの場合、一モデュールの三〇分の一が、一ミニット。

（5）Vincenzo Scamozzi, 1548-1616：イタリアの建築家。パラディオのテアトロ・オリンピコの工事を引き継ぎ、完成させる。*L'Idea della Architettura Universale*, 1619.

（6）Sebastiano Serlio, 1475-1554：イタリアの建築家。五種類の建築オーダー体系を確立させる。*Regole generali d'architettura*, 1537 など。

（7）Giacomo Barozzi da Vignola, 1507-1573：イタリアの建築家。*Regole delle cinque ordini d'architettura*, 1562（長尾重武訳編『建築の五つのオーダー』中央公論美術出版、一九八四年）。

（8）Andrea Palladio, 1508-1580：イタリアの建築家。*I quattro libri dell'architettura*, 1570.

（9）Philibert Delorme, ca.1510-1570：リヨン出身の建築家。一五三三年から一五三六年にイタリアで建築を学ぶ。人文主義者としての建築家。一五四五年に国王フランソワ一世の建築家となる。アンリ二世のもとでフォンテーヌブローやサン＝ジェルマン＝アン＝レの城館の建設を監督する。著書に『廉価で良く建設するための新発明』（*Nouvelles inventions pour bien bastir et à petits frais*, 1651）と『建築第一巻』（*Le premier tome de l'Architecture*, 1576）。

（10）ローマにある古代遺跡。ティトゥス帝時代、八〇年から使用された円形闘技場。

（11）ペレス＝ゴメス版では、左右対称というフランス語での意味と、ウィトルウィウスのいうシムメトリアを区別し、後者を比例（proportion）としている（Pérez-Gómez 1993, p.176 note 5）。

（12）ローマにある汎神殿。ハドリアヌス帝が一一八年から一二八年に建設した、直径四三メートルのドーム式建物。

（13）modillon：梁は構造材だが、モディリオンは構造材でもありうるし、刳形の一様式でもありうる。

（14）ペレス＝ゴメス版によれば、ペローはあきらかに「ミメシス」をコピーすること、と理解している。リプリゼンテーションとは、前古典時代のギリシアでそうであったように不可視の超越的秩序を「認識」することを意味していたが、のちにむしろ「類似」を意味するようになった（Pérez-Gómez 1992, p.176 note 6.）。

（15）原著（フランス語）では force とあるが、ペレス＝ゴメス版では strut（支柱）と訳されている。

（16）原著では panne。

（17）ヴォルフガング・ヘルマンはこれをもって、ペローは自然模倣の概念を否定したとしている（Wolfgang Herrmann, *The Theory of Claude Perrault*, 1973, p.42 note 37）。

（18）ペレス＝ゴメス版によれば、フランス語の「考案者」とはここでは創造者であり発見者でもあったが、ペローの時代においては最初の考案者たちのあとに登場するそのほかの考案者たちがいたわけで、ペローもそのひとりであった（Pérez-Gómez 1993, p.176）。ペローは、この最初の考案者たちが比例を考案したが、その比例は現存せず、古代ローマの建築家たちが変更したという歴史観をいだいていた。

（19）ミケランジェロが一五三六年から一五四六年にかけて、ローマのカンピドリオ丘に建設した、広場とそれをとりかこむコンセルヴァトーリ官邸、セナトリョ官邸をふくむ三棟の建物をさす。
（20）ペレス＝ゴメス版によれば、ウィトルウィウスの firmitas, commoditas, venustas（強、用、美）をペローは solidité, commodité, proportion と訳している（Pérez-Gómez 1993, p.176 note 8）。
（21）ヘレネーは、スパルタ王メネラーオスの妃で絶世の美女。トロイの王子パリスに連れ去られたことが原因で、トロイ戦争となる。アンドロマケーは、テーバイ王エーエティオーンの娘で、貞節で勇気ある母であったが、夫ヘクトールがトロイ戦争で殺されると、ネオプトレモスの妾にして奴隷となった。ルクレティアは紀元前六世紀の古代ローマ伝説上の貞女で、貞節をけがされたのち自害した。ファウスティナ（一二五年～一七五年）は、アントニヌス・ピウス帝の娘。マルクス・アウレリウス帝の妃となる。兵士からの信奉があつく、父からも夫からも愛される。没後に女神として祀られ、その神殿も建設された。
（22）ローマにある神殿。紀元前七五年に建設された四柱式の神殿であり、イオニア式オーダーで飾られている。ポルトゥヌス（Portunus）神に捧げられたポルトゥヌス神殿が正式名称である。男性的な幸運という意味でフォルトゥナ・ウィリリス神殿と誤って呼ばれる。パラディオの『建築四書』、デゴデの『ローマの古代建築』でも詳細な実測図が紹介されている。
（23）ヘルマンによれば、「比例の神秘」は、デゴデ、ブロンデル（François Blondel, *Cours d'Architecture*, 1683, p.748）、ヘンリー・ウォットン（Henry Wotton, *The Elements of Architecture*, London, 1624, p.55）らにより言及されており、ペローはそれらを意識したし、コルネイユも古代人についていだく神秘について言及している（Herrmann 1973, p.43 note 40）。
（24）Juan Bautista Villalpando（Villalpandus）, 1552-1608：スペインのイエズス会士。数学者。建築家。旧約聖書のエゼキエル書を研究し、そこに記載されたソロモン神殿の想像的復元を試みる。この復元は、プロテスタント教会、シナゴーグ、エル・エスコリアル宮殿などの建設に影響をあたえるとともに、聖書とウィトルウィウス建築十書を重ね合わせて読み、古典主義建築の起源は神のなかにあるという視点を確立する。ヴォルフガング・ヘルマンはウットカウア献呈論文集で、ヴィラルパンドによる神殿復元の広がりについて論じている。すなわちクロード・ペローは、ソロモン神殿を下敷きにして設計されたとされるエル・エスコリアル宮にも言及し、やはりソロモン神殿復元図に着想を得てサント＝ジュヌヴィエーヴ教会を構想する。いわゆる太古人が確立し、古代人が喪失した、建築の法則がソロモン神殿にあり、それをペローは探究したというように推測できる。Cf. *Essays presented to Rudolf Wittkower*, Phaidon, 1967, pp.143-158, Wolfgang Herrmann,Unknown Designs for the 'Temple of Jerusalem' by Claude Perrault.

（25）原著の"science"を「学問」とした。ペレス＝ゴメス版によれば、ペローは近代の進歩主義的な意味での「科学science」という意味で使っているとしている（Pérez-Gómez 1993, p.177 note 11）。

（26）ペレス＝ゴメス版によれば、「文学 littérature」とは人知あるいは文化全般のことであったが、一八世紀には書かれた作品のみをさすようになる（Pérez-Gómez 1993, p.177 note 12）。ここでは人文諸科学の全般を意味するというペレス＝ゴメス版の判断は妥当であると思われる。

（27）ヘルマンによれば、スコラ学者たちがアリストテレスを盲信しているというペローの指摘は、マルブランシュ（*Œuvres* I, p.290）と同様な書き方であり、それを参照したのであろう（Herrmann 1973, p.48）。ペレス＝ゴメス版によれば、近代科学が成立する以前、古代人の権威が疑いえなかった時代、アリストテレスの『自然学』のような古代の文献を慎重に検討すれば経験主義的な真理に到達すると信じられたが、ペローはそれを批判し、科学的に検証すべきなのは、アリストテレスが論じた事象そのものの真実性であって、彼の文章のなかに込められた真意ではないとした（Pérez-Gómez 1993, p.177 note 13）。

（28）原典では「不可知な incompréhensible」であるが、ペレス＝ゴメス版によれば、パスカルもこの言葉をつかって箴言「神が存在するということは計り知れず、神が存在しないということも計り知れない」と述べており、この言葉は

「奥深くて計り知れない」といった意味合いである（Pérez-Gómez 1993, p.177 note 14）。

（29）この文脈では「パラドクス」とは「オーソドックスではない」という意味であろう。ヘルマンによれば、ペローは神経組織が感覚的知覚にたいして機械的に反応していることを説明するのが困難であるので、脳と臓器がインパルスのやりとりをしているという見方を退けて、精神は身体のあらゆる場所にくまなく広がっていて、脳とは無関係に知覚すると考えた。おなじく生命は機械的方法では生まれえないので、神は世界を創造したときに種子をあらゆる場所にばらまいたのだ、という説にペローは従った。このような推論法が「パラドクス」であった。一七世紀的な意味は、現代のそれとは違う。通常ではない、オーソドックスではない、ということを意味し、古典的人間が普遍的同意に付与した高い価値ゆえにのみ疑われる。ペローは、軽いパラドクスにショックを受けない人はほとんどいない、と述べているが。『試論』や『五種類の円柱』ではパラドクスを述べたと臆面もなく述べているし、コペルニクスの地動説をそういう意味での例として引用している（Herrmann 1973, p.37; Perrault, *Essais de Physique*, II, p.260, III, p.350）。ペレス＝ゴメス版では「非正統派の意見 unorthodoxe opinion」と訳されている。ハイデガーのギリシア語「ドクサ」解釈によれば、古代世界においてはオーソドキシーが必要であったが、それがないと見かけの世界を崩壊から救えない、という了解であった（Pérez-Gómez 1993, pp.58, 177）。

（30）ヘルモゲネス（Hermogenes）は紀元前二〇〇年ころの古代ギリシアの建築家であり、ドリス式オーダーは宗教建築には不向きであると主張し、イオニア式オーダーの理想的比例を考案した。擬二重周柱式の考案者であることがウィトルウィウス建築十書のなかで述べられている。カリマコス（Callimachus）は紀元前四五〇年ころ活躍した古代ギリシアの建築家であり彫刻家。コリント式オーダーの考案者であることがウィトルウィウス建築十書に述べられている。フィロン（Philo）は紀元前三〇〇年ころ活躍した、アテナイの建築家であり、アテナイ近郊の小都市エレウシス（Eleusis）の大神殿ポーティコをなす一二本のドリス式オーダーを建設した。ケルシフロン（Chersiphron）は紀元前六世紀のクレタの建築家。エフェソスで、イオニア式オーダーからなる大規模なアルテミス大神殿を起工した。メタゲネス（Metagene）はケルシフロンの息子。アルテミス神殿を竣工させた。Cf. Pérez-Gómez 1993, p.177 note 16.

（31）「推測もできない」について、ペロー自身が原典では「不可能 impossible」であるのを正誤表で「むつかしい difficile」に訂正している。ペレス＝ゴメス版はこの点に注目し、ペロー自身の確信のほどを、そのゆらぎを推測している（Pérez-Gómez 1993, p.177 note 17）。

（32）ギリシア神話に出てくるアテナイ王。アイゲウスの息子。クレタ島の迷宮にはいりこんで、ミノタウロスを退治する物語など、いくつかの英雄譚を残している、勇敢な王である。

（33）紀元前五世紀の、アテナイの指導者。ペルシア戦争勝利を記念して公共建築を建設。プロピュラエア、パンテオン、オデオンなど多くの公共建築や神殿を発注した。

（34）ジョゼフ・リクワートは書体についてくわしく論じている。Cf. Joseph Rykwert, *The First Moderns,* 1980, pp.41-43.

（35）通常のイオニア式柱頭の四基の渦巻は、平行な二平面に配置されるが、スカモッツィが考案したものは円柱の柱身から放射状に配されている。

（36）Antoine Desgodetz, 1653-1728：パリ出身の建築家。一六七二年に建築アカデミー会員。コルベールの指示で一六七六年から一六七七年にローマに滞在し、古代建築の実測調査をする。その図面をとりまとめて『正確に実測され製図されたローマの古代建築』（*Édifices antiques de Rome, dessinés et mesurés très-exactemen*, 1682）を出版する。一六九九年に国王建築家。一七一六年にライールの後任として建築アカデミー教授。アカデミー教授としての教育内容は、二冊の文献にまとめられている。『パリ慣習法による建築法規』（*Les Lois des Bâtiments suivant la Coutume de Paris*, 1748）。フランス国立図書館に残された手稿『国王建築家にして王立アカデミー教授デゴデ氏による建築オーダー書』（*Traité des Ordres de l'architecture de Monsieur Desgodetz Architecte du Roy, et Professeur de l'Académie Royale*）。後者は土居義岳『アカデミーと建築オーダー』で論じた。

『ローマの古代建築』の各章の内容は次のとおり。

Ⅰ章。パンテオンのポーティコ、堂内、祭壇。

Ⅱ章。ローマのバックス神殿。サンタニェーゼ墓地にあるサンタ・コンスタンツァ霊廟のことで、円形平面、コンポジット式。

Ⅲ章。ローマのファウヌス神殿。サン・ステファノ・ロトンド教会のこと。四六八〜八三年。円形平面。内部の中心部はコリント式。周辺部はイオニア式。

Ⅳ章。ローマのウェスタ神殿。三世紀初期。フォルム・ロマヌムにある。円形平面。コリント式。

Ⅴ章。ティヴォリのウェスタ神殿。紀元前一世紀初期。ギリシア神殿の直輸入にあたる。円形平面。コンポジット式。

Ⅵ章。フォルトゥナ・ウィリリス〔勇敢な幸運〕神殿。じっさいはポルトゥヌス神殿。紀元前二世紀の後期。ギリシア神殿のヘレニズム的な再解釈。四柱式。イオニア式。角部にあるイオニア式は、その渦巻が放射状に出ていることに、デゴデは注目している。

Ⅶ章。ローマの平和の神殿。コンスタンティヌスのバシリカのこと。デゴデは、教皇パウロ五世がそこからサンタ・マリア・マジョーレ教会に移設したコリント式の円柱を描いている。

Ⅷ章。アントニヌスとファウスティナ神殿。一四一年起工。アントニヌス帝が亡き妃のために建立した。基壇の上に載るという意味でローマ式の神殿。六柱式。コリント式。

Ⅸ章。ローマのコンコルディア神殿。紀元前三六七年の前身神殿が、起源一〇年にティベリウスによって再建されたもの。フォルム・ロマヌムの西にある。六柱式。イオニア式。柱頭の渦巻は放射状に配されている。

Ⅹ章。ローマのユピテル・スタトル神殿。そのうち三本の円柱がカンポ・ヴァチノに現存していた。ユピテル・スタトルとは「阻止する神としてのユピテル」という意味であり、ユピテルは、ローマを建国したロムルスの祈願に応えて進軍してきたサビニ人たちを阻止した。以上はデゴデの解釈である。しかしこれはじっさいはカストルとポルックスの神殿。紀元前五世紀に建立されたものを、紀元前二世紀、さらに紀元六年に大規模改修したもの。八柱式。コリント式。

XI章。ローマのユピテル・トナンス〔雷霆神ユピテル〕神殿。紀元前二二年。デゴデの時代にすでに一部しか残っていなかった。コリント式。

XII章。ローマのマルス・ウルトル〔復讐神マルス〕神殿。紀元前四二年、のちにアウグストゥスになるオクタウィアヌスが、カエサルの復讐がなることを祈願して復讐神マルスに奉献を誓ったことによる。アウグストゥスのフォルムに面する位置にある。コリント式。

XIII章。ネロ宮正面。デゴデによれば、通称。クイリナーレ丘の遺構。パラディオによればユピテル神殿であり、またアウレリアヌス帝が建設した太陽神殿であるともされた。コリント式。じっさい、パラディオ『建築四書』によれば、「今日モンテ・カヴァッロと呼ばれているクイリナーレ丘の上の、コロンナ家の邸宅の背後に、次の建物の廃墟が見られ、『ネロのペジメント』と呼ばれている」（桐式真次郎訳、三五四頁）とある。デゴデはこのくだりをそのまま引用している。本書序の注（2）も参照。

XIV章。アントニヌスのバシリカ。八柱式の周柱式神殿。コリント式。フリーズが膨らんでいるのが特徴。デゴデによれば、これも通称。この神殿を、アントニヌス帝が建立したマルス神殿とする人びともいる。パラディオもマルス神殿とした。すなわち彼は『建築四書』のなかで「マルス神殿について〔じつはハドリアネウムすなわちハドリアヌスの神殿〕」として紹介し、「リトンだからアントニヌスの記念柱に向う途中の、俗に『デ・イ・プレーティ』と呼ばれている広場に、次の廃墟が見られる。これは、ある人びとによれば、アントニヌス帝が建てて、マルス神に奉献したものだという」と説明している（桐式真次郎訳、三七一頁〜）。デゴデはこのくだりをほぼそのまま引用している。

XV章。ネルウァ広場。六柱式平面の神殿。コリント式。ネルウァ帝が建設した広場とその神殿のコリント式オーダーが紹介されている。パラディオ『建築四書』において「ネルウァのフォルムとミネルヴァの神殿」として紹介されているもの。

XVI章。セプティミウスのポーティコ。ペディメントが載る、六柱、コリント式のポーティコ。

XVII章。ティトゥス凱旋門。紀元八一年ののち。皇帝の没後、イエルサレム征服を記念して建立された。コンポジット式。

XVIII章。セプティミウス・セウェルス凱旋門。紀元二〇三年。コンポジット式。柱頭の渦巻は放射状に配されている。

XIX章。両替師門。コンポジット式のピラスターがみられる。ローマのカンピドリオ丘とパラティヌス丘のあいだのウェラブルム（ヴェラブロ）地区にあるサン・ジョルジオ教会の脇に隣接している門。エンタブラチュアの碑文に Argentar... とあることから、この通称となった。

XX章。コンスタンティヌス凱旋門。紀元三一二〜三一五年。コリント式。

XXI章。コロセウム。紀元七〇〜八二年。ドリス式、イオニア式、コリント式の半円柱がある。

XXII章。ヴェローナの円形闘技場。三世紀初頭。三層とも簡素なトスカナ式のピラスター。

XXIII章。マルケルス劇場。紀元前一三〜一三年。ドリス式とイオニア式。

XXIV章。ディオクレティアヌス浴場。紀元二九八〜三〇六年。コリント式とコンポジット式。

XXV章。パウルス・アエミリウス浴場。一九世紀に取り壊されるサンタ・マリア・イン・カンポ・カルレオ教会に隣接していた廃墟は、もともとこの浴場であったとされる。ルキウス・アエミリウス・パウルスは紀元前三世紀の政治家。

第一部の各章の目次

第二部の各章の目次

第一部　すべてのオーダーに共通することがら

太古人たちの手法による五種類の円柱のオルドナンス

第一章　建築のオルドナンスとオーダーとはなにか

オルドナンス(37)とは、ウィトルウィウスによれば、建物のあらゆる部位の大きさを、それらの用途とのかねあいで決めることである。ところで建物の部位とはなにか。建物を構成する中庭、玄関ホール、ホールといったいろいろな構成要素のみならず、それらを建設するなかに使われるものも、そうである。円柱全体もそうであり、ペデスタル、円柱、そしてアーキトレーヴ、フリーズ、コーニスからなるエンタブラチュア、をも含む。本書ではまさにこれらを論じる。オルドナンスとはそれら諸部位の比例を規定することであり、諸部位にあてられた用途に適合する寸法を、それぞれに与えることである。ある部位がもうすこし大きくとかもうすこし小さくとか、大きな荷重を支えるのに適切だとか、繊細な装飾をつけることができるとか、できないとか、彫刻や刳形によりそれら装飾をより瀟洒にしうる、などにかかわるのがオルドナンスである。このように装飾により豊饒なものとするのもオルドナンスである。オーダーを設計し規定し、その性格をはっきりさせるには比例より装飾が効く。とはいえウィトルウィウスによれば、比例こそがオーダーのいちばん本質的な差異をなすのであるが。

建築オーダーは、それゆえ、オルドナンスによって調整される。円柱全体の比例を規定するのもオルドナンス(2)である。円柱のさまざまな比例により、いくつかの部位のふさわしい姿を決めるのもオルドナンスである。円柱の比例、つまり太さと高さの比は、大小さまざまである。そして個々の部位の姿は、柱に適合するような比例をとりながらも、装飾は簡素であったり濃厚であったりさまざまな違いがある。このようにして柱頭、柱基、フルーティング、コーニスに施されるモディリオン、ミューチュールといった部位が定められる。

古代人による三オーダーとしては、ドリス式、イオニア式、コリント式がある。ドリス式はいちばんずんぐりしていて、どの細部も簡素で粗野であり、ほかとくらべて際だっている。なぜなら柱頭には渦巻も、葉飾りも、葉模様もない。柱基が柱にひとつ備わっている場合は、分厚いトルスからなり、玉縁はなく、スコティアがひとつだけである。〔柱身の縦溝〕フルーティングも、彫りは浅く、数もほかのオーダーより少ないが、ミューチュールは持送りも葉飾りもない簡素な頂板でしかない。逆にコリント式の柱頭には、繊細な彫刻がいくつか備わっている。これを創案した彫刻家は、葉を二段にわりふり、そこから茎模様あるいは葉模様がのびて、渦巻の下にもぐるようにした。柱基は玉縁がふたつと二重スコティアからなる贅沢なもの。モディリオンもこまやかに截石された持送りとなっており、柱頭に備わっているような葉飾りが施されている。イオニア式オーダーの装飾は、これらふたつを両極端とすると、その中間である。柱基の下部にはトルスがなく、柱頭には葉飾りはなく、コーニスにはモディリオンはなく歯飾りだけがある。

近代人は、古代人によるこれら三オーダーに二種類を追加した。そのオルドナンスを決めるために古代のオーダーとの比例関係によった。つまりトスカナ式を制作し、そう名付けたときは、ドリス式よりもさらに粗野で簡素にした。コンポジット式なるもののときは、葉飾りのあるコリント式柱頭と、渦巻のあるイオニア式柱頭とを複合したものであった。おなじようにコリント式柱頭は、イオニア式とドリス式の複合である。前者からは柱基のスコティアふたつと玉縁、後者からはその柱頭における、イオニア式にはみられない、〔円筒形の〕頸部あるいは花瓶をもってきたものである。ウィトルウィウスはこれらふたつのオーダーを定めてはいるが、トスカナ式

（3）
の比例を規定しつつもオーダーのひとつとしては数えていない。それでもコンポジット式の考案ということには言及している。コリント式円柱の柱頭は変更できるのであり、イオニア式柱頭とコリント式から要素を抽出してひとつの柱頭をこしらえられよう、としている。しかし彼はさらに、柱頭がこうして変更されたからといって別のオーダーができたことにはならない、とも述べている。なぜなら円柱の比例はもとのままであり、この柱頭はもとのコリント式オーダーのそれと等しい高さだからである。またコリント式オーダーがイオニア式と違うものである理由は柱頭にあり、イオニア式柱頭はコリント式のものより低いので、円柱の全体もより低くなるからである、と。このように、ウィトルウィウスの指摘どおり、オーダーを定めるためにはその細部の姿にみられる固有の装飾的な性格よりも比例のほうが決定的なのである。

訳注

（37）ペロー版ウィトルウィウス建築十書によれば、「オルドナンス」とはギリシア語でタクシス（taxis）と呼ばれるものであり、「オルドナンスとはある建物のすべての部位に用途との関連でそれらにふさわしい寸法を与えることであり、部位は個々に検討されることもあるし、建物全体との比例あるいはシンメトリアを勘案することもある。このオルドナンスは、ギリシア語でpoçotesと呼ばれる量に依存する。poçotesは、全体やそれら部位の個々を規定するためにとられたモデュールに依存する」とある。ペローはさらに注のなかで、詳述している（Perrault 1683, pp.9-10）。森田版ウィトルウィウス第一章一項では、「建築は、ギリシア語でタクシスといわれるオールディナーティオー、ギリシア人がディアテシスと呼ぶディスポシティオー、エウリュトミア、シュムメトリア、デコル、ギリシア語でオイコノミアといわれるディストリブーティオーから成立っている。」「オールディナーティオーとは、作品の肢体が個別的に度に適っていることであり、全体的比例をシュムメトリアに即して整えることである。これはギリシア語でポソテースといわれる量によって統一される。量とは、作品そのものの肢体からモドゥルスを採用し、肢体の個々の部分から作品の全体を工合よくつくりあげることである」（森田慶一『ウィトルーウィウス建築書』東海大学出版会、一九七九年、一〇―一一頁）。ペレス＝ゴメス版によれば、ラテン語の"ordinatio"をペローは"ordonnace"と訳した（Pérez-Gómez 1993, p.178 note 20）。

第二章　オーダーの比例を規定するべき寸法について

円柱を構成している部位の比例こそ、オーダーを区別するための主要な指標である。建築家たちはそれら部位の大きさを決めるために二種類の方法によった。第一の方法は、中くらいの、そして極小の大きさを採用することである。中くらいの大きさとは、柱身下部の直径であり、モデュールと呼ばれる。直径あるいはモデュールよりもはるかに大きい寸法を整えるときに使われる。たとえば円柱高さは八直径あるいは九直径とし、柱間は二か三か四モデュールなどとする。極小の大きさは、パルティあるいはミニットと呼ばれる。それらは通常モデュールの六〇分の一である。アッティカ式柱基の基板は一〇ミニットとする、大トルスは七ミニットと半、小トルスは五ミニットとするなど、モデュールよりも小さい寸法を扱うときに使われる。

第二の方法では、このミニットも、モデュールをある決められた数で分割した部分もとらない。そうではなく、モデュールやそのほかの方法で決められた寸法、あるいはモデュールそのものを、必要な数により等分するのである。このようにアッティカ式柱基の大きさはモデュールの半分であるが、これが三等分されると、そのひとつが基板の縦寸法となり、四等分されたひとつが大トルス、六等分されたひとつが小トルスのそれとなる。

これらふたつの手法を、太古の建築家も近代の建築家も用いた。しかし太古人が使っていた第二の方法のほうが、第一のものより良いと、私は思う。この方法だと全体と諸部分の比率がいつも示されているから、というの(4)

でもない。なぜなら、この比率そのものが眼に快いのではない。整然としたあるいは同等性にもとづいた比率だけが視覚を満足させるのであり、そうでない比率は眼により感じとられることさえできないからだ。だから、私は太古人の手法がたいへん優れていると思う。寸法を記憶にとどめておくことが容易であるからだ。なぜならこの手法は理性にもとづいている。この理性はいわゆる想起(38)をもたらしうる。想起の効力は、たんなる記憶による理解よりもはるかに大きい。たとえば〔トルスふたつとスコティアひとつからなる〕アッティカ式柱基の三分の一がその基板の厚みであり、四分の一が下トルスのそれであり、六分の一がもうひとつのトルスのそれであることをひとたび知れば、このような柱基の比例はほとんど忘れようがない。しかし同じ柱基の部分を一〇ミニット、七ミニットと半、五ミニットなどと計ると、そう覚えやすくもない。なぜなら柱基全体で高さは三〇ミニットで、そのうちの三分の一が一〇ミニット、四分の一が七ミニットと半、六分の一が五ミニットなどと計算してでないと、部位どうしの比率は認識できず、記憶できないのである。

近代人はまさにこのミニットを常用しなければならなかった。彼らはしばしば、モデュール全体の大きさとも、ほかの部分の大きさとも、まったく比例関係のない大きさを示さねばならなかったからである。たとえばアッティカ式柱基の基板は一〇ミニットではなく、九と半しかなかったり、一〇と半であったりする。古代人が今に残した建物の寸法を使おうとしたので、近代人はそのような勘定をしなければならなかった。しかしあきらかに、それらの建物は真のオリジナルではなく(39)、その寸法は、最初の考案者たちが建物に与えた比例を忠実に反映したものではなかった。また太古人がなんらかの理由から、ある分割法をくわしく検討したが、完全なものにはできなかった、のでもないだろう。

本書の意図は、部位どうしの比率がはっきりしている大きさにより比例を定め、太古人によって確立されていた本当の比例にできるだけ近づくことだけである。だから彼らの計測方法のみを活用することとしよう。ウィトルウィウスは、ドリス式以外では柱身下部の直径を一モデュールとするが、ドリス式オーダーではこのモデュールを小さくした。すなわち大モデュールを中モデュールに縮めて、半直径を一モデュールとした。このウィトルウィウスと同じ理由から、つまりいくつかの寸法を端数なく決めることができる有利な方法だという理由から、本書では大モデュールを三等分するのである。[40] なぜならドリス式オーダーでは、柱基の高さ寸法はほかのオーダーと等しく、これら中モデュールのひとつによって決定されている。この同じモデュールはさらに柱頭、アーキトレーヴ、トライグリフ、メトープの高さにあてられる。しかし円柱の下部直径の三分の一とする私たちの小モデュールなら、さらに広範囲に適用できる。それを使えば、すべてのオーダーのペデスタル、円柱、エンタブラチュアの高さが端数なく決められるのである。

大モデュールは円柱の直径に等しいから、六〇ミニットである。中モデュールは三〇。本書でいう小モデュールは二〇ミニットである。大モデュールは三小モデュールであり、中モデュールは一小モデュールと半であり、二大モデュールは六小モデュール、二中モデュールは三小モデュール、などである。次表のとおり。

通常パルティと呼ばれるものは円柱の半直径の、三〇分の一であるが、本書においてはつねにミニットと呼ぶ。パルティ〔部分〕という言葉はまぎらわしいので避けることにしよう。ミニットとはある一定の部分を意味する。ところがパルティという言葉はそうではなく、ある別の部分の半分、三分の一、五分の一などをも意味するからである。

モデュール表

<table>
<tr><th>大モデュール</th><th>ミニット</th><th>中モデュール</th><th>ミニット</th><th>小モデュール</th><th>ミニット</th></tr>
<tr><td rowspan="6">I. 大モデュール＝</td><td rowspan="6">60</td><td rowspan="3">I. 中モデュール＝</td><td rowspan="3">30</td><td rowspan="2">I. 小モデュール＝</td><td>10</td></tr>
<tr><td>20</td></tr>
<tr><td rowspan="2">II.</td><td>30</td></tr>
<tr><td rowspan="3">II.</td><td rowspan="3">60</td><td>40</td></tr>
<tr><td rowspan="2">III.</td><td>50</td></tr>
<tr><td>60</td></tr>
<tr><td rowspan="6">II.</td><td rowspan="6">120</td><td rowspan="3">III.</td><td rowspan="3">90</td><td rowspan="2">IV.</td><td>70</td></tr>
<tr><td>80</td></tr>
<tr><td rowspan="2">V.</td><td>90</td></tr>
<tr><td rowspan="3">IV.</td><td rowspan="3">120</td><td>100</td></tr>
<tr><td rowspan="2">VI.</td><td>110</td></tr>
<tr><td>120</td></tr>
<tr><td rowspan="6">III.</td><td rowspan="6">180</td><td rowspan="3">V.</td><td rowspan="3">150</td><td rowspan="2">VII.</td><td>130</td></tr>
<tr><td>140</td></tr>
<tr><td rowspan="2">VIII.</td><td>150</td></tr>
<tr><td rowspan="3">VI.</td><td rowspan="3">180</td><td>160</td></tr>
<tr><td rowspan="2">IX.</td><td>170</td></tr>
<tr><td>180</td></tr>
<tr><td rowspan="6">IV.</td><td rowspan="6">240</td><td rowspan="3">VII.</td><td rowspan="3">210</td><td rowspan="2">X.</td><td>190</td></tr>
<tr><td>200</td></tr>
<tr><td rowspan="2">XI.</td><td>210</td></tr>
<tr><td rowspan="3">VIII.</td><td rowspan="3">240</td><td>220</td></tr>
<tr><td rowspan="2">XII.</td><td>230</td></tr>
<tr><td>240</td></tr>
<tr><td rowspan="6">V.</td><td rowspan="6">300</td><td rowspan="3">IX.</td><td rowspan="3">270</td><td rowspan="2">XIII.</td><td>250</td></tr>
<tr><td>260</td></tr>
<tr><td rowspan="2">XIV.</td><td>270</td></tr>
<tr><td rowspan="3">X.</td><td rowspan="3">300</td><td>280</td></tr>
<tr><td rowspan="2">XV.</td><td>290</td></tr>
<tr><td>300</td></tr>
</table>

訳注

（38）「想起」とは原典で"réminiscence"。プラトン哲学における想起説、すなわち魂が前世で記憶したイデアを想起することでのみ、イデアを認識できる、という考え方を踏襲しているのは明らかであろう。ペレス＝ゴメス版も同じことを指摘しているが、ペローはとくにばらばらの事実を認識するより、連合している観念を想起するほうが容易であると考えている、という主張であり（Pérez-Gómez 1993, p.178 note 21）、観念連合を論じたヘルマンと論旨は似ている。

（39）ペローが建築の本当の原典をどこに設定したかが、理論構築のなかで本質的に重要になる。彼は、建築の真のオリジナル作品はすべて失われており、古代遺跡はそれらのコピーにすぎないという考え方を繰り返している。ペレス＝ゴメス版でもこの点がきわめて重要だと指摘されている（Pérez-Gómez 1993, p.178 note 22）。

（40）円柱下部の直径を三等分し、それを一モデュールとするという方法を採用したのはペローのみである。ペレス＝ゴメス版によれば、比例のシステム化のみを目的にするものである（Pérez-Gómez 1993, p.178 note 23）。

第三章　円柱全体の主要な三部位の一般的な比例について

各オーダーの円柱全体はペデスタル、円柱、そしてエンタブラチュアという三部位からなる。これら各部位はさらに三部位からなる。ペデスタルは台基、台胴すなわち幹部、そして台蛇腹からなる。円柱は柱基、柱身すなわち樹幹、そして柱頭からなる。エンタブラチュアは、アーキトレーヴ、フリーズ、コーニスで構成されている。これら主要な三部位の全体の高さは、本書でいう小モデュールの数で決定される。私の仮定によれば、すべてのオーダーのエンタブラチュアの高さは等しくあるべきである。だから、それぞれに六小モデュール、すなわち二直径にして二大モデュールをあてる。しかしペデスタルの高さ、また円柱の高さはオーダーによって違う。これら部位の寸法は、オーダーがより軽快になる、すなわち重厚でなくなるにしたがい、等差数列をなすように増えてゆく。ところでこの公差は一定であり、ペデスタルなら一モデュール、円柱なら二モデュールである。かくしてトスカナ式ペデスタルは、そのエンタブラチュアに等しい六モデュールであり、ドリス式は七、イオニア式は八、コリント式は九、コンポジット式は一〇である。

(7)　まったくおなじく円柱の高さは、柱基と柱頭もふくめて、公差は二モデュールであるので、トスカナ式は二二モデュール、ドリス式は二四、イオニア式は二六、コリント式は二八、コンポジット式は三〇となる。

　それからペデスタルを構成する三部位の比例は、あらゆるオーダーにおいて共通している。つまり台基はつねにペデスタルの四分の一であり、台蛇腹はその八分の一である。台基のうちの台石はつねに、その台基の三分の二である。だから台胴の高さは、すでに決められたペデスタル全体の高さの、残りということになる。

円柱の柱基もまた、すべてのオーダーにおいて高さは等しい。すなわち一モデュール半であり、柱身下部の直径の半分である。柱頭は、トスカナ式とドリス式のオーダーにおいて等しく、いずれも柱基と高さは等しい。コリント式とコンポジット式オーダーにおいても高さは等しく、どちらも三モデュールと半である。イオニア式だけがそれ固有の比例をもつ。

エンタブラチュアの各部位の高さについては、比例はあまり規則的でない。ドリス式以外のどのオーダーにおいても、共通しているのは、エンタブラチュアにおけるアーキトレーヴとフリーズは、高さが等しく、どちらもエンタブラチュアの二〇分の六であり、コーニスはその二〇分の八である、ということである。ドリス式オーダーの比例はトリグリフとメトープにより規定されているので、必然的に、比例は別扱いである。

幅や張出しについては、小モデュールを五等分したものを小部分（パルティ）と定め、これを単位とすることで決められる。かくして、たとえば、円柱の〔直径の〕縮減はこれら五分の一をひとつという値になる。また柱身下部の根広《ねひろ》もまた柱身下部の外づら[41]から、この五分の一だけ張り出している。柱基の張出しはそれら五分の一が三、などとする。ところでこの五分の一は、四ミニットである。

これらすべての比例は、次章以降において説明され検討されよう。

訳注

（41）フランス語で"nu"とは、日常言語としては裸体（の）、という意味である。まれに建築用語として使われるときは、壁などの突出していない平らな部分、といった意味となる。ペレス＝ゴメス版でもその訳語には苦心しており、無装飾の、裸の、窪みも突出もない面《つら》を意味している、円柱の"nu"とは、柱基における円柱の外づらであり、フルーティングの内面ではない、などとしている（Pérez-Gómez 1993, p.178 note 24）。ただこの説明はやや不十分で、柱身は円筒状に降りてきて、端刳《はしくり》、そして平縁すなわち根広で終わるのだから、端刳がはじまる直前の円筒形部分の面というべきであろう。ちなみに直径やモデュールを計測するときも、この面から計測する。

第四章　エンタブラチュアの高さについて

円柱の太さに比してエンタブラチュアの高さ寸法がいかなる比例であるかについてほど、建築家たちの意見が一致しないものはない。古代人によるものであれ近代人によるものであれ、ふたつの建物が同じ比例を保っていることは、まずない。ネロ宮正面のエンタブラチュアはティヴォリ近郊のウェスタ神殿のそれの二倍ちかい、といった例さえある。

にもかかわらずこの比例は、あらゆるもののなかでいちばんしっかり調整されるべきであろうし、これほど重要なものはなく、その比例が適切でないときの不快さもこれ以上のものはない。なぜなら欠陥があれば、ほかのなにより容易に発見できるからである。建築の法則のなかでも主要なものは、堅固さについてのものである。またある建物の美が損われるのはどんなときか。なにより、建物を構成する部位のなかに、この堅固さをもたらすはずのものと矛盾する比例が発見されたときである。また、これらの部位が上に載るものを支持できないように眼には映るときである。そして、それらを支えるものによっては支持できないと、みえるときなのである。ところでこのことが顕著になるのは、エンタブラチュアと円柱においてである。円柱の太さは支持する能力をあらわすように、エンタブラチュアは、円柱の太さに比例した高さを与えられることで、支えられるものとなり、そうみえるのである。だからエンタブラチュアの高さは、円柱の太さとの相関において定められるべきである。また

(8)

オーダーが異なればエンタブラチュアにも多様な処置が求められる。太さの等しい円柱でも、あるオーダーではほかのオーダーよりも高くなったりするから、円柱が高いときは、エンタブラチュアの高さを小さくしなければならない。なぜなら円柱は高いと弱くなるし、弱くみえるからである。しかし古代の建物を建てた建築家たちは、この反対を実践していたことが観察される。エンタブラチュアが円柱の太さにみあわず高くされている。コンポジット式やコリント式といった、円柱がいちばん高いオーダーでは、ドリス式やイオニア式といった、円柱がいちばん短いオーダーよりも、エンタブラチュアが高くされているのである。

建築には三種類ある。ウィトルウィウスが私たちに伝えた太古の（ancien）建築、私たちがローマ人の建物のなかで研究している古代の（antique）建築、そして一二〇年まえから建築書が書かれて私たちに伝えられた近代の（moderne）建築、である。ウィトルウィウスと近代人のほとんどは、エンタブラチュアの比例ということでは、古代の建築家たちとは対極の位置にある。古代の建築家は、支持できないような高いエンタブラチュアをつくった。たとえばネロ宮正面や、フォルム・ロマヌムの三円柱すなわち通称カンポ・ヴァチノの三円柱[42]である。近代人がつくったエンタブラチュアはあまりに矮小であった。たとえばビュラン[43]とドロルムがウィトルウィウスの法則にしたがいつくったものがそうであり、古代のエンタブラチュアの半分もない。古代建築を設計したローマ人は、ウィトルウィウスが提案した太古建築のエンタブラチュアは低すぎると思い、この欠陥を直そうとして、やはり害のある極端なものを選んでしまったようだ。おなじように近代人のなかにも、この極端さに気がついて、太古建築の手法へと回帰した者もいた。しかし近代人はむしろ、太古人たちの欠陥を矯正しようというローマ人の意図は認めるべきであったし、非難するにしても、彼らの極端な比例だけにするべきであったのだが。[9]

ある人びとは、エンタブラチュアの高さがこれほど多様である理由を探した。そして、建物の異なる規模と、

(10) 重厚であったりそうでなかったりというオーダーの性質が、これらの比例が異なる原因であり、それはウィトルウィウスが与えた法則ゆえである。なぜなら彼は高さ二五ピエ〔一ピエ（尺）＝三二四・八ミリメートル〕の円柱のアーキトレーヴは一五ピエの円柱のそれよりも一二分の一だけ高くあるべきとしたではないか、と指摘した。しかし建築家たちはこの道理にはまったく頓着しなかったようだ。そして背の低い円柱のエンタブラチュアを、高い円柱のそれよりも比率的に、より高くした。そのようなことがパンテオンにみられる。祭壇の円柱はポーティコのそれの四分の一しかないが、そのエンタブラチュアははるかに高い。さらにオーダー比例も準拠されなかった。なぜならトスカナ式やドリス式というたいへん重厚なオーダーのエンタブラチュアは、この道理なら、コリント式やコンポジット式よりも比率的にもっと高くあるべきだが、事実としてはより低いのである。

私は偉大な主唱者どうしの訴訟を調停しようというのではない。もしこの主題について、そして実施されたことが観察されるそのほかの比例について私見を述べるとすれば、法曹家が農民の判決[44]とよぶ判断をしたいにすぎない。すなわち不和を、半々のところで折合いをつけるという判決である[45]。それは訴訟において事態があまりに錯綜したとき、きわめて聡明な裁判官でさえその事態を認識できないときに下す判決のことである。だから、どのような理由から比例はこれほど多様であるか、私たちはまったく認識できないとき、なんらかの蓋然性のある確かな法則を打ち立てるためには、円柱の直径の二倍といった、円柱の寸法とある比率を保ち、かつ古代の建物にみられる極端な数値から等距離にある寸法を使うという、中庸の道を歩むしかないであろう。

だから建築書や建物によっては、本書の提案より小さい寸法のものがあるという異論にたいして、やはり真正な別の建築書や建物においては、より大きい寸法のものもあると、私は反証するであろう。こうした理由からの帰結である。私が報告する真正なる諸例のなかの平均値、あるいはそれらの両極端からのほぼ中央値をもって、恒常的な規則あるいは大きさを計る基準とする。また、この大きさを、ある完数で等分して適正な比例とすることが可能なとき、その寸法をミニット数で表示するものではない。

次表には、五オーダーのための五円柱が描かれている。それぞれの円柱にミニットの数を記している。例としてあげたエンタブラチュアが、一二〇ミニットより、すなわち私が普遍的なエンタブラチュア高さと考える二直径つまり六小モデュールより、どれだけ大きいか小さいかという数を示した。なぜならこの表によれば、私の提案よりも低いエンタブラチュアとしては、シビラ神殿の〔コリント式〕エンタブラチュアは二一ミニット低く、ヴィニョーラの〔コンポジット式の〕それは三〇ミニットより低く、ビュランの〔イオニア式の〕それは三七《ママ》ミニットだけ低い。私の提案より大きいエンタブラチュアとしては、ローマの市場の三本柱の〔コリント式の〕それは三六ミニットよけいに高く、コロセウムの〔イオニア式の〕それは二六ミニットより高い、といったことがわかる。

さらに表[46]からわかるように、トスカナ式だけは、私が規定した二直径よりも低いエンタブラチュアを与えた著作家しかいない。これは不可解である。なぜならドリス式のそれはイオニア式よりも高いことがしばしばであり、スカモッツィはドリス式に、一二〇ミニットに加え、さらに二七ミニットも与えている。イオニア式ではマルケルス劇場のものがいちばん高いが、一二〇を超えるのは二五ミニットにすぎない。だからすでに指摘したように、トスカナ式は円柱が太さに比して背が低いので、太く力強いという理由から、そのエンタブラチュアはドリス式よりも高くしなければならない道理となる。

エンタブラチュアの表

トスカナ式		ドリス式		イオニア式		コリント式		コンポジット式	
ミニット		ミニット		ミニット		ミニット		ミニット	
ウィトルウィウス 15	より小	コロセウム 26	より大	F.ウィリリス神殿 18	より大	平和の神殿 8	より大	ライオン凱旋門 34	より大
スカモッツィ 11		スカモッツィ 27		ヴィニョーラ 18		セプティミウスのポーティコ 12		セルリオ 30	
ヴィニョーラ 15		ウィトルウィウス 15	より小	マルケルス劇場 25		ドロルム 19		ヴィニョーラ 30	より小
パラディオ 16		ビュラン 15		コロセウム 26		ネルウァ神殿 24		セプティミウス凱旋門 19	
セルリオ 3		セルリオ 13		パラディオ 11	より小	三円柱 36		ティトゥス凱旋門 19	
		パラディオ 12		セルリオ 13		ネロ宮正面 47		バックス神殿 2	
		ヴィニョーラ 10		スカモッツィ 15		スカモッツィ 0	より小	パラディオ 0	
		バルバロ 8		ドロルム 16		パラディオ 6		スカモッツィ 3	
		マルケルス劇場 7		ウィトルウィウス 19		ヴィニョーラ 12			
		ドロルム 5		ビュラン 35		セルリオ 14			
						ウィトルウィウス 19			
						シビラ神殿 21			

訳注

（42）Campo Vaccinoとは「牛の原っぱ」を意味する。ローマのフォルム・ロマヌムのこと。ターナーの絵画《現代ローマ――牛の原っぱ（カンポ・ヴァチノ）》はそれにちなむ。その三円柱とは、カストル（Castor）とポルックス（Pollux）の神殿であり、紀元前四九五年にレギルス湖畔の戦闘で勝利したことを感謝して建設された。もともとはコリント式の八柱式神殿であったが、一五世紀には三本が残るのみとなっていたようで、そのまま三円柱と呼ばれるようになった。

（43）Jean Bullant, 1520?-1578：フランスの建築家。彫刻家。ローマに滞在し芸術を研究したのち、一五四〇年に帰国し、エクーアン城などを担当する。アンリ二世、カトリーヌ・ド・メディシスらのために王室関係の仕事をした。理論的考察も展開し、一五六四年に『五種類の円柱の一般建築法則』（*Reigle généralle d'architecture des cinq manières de colonnes*）を出版している。この書は、ジャン・マルタン訳フランス語版やバルバロ版のウィトルウィウス建築十書、アルベルティ『建築論』にもとづき、セルリオの建築書などをも参考にした内容となっている。

（44）jugement des Rustiques

（45）ペレス＝ゴメス版によれば、当時フランスは法律を根本的に体系化する作業をしており、ペローはその流れにのりオーダーの体系化を進めた（Pérez-Gómez 1993, p.178 note 26）。

（46）これ以降の表においてペローが比例データを引用した文献は決まっている。ウィトルウィウス建築十書、イタリア・ルネサンスの建築書（セルリオ、パラディオ、スカモッツィ、ヴィニョーラ）、フランス・ルネサンスの建築書（バルバロ、ドロルム、ビュラン）。そしてデゴデの『ローマの古代建築』である。

（11）

第五章　円柱の高さについて

なぜ異なるオーダーのエンタブラチュアの高さはまちまちなのかを推論するよりも、さらに難しいのが、なぜ建築家たちは同じ円柱にさまざまな高さを与えたか、である。ウィトルウィウスは神殿のドリス式円柱を、劇場の裏ポーティコのそれよりも低くした。その理由を、ほかの場所よりも神殿は荘厳でなければならないから、とだけ彼は説明している。パラディオも同じことをしているようで、ペデスタルの上に載る円柱の高さを、ペデスタルに載らない円柱よりも高くしている。これはもっと道理にあわない。なぜならペデスタルそのものが円柱を延長したようなものであり、円柱をさらに高くする必要はないからである。セルリオは、独立円柱である場合、そうではないものより三分の一短くしている。これは破格であり、類例はない。ほかのものより独立円柱は強くなくてはならないという理屈は正しいが、彼はそれを誤用している。なぜなら、もし強度が足りなければ、それを補うために円柱間隔を詰めればよいから、わざわざ比例を変えることに頼らねばならないとは、私は信じない。

さまざまな著作家が同じオーダーを描く。それら円柱の高さはきわめてまちまちである。円柱には、多様なオーダーにおいて、つねに類似した比例はありそうにない。それでもあれこれ比較してみれば、オーダーがより粗放でなくなるにつれて〔すなわちトスカナ式からコンポジット式にいたるまでに〕円柱はより高くなる。しかしこの増分も、あるオルドナンスにおいては、ほかのそれより大きくなることがある。たとえば古代において、この

(12) 増分は五オーダーにおいて五モデュールすなわち五半直径でしかなかった。いちばん低いトスカナ式円柱は一五モデュール、いちばん高いコンポジット式は二〇モデュールである。ウィトルウィウスにおいても、増分は五モデュールである。すなわち一四モデュールから一九モデュールまでである。近代人はもっと大きくした。たとえばスカモッツィにおいては五モデュールと半であり、パラディオとセルリオにおいては六であり、次表のごとくである。そこで注目されたいのは、私はさまざまな建築家たちが円柱に与えた寸法をそこに記したが、その目的は、両極端な寸法から中間値を導くためであり、エンタブラチュアの高さについてすでにおこなったことを、繰り返したのである。

　こうして私は、トスカナ式円柱の高さは一五モデュールほどでなければならないと考え、一四と三分の二、すなわち私流にいえば二二小モデュールとする。なぜならそれはウィトルウィウスのトスカナ式における一四モデュールと、トラヤヌス記念柱における一六モデュールの中間値だから。まったくおなじくドリス式円柱の高さは一六モデュール、私流にいえば二四小モデュールでなければならない。この寸法は、ウィトルウィウスの一四とコロセウムの一九との中間である。またイオニア式円柱は一七モデュールと三分の一、すなわち二六小モデュールとしよう。この寸法はセルリオの一六と、コロセウムの一九の中間値である。コリント式円柱はかくして一八モデュールと三分の二であり、二八小モデュールということになる。この高さは、シビラ神殿の一六モデュールと一六ミニットと、ローマの市場の三円柱における、二〇モデュールと六ミニットとの中間値である。コンポジット式円柱は、この方法により、通常の二〇モデュールであり、三〇小モデュールとなる。その大きさはティトゥス凱旋門の二〇と、バックス神殿の一九モデュール半とのあいだの中間値である。

(14) 　ご異論もあろう。古代建築や一部の近代建築家において、コリント式円柱とコンポジット式のそれはしばしば

(13)

円柱の高さの表

			平均の大きさ	
		中モデュール	中モデュール	小モデュール
トスカナ式	ウィトルウィウス	14	14　2/3	22
	トラヤヌス記念柱	16		
	パラディオ	14		
	スカモッツィ	15		
	セルリオ	12		
	ヴィニョーラ	14		
ドリス式	ウィトルウィウスの神殿	14	16	24
	ウィトルウィウスの神殿のポーティコ	15		
	コロセウム	19		
	マルケルス劇場	15　1/2		
	スカモッツィ	17		
	ヴィニョーラ	16		
イオニア式	コロセウム	19—2	17　1/3	26
	マルケルス劇場	17　2/3		
	パラディオ	18		
	セルリオ	16		
	ウィトルウィウス	17		
コリント式	パンテオンのポーティコ	19—16	18　2/3	28
	ウェスタ神殿	19—9		
	シビラ神殿	16—16		
	平和の神殿	19—2		
	カンポ・ヴァチノの三円柱	20—6		
	ファウスティナ神殿	19		
	アントニヌスのバシリカ	20		
	セプティミウスのポーティコ	19—8		
	コンスタンティヌス凱旋門	17—7		
	コロセウム	17—17		
	ウィトルウィウス	19		
	セルリオ	18		
コンポジット式	ティトゥス凱旋門	20	20	30
	バックス神殿	19　1/2		
	スカモッツィ	19　1/2		
	セプティミウス凱旋門	19—9		

同じ高さなのである。円柱高さの増分はほかのオーダーではあっても、コンポジット式オーダーではまったくなく、表におけるいくつかの例においてみられるとおりである、と。こうした指摘にたいし私は、オーダーはおもに円柱の長さと太さの比によって区別されるので、コンポジット式オーダーがコリント式とは異なるものとするのなら、比例も異なっていなければならないと答えよう。ウィトルウィウスも同じ考えから指摘している。当時なされたように、〔コンポジット式オーダーの〕柱頭をほかのオーダーから抽出した装飾をもって制作したとしても、その円柱はコリント式のそれより高くはないので、コリント式とは異なるオーダーを創作したとはいえない、と。あるいはこういう異論もあるかもしれない。この段階的な増分はウィトルウィウスの規則に反している。ウィトルウィウスはイオニア式とコリント式とで、柱身の高さを等しくしたのであり、コリント式をより低くした私たちとは異なっている、と。しかし事実はというと、古代の建築家たちは、ほかの多くの部位のようにこの部位においても、太古建築の比例を変更したのだった。そして近代の建築家たちは、みなこの変更に追随した。もっともスカモッツィは例外であり、コリント式円柱の柱身をイオニア式のそれとほぼ等しくした。

ところでオーダーが異なるごとに円柱の高さが一定の寸法で漸進的に増加するのは道理である。だから私は、トスカナ式からコンポジット式にいたる四増分の合計が、古代の五モデュールと、近代人の建築における五モデュールと半の中間値となるように、五中モデュールと一〇ミニットと定めたのち、この一六〇ミニットという合計値を四等分して、オーダーごとの増分を四〇ミニットとする。こうしてトスカナ式円柱の高さを一四中モデュールと二〇ミニットとし、さらにドリス式は一六中モデュール、イオニア式は一七中モデュールと一〇ミニット、コリント式は一八中モデュールと二〇ミニット、コンポジット式は二〇中モデュールとする。しかしこれら中モデュールによる端数は記憶しづらい。だから私流に二〇ミニットである小モデュールを使う。こうして二二小モデュールをトスカナ式円柱に、二四をドリス式に、二六をイオニア式に、二八をコリント式に、三〇をコンポジット式にあてる。数列の公差は私流の二小モデュール、すなわち四〇ミニットとなる。

第六章　ペデスタル全体の高さについて[15]

ペデスタルを、太古人たちはスチュロバテス（stylobates）とよんでいた。柱基、柱頭、アーキトレーヴ、フリーズ、コーニスとは違い、それはけっして円柱全体にとって不可欠の部位ではなかった。しかし近代人はそれを円柱全体を構成する部位のなかに加え、それらの比例を定めた。

ウィトルウィウスは二種類のスチュロバテスについては説明しているものの、それ以上のことは書いていない。すなわち連続的なものと、その上に載る円柱に対応してその数だけあるような、いわば個別的なものである。ウィトルウィウスはこれを、腰掛け[47]のようなスチュロバテスだと述べている。すなわち個別的なスチュロバテス[48]の各部位は、各円柱にそろえて張り出しているので、その上に円柱がすえられる、いわば腰掛けのようなものである。しかし彼は、どちらの種類についても、その比例にはまったく言及していない。

古代における連続的なペデスタルの例としてはティヴォリのウェスタ神殿、フォルトゥナ・ウィリリス神殿、いわゆる両替師門[49]がある。個別的なペデスタルの例としては、マルケルス劇場、パンテオンの祭壇、コロセウム、ティトゥス凱旋門、セプティミウスのそれ、コンスタンティヌスのそれ、がある[50]。これらのペデスタルはイオニア式、コリント式、コンポジット式オーダーだけを支える。基本的に、これらのペデスタルの比例はオーダーごとにおおきく異なっているが、若干の関連性もあり、円柱のそれのような等差数列をなす。公差は約一モデュー

（16）

ル、平均の高さはイオニア式が五モデュール、コリント式が六モデュール、コンポジット式が七モデュールと半である。

近代人は五オーダーのペデスタル全体の高さについての法則を定めた。大多数の人は、古代におけるように、オーダーからオーダーへと等差数列をなすようにした。ヴィニョーラとセルリオは違う種類のオーダーであってもペデスタルの高さを一定にした。トスカナ式からコンポジット式までの増分の総和は、建築書の作家ごとに違う。古代においてイオニア式からコンポジット式までのそれが異なるように。次表において報告されているすべての例においても、それは二から四モデュールまである。

こうした多様なもののなかに含まれる極端な値から、平均的な値をとろうと、私は、第三章で提案した方法により、トスカナ式ペデスタルの全高は四半直径すなわち四モデュールとする。これは私の小モデュールでは六にあたる。この高さは極端な寸法、すなわち作家たちがこのオーダーに与えた最大のペデスタルと、最小のものとの中間値である。そしてまたコンポジット式ペデスタルには六半直径と半をあてる。これは私のモデュールでは一〇である。これもまた与えられた両極端の大きさの中間値である。その帰結として、増分の合計値は二半直径と三分の二となり、それを四等分すれば、それぞれの増分は一モデュールすなわち半直径の三分の二であり、これは私の小モデュールでは一となる。トスカナ式ペデスタルは六小モデュールであり、さらにドリス式は七、イオニア式は八、コリント式は九、コンポジット式は一〇となる。増分が一モデュールであるのは表のとおり。そこにあるように、トスカナ式の最大値はヴィニョーラにおける五モデュールであり、最小値はパラディオにおける三であり、合計で八となる。私はその半分の四を平均の寸法とする。それは六小モデュールとなる。ドリス式オーダーでは、最大のものはセルリオにおける六モデュールであり、最小のものはパラディオにおける四モデュールと五ミニットであり、その合計である六モデュール五ミニット[51]を、半分にすると四モデュール二〇ミニットとなる。これは七小モデュールに相当する。イオニア式では最大のものはフォルトゥナ・ウィリリス神殿の七モデュールと一二ミニットであり、最小のマルケルス劇場の三モデュールと八ミニットと合算すると、一〇モデュールと二〇ミニットとなり、さらに二で割ると五モデュールと一〇ミニットとなり、八小モデュールに相当する。コリント式では最大のものはパンテオンの祭壇の七モデュールと二八ミニット、最小はコロセウムの四モデュールと二ミニットであり、加算すると一二モデュールという数になり、その半分は六モデュール、すなわち九小モデュールである。コンポジット式で最大のものは両替師門の七モデュールと八ミニットを、最小のスカモッツィにおける六モデュールと二ミニットと合算すると、一三モデュールと一〇ミニットとなり、その半分は六モデュールと二〇ミニットだから、一〇小モデュールとなる。

訳注

(47) ウィトルウィウスはそれを scamilli impares と呼んだ。ペレス＝ゴメス版でもそう指摘されている（Pérez-Gómez 1993, p.178 note 28, 29）。

(48) 原文ではここは「連続的」とあるが、以降はあきらかに個別的で断続的なものを説明しており、筆記ミスと思われる。ペレス＝ゴメス版ではそのまま英訳しており、デゴデの図版は参照していないようである。森田版ウィトルウィウス第三書第四章五項、ペロー版ウィトルウィウス（p.87, planche XVIII）を参照。

(49) Arc dex Orfévres：ローマのヴェラブロ地区にあるセプティミウス・セウェルス凱旋門の通称。41頁注における「XIX章」の解説も参照。Cf. Desgodetz, Les *Édifices antiques de Rome*, 1682, pp.216-223.

(50) これらの建築の実測図はいずれもデゴデ『ローマの古代建築』に収録されている。

(17)

ペデスタルの高さの表

				平均の大きさ	
		モデュール	ミニット	中モデュール	小モデュール
トスカナ式	パラディオ	3	0	4	6
	スカモッツィ	3	12		
	ヴィニョーラ	5	0		
	セルリオ	4	15		
ドリス式	パラディオ	4	5	モデュール—ミニット 4—20	7
	スカモッツィ	4	8		
	ヴィニョーラ	5	4		
	セルリオ	6	0		
イオニア式	フォルトゥナ・ウィリリス神殿	7	12	5—10	8
	マルケルス劇場	3	8		
	コロセウム	4	22		
	パラディオ	5	4		
	スカモッツィ	5	0		
	ヴィニョーラ	6	0		
	セルリオ	6	0		
コリント式	パンテオンの祭壇	7	28	6	9
	コロセウム	4	2		
	パラディオ	5	1		
	スカモッツィ	6	11		
	ヴィニョーラ	7	0		
	セルリオ	6	15		
コンポジット式	両替師門	7	8	6—20	10
	パラディオ	6	7		
	スカモッツィ	6	2		
	ヴィニョーラ	7	0		
	セルリオ	7	4		

（51）理論的には一〇モデュールと五ミニットでなければならない。ヘルマン（Herrmann 1973, pp.209-12）もペレス＝ゴメス版（Pérez-Gómez 1993, p.178 note 30）も同じ指摘をしている。

（18）

第七章　ペデスタル各部位の比例について

ペデスタルは、台基、台胴あるいは幹部、そして台蛇腹からなる。これらの部位の比例は、古代人がつくった建物においてはかなり多様である。近代人によるものもそうである。古代において一般的に観察される比例は、台基は台蛇腹よりも大きく、台基を構成する二部分としては、台石は、台基の残りの部分を埋め尽くす刳形よりも、つねに大きい。近代人のなかではセルリオとヴィニョーラは、まったくこのような比例を使っておらず、台石をつねに刳形よりも小さくしている。彼らはどうやら、台石に相当する基板は柱基の四分の一か三分の一にすぎないような円柱を模倣したかったようである。

パラディオとスカモッツィは古代の一般的な比例に倣った。彼らは、古代よりもさらに規則正しく、つねに台基を台蛇腹の二倍にした。スカモッツィはコンポジット式、イオニア式そしてドリス式において、台石を刳形の二倍にしている。

これら三部位の比例は、全体として規則正しくするためなら、変更できるのはごくわずかである。つまり私が定めたように、すべてのオーダーにおいてペデスタル全体の四分の一を台基とし、八分の一を台蛇腹、台石は台基の三分の二というようにするならよい。次表にはほとんど漏れはないのであり、古代や近代の建物をほんのすこし変更すれば、私が提案する比例と一致することがわかる。そして注目していただきたい。私が報告する例の

第七章　ペデスタル各部位の比例について(19)

なかでは、ペデスタルがオーダーにたいしてもつ比例についてはまったく問題なく、ペデスタルの各部位がそのペデスタル全体にたいしてもつ比率が問題なのである。このペデスタル全体の寸法がオーダーとどのような比率であるべきかは前章で定めたとおりである。

だから私はすべてのオーダーについて、それぞれのペデスタルを一二〇の小部分に等分する。とはいえそれはミニットではない。なぜなら、すでに述べたように、ミニットといえば円柱直径の六〇分の一というある一定の寸法であり、まぎらわしいからである。しかし論考している小部分は、ペデスタルがどういう寸法であれ、それぞれのペデスタルの一二〇分の一である。このようにして等分した小部分の、三〇をペデスタルの台基全体の高さとし、ペデスタル全体の四分の一とし、二〇を台基の三分の二である台石にあて、残りの一〇を台基の刳形にあてる。またこれら小部分の一五を台蛇腹に、残りの七五を台胴にあてる。これも古代の例からとられた中間値の大きさによる。それらを次表に示した。そこにはペデスタルの各部位がオーダー全体にたいして、いくつの小部分をもつかが示されている。このように台石の高さを決めるために、私は、フォルトゥナ・ウィリリス神殿における三〇という最大値と、コンスタンティヌス凱旋門における一〇という最小値を足して四〇とし、その半分の二〇という値をそこにあてる。私はこの方法により、台基の刳形の高さを一〇の小部分とする。つまりフォルトゥナ・ウィリリス神殿における一九という最大値と、コロセウムにおける一一という最小値を加算して三〇とし、その半分の一五という値をそこにあてるのである。(52) 最後に、この方法で台胴の高さを七五の小部分とする。つまり両替師門における八四という最大値と、フォルトゥナ・ウィリリス神殿における六六という最小値とを加算して一五〇としたときの、その半分が七五なのである。

ペデスタルの共通点がもうひとつある。すなわち台胴の幅は、いずれのオーダーについても、円柱の柱基の張

ペデスタルの各部分の高さ一覧表

		台石	台基の刳形	台胴	台蛇腹
ドリス式	パラディオ	25 小部分	6 小部分	68 小部分	18 小部分
	スカモッツィ	27	14	60	21
イオニア式	フォルトゥナ・ウィリリス神殿	30	12	66	19
	コロセウム	28	8	73	11
	パラディオ	22	11	70	17
	スカモッツィ	25	12	65	18
コリント式	コンスタンティヌス凱旋門	10	14	79	17
	コロセウム	24	11	73	12
	パラディオ	19	12	73	15
	スカモッツィ	18	11	77	14
コンポジット式	ティトゥス凱旋門	25	14	67	13
	両替師門	19	9	84	11
	パラディオ	21	10	74	15
	スカモッツィ	21	10	74	15
	セプティミウス・セウェルス凱旋門	15	14	76	14
	中間値	20	10	75	15

出しに等しい。第三章で定めたとおりなのだが、次章でも説明されよう。〔20〕

訳注

（52）あきらかに一〇といいながら一五としており一貫していない。また表の数値とも、前者は一二、後者は一一のはずなのだが、それとも一致しない。フォルトゥナ・ウィリリス神殿の一二と、コロセウムの八を加算して二〇、その半分が一〇とするなら、一貫する。ただし最大値はティトゥス凱旋門などの一四である。ペレス＝ゴメス版でもこの文章の矛盾は指摘されている。（Pérez-Gómez 1993, pp.178-179）

第八章　円柱の縮減と膨らみについて

建築におけるふたつの最重要事項が堅固さと、堅固さの外観である。後者はすでに述べたように、建物の美をなす主要な要素のひとつである。そのために建築家はだれしも、円柱の上部を下部よりも細くする。これは［直径の］縮減（diminution）と呼ばれる。なん人かの建築家は中間部が膨らんでいるようにし、そこを下部よりも太くした。これは膨らみ（renflement）と呼ばれる。[53]

ウィトルウィウスによれば、円柱高さのモデュール数による寸法ではなく、その寸法の絶対値により、縮減も異なるべきだと考えた。だから一五ピエの円柱は、下部直径の六分の一だけ細く、五〇ピエのものは八分の一だけ細くされねばならないと考えたし、それらのあいだの高さ寸法にあっては比例配分的に縮減を定めている。しかし古代においてこうした法則が守られたことは観察されない。なぜなら、平和の神殿、パンテオンのポーティコ、カンポ・ヴァチノと呼ばれるローマの市場広場、アントニヌスのバシリカにある大円柱の縮減と、ほかのものの四分の一の高さしかないバックス神殿の円柱のそれは、まったく等しいのである。ファウスティナ神殿、セプティミウス神殿のポーティコ、コンコルディア神殿、ディオクレティアヌス劇場の円柱はきわめて背が高いが、これらに比べれば半分ほどしかないもの、たとえばティトゥス、セプティミウス、コンスタンティヌス凱旋門の円柱にくらべて、むしろ縮減はさらに大きいのである。つまり一五ピエもないこれら小円柱は、ウィトルウィウスの定めなら六分の一の縮減があるべきなのに、そんな大胆なものはなく、せいぜい七分の一と半ほどである。さらには彼があげた五〇ピエを凌駕する背が高い円柱でも、彼が規定したようなものはもはやなく、その規則からすればせいぜい八分の一であるべきところを、七分の一と半まで大きくされているのである。

　どのオーダーであっても建物が異なれば縮減には大小が生じる。しかしオーダーの種類が違うからそれも違う(21)ということにはならない。それでもトスカナ式オーダーは例外として扱わねばならない。ウィトルウィウスはこのオーダーの縮減について四分の一までとした。しかしこの点についてウィトルウィウスに準拠しなかった近代人もいるし、ヴィニョーラのものは五分の一にすぎない。古代から現存する唯一のトスカナ式であるトラヤヌス記念柱では九分の一と、さらに小さい。だからこうした極端な値の中間をとるために、ほかの四オーダーの円柱のように七分の一と半という比率ではなく、私はこの円柱には六分の一という値を与える。もしオーダーごとに縮減を変えねばならないなら、円柱が太さに比べて相対的に短くなる円柱においては、それを大きくするよりむしろ小さくすべきであるのが道理かもしれない。なぜならそうした円柱においてこそ縮減ははっきり観察されるのだから。にもかかわらずウィトルウィウスがトスカナ式円柱にあてた値はほとんどの建築家により追随されたので、建築のおもな法則のひとつである慣れを尊重して(54)、トスカナ式オーダーにおけるこの値はいくぶん大きめでなければならないはずだ。

　次表において私は、異なるオーダーの寸法とその縮減のさまざまな値を示した。これらの例からわかるように、古代人はオーダーの種類が異なっていても、円柱の高さが違っていても、まったくその値を変えたりはしなかった。同じオーダーで、高さの等しい円柱であっても、それはさまざまであれば、異なるオーダーで高さの異なる円柱であっても、それが等しいこともある。たとえばマルケルス劇場のドリス式円柱や、高さがほぼ等しいコロセウムのドリス式のそれは、一二から一四というようにかなり差があるし、イオニア式オーダーについてはフォルトゥナ・ウィリリス神殿のものとコロセウムのものは、高さは等しいものの、縮減は異なっており、七から一〇である。また逆にフォルトゥナ・ウィリリス神殿の円柱とセプティミウス凱旋門のポーティコの円柱は、等しい縮減なのに、前者はイオニア式オーダーの円柱で高さは二二ピエであり、後者はコリント式オーダーのそれで三七ピエもある。

(22)

ところでその表には、それぞれの円柱に与えられた、さまざまな縮減の例が報告されている。私はそこから中間値をとる。最小の値と最大のそれを足して、その半分をとれば、おおよそ八ミニットとなる。たとえば最小値はコロセウムのドリス式円柱における四ミニットと半に、その最大値であるマルケルス劇場のドリス式における一二ミニットを加えると、二数の合計は一六と半となり、その半分が八と四分の一である。まったくおなじく、現存する円柱における最小値、すなわちアントニヌスのバシリカの円柱における六と八分の一と、最大値であるコンコルディア神殿の円柱における一〇と半分という、これら二数を合計すると一六と八分の五となり、その半分は八と一六分の五となる。ところでこの八ミニットという値は、ほぼ、円柱直径の七分の一と半分であり、それが左右に二分されるのだから、私の小モデュールの五分の一、すなわち四ミニットである。私は近代人によるものはまったく参照しなかった。なぜならそれらは、建築家ごとに、オーダーごとに、異なっている古代のものと、類似しているからである。

（23）

円柱の縮減の表

		樹幹の高さ	直径	縮減
		ピエ　プース	ピエ　プース	ミニット
ドリス式	マルケルス劇場	21—0—0	3—0—0	12—0
	コロセウム	22—10—1/2	2—8—1/4	4—1/2
イオニア式	コンコルディア神殿	36—0—0	4—2—1/2	10—1/2
	フォルトゥナ・ウィリリス神殿	22—10—0	2—11—0	7—1/2
	コロセウム	23—0—0	2—8—3/4	10—0
コリント式	平和の神殿	49—3—0	5—8—0	6—1/2
	パンテオンのポーティコ	36—7—0	4—6—0	6—1/8
	パンテオンの祭壇	10—10—0	1—4—1/2	8—0
	ウェスタ神殿	27—5—0	2—11—0	6—1/2
	シビラ神殿	19—0—0	2—4—0	8—0
	ファウスティナ神殿	36—0—0	4—6—0	8—0
	カンポ・ヴァチノの円	37—6—0	4—6—1/2	6—1/2
	アントニヌスのバシリカ	37—0—0	4—5—1/2	6—1/8
	コンスタンティヌスの凱旋門	21—8—0	2—8—2/3	7—0
	パンテオン堂内	27—6—0	3—5—0	8—0
	セプティミウスのポーティコ	37—0—0	3—4—0	7—1/3
コンポジット式	ディオクレティアヌス浴場	35—0—0	4—4—0	11—1/3
	バックス神殿	10—8—0	1—4—1/4	6—1/2
	ティトゥス凱旋門	16—0—0	1—11—2/3	7—0
	セプティミウス凱旋門	21—8—0	2—8—1/2	7—0

※1ピエ＝324.8ミリ。1ピエ＝12プース。
1プース＝27.07ミリ。

(24)

円柱の縮減には三つの手法がある。第一は、ごく通常のもので、柱身下部からすぼめはじめ、上はじまでこれを続けるのである。第二は、古代でも実践された方法だが、円柱の下三分の一の箇所からすぼめはじめるのである。第三のものは、古代にはまったく前例がない。円柱の中央ちかくをいちばん太くし、両端すなわち柱基と柱頭にむかい細くしてゆく方法である。あたかも太鼓腹であり、膨らみと呼ばれる。

近代人のなかには、円柱の膨らみを定めるために、ウィトルウィウス建築書のなかのある箇所を根拠とした者もいた。このウィトルウィウスは、そこで膨らみのための規則を書くと約束していながら、それを果たしていない。ヴィニョーラはそのための巧妙なやり方を考案した。膨らみを調整してこのような輪郭線を引くために、円柱の輪郭となる二本の線を、上下にむけて、おなじ比例でカーブさせる。上は下よりも二倍の寸法なので、下よりも上にむけて、二倍の曲がりになる。ブロンデル氏(55)は建築の四つの主要問題についての書(56)のなかで、どのようにこの線がひといきに描けるかを教授している。ニコメデス(57)が発見した道具により、太古人による最初のコンンコイドとよばれる線として引かれるのである。このやり方は、下にむけては細くならず、同じ直径のまま鉛直にまっすぐ下がる円柱についてのみ、その縮減たりうる。直径が下はじで細くならないよう、下三分の一はまっすぐとなり、左右の輪郭線は平行をなしつつ、その下三分の一の箇所から上にむけてすぼまりはじめる。円柱の最下部を細くすべきではない。古代人もほとんどの近代人も、そうはしなかった。

訳注

(53) ペレス＝ゴメス版ではこれをもって「エンタシス」と呼ばれるとしている (Pérez-Gómez 1993, p.179 note 32) が、通常は柱のカーブした全体の輪郭をそう呼ぶのではないかと思われる。

（54）ペレス＝ゴメス版によれば、ペローはここで自然法則ではない「習慣」に重要な意義を与えている。自然な美が芸術において成就されることを妨げる主観的な意見のことを意味するというのが「習慣」の一八世紀的な理解だが、ペローの概念はそれとはまったく違うと指摘されている（Pérez-Gómez 1993, p.179 note 33）。繰り返しによる学習と、差異の無限の生産という意味ではドゥルーズ『差異と反復』における反復の概念に近いとも考えられる。

（55）Nicolas-François Blondel, 1618-1686：フランスの建築教授。築城技師。数学者。外交官。父はトゥルーズで法律を学んだ法曹家であり、下級審次席弁護士。一六四〇年からリシュリユの命で、ポルトガル、スペイン、イタリアに外交官としての仕事をする。そのあいだ築城術や、とくにイタリアではガリレイに数学を学ぶ。一六四八年、地方での厩建設により建築とのかかわりをはじめる。一六八五年、ルイ・サヴォの『フランス建築』（*L'architecture françoise*）改訂版出版の準備をする。一六五〇年代、コルベール含む貴族高官の子弟のグランド・ツアーに同行する家庭教師を務める。一六五六年、現在のコレージュ・ド・フランスの前身にあたるコレージュ・ロワイヤルの数学・築城術講師。一六五七年から一六六三年まで、外交ミッションのためにエジプト、ギリシア、トルコ、ドイツ、ポーランド、ロシアに渡る。一六六四年、コルベールにより王の船舶技師に指名される。一六六九年、科学アカデミーの、幾何学担当会員。同年、パリのサン＝ドニ門を担当し、建築家ピエール・ビュレに現存するその凱旋門を建設させる。一六七一年、建築アカデミーの主事にして教授。講義録『建築教程』（*Cours d'Architecture*, 1675）。新旧論争において古代派の立場から、近代派のクロード・ペローと論争する。一六七三年、皇太子付の数学教授。一六七六年からビュレとともにパリ市都市計画のためにスタディし、実測と計画案をもりこんだ一種のマスター・プランを作成し公表する。『建築の主要四問題の解決』（*Résolution des quatre principaux problèmes d'Architecture*, 1673）、『数学教程』（*Cours de Mathématiques*, 1683）、『投石術』（*Art de jetter les Bombes*, 1683）、『新しい広場建設法』（*Nouvelle manière de fortifier les places*, 1683）。

（56）François Blondel, *Résolution des quatre principaux problèmes d'architecture*, Paris, 1673.

（57）Nicomedes：古代ギリシアの数学者。紀元前二世紀、コンコイド曲線を発見し、それによって角度を三等分し、立方体を二倍にすることを可能にしたといわれる。ペローはウィトルウィウス翻訳のなかで、図版XVIIにおいて、この曲線をつかいエンタシスを描く道具を考案している（Perrault 1683, pp.82-83）。

第九章　円柱の柱基の張出しについて

もともと太古人たちは、どのオーダーでも部位を等しくしたし、今でも円柱の柱基の張出しはそういう部位だと、私は考える。しかし古代においても近代の著作家たちにおいても、柱基のこの寸法は一定であることも、同じオーダーにおいても無頓着に大小があることもある。たとえばコロセウムのドリス式における柱基の張出しは、コンコルディア神殿におけるイオニア式、同じコロセウムにおけるコリント式と等しい。ところがセルリオのトスカナ式における柱基の張出しは、彼自身によるコンポジット式のものより大きいし、スカモッツィのコンポジット式はそのトスカナ式よりも張出しが大きい。

ウィトルウィウスがこの寸法のために定めた法則はかなり混乱している。彼が柱基の張出しについて語るとき、一般的に、それぞれの側に直径の四分の一までをあてる。これは古代建築における最大値をはるかに上まわっている。そして彼はイオニア式柱基を、コリント式のそれとすこしも異なるものにはしないし、古代人による最小(25)値より大きくしようとは、けっしてしない。

ところで、私が定める柱基の幅は、どのオーダーについても八四ミニットである。左右それぞれ四二ずつだともいえる。つまり私は三〇ミニットという半直径に、一二ミニットを加える。この一二なる値は、第三章で述べたように、私の小モデュールを五とすれば、そのうちの三である。小モデュールは二〇ミニットだから、その五分の一とは、四ミニットである。そしてこの一二ミニットは、古代や近代人のものにおける平均値とほとんど差がないことは、次表で確認できる。前章で円柱の縮減に応用したその方法で、この平均値をとることができる。コロセウムのコリント式における四〇という張出し[58]の最小値を、ティトゥス凱旋門の四四という最大値に加算すれば八四となり、その半分はまさに四二となる。あるいは表の残りの例をみても、張出しの最小値はパンテオンのポーティコにおける四一であり、最大値はフォルトゥナ・ウィリリス神殿における四三であり、合算すれば、やはり同じ八四ミニットという値となるであろう。

訳注

（58）ここではあきらかに柱身からの張出しの寸法ではなく、円柱中心からの距離のことである。ペレス＝ゴメス版でも同じ指摘がなされている（Pérez-Gómez 1993, p.179 note 35）。

円柱の柱基の張出し表

	トスカナ式	ドリス式	イオニア式	コリント式	コンポジット式
パンテオンのポーティコ				41	
カンポ・ヴァチノの三円柱				42	
パンテオンのポーティコのピラスター				43	
ディオクレティアヌス浴場				42	43
トラヤヌス記念柱	40				
パラディオ	40	40	41	42	42
スカモッツィ	40	42	41	40	41
ヴィニョーラ	41	41	42	42	42
セルリオ	42	44	41	40	41
フォルトゥナ・ウィリリス神殿			43		
コロセウム		40	40	40	
バックス神殿					41
ティトゥス凱旋門					44
セプティミウス・セウェルス凱旋門					41

第一〇章　ペデスタルの台基と台蛇腹の張出しについて

（26）

ペデスタルは、古代人のあいだではさほど常用されなかったし、そののちも、そうであった。だから近代人は、古代から今に残された比例に追随することにさほど熱心ではない。とくに古代建築の台基にみられる大きな張出しは、近代人には受け入れられなかった。こうした古代の台基は、ふつう三分の一かそれ以上である。しかし近代の建築書作家たちはそんな値はとらない。古代人が実践したことから一般則として導けることといえば、彼らはこの張出しをペデスタルの高さとの比例関係で定めたということである。近代人はこんな規則には従わず、どのオーダーでもほとんど等しい張出し寸法としながら、ペデスタルの高さはオーダーによりかなり異なっている。ただ私は、彼らのこのやり方が正しいとは思わない。なぜなら円柱の柱基については、張出しがどのオーダーでも一定であるのは、円柱の高さがオーダーごとに異なっていようが、柱基の高さは一定であるようなことだから、である。例外はトスカナ式である。ほかのオーダーより柱基はわずかに低い。なぜなら柱身下部の根広も柱基に含まれるからである。ところでこの理由により、ペデスタルの台基の張出しは、違う値をとるべきである。というのは台基の高さは、ペデスタル全体の高さに比例して決められる。そしてペデスタル全体の高さはオーダーごとにすべて異なる。だから台基の高さは異なる値をとるのである。

巨匠たちの法則からできるだけ逸脱しないよう、私たちは中庸をとる。まず太古人を模倣して、台基の張出しとそのペデスタル高さとの比例を採用する。そして、古代人が一般的にこの台基の張出しに与えたあまりに大きい値を、近代人のやり方に追随して、やや小さくする。あきらかに近代人は、すでに言及した見かけの堅固さという法則により、この大きな値を小さくした。接地部分の張出しが大きく唐突だと、堅牢ではない。なぜなら、いくつもの石材が上下に積み重ねられると、壁体を支えるためにつくられた接地部分をなす下の石材は、壁体の垂直面のかなり外側に出てしまう。すると、それを支えておらず、むしろ接地部分の上部そのものしか支えていないようになるのだから。石材を積み上げるその層ごとに、わずかずつ石材を後退させれば、接地部分は堅固に(27)なる。ところが、もし台基の張出しが大きすぎると、ペデスタルの台胴を堅固に支えているようにはみえなくなるのである。

だから私はどのオーダーでも、ペデスタルの台基から台石を除いた部位において、張出しと高さを同じ寸法にする。すると、ペデスタルの台基の高さはオーダーごとに異なり、その張出しもまたオーダーごとに異なるようになる。

ペデスタルの台蛇腹の張出しについては、古代人とほとんどの近代人は一致している。彼らはふつう、それを台基の張出しと等しいか、やや大きいていどにしている。台蛇腹は覆うものなのだから、覆われるものよりも前に張り出すのは道理である。それなのにドロルムは、台基はつねに台蛇腹よりもさらに張り出すべきだと述べている。彼の図版には逆のことが描かれているというのに。

次表は古代人と近代人の作品におけるこれら張出しの比例を示している。私自身が与えた寸法とも比較している。ミニット数は、台基と台蛇腹の張出しを、ペデスタル台胴の外づらから外にむけて計ったものである。ペデスタル全体の高さは中モデュールで計測されている。

(28)

ペデスタルの台基と台蛇腹について、それらの張出しの平均値は、表に報告した例においてみられる両極端の値のきっかり中間値というわけではない。それでも、諸例のなかにはそれより大きいものも、小さいものもあるという意味での中間であれば、よいのである。たとえばドリス式オーダーのペデスタルの台基の張出しについて私が定めた中間値は、ヴィニョーラが定めた一一という小さめの寸法より大きいが、パラディオが定めた一六という寸法よりも小さい。以下云々。

ペデスタルの台基と台蛇腹の張出しの表

		台基の張出し	台蛇腹の張出し	ペデスタルの全高	
		ミニット	ミニット	中モデュール	ミニット
ドリス式	パラディオ	16	16	4	20
	ヴィニョーラ	11	11	5	10
	本書	12	14	4	20
イオニア式	フォルトゥナ・ウィリリス神殿	26　1/4	13	7	4
	パラディオ	14	14	5	5
	ヴィニョーラ	14	16	6	
	本書	14	17	5	1/3
コリント式	ティヴォリのウェスタ神殿	24　1/2	24	6	7
	パラディオ	16	16	5	
	ヴィニョーラ	13	13	6	6
	本書	15	19	6	
コンポジット式	ティトゥス凱旋門	28	27	8	15
	セプティミウス凱旋門	24　2/3	25　1/3	6	
	パラディオ	14	14	6	1/3
	ヴィニョーラ	13	13	7	
	本書	16	22	6	2/3

[29]

第一一章　エンタブラチュアのコーニスのあるべき張出しについて

ウィトルウィウスは建築のあらゆる部位の張出しを決めるための一般的な規則を定めようとした。そして部位の張出し寸法と、その部位の高さとがつねに等しくなるようにしている。しかし限定的な規則であることは明らかである。あてはまるのはエンタブラチュアにおけるコーニス全体の張出しとその高さだけである。なぜならコーニスには特有の部位がある。たとえば歯飾りは、張出し幅が高さよりもはるかに小さい。そのほかにも雨覆いはつねに高さよりも張出しが大きい。そしてこの規則は、コーニス全体についてでさえ、古代では守られた形跡はなく、近代人においてもそうである。なぜならコーニスの張出し寸法は、古代ではたいてい高さ寸法よりやや小さい。近代人による建築書ではその逆であり、ほとんどのコーニスでは張出しが高さより大きい。

ほとんどの建築家は、比例を慎重に変えうる手腕をもつことが建築の目的なのだと信じ、そのため建物のさまざまな見え方[59]や規模といった異なる状況に目配せするのだと主張する。遠近によって見え方は異なってくるのだから、ある建物の張出しは別の建物のそれより大きくしなければならないし、おなじように場所の高低によって張出しは、そうあるよりも小さく、あるいは大きく見えたりするので、張出しを増減することによってこの不都合を補わねばならない。彼らはそう固執する。さらに、だから古代遺構のなかではコーニスの張出しはさまざまなのだ、と信じ込ませようとする。しかしあきらかに古代人には、そんな意図はなかった。なぜなら、近代人の理論によれば、見かけが壮麗な建物では大きな張出しでなければならない。そんな大きな張出しが求められるような建物において、逆に、古代人たちは張出しを小さくした。たとえばパンテオンにおける張出しである。ポーティコのコーニスのものは、見かけがはるかに矮小な堂内のものより、小さいのである。さらに建物の規模を規定しているモデュールにあわせて、張出しが変更されることはなかったようである。というのは最大規模の建物においてでさえ、張出しは、高さに等しいか、それより小さいか、なのだから。平和の神殿、カンポ・ヴァチノの三円柱、ディオクレティアヌス浴場の円柱は、古代の建物のなかでもモデュール〔の絶対寸法〕が最大のものであるが、これらの大規模なオーダーにおけるコーニスの張出しは、ティヴォリのウェスタ神殿といった最小規模の建物におけるより、小さいのである。多様であるのは偶然にすぎないことの証拠はさらにある。小規模な建物においても張出しが、大規模な建物におけるよりも、小さいということがある。たとえばパンテオンの祭壇では、張出しはポーティコのものより小さいのに、このポーティコのオーダーは四倍ほども大きいのである。後段においては比例の変化について別の一章をさいて詳述しよう。

次表では、上記に報告された例を確認することができる。

これらすべてのコーニスの比例は多様だから、平均値をとらねばならない。どのオーダーにあっても張出しと高さとを等しくするのである。例外はミューチュールのあるドリス式である。このミューチュールの長さゆえ、コーニス全体にわたり、高さよりも張出しを大きくしなければならない。もしこのコーニスをミューチュールなしとすれば、張出しと高さとを等しくできる。コロセウムという有名な建物ではそうなっている。

（30）

エンタブラチュアのさまざまな張出しの表

張出しが高さより大きいコーニス		オーダーの高さ	高さが張出しより大きいコーニス		オーダーの高さ
	ミニット	ピエ　プース		ミニット	ピエ　プース
ティヴォリのウェスタ神殿	4 — 0	25 — 4	両替師門	6 — 0	17 — 0
コロセウムのイオニア式	1 — 0	25 — 0	パンテオンの祭壇	7 — 0	16 — 0
コロセウムのドリス式	0 — 1/4	31 — 1/2	ティトゥス凱旋門	0 — 0	25 — 0
コンスタンティヌス凱旋門	0 — 0	40 — 1/3	マルケルス劇場のイオニア式	9 — 0	28 — 0
セプティミウス・セウェルス凱旋門	2 — 0	40 — 0	バックス神殿	5 — 0	28 — 7
パンテオン堂内	0 — 1/3	47 — 0	コロセウムのコリント式	3 — 0	30 — 2
コンコルディア神殿	16 — 0	53 — 7	フォルトゥナ・ウィリリス神殿	12 — 0	32 — 0
ファウスティナ神殿	0 — 1/2		セプティミウス・セウェルス凱旋門	13 — 1/2	33 — 0
スカモッツィのイオニア式	3 — 0		パンテオンのポーティコ	2 — 0	54 — 0
パラディオのコリント式	0 — 1/2		カンポ・ヴァチノ三円柱	1 — 1/2	58 — 0
ヴィニョーラのコリント式	4 — 0		平和の神殿	7 — 0	58 — 0
パラディオのコンポジット式	1 — 0		パラディオのイオニア式	7 — 0	
スカモッツィのコンポジット式	1 — 1/4		ヴィニョーラのイオニア式	1 — 1/2	

訳注

（59）ペレス＝ゴメス版の注（Pérez-Gómez 1993, p.179 note 36）によれば、「フランス語で建物の見え方（aspect）とは、その見えるさまと、建物が知覚される視点や視角の両方を意味する。ペローは比例を変更する有効な理由としてのaspectを拒否する。このaspectという言葉が暗に意味しているのは、私たちの知覚においては『いかに』と『なにを』が親密に癒着しているということである。ペローはそれら両者を切り離すのである。初期のラテン語では名詞と形容詞を区別することは難しく、したがって知覚そのものと、知覚の対象ということが混同され、フランス語のaspectの両義性につながった」、とある。

第一二章　柱頭の比例について

(31)

各オーダーの柱基の姿はひどく異なっている。たいへん簡素なものもあれば、多くの刳形で飾られたものもある。それでも柱基の高さは等しく、いずれも柱身下部の半直径である。柱身の下はじにある比較的幅のある平刳形あるいは根広《ねひろ》がこの半直径に含まれるトスカナ式は例外だとしても。しかし柱頭はそうはならない。五オーダーについては三種類の高さがある。トスカナ式とドリス式では、柱基と同じ高さである。コンポジット式と同じくコリント式は、一直径とその六分の一の高さ、すなわち小モデュールが三と半である。イオニア式の比例は独特である。頂板の上はじから渦巻の下はじまでを計るのであるが、その寸法としては柱身下部の直径の半分と、さらにこの直径の一八分の一が加えられる。そして頂板の上はじから円柱の上はじの玉縁までは、一八分の一である。このように比例はいくぶん煩雑である。

そのほかの柱頭についても簡素な比例などというものは、古代のどの建物にも、近代のどの建築書にもない。トスカナ式柱頭は、トラヤヌス記念柱のものは、柱身下部の直径の半分よりも三分の一だけ低い。ドリス式柱頭はというと、マルケルス劇場のものは、半直径より三ミニットちかく低く、そしてコロセウムのものは八ミニット低い。コリント式柱頭については、柱身下部の直径にその六分の一を加えたものを基準にすると、ウィトルウィウス建築書におけるものはそれより低く、シビラ神殿のものは一三ミニットだけ低い。ネロ宮正面のものは六ミニット余分に高く、ローマのウェスタ神殿は七ミニット以上、余分に高い。コンポジット式柱頭はというと、コリント式と同じものを基準にすると、バックス神殿のものは六ミニット余分に高く、セプティミウスの凱旋門と両替師門のそれは、一ミニット半だけ低い。

このように比例は多様でたがいに矛盾している。だから中庸の比例を選ぶことに蓋然性がある。トスカナ式とドリス式のオーダーにおいては柱頭の高さを柱身下部の直径の半分とし、コリント式とコンポジット式のオーダーにおいては直径全体にその六分の一を加えたもの、つまり六〇足す一〇で七〇ミニット、すなわち小モデュールの三と半とするのである。

第一三章　円柱の柱身にある玉縁と根広のあるべき比例について

第一三章　円柱の柱身にある玉縁と根広のあるべき比例について
(32)

どのオーダーでも樹幹にあたる柱身の両はじにはふつう、ある同じ部位がくる。つまり上はじには玉縁と小平縁、下はじには幅のある平刳形《ひらくりかた》である根広《ねひろ》がくる。古代ではこれらの部位の比例はまったく定まっておらず、大小あり、なぜかくも多様なのかもわからない。近代人の実践も同じである。しかし、異なるオーダーであってもエンタブラチュアの高さは等しいとしたまさにその理由から、すべてのオーダーについてこれらの部位に、同一の比例を与えることができると、私は信じる。なぜなら繊細なオーダーほど円柱は高くなるので、これらの部位は、たとえ寸法が同じままであっても、円柱の高さに比例してより繊細になる。すくなくともそういう外見になるからである。

　根広だが、私は柱身下部の直径の二〇分の一をあてる。パンテオンのものはこの値にかなりちかい。ヴィニョーラ、セルリオそしてアルベルティは、これに追随した。そしてそのほかの古代の建物で、根広が大きめのものが、アントニヌス・ファウスティナ神殿、バックス神殿、セプティミウス凱旋門、ディオクレティアヌス浴場である。また小さめの例が、ローマのウェスタ神殿、フォルトゥナ・ウィリリス神殿、ティトゥス凱旋門である。小さめといえば、たとえばローマのウェスタ神殿のものも柱身下部の直径の六〇分の一しかない。しかし、それらより厚めの根広を私は推奨したい。なぜならこの部位は、円柱の礎となり、柱基に柱身をすえるものであり、力強くあらねばならないからだ。ところで根広の高さがさまざまである理由があるとすれば、根広がすえられるその下のトルスがまちまちであるからだ、と私は観察する。トルスがより大きい箇所では、根広も幅が広くされているようで、アッティカ式かイオニア式の柱基のトルスではそうである。しかし太古人による建物でそんなことがなされたとは、まったく思えない。アッティカ式柱基の上であろうがコリント式柱基の上であろうが、根広がむやみに大きかったり小さかったりする。根広の下にくる上トルスの厚さもまちまちなのである。

ときどき根広のかわりに玉縁と平縁がくることがある。たとえば平和の神殿、カンポ・ヴァチノの三円柱、アントニヌスのバシリカ、コンスタンティヌス凱旋門がそうである。これを模倣したのがパラディオ、スカモッツィ、ドロルムそしてヴィオラ[60]らなん人かの建築家であった。しかし、根広をひとつだけすえた人びとのほうが道理にかなっているのではないかと、私は思う。刳形が多いと混乱する。それに丸みのある玉縁は円柱を支えているというより傾かせているかのようだし、玉縁ひとつだと円柱のすわりが悪いかのようである。その点では根広のほうが円柱をしっかり支えているように、眼には映るのである。

しかし円柱の上はじにある玉縁の高さについては、私は柱身下部の直径の一八分の一とする。この値は小モ(33)デュールの六分の一であり、その例がネロ宮正面、アントニヌスのバシリカ、ティヴォリのシビラ神殿である。この値は古代にみられる極端なものの中央値なのであるが、セプティミウス凱旋門、ネルウァ市場、フォルトゥナ・ウィリリス神殿、バックス神殿では、玉縁はこの中央値よりも三分の一あるいは半分もさらに大きいのに、ローマのウェスタ神殿では中間値の半分もない。セルリオはそれに匹敵するような極端なことを実践した近代人のひとりであり、パラディオやバルバロ[61]のものの半分しか与えなかった。

しかし私にとり、柱身の上はじにある玉縁の比例をどうするかのよりよい決め手になるのが、しかるべき箇所で後述もするが、イオニア式オーダーにおいては、玉縁の厚みは、渦巻の目の幅と等しくあるべきという比例の規定である。イオニア式オーダーで定められたこの比例を、ほかのオーダーにおいて変える理由はないと、私は思う。このような理屈から、トスカナ式円柱の根広の幅は、柱基の上半分を五に等分することで定義づけられる。等分されたものの一は、柱身下部の直径の二〇分の一であるので、この大きさを根広の寸法とし、ほかのすべてのオーダーにも通用すると定め、この方法を常用すればよいのである。

私は平縁を玉縁の半分とする。そこで準拠しているのは、バックス神殿、ティヴォリのシビラ神殿、コンコルディア神殿、アントニヌスのバシリカ、セプティミウス凱旋門で実施されたことである。またおなじく、スカモッツィ、パラディオ、カターネオ[62]が実践したことにも準拠した。たがいに正反対の諸例であり、極端で対極的な値は建築書の執筆者たちのあいだにも、古代建築にもみられる。だから中庸をとるという選択が正当化される。建築にはさまざまな意見や異なった例があるので、それらを調停するためのきわめて確かな法則であると、私は考えている。だから、その方法を本書全般において採用しているのである。

この第一部では、建築の主要な部位にかんする比例一般を検討し、さまざまなオーダーの部位どおしを比べてみた。第二部では、これら部位のそれぞれの比例をくわしく検討する。方法は同じであり、装飾的な性格の異なるあらゆる特徴を比較する。古代のさまざまな建物に含まれるもの、建築オーダーを叙述した近代の建築書作家たちに含まれるものなどを比べる。

第一図

(34)
第一図の説明

第一部で説明したことすべてがこの図に示されている。すなわちすべてのオーダーに共通する比例であり、高さや幅あるいは張出しにかんすることである。高さはモデュールだけで決められており、張出しはモデュールを五等分したものを単位として決められている。すでに述べたようにモデュールとは柱身下部の直径の三分の一である。本書で小モデュールと呼ぶものである。

図からわかるように、エンタブラチュアの高さはすべて六モデュール、すなわち柱身下部の直径の二倍である。また円柱の高さはオーダーからオーダーへと大きくなってゆく。これは公差二モデュールの等差数列である。トスカナ式は二二、ドリス式は二四、イオニア式は二六、コリント式は二八、コンポジット式は三〇のモデュールをとる。またペデスタルもまた一定の割合、一モデュールきざみで、増えてゆく。トスカナ式は六、ドリス式は七、イオニア式は八、コリント式は九、コンポジット式は一〇である。各ペデスタルは四等分され、そのうちの一が台基に、一の半が台蛇腹にあてられる。台基は三等分され、そのなかの一が刳形に、二が台石にあてられる。そして最後に、台基の張出しは、その台基の刳形の高さに等しい。

この図からさらにわかることがある。ほかの張出しは小モデュールの五分の一〔すなわち四ミニット〕により決定されている。円柱の柱身が、下はじにおいて、上はじの幅からどれだけ出ているかという張出し、すなわち縮減は、この五分の一のひとつであると決められている。これは点Aから点Bまでの間隔である。円柱の柱身の下はじにある根広あるいは平縁の張出しであるのが、点Bから点Cの間隔である。それも五分の一とされる。上トルスの張出し、そしてスコティアの下にある平縁の張出しもまた、点Cから点Dまでの間隔という、もうひとつの五分の一である。柱基全体の張出しは点Bから点Eまでの部分である。モデュールの五分の一は、四ミニットである。柱身下部の直径は六〇ミニット、中モデュールは三〇ミニット、小モデュールは二〇ミニットである。

訳注

（60）Guiseppe Viola Zanini, ?-?：パドヴァの建築家。『建築書』（*Dell'architettura*, Padua, 1629）。

（61）Daniele Barbaro, 1513-1570：ヴェネツィアの人文主義者にして芸術のパトロン。パラディオとともにローマで古代建築を研究。ウィトルウィウス建築十書を翻訳し、注釈をつけ、パラディオによる図版を付加して一五六七年に刊行する。

（62）Pietro di Giacomo Cataneo, c.1510-c.1574：シエナ出身の建築家。バルダサーレ・ペルッツィの弟子。『建築四書』（*Il quattro primi libri di architettura,* 1554）を出版し、建築オーダー、理想都市などの理念を述べた。

第二部　それぞれのオーダーの部位について

太古人たちの方法にもとづく五種類の円柱のオルドナンス

(35)

第一章　トスカナ式オーダーについて

ギリシア人が建築オーダーを発明したとき、ドリス式、イオニア式、コリント式の三種類しかなかった。ローマ人はさらにトスカナ式、コンポジット式を追加した。後者はイタリック式とも呼ばれる。最後のふたつは固有な装飾的な性格があるとはいえ、厳密には、けっしてギリシアのオーダーと異なっているとはいえない。トスカナ式の性格はドリス式とほとんど同じであり、コンポジット式の性格はコリント式とかなり類似しているからである。このようなことはギリシアの三オーダーのあいだではない。それらの特徴はたいへん顕著で目立つものであり、たがいの相違は際立っている。第一部の第一章でくわしく説明したとおりである。

トスカナ式はじっさいはところドリス式のようなものにすぎない。樹幹にあたるその円柱の柱身を短くすることで、より堅固なものにし、オーダーのための常套的な飾りである刳形の数を減らし、より太くし、より簡素なものにしたにすぎない。なぜならペデスタルの台基と台蛇腹には刳形は少なく、しかもそのほとんどは太いもの
(36)
だ。この台基と台蛇腹は、高さ寸法はほかのオーダーと比率的には同じであるが、刳形の数は少ない。円柱の柱基はトルスのみで、〔凹状の刳形である〕スコティアはない。柱頭の頂板の上はじには逆サイマはない。エンタブラチュアにはトリグリフもミューチュールもなく、コーニスには刳形はごく僅かである。

このオーダーの主要部位の一般的な比例については、本書の第一部のなかで言及し説明した。そこではオー

ダー全体、すなわちペデスタル、円柱、そしてエンタブラチュアは、三四小モデュールである。そのうちペデスタルが六、円柱が二二、エンタブラチュアが六であると述べた。またペデスタルの三部分の比例はどのオーダーにも共通であるが、台基はつねにペデスタル全体の四分の一、台蛇腹は八分の一、台基のうちの三分の二が台石であることも述べた。あとは、それぞれの部位の詳しい比例を明記し、それら固有の性格のなんたるかを述べねばならない。

ペデスタルの台基

ペデスタルについては、トスカナ式オーダーにおいても、ほかのあらゆるオーダーとおなじく、台基、台胴、台蛇腹という三部位からなる。ところで前段において、円柱の主要部分の比例にかんしては、すべてのオーダーについて部位どうしの比率がいくらであるかを定めた。オーダーがより繊細になるほど高さも増すように、ペデスタルの台基と台蛇腹の刳形をあわせた高さも、そのように増してゆく。なぜならオーダーが繊細になればなるほど、刳形もそれだけ細くなり、その数も多くなり、つねに増加するからである。トスカナ式の台基には刳形が二、ドリス式には三、イオニア式には四、コリント式には五、コンポジット式には六、ある。まったくおなじく、トスカナ式ペデスタルの台蛇腹には刳形が三、ドリス式には四、イオニア式には五、コリント式には六、コンポジット式には七、ある。

これらの刳形の高さや張出しを定めるために、コーニスの高さや台座の高さをある一定の数の小部分に等分する。その数もまたオーダーが繊細になるほど増える。なぜならペデスタル台基の上三分の一というこの箇所は刳形にあてられ、トスカナ式では六、ドリス式では七、イオニア式では八、コリント式では九、コンポジット式で

[37]は一〇の小部分に等分される。またペデスタルのコーニスの高さについては、トスカナ式では八、ドリス式では九、イオニア式では一〇、コリント式では一一、コンポジット式では一二に等分される。これらすべては次の図のなかで説明されている。つまりアラビア数字が〔等分された〕小部分の数であり、台基や台蛇腹がなん等分されているかを示している。ローマ数字はそれぞれの台基や台蛇腹を構成している刳形の数である。

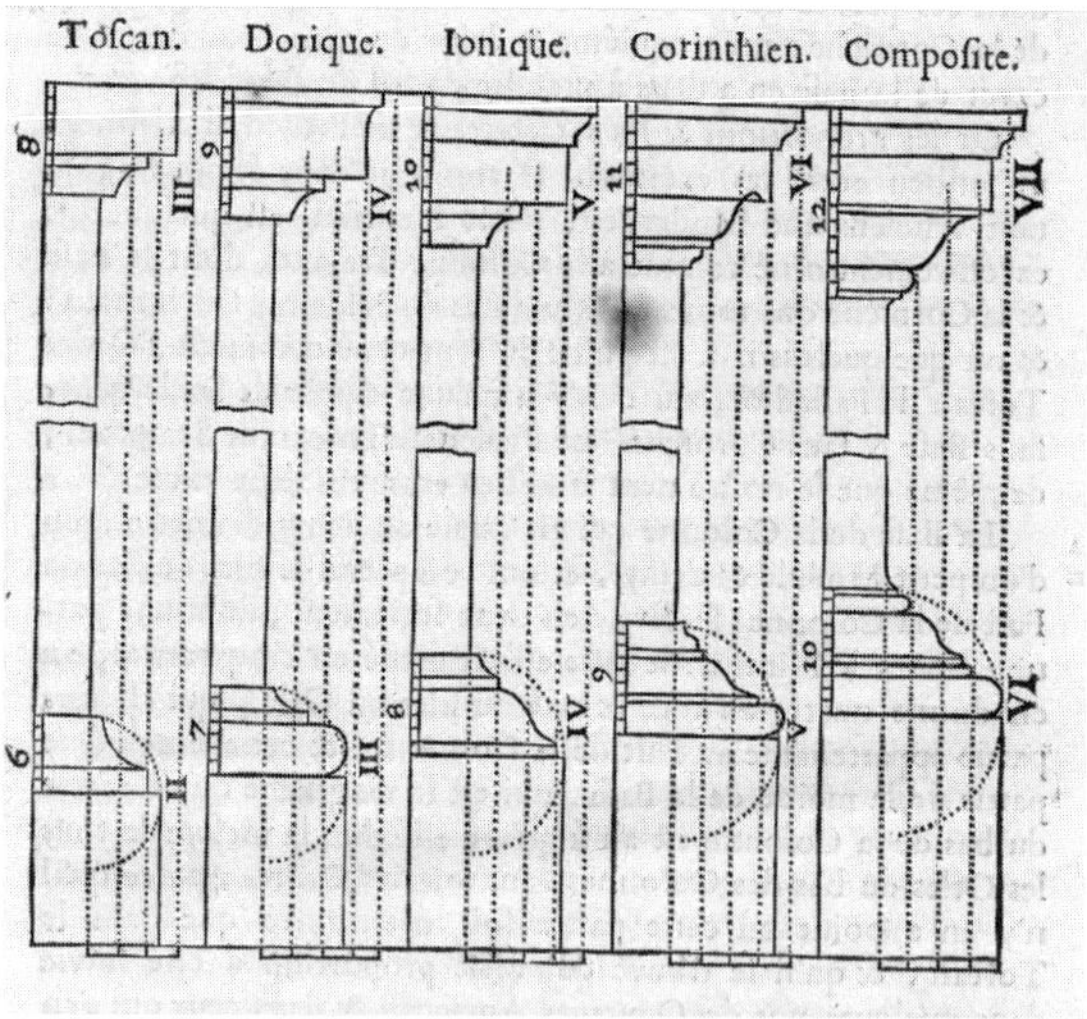

左からトスカナ式、ドリス式、イオニア式、コリント式、コンポジット式のペデスタル

ペデスタルの台蛇腹

したがってトスカナ式ペデスタルの台基のなかの刳形からなる箇所は、六の小部分に等分され、そのうち四が〔四分円凹面の断面をなす刳形〕カヴェットに、二がその下の平縁にあてられ、それらふたつがこの箇所の細部すなわち刳形となる。台蛇腹は八の小部分に等分され、そのうち五が楣《まぐさ》にあてられ、この楣が雨覆いのかわりとなり、三がカヴェットとその平縁に与えられ、後者はこれら小部分のうちの一をとる。

張出しだが、このペデスタルの台基と台蛇腹の細部のそれについては、すべてのオーダーのすべての種類の細部の張出しとおなじく、すでに規定された小モデュールの五分の一を単位とすることで決められる。すなわち円(38)柱の縮減には一、円柱の柱基の張出しには三、というように。ペデスタルについて述べたように、台石をのぞく台基全体の張出しは〔図中の半円弧で示されるように〕その高さに等しく、台蛇腹全体の張出しはその柱基のそれよりもいくぶん大きい。このことはすべてのオーダーであてはまるべきだが、例外はトスカナ式である。ペデスタルの台基も台蛇腹も張出しは等しい。これら部位の張出しについては、トスカナ式ペデスタルの小部分がいくつあるかで定められる。台蛇腹のカヴェットは小モデュールの五分の一と半であり、台基のそれは台胴の外づらから計って二である。

ところでこのペデスタルの比例と装飾的な性格は、古代や近代の建築書にみられる両極端な値の中間である。それら建築書においては、ときにペデスタルは装飾過多である。たとえばトラヤヌス記念柱では、台座と台蛇腹はコリント式ペデスタルにみられるすべての刳形を備えている。あるいは装飾がまったくない例であるパラディオのトスカナ式オーダーでは、台座も台蛇腹もない矩形の台石だけがある。スカモッツィのトスカナ式ペデスタルは、本書のもののように、これら両極端の中間である。

円柱の柱基

（39）

円柱の柱基の高さは、半直径すなわち一小モデュールと半である。柱基には柱身の下はじにある平縁も含まれる。柱基の高さは二等分されるのみである。一が基板にあてられる。残りの一は五に等分され、そのうち四がトルスに、一が平縁すなわち根広にあてられる。この根広は円柱の柱身に属している部位である。柱基の半分の五分の一は、柱身下部の直径の二〇分の一であり、すでに述べたように、この寸法がすべてのオーダーにおける柱身下部のすべての根広のものとなる。もともとこの部位が定められていたのはトスカナ式だけであり、古代の作品においてこの比例はしばしば追随されていた。その比例から逸脱しようとし、もっと大きくした人もいたし、はるかに小さくした人もいたという経緯から、中庸を選ぶことが最善なのだと信じる。この柱基のほかのすべての比例もまた、古代人と近代人が確立したさまざまな比例のなかの中間的なものである。つまり基板については、私はウィトルウィウスを踏襲して柱基の全高の半分とする。ところが、トラヤヌス記念柱においてはそれより一ミニット低く、スカモッツィにおいては三ミニット高い。トルスについては、私は一二ミニットの高さとする。トラヤヌス記念柱、パラディオそしてヴィニョーラにおいては一二ミニットと半であり、セルリオにおいては一〇ミニットでしかないものの。柱身の下はじの平縁すなわち根広については、私は三ミニットとする。トラヤヌス記念柱では三と半、セルリオにおいては五、パラディオとヴィニョーラにおいては二と半でしかない。柱基の張出しは、すでに述べたように、小モデュールの五分の三である。

この柱基の装飾的な性格について特筆すべきは、ウィトルウィウスは、基板の四隅《よすみ》を削って円形平面という、たいへん特異な姿を与えていることだ。近代人はこの手法をまったく承認しなかった。私もそれを実践すべきでないと考える。なぜなら柱基の四隅は柱頭のそれと対応しているのだし、ほかのオーダーの柱基との類推からすると、四隅を奪われた柱基は四肢を切断されたかのように感じられるし、そう類推すれば、そんな切除がなされるオーダーにはそれなりの理由がなくてはならない。円形プランの周柱式神殿のように、円柱が円形に配置されているというのなら、ありうる理由である。このような建物では、基板が矩形であり四隅がとがっていると、それらを支えている階段の踏面やペデスタルがなす円形プランとは適合しない。しかし太古人たちがこの不都合を解消するために基板を丸くしたという例は皆無なのである。彼らはむしろ基板そのものを使わなかった。たとえばローマのウェスタ神殿、ティヴォリのシビラ神殿がそうである。またある建物において基板の四隅を切り取らねばならないとき、トスカナ式オーダーであってほかのオーダーではないとする理由もまったくない。

円柱の柱身

トスカナ式円柱の柱身においては調整すべき問題がふたつある。まず縮減である。第一部ですでに、ほかのオーダーよりも大きくなくてはならないことは指摘した。またそこで柱身下部の直径の六分の一とするとし、その理由も述べた。この値は小モデュールの半分であり、左右でそれぞれ五ミニットの配分となる。ほかのすべてのオーダーでは七分の一と半、すなわち小モデュールの五分の二、すなわち左右に五分の一ずつ、つまり四ミニットずつでしかない。調整すべき次の課題は、柱身の下はじにある根広と上はじにある玉縁について、である。すでに述べたように、これらの部位はすべてのオーダーにおいて同じ比例を保つべきであり、根広は柱身下部の二〇分の一である。柱身の上はじでは、玉縁は一八分の一であり、その下の平縁はその半分である。張出しは玉縁であれ根広であれ、円柱の外づらから計って、小モデュールの五分の一すなわち四ミニット外側である。

柱頭 (40)

　柱頭の高さは、柱基と等しくなければならない。その高さを三に等分する。〔上から〕これらの一が頂板に、もう一がエキヌスすなわち卵飾りに、三つめの一が頸部と玉縁すなわちエキヌスの下にある部位、そして平縁にあてられる。柱頭の装飾的な性格をあらわすこととして、頂板はまったく簡素で逆サイマもなく、エキヌスの下にはドリス式ならある環縁《わぶち》がまったくなく、しかし玉縁と平縁ならある。これら刳形の比例をみるために、柱頭のこの三つめの一を八に等分する。これら八のうち、二を玉縁に、一をその下の平縁に、残りを頸部にあてる。柱頭全体の張出しは、柱身下部の根広のそれと同じであり、円柱中心からかぞえて五分の八と半である。エキヌスの下における玉縁の張出しは、円柱の上はじの玉縁のそれと同じく、五分の七である。

　ウィトルウィウスやほとんどの近代人は、トスカナ式円柱の縮減をはなはだ大きくし、柱頭の幅をはなはだ小さくした。だから柱頭の幅は、柱身下部の直径のそれと等しいまでになっている。

　この柱頭の装飾的な性格について、建築書作家たちの意見はたがいに一致していないし、古代建築とも齟齬がある。パラディオ、セルリオ、そしてウィトルウィウスやトラヤヌス記念柱においては、頂板はまったく簡素で逆サイマもない。ヴィニョーラとスカモッツィは、逆サイマではなく平縁をつけている。フィランドリエ(63)は四隅を切り取り、丸い輪郭としている。トラヤヌス記念柱には頸部がなく、円柱の柱身の玉縁は柱頭のそれに融合している。おそらく柱基に似せるためであろう。ウィトルウィウスはまさに丸い基板をつけようとしている。ウィトルウィウスとスカモッツィだけが、エキヌスの下の玉縁に平縁をつけている。そのほかのフィランドリエ、パラディオ、セルリオ、ヴィニョーラたちは、平縁をひとつだけつけている。比例についても彼らどうしのあいだでも一致はない。たとえばフィランドリエのように、柱身の上はじの玉縁と平縁を、柱頭の第三部分とする人びともいる。ウィトルウィウスはエキヌスの下にある頸部と玉縁を、柱頭の第三部分としている。セルリオとヴィニョーラのような人びとは、第三部分すべてを頸部にあてて、第二部分にはエキヌスの下の平縁を含めている。ウィトルウィウスにおいては、第二部分はエキヌスだけで占められるのだが。パラディオのような人びとは、第三部分の全体をエキヌスが占めるようにし、ウィトルウィウスなら玉縁と平縁にあてた箇所を、平縁のみとしている。これらきわめて多様な手法のなかから、私はウィトルウィウスを踏襲する。彼の手法はより心地よく、あらゆる柱頭に共通する比例性と共通則、すなわち柱基にくらべてやや装飾が多く、さほど簡素ではないという法
(41)
則、によりよく一致するようである。なぜなら、ウィトルウィウスはエキヌスの下を玉縁としたが、この玉縁がなければトスカナ式柱頭は柱基そっくりになってしまうであろうから。

　エンタブラチュアの高さは六モデュールである。すでに述べたとおり、ドリス式を例外とするほかのすべてのオーダーのように、トスカナ式エンタブラチュア全体は二〇に等分される。二〇のうちの六がアーキトレーヴに、そのうちの一が平縁に与えられる。フリーズは二〇のうちの六をとる。残りの八がコーニスであり、そのうちの二が大逆サイマに与えられ、これが下から最初の部位となる。半が逆サイマの平縁となり、二と半が雨覆い、一が玉縁とその半分の寸法である平縁、二が大サイマのかわりとなる四分円に。張出しを決めるためにはモデュールの五分の一を単位として使う。これはほかのあらゆる張出しを決めるためと同じである。このように逆サイマとその平縁には、フリーズ外づらから数えて五分の一が三、すなわち三つの小部分が与えられ、雨覆いには七と半があてられる。玉縁とその平縁に九が、四分円に一二が、あてられる。

　トスカナ式エンタブラチュアの比例や装飾的な性格は、建築書作家ごとにはなはだ異なる。それをなす三部位の比例については、ウィトルウィウスはアーキトレーヴを、フリーズのみならずコーニスよりも、大きくしてい

る。パラディオもまた、アーキトレーヴをフリーズよりはるかに大きくしている。ヴィニョーラはより小さくしている。私は、アーキトレーヴをフリーズと等しくしているセルリオを踏襲した。

装飾的な性格については、ウィトルウィウスとパラディオは、まったく矩形の梁をもってアーキトレーヴとしたにとどまっている。反対にスカモッツィは過剰に装飾し、コーニスもまたそうし、ドリス式オーダーと同じくらいの装飾を施している。彼はまたフリーズに一種のレリーフなしのトリグリフをつけさえしている。セルリオはまったく逆の手法より、コーニスをはなはだ簡素にして三要素のみとした。スカモッツィは一〇の要素により彼ならではのコーニスをつくった。私が提案するコーニスは、ヴィニョーラのものとよく似ている。それはスカモッツィによる過剰に繊細で刳形も多すぎるものと、セルリオが好んだあまりに簡素すぎるものの、中間である。

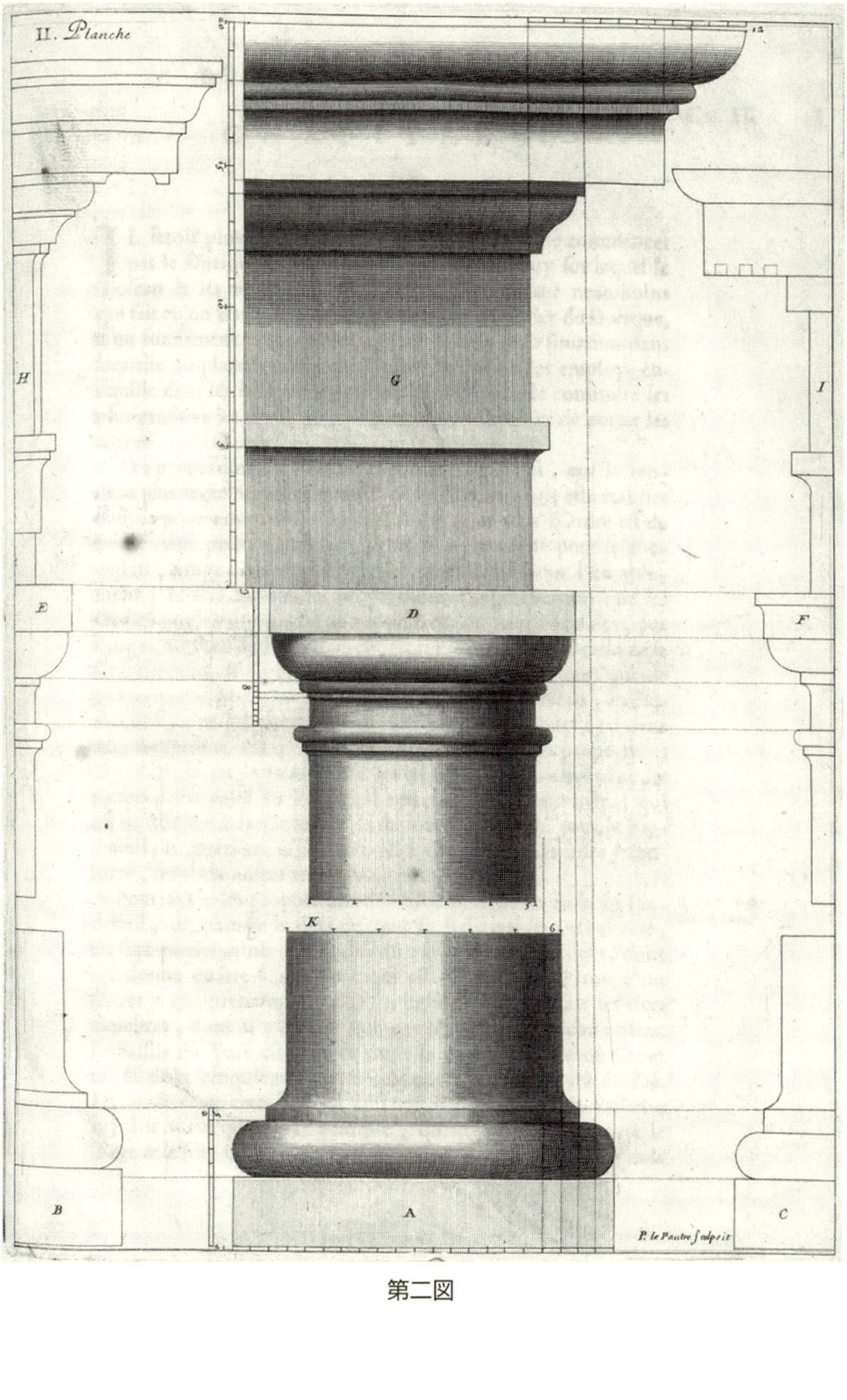

第二図

[42]

第二図の説明

A. トスカナ式柱基。ウィトルウィウスの比例による。

B. スカモッツィの柱基。基板とトルスはウィトルウィウスのものより大きく、平縁すなわち根広はほかのもののように、柱基のなかには含まれない。

C. セルリオの柱基。平縁すなわち根広ははるかに大きい。

K.[64] 円柱の柱身の縮減。柱身下部の直径の六分の一である。

D. ウィトルウィウスによる柱頭。そこでは頂板には逆サイマはなく、平縁もない。またエキヌスは柱頭の第二部分の全体となっている。エキヌス下に玉縁がある。

E. スカモッツィの柱頭。玉縁がない。

F. セルリオの柱頭。頂板には平縁があり、エキヌスは柱頭の第二部分の全部を占めることはまったくなく、平縁がエキヌスの下にあてがわれる。第三部分の全体はそっくり柱頭の頸部にあてられている。

G. エンタブラチュア。アーキトレーヴはフリーズと同じ寸法であり、コーニスは六つの刳形からなる。

H. スカモッツィのエンタブラチュア。アーキトレーヴは、フリーズより寸法が小さく、帯下のファスキアがふたつと、平縁ひとつからなり、フリーズには一種の彫刻なしのトリグリフがあり、コーニスは一〇の刳形からなる。

I. セルリオのエンタブラチュア。フリーズの寸法はアーキトレーヴに等しく、コーニスには三つの刳形しかない。

訳注

（63）Guillaume Philandrier, 1505-1563：フランスの建築家。建築理論家。人文主義者であり、ラブレーの友人。"Philandrer"という表記もある。在ヴェネツィア・フランス大使としてヴェネツィアに滞在し、そこでセルリオのもとで建築を学ぶ。一五四四年ローマで、ウィトルウィウス建築十書の注釈本を出版し、そのなかで建築オーダーをくわしく論じている。一六世紀におけるいくつかの版のウィトルウィウス建築書に収録されたし、単独でも出版された。Cf. Frédérique Lemerle, *Les Annotations de Guillaume Philandrier sur le De Architecture de Vitruve*, Paris, 2000.

（64）原著において、KはCとDのあいだにある。

(43)

第二章　ドリス式オーダーについて

オーダーを論じるにあたってドリス式からはじめるのは自然なことであろう。なによりも古式であり、これを範としてトスカナ式やそのほかのオーダーが造作されたのだから。しかしまずトスカナ式を扱い、それからドリス式を論じるという習慣は、道理にかなう根拠のあることである。すなわち序列や状況のなかで、建物においてさまざまなオーダーが一緒に使われ位置づけられるが、いちばん堅固なオーダーはほかのオーダーを支える能力があるので、まずそれをすえて建造するのである。

ドリス式オーダーはその一般的な比例からみれば、トスカナ式よりは軽快であり、さほど重厚ではない。比例は、第一部で規定したときにすでに述べたように、オーダー全体で三七小モデュール、そのうちの七がペデスタル、二四が円柱、六がエンタブラチュアである。この値は漸次的に増えてゆく。オーダーは序列があがるごとに三モデュール増える。増分はペデスタルでは一モデュール、円柱では二モデュールである。トスカナ式は全体で三四モデュールしかなく、そのうち円柱が二二、ペデスタルが六、エンタブラチュアもまた六である。最後のエンタブラチュアの値はすべてのオーダーについて等しい。あと定めるべきは、これら三部位の比例と特有の装飾的な性格である。ペデスタルの主要な部位の高さもやはり既決であり、台蛇腹の高さはペデスタル全体の八分の一であり、台基は四分の一である。台基のうちの三分の一は刳形に、残りの三分の二は台石にあてられる。

ペデスタルの台基

ペデスタルの台基における刳形の比例をえるために、台基全体の三分の一をその刳形にあて、この三分の一を七に等分し、前の章で述べたとおり、そのうちの四を台石に載るトルスに、三をカヴェットとその下の平縁にあてる。つまり三つの部位からなり、これら刳形がすでに述べたように複合される。トルスの張出しが、台基全体の張出しである。カヴェットの張出しは、台胴の外づらから計って小モデュールの五分の一を単位としてその二である。この台基の装飾的な性格は、建築書作家たちのあいだでも異なっている。パラディオは第四の部位、すなわちトルスとカヴェットの平縁のあいだに、平縁をあてた。スカモッツィはこの箇所にサイマをおいた。ヴィ(44)ニョーラとセルリオはもっと簡素な台基としている。私はこのやり方に従った。なぜならこの台基がこの簡素なオーダーにはふさわしいからである。私は、トスカナ式ペデスタルの台基には、二種類の刳形しか使わなかった。だから、ドリス式には三種類としつつ、このような漸次的な増加がほかのオーダーにおいてもみられるよう、要素を増やしながら、オーダーごとにしだいに繊細になってゆくようにする。

ペデスタルの台蛇腹

ペデスタルの台蛇腹は九に等分される。カヴェットがひとつ、その上の平縁、それらが雨覆いを支える。ただ後者の上には、平縁ひとつが載るのみである。雨覆いはこれら九のうちの五、その平縁は一をとる。平縁を含むカヴェットの張出しは、台胴の外づらより計り、小モデュールの五分の一と半である。雨覆いの張出しは三であり、その平縁は三と半である。この台蛇腹の装飾的な性格は建築書作家により異なる。パラディオとセルリオは五つの部位からなる構成であり、スカモッツィは六である。より簡素なのがセルリオであり、四つの部位だけからなる。私はこの手法を範とした。なぜならこのオーダーも、すでに説明したような漸次的な増加というオーダーの比例関係のなかにあるべきである。私の手法はこうした比例に適合しているのである。

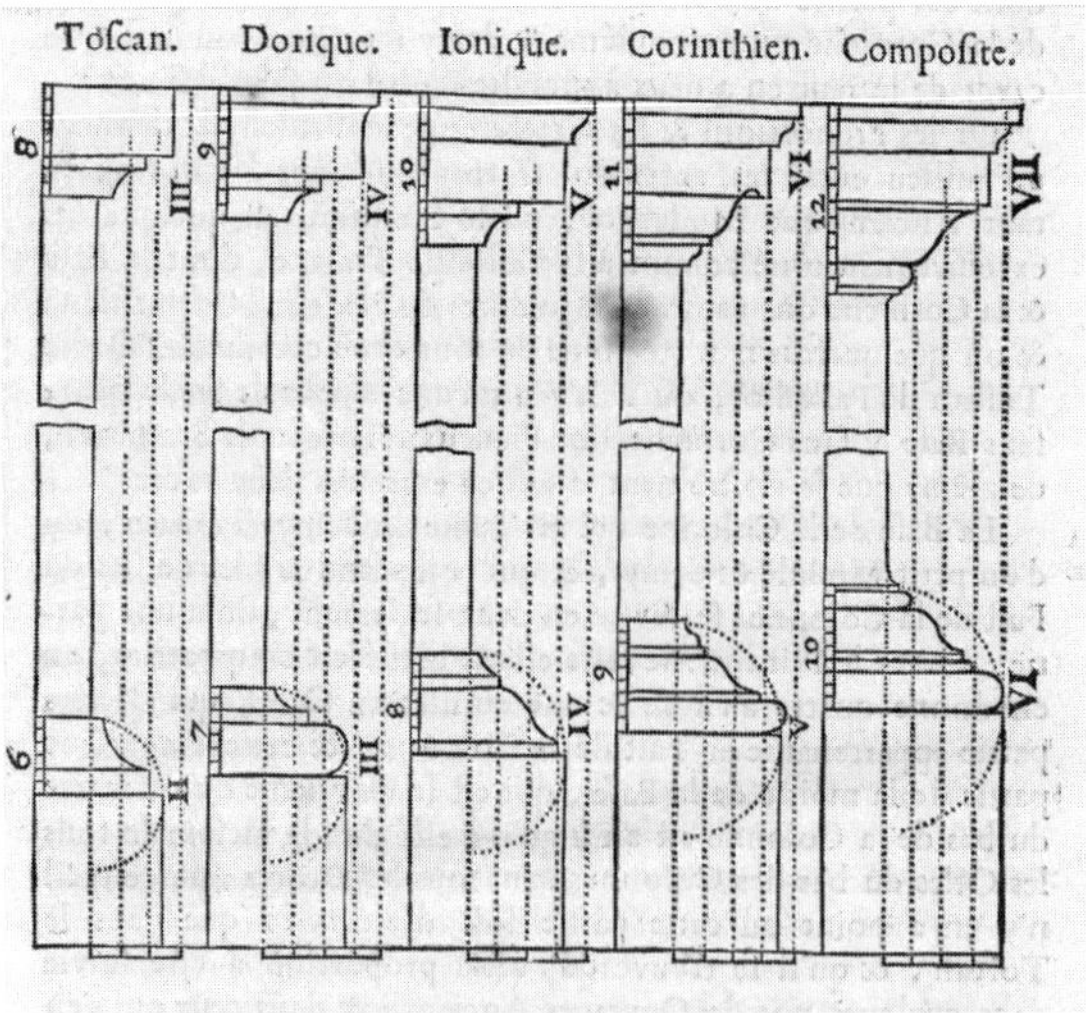

左からトスカナ式、ドリス式、イオニア式、コリント式、コンポジット式のペデスタル

（45）

円柱の柱基

ウィトルウィウスはまったく柱基のないドリス式円柱を描いている。ドリス式とイオニア式のオーダーの第一の相違は、後者の円柱には柱基があることだと、彼は指摘している。マルケルス劇場ではこのことが実践されていたようで、そのドリス式円柱には柱基がない。これと異なるのがコロセウムであり、ドリス式オーダーには柱基があるが、柱基そのもののタイプは近代人が使ったものとは異なっている。近代人のほとんどは、ウィトルウィウスがアッティカ式だとしつつ比例を定めている柱基を、このオーダーに与えた。ということは、ドリス式オーダーの柱基には三種類あるということである。まずウィトルウィウスがアッティカ式と呼ぶものである。基板、下の大トルス、上の小トルス、ふたつのトルスのあいだのスコティア、からなる。第二のものはコロセウムのドリス式オーダーの柱基である。小トルスもスコティアもなく、短縮され張出しも小さいサイマが、柱身の下はじの根広と大トルスのあいだに介在するのみである。第三のものはもっと簡素であり、基板、その上の大トルスと玉縁、があるだけである。すると、この第三の柱基では、トスカナ式におけるように、柱身の下はじの根広は柱基の高さに組み込まれる。ところが柱基の高さは、どのオーダーにおいても、この根広を勘定にいれないで、柱身下部の直径の半分でなければならないのだが。

ウィトルウィウスのアッティカ式柱基は広範に使われている。だから私はそれを選び、それを構成する細部に、彼の建築書にみられる高さを与える。ウィトルウィウスはとても体系的な分割法をとりいれている。柱基の全高が三に等分され、その一が基板にあてられる。残りの二はさらに四に等分される。上の一が小トルスにあてられる。残り三は二に等分され、下の部分が大トルスに、残りはスコティアにあてられる。後者は六に等分され、これら小部分のうち一がスコティアの上下にある、ふたつの平縁にあてられる。別の方法によりこれらの部分の高

（46）

さを決めることもできる。すなわち柱基全体を三に、四に、そして六に等分して、三分の一を基板に、四分の一を大トルスに、同量をスコティアに、そして六分の一を小トルスにあてる。これらふたつの方法のどちらでも、細部の寸法は同じになる。

古代の建物においても近代の著作家たちにおいても、柱基の諸部位の比例はさまざまである。ウィトルウィウスは基板に一〇ミニット与えた。コロセウムはそれよりさらに一ミニットと半分だけより背が高い。セルリオは半ミニットぶんもっと高い。カターネオは一ミニット。トルスの高さもまちまちである。ウィトルウィウスは七ミニットと半である。コロセウムではそれより半ミニット高い。スカモッツィは一ミニットそうである。上トルスについては、スカモッツィのものはそれより一ミニット大きく、パラディオにおいては半ミニット余分に大きい。バルバロ、カターネオ、ヴィオラ、そしてドロルムといった人びとは、スコティアの下はじの平縁を、上はじのそれより太くした。等しくした人びともいる。こちらが道理にかなうと、私は思う。そうした不揃いはここでは不必要であろう。ほかのオーダーなら、スコティアの上下の平縁は高さが異なってもよい。つまり平縁のあるものはトルスや基板に、あるものは玉縁に接しているが、トルスや玉縁そのものが厚みが不揃いなので、それらに接触する平縁もまた、異なる寸法であるべきである。しかしアッティカ式柱基では、ふたつのトルスの大きさはさほど変わらない。だから、そのようなことはない。

この柱基における刳形の張出しを定めるために、小モデュールを五に等分して、どう割り付けるかを調整しなければならない。すでに述べたように、五に等分されたうちの三が、円柱のあらゆる柱基の張出しとなる。これら三のうちまず一が、柱身下部の平縁すなわち根広の張出しを、つぎに二が上部トルスの張出しを、三が下部トルスと基板のそれを、決めるのである。スコティアの張出しを定めるために、それら三部分のうちの一つ、すわわち中央の一つを、さらに三に等分し、そのうちの一を上部の平縁にあて、二を下の平縁にあて、三をスコティアの窪みにあてる。

建築書作家たちは、この柱基の装飾的な性格について、ほぼ意見が一致している。唯一意見が分かれるのが、スコティアの窪みの輪郭である。ある人びとは、下の平縁のへりよりもさらに下にまで、窪みを彫り込んでいる。古代の建物のいくつかでも、これが実践されたようである。たとえばパンテオンのポーティコと堂内、カンポ・ヴァチノの三円柱、ネロ宮正面、バックス神殿である。しかし評価の高い建物では、このような窪みが穿たれていないもののほうが多い。マルケルス劇場、フォルトゥナ・ウィリリス神殿、ウェスタ神殿、コンコルディア神殿、ファウスティナ神殿、平和の神殿、アントニヌスのバシリカ、ディオクレティアヌス浴場、コロセウム、ティトゥス凱旋門、セプティミウス凱旋門、コンスタンティヌス凱旋門、両替師門である。近代人ではヴィニョーラ、スカモッツィ、ヴィオラらは窪みを深くしたが、ほとんどの人はそうしなかった。まさに深い窪みはまったく美しくはみえない。なぜなら窪みがあると、その下の平縁の角が鋭くなって弱くみえてしまうし、この窪みに水やゴミがたまり、石を腐らせ台無しにするからである。この柱基の基板にはもうひとつ特異な例がある。私の知るかぎり古代には類例がまったくないものの、パラディオとスカモッツィは、基板を正方形平面にし(47)て、側面を垂直にするのではなく、それを端刳《はしくり》のごとく、しゃくるように、下げてゆき、ペデスタルの台蛇腹の先端までもってくるのだ。これはまさに、アッティカ式柱基とコリント式柱基の、この本質的な箇所を台無しにし、破壊してしまうことである。コロセウムなどいくつかの建物において、ペデスタルの台蛇腹の上部がしゃくられて端刳のようになっているように。このような端刳は、完全な姿をした円柱の柱基の基板ではなく、ペデスタルの台蛇腹に施されるのである。

ヴィニョーラは、ドリス式やコリント式オーダーにおいてこの柱基を使うことは薦めない。この柱基はこれらのオーダーにはまったく不適切だと、彼は判断しているのである。にもかかわらず古代人たちは、すくなくともコリント式オーダーでは使っていた。たとえばウェスタ神殿、平和の神殿、ファウスティナ神殿、ネロ宮正面、アントニヌスのバシリカ、セプティミウスのポーティコ、コンスタンティヌス凱旋門である。この作家がドリス式オーダーに与えている柱基は、第三の種類のもので、玉縁のあるトルスがひとつあるだけである。

円柱の柱身

ドリス式円柱の柱身の特徴をなすのはそのフルーティングである。その数は二〇条しかない。溝の深さは、ほかのオーダーなら円周の半分を使いきり彫るので深いが、それよりも浅い。というのは円周の四分の一しか、ときには六分の一しか使わないからである。そのうえフルーティングどうしには隙間がなく、溝の断面の輪郭をなすふたつの曲線が接するところが、稜あるいは角をなしている。これらのフルーティングを引くために、円柱断面をなす円周は二〇に等分され、これら二〇の弦のひとつが一辺になるように正方形を描く。正方形の中心にコンパスの針をすえて、正方形の頂点から次の頂点へと四分円を描くことで、曲線が描ける。これらのフルーティングをより浅くするためには正方形のかわりに正三角形を使い、その頂点[65]にコンパスの針をすえて曲線を描く。前者の方法はウィトルウィウスのものであり、頻繁に使われる。スカモッツィはどちらのフルーティング法も望まず、どちらも優遇していない。しかしそれらの方法はよく使われている。そしてウィトルウィウスは、とくにドリス式において、これらの方法が使われていると述べている。また円弧の一部ではなく二〇の直線にして、連続させ、窪みをつけないですませることもある、と彼は述べている。このような多角形断面の円柱が優雅さを保

（48）つという例はきわめて少ない。それぞれ円周の二〇分の一でしかない線で規定された二面からなる、このような鈍角のエッジでは、二面がはっきり視覚的に分けられているようにはならず、不快な混同を生み、優雅ではありえない。このようなことから推論すれば、三角形の頂点を利用するよりも、正方形の中心にコンパスの針をすえて凹曲線を描くというウィトルウィウスのフルーティングが優先されるべきと、私は考える。なぜなら彼のフルーティングは彫りが深いので、稜がより鋭くなり、それゆえフルーティングはより鮮明に、よりはっきりするからである。

柱頭

柱身下部の直径の半分をもって柱頭の全高とし、トスカナ式のように、これを三に等分して各部位の高さを考える。その一が頂板である。つぎの一をエキヌスとし、その下を三つの平縁すなわち環縁《わぶち》とし、トスカナ式の玉縁のかわりとなるものとする。そして第三の一は、すべてが頸部となる。トスカナ式であるなら、エキヌスが三等分の一のすべてを占め、頸部のための部分であるところを、玉縁とエキヌス下の平縁とするのであるが。私はウィトルウィウスを範とした。近代人の多くが彼に追随したように。パラディオ、スカモッツィ、そしてアルベルティは違う比例を与えている。アルベルティは柱頭全体をウィトルウィウスより半分ちかく大きくし、主要な部位にもウィトルウィウスとは異なる比例を与えている。パラディオとスカモッツィは、柱頭の全高はまったく変えなかったが、頂板をさらに厚くし、頸部を薄くした。ふたりとも古代を模倣していた。たとえばコロセウムにおいては柱頭全体の高さはウィトルウィウスのものより八ミニットと四分の三だけ高い。マルケルス劇場では三ミニットだけより高いだけである。しかしこの後者では、各部位のたがいの比例は、コロセウムにおいてよりもさらに、ウィトルウィウスの比例から遠ざかっており、頂板は比率的にとても厚く、エキヌスはさらにもっと薄い。

小さい刳形の高さは、三等分をさらに三等分して、もたらされる。たとえば頂板全体を三に等分し、上の一を逆サイマとするが、この部分をさらに三等分し、そのうちの一を平縁に、二を逆サイマにあてる。まったくおなじく頂板と頸部のあいだの部分もまた三に等分し、そのうち二をエキヌスにあてる。そして第三の部分はさらに三に等分され、そのうちの一がそれぞれの環縁にあてられる。

張出しはトスカナ式におけるとおなじく、モデュールを五に等分したものを単位として定められる。柱頭全体の張出しは、円柱上部の外づらから数えて、それらのうち三をとる。この三のうち最初のものが四等分され、そ(49)のうちの一を環縁のそれぞれに与える。第二の一をエキヌスがとる。第三の一は、やはり四に等分され、まず一が、頂板の楣《まぐさ》がエキヌスから突出している寸法にあてられ、残りの三により逆サイマの各部位が決められる。

これとは逆に、極端な柱頭の張出しの例が、コロセウムやアルベルティの柱頭である。つまりコロセウムでは張出しは五もあるが、私たちのものは三であり、アルベルティの柱頭では二にすぎない。

柱頭の装飾的な性格は建築書作家たちのなかでも異なっている。コロセウムでは環縁はなくて逆サイマがある。スカモッツィもそうした。またパラディオ、スカモッツィ、ヴィニョーラ、アルベルティそしてヴィオラのような人びとは頂板の隅の下と、頸部に円花飾りをつけた。たしかに柱頭全体の張出しは、アルベルティとカターネオにおいて極端に小さく、コロセウムでは極端に大きい。だから張出しは装飾的な性格というカテゴリーにはいる。ウィトルウィウスは中心から計って三七ミニットと半とした。これが張出しの通常値であり、こうした柱頭にすこしでも見慣れているところに、小さくしたり大きくしたりすれば、かならず不快感を与えるのである。たとえばコロセウムでは張出しが四七と半もあるが、アルベルティとカターネオにおいては三二と半しかない。ビュランは四〇とし、パラディオは三七、ヴィニョーラとヴィオラは三八である。私たちのようにウィトルウィウスに倣った比例としては、マルケルス劇場、バルバロそしてセルリオがある。

　エンタブラチュアの等分については、ほかのオーダーなら二〇に等分されるにすぎないが、ドリス式オーダーはそれらとは異なり二四に等分される。それら二四のうち六がアーキトレーヴに、九がフリーズに、同量がコーニスに与えられる。コーニスには、トリグリフ直上の、ウィトルウィウスが〔第四書第三章6で〕その頭部と呼んでいる部位も含まれる。アーキトレーヴとフリーズの比例ついては、ウィトルウィウスはこうしている。まず柱身下部の直径と関係づけ、アーキトレーヴにはその直径の半分すなわち一ドリス式モデュールを、フリーズには一モデュールと半を与えた。近代の建築家たちもみなそれを踏襲した。しかし古代ではそんな比例は守られてはいなかった。たとえばコロセウムではアーキトレーヴは一五ミニット余分に大きい。アルバーニ丘とディオクレティアヌス浴場の廃墟では、ド・シャンブレ氏[66]が報告したように、アーキトレーヴもまたウィトルウィウスにおけるよりも大きい。とはいえ一か二ミニットだけ余計に大きいだけである。コーニスについては、ウィトルウィウスにおいてもマルケルス劇場においても、けっして大きくはなく、後者では、私たちが与えた値よりも七ミニットと半だけ小さい。しかしはるかに大きいのがコロセウムであり、一〇ミニットも余計に大きいのである。[50]

アーキトレーヴ

　アーキトレーヴは七に等分され、そのうちの一を上はじの平剞形《ひらくりかた》すなわち楣《まぐさ》に与える。この楣の下に〔トリグリフに対応して〕小さいレグラがあり、そこから〔滴状の〕露玉《つゆだま》が垂れ下がる。露玉とレグラは全体としてアーキトレーヴ高さの六分の一である。この六分の一は三に等分され、そのうちの一がこの小レグラに、残りの二が露玉に与えられる。小レグラと露玉は、横幅が一モデュールと半である。この幅を一八に等分し、そのうち三をそれぞれの露玉に与える。露玉は六個ある。露玉の上部はこれらのうち一をとるが、下部は三よりもすこし小さい。なぜなら下はじにおいて露玉どうしには小さい隙間があるから。

ドリス式アーキトレーヴの装飾的な性格は、古代においても建築書作家においても、まったくさまざまである。ウィトルウィウスとマルケルス劇場についてはすでに述べた。後者に倣ったのがウィトルウィウス、セルリオ、バルバロ、カターネオ、ビュラン、ドロルム、そして近代人のほとんどであった。コロセウムのものは違っていて、それを飾っているすべての部位は、この建物のイオニア式とコリント式におけるものであり、上部には三層のファスキアと逆サイマがあるが、露玉はまったくない。アルバーニ丘やディオクレティアヌス浴場の廃墟においては、ファスキアはふたつしかないものの、コリント式オーダーにおけるように、それらは刳形によって分離されており、上はじの逆サイマの下には露玉がある。パラディオ、スカモッツィ、アルベルティ、ヴィオラやほかの近代人たちはこの手法を真似て、ファスキアふたつをアーキトレーヴに備え付けている。しかし彼らは、刳形によりそれらの縁を切ろうとはしなかったし、露玉が楣の下にあるのはウィトルウィウスと同様である。また露玉の形状はさまざまであり、丸くして円錐台のようにする人びともいる。しかし矩形すなわちピラミッド状にするのが常套である。円形にするのはミューチュールの天井だけである。

フリーズ

フリーズには、全エンタブラチュアを二四に等分したうちの、九をあてる。高さは、私がドリス式のモデュールとするものでいえば、すなわち中モデュールでいえば、一モデュール半であり、本書における小モデュールでいえば二小モデュールと半である。フリーズを飾るのは通常トリグリフである。幅は一ドリス式モデュールであり、露玉の真上に置かれる。露玉もまた円柱の真上と、円柱間の中央に置かれ、それらの間隙はトリグリフとフリーズの高さと同じ寸法である。したがって、これらの間隙は正方形となる。これらはメトープと呼ばれ、浅浮彫り[52]のトロフィー、大皿、牛頭骨などで飾られる。トリグリフは上から下まで、ふたつの彫込みすなわち溝が中ほどに、ふたつの半溝が両はじに、彫られる。これらの彫込みは直角の凹隅をなすよう切り込まれる。これらを造作するためにはトリグリフ全面を一二に等分する。そのうちの二をそれぞれの彫込み、一をそれぞれの半彫込みに、二を、彫込みと彫込みのあいだの、ウィトルウィウスが腿《もも》[67]とよぶ平滑面に与える。トリグリフのフリーズ外づらからの張出しは、二四等分の一と半であるべきである。ヴィニョーラはそれを一のみとしたが、これはあきらかに小さすぎる。なぜなら溝の幅は二であり、溝の断面は直角をなすから、その深さは一にもなるはずだから。ところで溝の窪み、あるいは深さは、ヴィニョーラによれば、トリグリフ張出しと等しく、両はじになされる半分の溝と、中ほどの完全な溝は、等しい深さであるから、溝はフリーズ表面まで達してしまうであろう。このようなことを、してはならない。これが必要とされるのはトリグリフが半分の溝よりももっと厚い場合だけなのだから。この厚みはパラディオにおいては半ミニットにすぎない。マルケルス劇場では、厚みは一ミニットとその九分の二である。この値は私が与えるよりもすこし大きく、パラディオのものとマルケルス劇場のものの中間の大きさである。さらに一ミニットの四分の三までになる。

トリグリフの頭部とよばれるものは、ふつうドリス式オーダーのフリーズの一部だと考えられている。しかしこれは刳形なのであり、刳形をフリーズにつける慣習はまったくないから、それをコーニスのほかの刳形と一体のものとするべきと私は考える。この刳形は、フリーズの一部をなすトリグリフの上に張り出している。だからフリーズのなかにある持送りのような部位を覆う、張り出した冠であり、フリーズの一部だと考えるべきではない。むしろこれらの刳形は、コーニスに不可欠な部位である雨覆いの下にある部位全体をなすのだから、コーニスの一部なのである。

コーニス

コーニスのために残された寸法はフリーズと同じである。二四の小部分に等分したうちの九をあてる。最下の〔第一の〕小部分をトリグリフの頭部とする。上方にある三〔ママ〕を、雨覆いと逆サイマとし、ミューチュールの冠とする。最上部の三つの小部分は、大サイマと、雨覆いの冠となる逆サイマとする。(68) さらに、これら刳形のより詳しい細部を定めよう。第二と第三の小部分を、それぞれ四に等分することで、八の微少部分をえる。下の五を〔四分円輪郭の刳形である〕カヴェットにあて、六つ目を平縁にあてる。第三の小部分の、残された二つの微少部分と、第四の小部分とを、ミューチュールの躯体にあてる。第六の小部分も、四つの微少部分に等分し、下の二を、平縁なし逆サイマにあてる。これがミューチュールの冠となる。第五の小部分の、残りの二つの微小部分と、第六の小部分とを、雨覆いにあてる。第七の小部分も、ふたたび四つの微小部分に等分する。下の三を逆サイマにあてる。この飾りは雨覆の上にある。逆サイマには平縁をつける。そして最後の第九の小部分は、二つの微小部分に等分し、一を大サイマの平縁にあてる。この大サイマは、雨覆の冠である逆サイマまでの残りの箇所を占める。このようなドリス式コーニスの寸法の割付けは、文章にすると混乱し曖昧なのだが、図示すればきわめて明快で記憶しやすい。というのは刳形の高さをすべて、二種類の分割法で決めるからだ。すなわちコーニス全体を九の部分に等分し、さらにそれぞれの部分を四に等分する。

ミューチュールの下には三六の露玉が、六列に六つずつ割り付けられる。これらコーニス天井につけられた露玉は丸く、小円錐のような形をして、頂点あるいは頂上が雨覆いの天井に打ち込まれなくてはならないことは指摘した。ミューチュールは手前だけが、イオニア式コーニスの雨覆いになされるものに類似した水切縁で縁どりされている。(53)

このコーニスの装飾的な性格には三種類ある。きわめて簡素なものが、パラディオ、セルリオ、バルバロ、カターネオ、ビュラン、ドロルムのそれである。そこにはミューチュールも歯飾りもない。もうすこし造形されて歯飾りがつけられたものが、マルケルス劇場、スカモッツィ、セルリオのそれである。第三のものも最初のものより造り込まれておりミューチュールがあるが、歯飾りはない。私はミューチュールがあるという理由で、(69)この最後のものを選ぶ。ウィトルウィウスによれば、ミューチュールはドリス式オーダーにとって不可欠の部位である。歯飾りはとりわけイオニア式オーダーに好んで用いられるものであるように。私は大サイマとしてカヴェットではなく正サイマを使う。マルケルス劇場ではそうなっており、ヴィニョーラやヴィオラもそのようにした。これに比べるとカヴェット状の刳形は、堅固でもなく砕けにくくもない。さほど堅牢ではない部位が、繊細なオーダーではなく、重厚な性質のオーダーに備わっているのは道理にかなっていない。私はこの点で、パラディオ、スカモッツィ、セルリオ、バルバロ、カターネオ、アルベルティ、ビュラン、ドロルムに倣った。ウィトルウィウスは、カヴェットをドリス式サイマと呼んだとするなん人かの意見もあるので、そこをカヴェットとしたいならば、大サイマに与えられたものと同じ比例を守るということで、そうしてよいとしている。そのときカヴェットの平縁には、九部分の一の半分をあて、雨覆いの逆サイマの頂上までに残っている寸法を、カヴェットにあてる。トリグリフの頭部には、ウィトルウィウスはドリス式サイマをもたらそうとした。しかし私はカヴェットすなわち半スコティアをつけた。パラディオ、ヴィオラ、ビュランがそうしたように。つい先ほど述べた、カヴェットとはドリス式サイマであるという理由により。そのほかにも、二種類の刳形があるようだ。マルケルス劇場では逆サイマであり、ヴィニョーラでは四分円となっている。ドリス式サイマとはカヴェットであると指摘しているバルバロの権威により、私はそこをカヴェットとするのである。

(54)
第三図の説明

A. ウィトルウィウスがアッティカ式とする柱基。ドリス式オーダーに使われる。
B. コロセウムのドリス式オーダーの柱基。
C. ヴィニョーラのドリス式オーダーの柱基。
D. ウィトルウィウスによる彫られたフルーティング。
Δ. ウィトルウィウスによる平坦なフルーティング。
E. ヴィニョーラによるフルーティング。
F. ウィトルウィウスによる柱頭。
G. コロセウムのドリス式オーダーの柱頭。
H. アルベルティによる柱頭。
I.(70) エンタブラチュア。マルケルス劇場の部分から。
K. エンタブラチュアの下はじ。
L. コロセウムのドリス式オーダーのアーキトレーヴ。
M. 正サイマと逆サイマを描くための方法の説明図。

正サイマを描くためには、その平縁の下の角、点a、から、逆サイマの上にある平縁の上の隅、bと書いた点、まで線分をまっすぐ引かねばならない。この線分を二等分して中点をcとする。半分の線分のそれぞれを底辺とする正三角形を描き、これら三角形の頂点をdとeとして印す。これら二点を中心としてふたつの円弧を描けば、

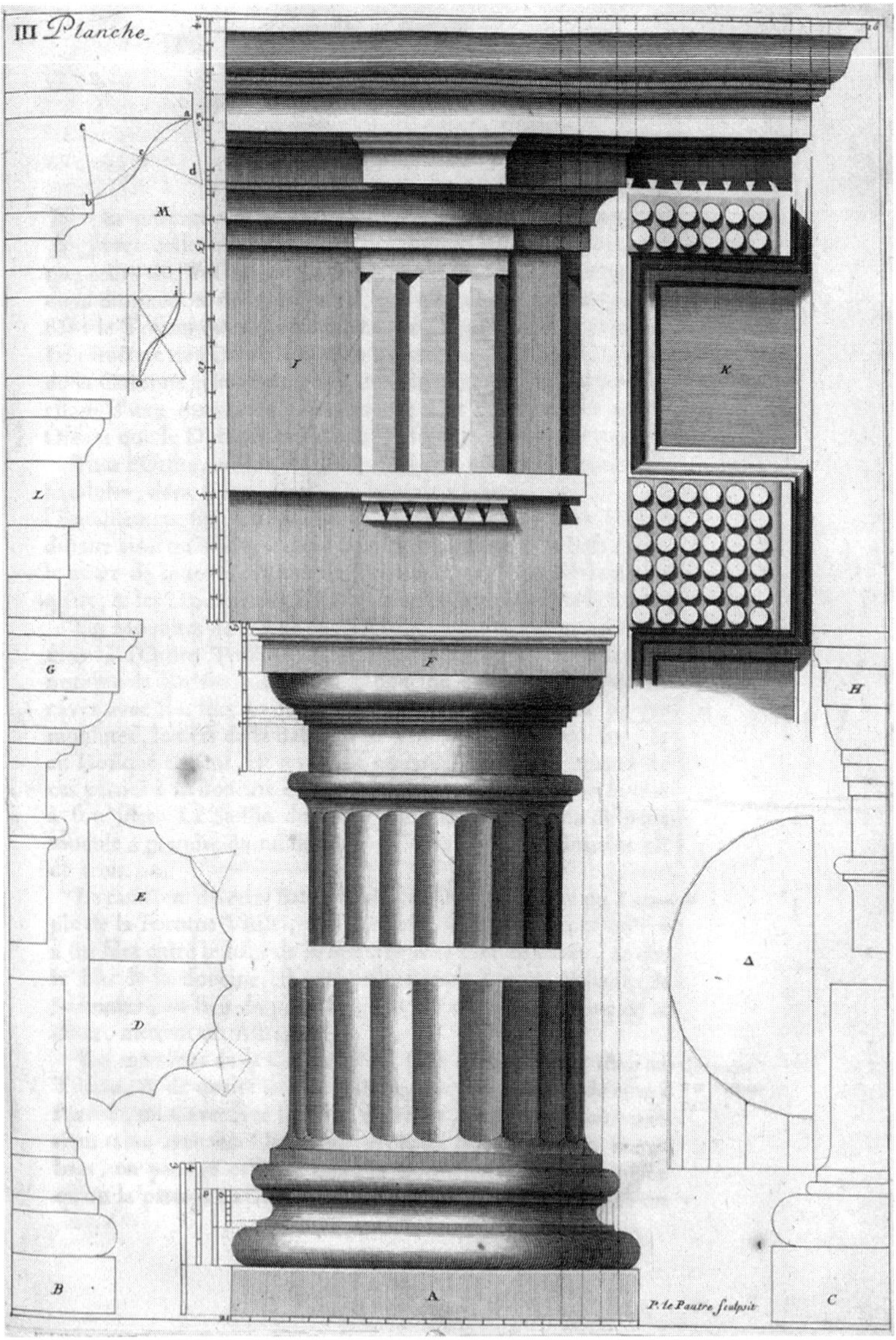

第三図

それらはそれぞれ正サイマの輪郭の半分ずつとなる。刳形の張出しを小さくしたければ、この輪郭の曲線の曲率をより大きくしなければならないが[71]。それには三角形の両辺を延長して、その交点を円弧の中心とするのである。

逆サイマの輪郭もほぼ同じような方法で描かれる。逆サイマとその平縁にあてた張出しを五あるいは六に等分し、これらの一をとり、逆サイマのその下の部位からの張出しにあてる。玉縁でないときにこれが必要である。逆サイマの下はじは玉縁からはまったく張り出さないからである。別の一が、逆サイマからの平縁の張出しにあてられる。正サイマのときのようにして、これら二点、点oと点iを線分でむすび、それを二に等分する。やはりふたつの三角形を使い、これら三角形の頂点を中心とする円の円弧により輪郭を引く。この輪郭のカーブはときにきわめて大きく、コンスタンティヌス凱旋門のアーキトレーヴ上部の逆サイマといった例では、それぞれのカーブはほとんど半円ほどにもなる。

訳注

（65）ペレス＝ゴメス版によれば、ペローはテキストでは「中心 centre」としているが、次のページでは「頂点 sommet」と述べており、事実、正三角形を使えば正方形よりもカーブは浅くなるので、これは「頂点」と解釈すべきであると指摘している（Pérez-Gómez 1993, 179 note 43）。この指摘は正しいと考えられる。

（66）Roland Fréart de Chambray, 1606-1676：フランスの建築理論家。一六四〇年にローマに派遣され、プッサンらフランス人芸術家を支援する仕事を任せられる。パラディオの『建築四書』を翻訳し、一六五〇年に出版する。同年『古代建築と近代建築の比較』（*Parallèle de l'architecture antique avec la moderne*, Paris, 1650）を出版し、そのなかでオーダーの諸例を比較して検討するという方法論を展開する。ドリス式、イオニア式、コリント式というギリシアの三オーダーにこそ価値があり、トスカナ式とコンポジット式のローマのオーダーはそうではないと指摘する。さらにソロモン神殿で使われたというコリント式オーダーを復元しつつ、それがオーダーのなかのオーダーであると賞賛する。

（67）ペロー版ウィトルウィウスでは、本文ではラテン語 fumur とギリシア語 meros とをそのまま使い、注でフランス語では「cuisse 腿《もも》」であるとしている（Livre IV, ch.I）。森田版ウィトルウィウスでは「股」（第四書第三章５）。ペレス＝ゴメス版では「thigh 腿」（Pérez-Gómez 1993, p.111）。

（68）ペレス＝ゴメス版によれば、ペローはここで九等分されたコーニスの七部位にしか言及しておらず、第三図に描かれたドリス式オーダーと、説明によれば、文章の途中の箇所は「その上にある五には、カヴェット cavetto、ミューチュール mutule、その上のオジー ogee、コロナ corona が含まれる」と読むべきで、ペローの列挙にさらにカヴェットとミューチュールが追加されるべきであり、一七〇八年のジョン・ジェイムズ版によれば、ジェイムズはこの欠陥に気がついていて、翻訳のなかでそれを修正している（Pérez-Gómez 1993, p.180 note 46）。Cf. Claude Perrault, translated by John James, *A Treatise of the Five Orders of Columns in Architecture*, London, 1708.

（69）ペレス＝ゴメス版では、この箇所に原典の正誤表に記載された内容を書き加えており、この箇所に「ミューチュールはアルベルティ、ヴィニョーラ、そしてピッロ・リゴリオ（Pirro Ligorio, 1513-1583：ティヴォリのエステ荘の建築家、『ローマの古代遺物の書』（*Libro delle antichità di Roma,* Venezia, 1553）の著者）の設計を踏襲したもので、自分たちが発見した古代建築の断片によく合致している」を挿入している。ペレス＝ゴメス版ではまた、ペローが建築の真のオリジナルは失われているが、これら断片はその証拠であると考えているようだ、と指摘されている（Pérez-Gómez 1993, p.180 note 48）。

（70）原著には「J」が欠けている。Pérez-Gómez 1993, p.180 note 49 も参照。

（71）理論的には、むしろ小さくしなければならないはずである。事実、ペレス＝ゴメス版では、理論的には小さくすると記載すべきであること、ジョン・ジェイムズ版でもそう修正されたうえで翻訳されていると、指摘されている（Pérez-Gómez 1993, p.180 note 50）。

(55)

第三章　イオニア式オーダーについて

トスカナ式オーダーの比例がドリス式オーダーのそれにたいしてもつ関係と同じものを、ドリス式はイオニア式にたいして、そしてイオニア式はより繊細なオーダーにたいしてもつ。例外は円柱の縮減であり、トスカナ式オーダーだけたいへん大きく、ほかの四オーダーでは同じである。イオニア式オーダーの装飾的な性格は顕著であり、円柱の柱基、柱頭、エンタブラチュアのコーニスの装飾はきわめて特徴的であり、ドリス式がトスカナ式とは異なっているよりも、ほかのオーダーとは異なっている。

オーダー全高はすでに述べたように四〇小モデュールである。そのうちペデスタルが八、円柱が二六、エンタブラチュアが六である。ペデスタルの各部位は第一図にあるように、通常のやり方で定められる。すなわちペデスタル全高の四分の一が台基であり、四分の一の半分が台蛇腹であり、台基の全高のうち刳形は三分の一である。

ペデスタルの台基

ペデスタルの台基には刳形がいくつあるかというと、トスカナ式では二、ドリス式では三であるが、このイオニア式では四である。すなわち正サイマとその平縁、〔四分円刳〕カヴェットとその下の平縁である。これらの刳形の高さを割り付けるために、台基の三分の一が、トスカナ式では六に、ドリス式では七に、ここでは八に等分される。これら八の小部分のうち四を正サイマに、一を平縁に、二をカヴェットに、そして一を後者の平縁にあてる。台胴の外づらからかぞえた張出しは、カヴェットの平縁は小モデュールの五分の一、正サイマの平縁で五分の三である。

この台基の装飾的な性格はフォルトゥナ・ウィリリス神殿のイオニア式オーダーからとられた。相違点といえば、この神殿では正サイマ上はじとカヴェットの平縁とのあいだに、さらに平縁がひとつあること、正サイマの平縁がたいへん厚いこと、である。パラディオとスカモッツィは、正サイマとカヴェットのあいだを、薄い平縁ではなく玉縁としている。

(56)

ペデスタルの台蛇腹

台蛇腹にある刳形の数は、トスカナ式では三、ドリス式では四であるが、ここでは五となる。すなわち下からカヴェット、平縁、雨覆い、その頂部を飾る逆サイマ、その平縁。これらの部位の高さを割り付けるために台蛇腹の全体の高さを、ドリス式では九、トスカナ式では八、のように一〇に等分する。これらの小部分のうち二をカヴェットに、一をその平縁に、四を雨覆いに、二を逆サイマに、一をその平縁に与える。台胴の外づらからの張出しは、カヴェットが小モデュールの五分の一と半であり、雨覆いが三、逆サイマとその平縁が四である。

この台蛇腹の装飾的な性格は、古代や近代人によるものとはまったく無関係である。フォルトゥナ・ウィリリス神殿では、この台蛇腹は一〇の刳形からなり、ひどく錯綜している。パラディオとスカモッツィの台蛇腹もこのオーダーとしてはあまりに混交的だといえる。彼らはコリント式とコンポジット式オーダーにおいて、このイオニア式の要素よりも多くの要素は使わなかったのだから。

円柱の柱基

ウィトルウィウスはイオニア式円柱とコリント式円柱のための柱基を描いている。しかし近代人のほとんどは(57)イオニア式にのみ、それを使っている。古代人たちはつねにアッティカ式柱基をすえたので、彼らが建造し現存しているイオニア式の建物にはウィトルウィウス流の柱基はまったくみられない。アルベルティやヴィオラらの近代人たちは、コリント式のものをそこに導入したが、ウィトルウィウスに倣ったのは、イオニア式にもコリント式にも同じ柱基を選んだという一点のみであった。

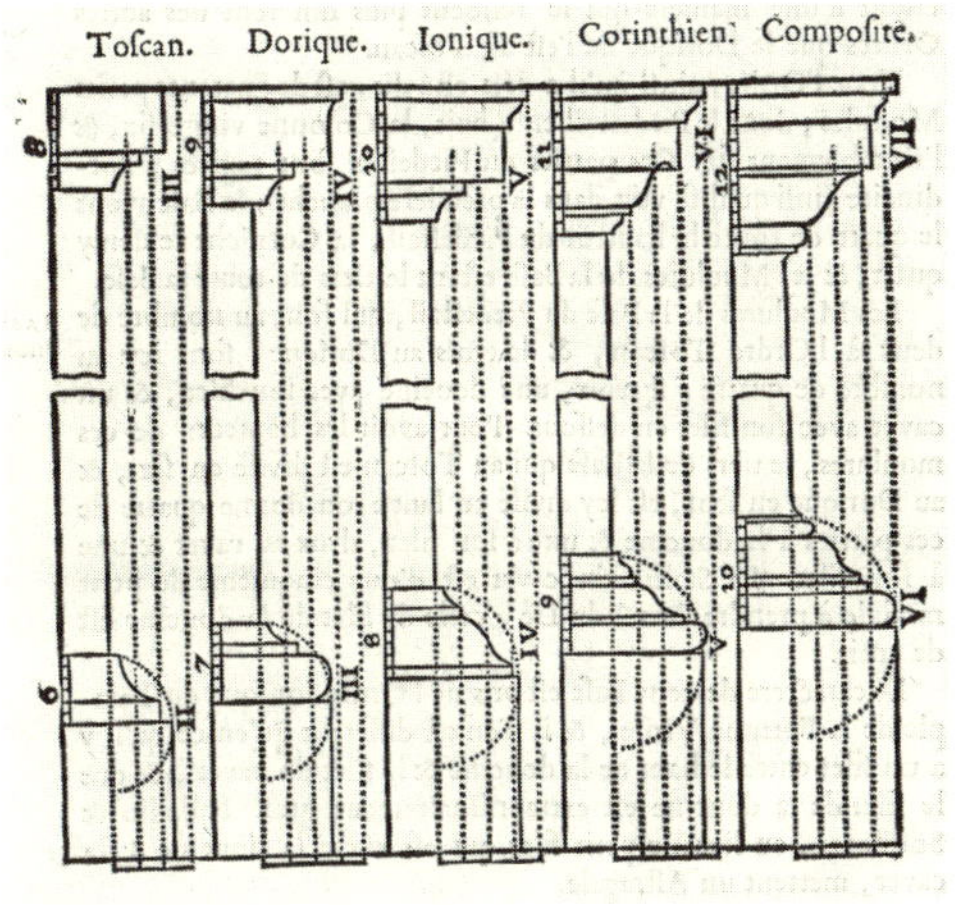

左からトスカナ式、ドリス式、イオニア式、コリント式、コンポジット式のペデスタル

ウィトルウィウスによるこの柱基の比例をえるために、まず柱基の全高を三に等分し、その一を基板にあててアッティカ式柱基とする。残りの二は七に等分され、そのうち三が柱基上部のトルスにあてられる。さらに残りの四は二に等分され、これらのうち二がさらに一〇に等分され、そのうち二がトルス下にある平縁に、五がスコティアに、一がその下の平縁に、二が玉縁にあてられる。この玉縁のさらに下に、同様な玉縁がもうひとつあり、さらに下にスコティアがひとつある。このスコティアは上のものと同様であり、同じような平縁をともなっているが、基板のすぐ上にある平縁のほうが幅が広い。

ウィトルウィウスはこの柱基の張出しについてまったく言及しなかった。私は小モデュールを五等分するという通常の手法でとりあつかう。私は五分の一を単位として、その二と半をトルス、二を玉縁、一と半をトルス下にある平縁、一と四分の三を玉縁に付随している平縁、二と四分の三を基盤にある平縁、の張出しにあてる。

この柱基の装飾的な性格はたいへん奇妙なものだ。上のトルスが太いが、基板の上にある平縁は弱々しい。だから古代人たちがそれを拒否したことも驚くことではない。私も使うとはいえ、それぞれのオーダーに固有のものをもたせて区別するためだけである。ドロルムは別種類のイオニア式柱基を提案しており、自分が古代の建物のなかで発見したと主張している。その柱基はウィトルウィウスのものとも異なる性格である。すなわち基板と最初のスコティアの平縁のあいだに、厚みの違うふたつの玉縁をおいている。

円柱の柱身

イオニア式円柱の柱身のフルーティング法は、ドリス式とは異なり、コリント式やコンポジット式の円柱と同じである。ドリス式との相違点とは、溝がドリス式では二〇条しかないが、イオニア式ではウィトルウィウスや

(58)近代人により異なり、二四条あるいは三二条であったりする。フォルトゥナ・ウィリリス神殿のものは溝が彫られた唯一のローマの古代イオニア式であり、二〇条しかない。しかし独特の装飾的な性格がある。溝はドリス式オーダーのように浅くはなく、通常は半円ひとつぶんの深い窪みをもつ。たとえばパンテオン堂内のものでは窪みは半円よりも浅く、ユピテル・トナンス神殿では半円より深いが、そのような円柱は数少ない。溝の下部三分の一が、棒や太いロープで半分ほど充填されている建物もいくつかのある。このような溝のあるものは縄形装飾された円柱とよばれる。溝の下部が、ロープや棒を使うのではなく、溝と溝をわける平縁のへりまで単純に満たされていることもある。パンテオン堂内の円柱がそうである。しかし溝を充填するこのような手法が採用される建物はむしろ例外的であり、稀であるべきである。道理からすれば、この手法は、円柱が地上階にある場合にのみ活用されるべきであり、ペデスタルや別のオーダー上に載るときはそうではない、といえる。なるほどコンスタンティヌス凱旋門ではペデスタル上にある円柱に縄形装飾が施されているものの、この充填がなされる目的は、窪みと窪みを隔てる平縁がきわめて脆弱なので、下部にあるこれら平縁がなにかにぶつかり、フルーティングが傷つけられるという危険に曝されことを避けるためである。とはいえこのコンスタンティヌス凱旋門がこの手法を正当化する権威になるわけではない。この凱旋門はほかの建物の廃墟からの転用材によって建設されたものであり、この前身建物では、円柱が地上階にたっていた、というのが共通見解である。フルーティングの溝と、溝と溝を隔てているいわゆる平縁との比例は、はっきりとは定められていないものの、溝の幅の三分の一をその隔たりに与えるというのが平均的な比例である。すなわち円柱の円周を二四に等分したもののそれぞれを、さらに四に等分し、そのうちの三を溝に、一を平縁にあてる。

これらのフルーティングは円柱の上はじと下はじにある端刳にむけてどのように端部が終るかで、性格が異なってくる。いちばん一般的なものは、ニッチの上部のように先端を丸くすることである。ときにはこの端部はまっすぐ水平に切られることもある。たとえばティヴォリのウェスタ神殿のように。また端部は第一の場合とは正反対のやり方で彫り込まれることもある。ボルドーにあるトゥーテーラ〔チュテール〕[72]柱の柱身では、フルーティングの端部が、窪みのなかに下方向に半円形が迫り出すようになっている。

柱頭

イオニア式柱頭は三部分からなる。まず頂板は逆サイマとその平縁だけからなる。渦巻をなしている皮層。それとエキヌスあるいは卵飾りである。卵飾りの下にある玉縁は、柱身の一部である。柱頭の中層部は皮層と呼ばれる[59]。樹木の厚い皮層に似ているからである。花瓶があり、その縁が卵飾りだとする。この花瓶の上に置かれた皮層が、乾いて巻き下がったかのようである。ウィトルウィウスは、渦巻が柱頭の二面において巻いているさまは、女性の頭部の両側において頭髪が留金で巻かれたさまをあらわしている、と述べている。

この柱頭の高さは、頂板の上はじから玉縁までである。それを決めるのに小モデュールを一二に等分し、そのうち一一を柱頭の高さとする。頂板は三をとり、そのうち逆サイマは二、平縁は一である。皮層は四であり、そのうち一が縁《ふち》である。そして卵飾りもまた四である。頂板の上はじから渦巻の下はじまで、この小モデュールを一二に等分したものを一九数える。

渦巻の輪郭を描くためには、まず柱身の上はじの玉縁を起点とする。この玉縁は、厚さが一二分の二であり、左右の幅は、柱身下部の直径と同じである。渦巻を描きたい側から見て玉縁をマークし、玉縁中央の高さで線を引かねばならない。この線を玉縁のはじを超えて延長する。それから頂板の上はじから垂直にこの線の上まで、

〔60〕もう一本の線を、落としてこなければならない。この線は円の中心をとおる。この円の半分が玉縁の端部となる。ウィトルウィウスはこの円を、渦巻の目とする。この円の直径は一二分の二である。まさにこの円のなかにこそ一二の点を置かねばならない。これら一二点は、それぞれ四分円の中心となり、全部で三周することで、渦巻が構成される。これら一二点を決めるために、目のなかに正方形を描き、その対角線がひとつは水平に、もうひとつが垂直になるようにし、ふたつの対角線が目の中心で交差するようにする。この正方形の四辺の中点から、二本の線分を引く。正方形はこれらふたつの線で四分割される。二本の線分はそれぞれ六に等分されることで一二点が与えられる。これらが円弧の中心となる。渦巻を引くためにコンパスの固定針を第一の点に、すなわち正方形の内側上部にある一辺の中点にすえ、コンパスのもうひとつの足を、この垂直線が頂板の底辺と交差する点にあてて、四分円を外側にそして下方向に、水平線に達するまで引く。この箇所から、固定針を第二の点に、すなわち目の正方形の外側上部の一辺の中点上にすえ、第二の四分円を描き、下を経由して垂直線に到達するまで引く。そのさきは固定針を、目の正方形の、外側下部の一辺の中点である第三の点にすえ、第三の四分円を、上と中を経由して、水平線に達するまで引く。そこから固定針を第四の点に、すなわち目の正方形の下部内側の一辺の中点にすえ、そこから第四の四分円を引き、上と外をとおり垂直線に到達する。そこから固定針を第五の点に、すなわち第一の点から中心にむかい下にある点にすえ、そこから第五の四分円を引く。そしてまったくおなじく、第二のものの下にある第六の点から第六の四分円を、第三のものの下にある第七の点から第七の四分円を引く。このような方法で、点から点へ、四分円を十二回描けば、それが渦巻の螺旋形の線となる。

　正面から見える渦巻の縁の厚みは、すでに述べたように、頂板の下の箇所においては小モデュールを一二に等分したものの一であるが、すこしずつ幅を狭めつつ、目にまでいたる。この縁は渦巻面よりも、皮層の幅の一二分の一だけ盛り上がっている。ところでこの皮層はしだいに狭くなり、それとともに縁も狭くなっているのであるから、縁の盛り上りもまた小さくなってゆくべきであり、その寸法も、つねに皮層の幅の一二分の一とされる。この縁を、最初の渦巻の曲線とおなじように第二の曲線部として引く。すなわち最初の一二点からほんのすこし中心寄りに、五分の一の距離をおいて、第二の一二点を定め、コンパスの固定針を、最初の曲線と同じ順番で、これら第二の一二の点にすえつつ、引くのである。頂板の張出しを得るためには、逆サイマとその平縁に、垂直線からどれだけ出ているかという寸法を与えられる。それは高さと同じであり、小モデュールの一二分の二である。

エキヌスの張出しは高さに等しく、小モデュールの一二分の四である。この部位は、卵の形なので、通常は卵飾りという装飾が彫られている。ギリシア人はこの卵飾りをエキヌスと呼んだ。なぜならこれら卵形は、刺《とげ》で覆われた殻のなかに、なかば埋まっている栗の実をあらわしているからであり、その刺はギリシア語ではアキノス（achinós）と呼ばれているウニの刺によく似ているのである。柱頭の四面にそれぞれ五個の卵飾りを割り付ける。五個のうち完全な姿をみせているのは三個だけである。渦巻の最初の円弧の上に寝ている茎が花形飾りとなり、そこから伸びている三つの小さな莢《さや》が、渦巻に隣接する残りの二個の卵形を包んでいる。

上記の渦巻は柱頭の表と裏にみられるが、側面は異なっている。ウィトルウィウスはこの部分を枕とよんでいる。近代人はそれにバラスター（balustre）という名前を与えている。なぜならそれはギリシア語ではバラウスティオン（balaustion）とよばれる野生のザクロの花の杯状部すなわち萼《がく》に似ているからである。このバラスターは前後になっており、中央にはリンゴ飾りがある。両端の、渦巻の折返しにあたる縁の幅は、ウィトルウィウスによれば、十二分の二、すなわち目の幅と等しい。リンゴ形のプロフィールすなわち輪郭は、やはり彼により帯あるいは革ひもとよばれている。しかし彼が与えた輪郭は半円であって、古代建物にみられる輪郭とはまったく一致しない。後者は不規則な形状であり、図で示してはじめてわかるようなものだ。このバラスターは大きな葉のように造作され、またリンゴは月桂冠の小さい葉が鱗状に配されたもので覆われている。

この柱頭の比例はウィトルウィウスのものだが、より簡潔により規則的に説明しているものの、私たちが古代人や近代人の作品にみいだす実例と、あらゆる点で一致するわけでもない。柱頭の高さは、私は一八ミニットとしている。コロセウムもそうだし、ウィトルウィウスがこの柱頭に与えた比例もそれに近似している。しかしマルケルス劇場では二一ミニットと三分の二であり、フォルトゥナ・ウィリリス神殿では二一ミニットと半である。エキヌスの高さは、私は皮層の高さと等しくしたが、フォルトゥナ・ウィリリス神殿では頂板や皮層よりも大きく、マルケルス劇場では皮層よりも小さい。渦巻は、私は二六ミニットと半の高さとしているが、フォルトゥナ・ウィリリス神殿では二三ミニットと半しかないし、コロセウムでは二四ミニットと半しかなく、マルケルス劇場では二六ミニットと四分の一である。渦巻の幅は、私は、コロセウムのように二三ミニットと三分の一としたが、フォルトゥナ・ウィリリス神殿では二五ミニットと四分の一であり、マルケルス劇場では二四である。近代の建築家たちの作品においてもやはり比例はさまざまであり、エキヌスを皮層よりも大きくしたのがパラディオ、ヴィニョーラ、バルバロ、ビュラン、ドロルムであり、同じ寸法としたのがアルベルティとスカモッツィである。

装飾的な性格にも違いがある。第一に、古代建築においても、ヴィニョーラ、セルリオ、バルバロといったなん人かの近代人建築家においても、渦巻の目が円柱の上はじの玉縁とは一致していない。ほとんどの近代人は一致させるのだが。後者は、目の中心から渦巻の下はじまで三と半であると指摘しているウィトルウィウスの流儀

（62）

を踏襲している。ウィトルウィウスはさらに、渦巻は玉縁の下に三だけ垂れ下がると述べている。その理論的帰結として、渦巻の目と玉縁が重なる。すでに述べたように、目の大きさは一であり玉縁もそうなので、目の中心から目の下はじまでは二分の一である。このことにより玉縁から渦巻の下はじまでの隔たりは、目の中心から渦巻の下はじまでよりも小さくなる。

第二に、ふつう渦巻の面はまっすぐな平面をなすのに、フォルトゥナ・ウィリリス神殿ではやや凸状の曲面をなす。それゆえ、渦巻が目に近づくほど外側に突出する。ティトゥス凱旋門、セプティミウス凱旋門、バックス神殿でもそうなっている。

第三に、フォルトゥナ・ウィリリス神殿のこの渦巻においては、渦巻の折返しは通常の単純なものではなく、平縁をともなう端刳となっている。第四に、バラスターを覆っている葉飾りは、あるときは長く細身で、あるときはマルケルス劇場におけるように水葉であり、あるときはパラディオやヴィニョーラがそうするようにとても細かく裂かれている。ときにはこれら葉飾りはコリント式柱頭のオリーブ葉のように幅が広い。フォルトゥナ・ウィリリス神殿でもそうなっている。第五に、フォルトゥナ・ウィリリス神殿の出隅の円柱のように、渦巻の二面がくっついて外に突出しており、バラスターもまたふたつが入隅で融合している。このようにして神殿の外周にある円柱の柱頭をみたばあい、神殿の側面にあるものと、前面や後面にあるものとが異なっていることを回避できている。つまり前後では渦巻が、側面ではバラスターがあらわれるという違いが、なくなる。こうすることで四面すべてで、渦巻と直面することになる。

このようにイオニア式柱頭は正面と側面では違うので、やっかいである。近代人はスカモッツィのやり方に倣って変更し、バラスターをなくして四面を同じような扱いとし、コンポジット式オーダーでそうなっているように、渦巻のすべての面をカーブさせ、内側に窪んだようにせねばならなかった。ただスカモッツィの柱頭をめぐり二点で批判があるかもしれない。第一に、渦巻の厚さが一定であること。フォルトゥナ・ウィリリス神殿のイオニア式では、それからこの渦巻があるコンポジット式柱頭ならどれも、この渦巻は下方ではとても優雅に厚みをますのであるが、それとは異なっている。第二に、近代人がつくるコンポジット式において渦巻が花瓶から出ているように、渦巻がエキヌスから出ていることである。近代人は、古代建築にみられるほとんどのコンポジット式建築に反する変更を導入したのであった。古代では、皮層はエキヌスの上、頂板の下を、まっすぐ通り、その先端でやっとカーブして渦巻となっている。古代のイオニア式の渦巻においては頂坂は皮層により下から支えられねばなかったのだが、この皮層がないと、逆サイマひとつしかないイオニア式の柱頭の頂板は、あまりに薄い部材となってしまう。スカモッツィの柱頭を踏襲する建築家たちは、彼が提案するふたつの手法のうちで、イオニア式オーダーにはふさわしくないほうを選んだことに、ふたたび注意を喚起しなければならないようだ。というのは、スカモッツィは頂板もまた二種類のものをなした。第一の頂板は、コンポジット式オーダーのように渦巻にそって湾曲している。もうひとつの頂板は、古代のイオニア式のように、まっすぐで正方形である。たとえばフォルトゥナ・ウィリリス神殿では、頂板は、渦巻の隅より外には張り出していない。頂板の隅の下からは葉が出ているだけである。この葉は渦巻の上でしだれ、渦巻の目の箇所まで降下している。そしてこのオーダーをコンポジット式からはっきり区別するように、渦巻どうしの間には花飾りはない。〈63〉

なん年かまえから彫刻家たちはイオニア式柱頭にある装飾をつけている。この柱頭に新しい形態を与えたスカモッツィですら、そうしなかったものである。花綱飾りをそえることである。渦巻の最初の回転の上に端部をよこたえる花飾りから、小さい莢とともに、これら花綱飾りが出てくる。そしてどうも、彫刻家たちは人頭の両側にあるカールした頭髪を型どりたかったようだ。ウィトルウィウスが渦巻はカールした頭髪の似姿だと主張したように。なぜなら、渦巻はむしろくるまれ編まれた頭髪のようだし、花綱飾りはむしろ締金にとめられたカールした頭髪にとても似ている、といえるからである。

ほかに述べるべきは、この神殿の渦巻は側面において、通常より楕円であり、幅が広いという意見をもつ建築家もいることである。これはまったく正しくない。なぜならこの建物の柱頭はたしかに風変わりで、ほとんど不完全であるが、施工された柱頭から判断すると、横方向に伸びた楕円ではまったくない。むしろ縦方向に長い楕円なのであり、高さは二六ミニットと半であり、幅は二三と半である。マルケルス劇場でも高さが二六ミニットと四分の一であり、幅は二四である。

(64)エンタブラチュアの通常の高さは、柱身下部の直径ふたつぶん、すなわち小モデュールが六である。これを等分するのに、ドリス式以外のすべてのオーダーとおなじく、一二〇に等分し、アーキトレーヴにそのうちの六を、フリーズに八を、コーニスに残りの八をあてる。エンタブラチュアを構成する三部位の比例は、建築書作家ごとに異なっている。ウィトルウィウスはフリーズの寸法をアーキトレーヴよりも大きくしている。パラディオ、スカモッツィ、セルリオ、バルバロ、カターネオ、ヴィオラはこれに倣った。これとは逆に、フォルトゥナ・ウィリリス神殿やマルケルス劇場では、フリーズの寸法はアーキトレーヴよりも小さい。この比例を踏襲したのがヴィニョーラであり、ドロルムである。このことについて私が倣ったアルベルティは、両者の中庸を選び、フリーズとアーキトレーヴの寸法を等しくした。彼はコーニスに八を、アーキトレーヴとフリーズにそれぞれ六をあてた。私もこれらの寸法をそれぞれの部位にあてた。

(65)

アーキトレーヴ

アーキトレーヴの各部位の高さを定めるために、それを五に等分する。一を平縁と逆サイマからなるサイマにあてる。残りは一二に等分される。そのうち三がアーキトレーヴの第一ファスキアに、四が第二ファスキアに、五が第三のものにあてられる。張出しは小モデュールの五分の一により決められる。すなわちこの五分の一のさらに四分の一が各ファスキアの張出しに、この五分の一まるまるが平縁のある逆サイマにあてられる。この五分の一の一と半が、アーキトレーヴ全体の張出しにあてられる。

本書で模範としている建築書のすべてが、これらの比例に言及しているわけではない。サイマは私たちの慣用よりもウィトルウィウスにおいて小さい。彼はそれにアーキトレーヴの七分の一しか与えていない。私なら五分の一であり、マルケルス劇場でもこの値である。古代にあってはさらに大きい場合もある。コロセウムでは四分の一とその半、フォルトゥナ・ウィリリス神殿では二分の一とその半なのである。近代人もさまざまである。セルリオとビュランはウィトルウィウスに倣って小さいサイマを用いたのに、パラディオ、ヴィニョーラ、アルベルティ、ヴィオラはそれより大きくしている。

装飾的な性格はさらに多様である。パラディオのように玉縁をファスキア間に置くこともある。フォルトゥナ・ウィリリス神殿では玉縁はひとつしかなく、しかもファスキア間ではなく第二ファスキアの中央にある。スカモッツィは、コリント式オーダーでそうなっているように、サイマの下に玉縁ひとつを置いている。ウィトルウィウスがイオニア式アーキトレーヴでは玉縁を使わないで簡素なものとしたことは、このオーダーにふさわしいと、私は思った。より繊細なオーダーで使われるべき装飾を、このオーダーで使ってはならない。ウィトルウィウスは、イオニア式とコリント式のオーダーの違いは柱頭だけであると述べており、玉縁がそうだとはしていない。(73) ウィトルウィウスののちの建築家がコリント式オーダーに装飾を付け加えたとしても、私見によれば、それらと同じ装飾をイオニア式オーダーにもたらそうとした建築家よりも、正当化されるべきである。ファスキアはいくぶん後方に転んでおり、その張出しの〔下むきの面である〕下端《したば》は、完全な水平ではなく、手前が持ち上がっている。(74) フォルトゥナ・ウィリリス神殿にもこれが観察される。そしてこのような処理がなされるのは、これらの部位の張出しや高さを、そうであるように見せるためであると、されている。ウィトルウィウスは、これらのエンタブラチュアをなす、すべての部位のファスキアを前方に転ばせており、傾けることで、むしろ垂直に見えると指摘している。ところが古代建築にみられるのは、ファスキアは前方にというより後方に転んでいる例がほとんどなのである。しかしこれらすべては別の章で検討されており、比例の変化ということで論じられている。とはいえ、垂直あるいは水平に見えるべきすべての部材は、垂直にそして水平に造作されるべきであると、私は考えている。だからどのオーダーであれ、そのすべての部材について、私はこの法則に従うことにする。

フリーズ

ウィトルウィウスはフリーズを小さくし、そして膨らませた。しかしディオクレティアヌス浴場でなければ、古代にはそのような具体例はまったくない。またほとんどの近代建築家は、まったくそれを認めなかった。

エンタブラチュアのコーニス

エンタブラチュア全高の二〇分の八は、ドリス式オーダーのコーニスではない、すべてのコーニスにあてられる。そして、この寸法がこのコーニスと一〇ある部位のすべての高さを定める。第一が逆サイマであり、二〇分の一の高さとなる。第二が歯飾りであり、一と半である。第三が平縁であり、この寸法の四分の一。第四は玉縁であり、同量。第五がエキヌスで一。第六は雨覆いで一と半。雨覆いの下端は水切りであり、その溝の深さは三分の一である。第七の部位は逆サイマであり、半。第八はその平縁であり、一の四分の一。第九は正サイマであり、一の四分の五。第一〇はキュマチウムとしての縁《へり》あるいは平縁であり、半。

張出しは小モデュールの五分の一を単位として決められる。コーニス全体の張出しはその一二倍である。その逆サイマはフリーズの外づらから計って一であり、歯飾りは三であり、玉縁または平縁がその上についた卵飾りまたはエキヌスは四と半である。雨覆いは八と半、逆サイマとその平縁で九と半、サイマは一二である。(66)

歯飾りの割付けを決めるのに、高さを三に等分し、そのうちの二を歯飾りの幅に、一をそれらの間隙にあてる。これらの比例が古代建築や近代建築家のあいだで異なるとすれば、おもに歯飾りの割り付けである。ウィトルウィウスあるいはバルバロやカターネオといった近代人はきわめて細くし、歯の幅を高さの半分にしかしなかったし、歯の間隙は幅の三分の二にした。ヴィニョーラやセルリオのように、もっと幅広くする人びともいる。私の比例は、マルケルス劇場、両替師門、セプティミウス凱旋門、ユピテル・トナンス神殿、カンポ・ヴァチノの三円柱のものである。ウィトルウィウスは歯を細くしたが、古代建築のなかにはその幅を広くした例も多く、幅と高さがほとんど等しいまでになっているものもある。フォルトゥナ・ウィリリス神殿、ネルウァ市場、ティトゥス凱旋門、コンスタンティヌス凱旋門ではそうなのである。

私はイオニア式コーニスの装飾的な性格として、ウィトルウィウスと古代建築にみられるものを選択した。そこには歯飾りがある。セルリオ、ヴィニョーラ、バルバロ、カターネオ、ビュラン、ドロルム、アルベルティといった近代建築家たちもそれに倣った。そこにモディリオンを置いたパラディオ、スカモッツィ、ヴィオラは、コンコルディア神殿のコーニスを借用したのであった。この神殿はイオニア式だが、すべての部分が、とりわけコーニスが不規則なのである。すなわちコリント式とコンポジット式のコーニスの装飾的な性格はモディリオンであり、ドリス式オーダーではミューチュールが、イオニア式では歯飾りがそうなのである。私たちは、コンコルディア神殿のイオニア式柱頭をモデルとしたスカモッツィを褒めても、この神殿のコーニスを模倣したこれらの建築家たちを賞賛すべきではない。私は、歯飾りの上にあるエキヌスのなかに卵飾りを彫ろうとはしなかったし、コーニスやアーキトレーヴの逆サイマのなかに中縞やそのほかの装飾を施そうとはしなかった。なぜならこのオーダーのコーニスとしては装飾過多になると思うからだ。なにしろウィトルウィウスは歯飾りだけで済まそうとしたのだから。上にペディメントが載らないコーニスにあっては、ウィトルウィウスは各円柱の軸線上と、(67)それから円柱間の上には、大サイマに獅子頭を等間隔で施し、円柱の軸線上にある獅子頭には穴をあけ、コーニスと屋根に降る雨が排水されるようにした。フォルトゥナ・ウィリリス神殿の獅子頭は円柱にも円柱間にもまったく対応していない。

（68）

第四図の説明

Ａ．ウィトルウィウスが定めた柱基。彼は柱基のあるすべてのオーダーのために妥当とするが、近代の建築家たちはイオニア式オーダーのみに妥当としている。柱基に付随して描かれた柱身の一部には、縄形装飾とよばれるフルーティングが施されている。

ＢＣＤ．この柱基の平面図。Ｃ．縄形装飾のあるフルーティングの平面図。Ｄ．パンテオン内部の円柱に彫られた類のフルーティングの平面図。

Ｅ．古代風イオニア式柱頭の正面。

Ｆ．同じ柱頭の側面。

Ｇ．近代風イオニア式柱頭の側面、スカモッツィが改訂して制作したもの。皮層がなかに入らずに花瓶の上を通過する形態は、私がそうあるべきと考えたものである。この柱頭の図面のなかにみられる柱身の部分は、上はじで水平に切られたフルーティングの上はじの処理は、ボルドーのトゥーテーラ柱にみられた手法を踏襲したもの。

Ｈ．改訂された近代風イオニア式柱頭の平面図。

Ｌ．古代風のイオニア式渦巻の詳細。

Ｋ．渦巻Ｌの目を拡大したもの。その目の中心が点ａ。この点ａから点ｂまでが小モデュールの長さである。それが一二に等分され、そのうち一一が点ｉから点ｂまでで柱頭の高さとなり、一九が点ｂから下までであり、それが渦巻がどこまで下がるかの寸法となる。点ｄ、点ｅは目の中心をとおる水平線となる。

渦巻の輪郭を描くために、コンパスの固定針を、目Ｋのなかの最初にマークする点ｌにすえる。コンパスの

第四図

もう一方の足を、渦巻Lのなかにmと記された点に。外側に四分円m、nを描く。この箇所から、固定針を目Kのなかに2と記された点にすえ、n、oと記された第二の四分円を描く。それから固定針を点3にすえ、第三の四分円o、dを描く。さらに固定針を点4にすえ、第四の四分円d、sを描く。それからさらに固定針を点5にすえ、第五の四分円s、tを描く。このようにひとつひとつ描きながら三周する。

線分cは柱身下部の外づらに対応する。m、n〔ママ、uの誤記と思われる〕、tとマークされたものは、バラスターのリンゴ飾りの輪郭を描くことになる。ウィトルウィウスはこれを帯あるいは飾帯と呼んでいる。

訳注

（72）現在のボルドー市カンコンス広場の位置にあった、古代ローマ時代のモニュメント。一六七七年に取り壊され、その跡地には要塞が建設された。革命ののちはその要塞も取り壊される。現在はそのカンコンス広場となっている。ペローはローマを訪問しなかったし、現実の古代建築を直接眼にすることはない。デゴデの『ローマの古代建築』だけが情報源であった。ペローは一六六九年九月にボルドーを訪れ、このトゥーテーラ柱を見学している。ペローの『ボルドー紀行』（*Voyage à Bordeaux*）を参照。この旅行は政治的なミッションが隠されていて、フランス王室がやがてこの古代建築を撤去して、そこにボルドー市を監視する要塞を建設するための予備調査を兼ねていたのではないか、という憶測もある。ペレス＝ゴメス版でも、ボルドー訪問について簡単に言及しており、ペロー版ウィトルウィウスではこの神殿について詳細な記載があり、ペローの関心は大きかったことが指摘されている（Pérez-Gómez 1993, p.180 note 51）。

（73）ペレス＝ゴメス版では、ここに原典正誤表の一節、「なぜならコリント式はその高さによってはイオニア式オーダーのエンタブラチュアから借用したり、ドリス式から借用したりする」、が挿入されている（Pérez-Gómez 1993, pp.124, 181 note 52)。

(74) 原文では「鉛直に à plomb」とあるが、下端《したば》のことを論じているので、水平性が問題とされているはずである。ペレス＝ゴメス版でも同じことが指摘されている (Pérez-Gómez 1993, p.124, p.181 note 53)

第四章　コリント式オーダーについて(69)

ウィトルウィウスにとり、コリント式とイオニア式のオーダーの違いは柱頭のみだが、それらの柱頭の比例と装飾的な性格はまったく違う。ウィトルウィウスののちに建てられた建物において、柱頭以外にも差異はみられる。というのはコリント式は円柱の柱身も、イオニア式のそれより短いし、柱基もまったく異なっている。アーキトレーヴには三つのファスキアとサイマのほかに、さらにふたつの玉縁とひとつの逆サイマがある。コーニスには卵飾りと歯飾りがあるが(75)、それらはウィトルウィウスのイオニア式オーダーにはまったく登場しない。

ペデスタルの台基

本書の第一部で比例一般を論じたように、オーダー全体の高さは四三小モデュールであり、そのうちペデスタルが九を、円柱が二八を、エンタブラチュアが六をとる。比例の割付け方としては、ペデスタルの四分の一を台基の高さとし、四分の一のさらに半分を台蛇腹にあてる。台基の高さのうちの三分の二が台石であり、残りの三分の一は九に等分され、それらによって五つの部位が決定される。トルス、正サイマとその平縁、逆サイマとその下の平縁である。トルスは九に等分したもののうち二と半、正サイマは三と半、そのうちの平縁は半である。逆サイマは二と半、その平縁は半をとる。トルスの張出しは台基の全体のそれに等しい。正サイマのそれは、小モデュールの五分の一を単位として、二と四分の三であり、逆サイマとその平縁は一である。

この台基の装飾的な性格はパラディオからの引用である。彼はコンスタンティヌス凱旋門のものを模倣した。後者とパラディオの基礎との相違はただひとつ、パラディオの台基においては上部の部位として逆サイマが施されているが、凱旋門では上部にはカヴェットとその下の玉縁があるという点である。パンテオンの祭壇においてもほとんど同じであり、違いは逆サイマには平縁ではなく玉縁が備わっていることだけである。

（70）

ペデスタルの台蛇腹

台蛇腹は六つの部位で構成されている。逆サイマ、その上の平縁、正サイマ、その上にある水切縁が穿たれた雨覆い、さらに逆サイマ、その上の平縁である。台蛇腹の全体は一一に等分され、そのうちの一と半が逆サイマに、半がその平縁に、三が正サイマに、三が雨覆いに、二がその冠となる逆サイマに、一がその平縁にあてられる。下の逆サイマとその平縁の、台胴の外づらからの張出し寸法としては、まず小モデュールの五分の一を単位とする。正サイマは水切縁までは、それが二と、三分の一の半分である。雨覆いの張出しは三である。上の逆サイマとその平縁は、雨覆いからさらに一だけ張り出している。

この台蛇腹の性格もまたパラディオから引用されている。パンテオンの祭壇のそれと異なっているのは、上部の逆サイマのかわりにパンテオンでは正サイマがあるという点だけである。コンスタンティヌス凱旋門ではこの台蛇腹はとても不規則で、ペデスタルにおける台蛇腹と台基との通常の関係、すなわち台蛇腹は台基よりも多くの部位によって構成されているという関係がまったくみられない。その台蛇腹はきわめて簡素であり、私ならそれを六つの部位で構成するところを四つの部位しかない。すなわち平縁、玉縁、正サイマとその平縁、しかないからである。そしてこれらの部位の比例はかなり独特であり、玉縁の下にある平縁は小さいし、玉縁とその正サイマは大きすぎるほどである。ティヴォリのウェスタ神殿でも比例は奇妙だが、ここでは台蛇腹ではなく台基がそうである。ペデスタルの台基と台石のかわりに、逆サイマとその平縁があるのである。

円柱の柱基

ウィトルウィウス直後に登場した古代建築家たちは、アッティカ式柱基とイオニア式柱基を組み合わせたような柱基を考案して、コリント式円柱のそれとした。なぜならこの柱基には、アッティカ式のようにトルスがふたつ、イオニア式のように玉縁がふたつとスコティアがふたつあるからである。古代人や近代人はこの柱基により建物を建てたが、その諸例においては比例は多様であるので、いつもどおり中庸をとるとすれば、これらの部位の割付けは四等分を繰り返すことで決められる、と私は考える。ドリス式円柱の柱頭において三等分を繰り返すことで割付けがなされるように。柱基全体の高さは円柱の半直径なのであるが、その四分の一が基板の高さとなる。残りの三を四等分した一が、下トルスの高さである。さらにその残りの三の四分の一が上トルスの高さである。さらにその残りの三のうちの四分の一が、中ほどにあるふたつの玉縁にあてられ、それぞれこの四分の一の半分の高さをとる。さらにそれぞれのトルスとそれぞれの玉縁の間にある、残りのものの四分の一が、スコティアの大きな平縁であり、この平縁はそれぞれのトルスに触れていなければならない。残りのものの四分の一が、玉縁に触れているべき小さい平縁である。そして残りはスコティアにあてられる。

張出しはやはり小モデュールの五分の一で調整される。かくして大トルスも基板も、円柱の外づらからの張出しは、この五分の一を単位として、三であり、玉縁と下スコティアの厚い平縁は二、上トルスとスコティアの薄

(71)

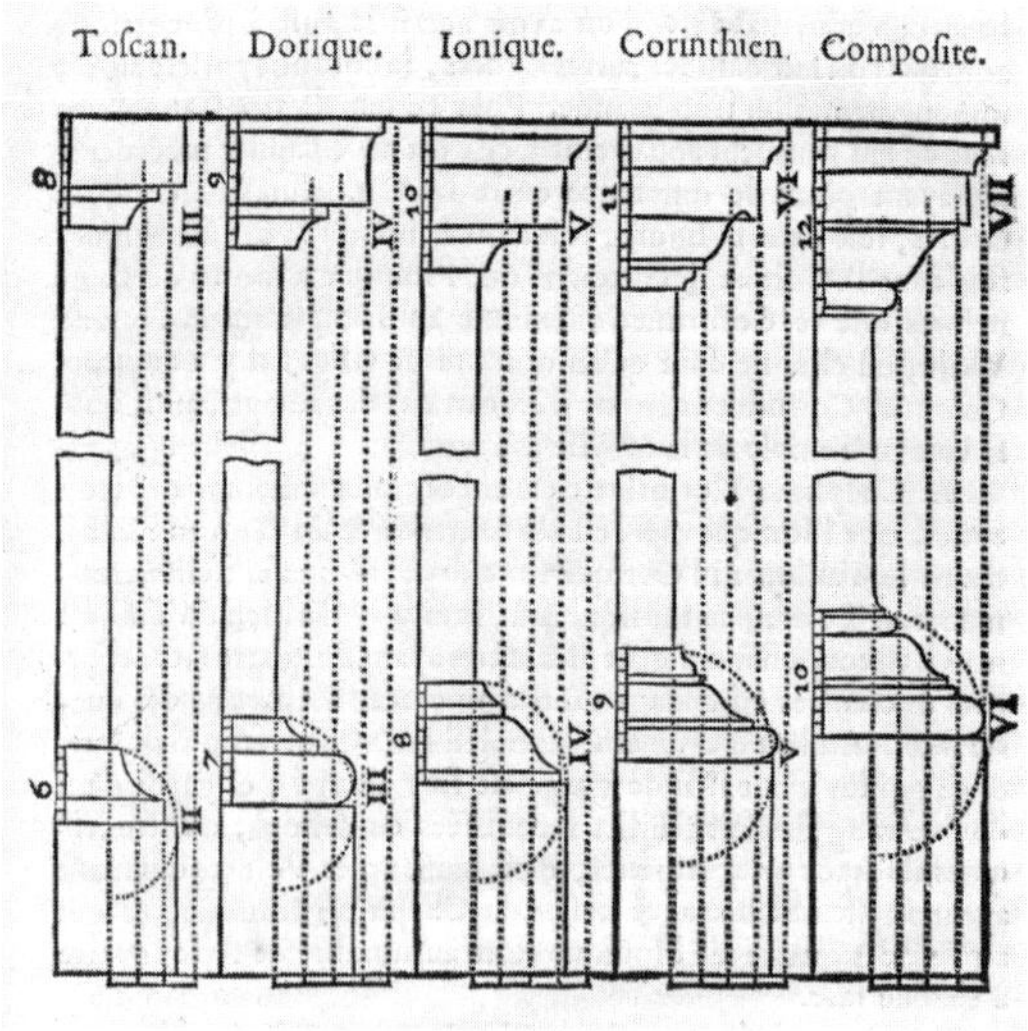

左からトスカナ式、ドリス式、イオニア式、コリント式、コンポジット式のペデスタル

い平縁は一と四分の三、上スコティアの厚い平縁は一と半である。

私が規定したこの柱基の比例と性格は、古代のものとほとんど相違ない。例外は、ふたつのスコティアの比例を等しくしたことである。古代建築においてはその寸法はさまざまだが、上スコティアは下のものより小さい。しかし近代人はそれらの寸法を等しくしているので、彼ら巨匠たちに追随して間違いないと信じたのであった。

円柱の柱身

コリント式円柱の柱身において特筆すべきは、その高さである。すでに指摘したように、イオニア式円柱のそれより低い。その柱頭がたいへん高いからであり、もし柱身をほかのオーダーのように比率的に大きくしたら、円柱の増分はあまりに大きくなってしまう。フルーティングについてはすでに前章ですべて指摘した。フルーティングの形象についても数値についても、両オーダーのあいだでまったく違いはない。古代ではしばしば、イオニア式のフルーティングの溝の数は、コリント式よりも少ないこともある。たとえばフォルトゥナ・ウィリリス神殿では二〇条しかない。いっぽうティヴォリのシビラ神殿のように、コリント式円柱でありながら二〇しかない例もある。(72)

柱頭

イオニア式の柱頭がドリス式やトスカナ式とは違っているように、コリント式柱頭はさらにほかの三オーダーとは違っている。なぜならトスカナ式、ドリス式、イオニア式では頂板と卵飾りが共通する不可欠の特徴であるが、コリント式にはどちらもないからである。たしかに頂板はあるが、ほかのオーダーとはまったく異なっている。四辺は内側に窪んで湾曲しており、四辺の中央にはそれぞれ円花飾りがある。卵飾りと環縁《わぶち》のかわりに花瓶の縁がひとつあるだけで、頸部が占めていた場所では、長細く外側へとカーブしている八枚の葉が二段になって取り巻いており、これらの葉のあいだから小さな茎が張り出し、そこから渦巻がはじまる。この渦巻はイオニア式柱頭のそれとは似ても似つかぬものであり、イオニア式には四つあるが、ここでは四面に四つずつ、計一六ある。

（73）

この柱頭の高さを決めるために、柱身下部の直径そのものの大きさにその六分の一を加え、小モデュールの三と半とする。この高さは七に等分され、下の四は葉飾りにあてられる。すなわちふたつは下段の葉飾りに、残りのふたつは上段のそれに、あてられる。それぞれの葉の高さは三に等分され、上の一は葉がカーブして降下する部分となる。七のうちの残り三が柱頭上部となる。小茎、渦巻、頂板である。この部分を七に等分し、上の二を頂板にあて、つぎの三を渦巻に、最後の二を葉模様とよばれる小茎にあてる。こうすることで、これら二のうちの一は、葉飾りの葉がカーブして降下しはじめる場所となり、葉のうちのふたつが出会い接することで、そこが渦巻が加わり接するところとなる。こうした箇所は、柱頭の四隅そして四辺の中央にある。渦巻どうしが出会うアバクスの隅部の下にある、小さいアーカンサスの葉は、頂板の隅にむけてそり上がり、降下する渦巻とまっすぐなままの頂板の隅の間の、空隙に納まっている。

葉は上から下まで溝がつけられていて、小さい葉の集まりとして三層をなす。小さい葉は左右にあり、中央の葉は外へとたれている。小さい葉は通常さらに五つの小葉に裂かれる。オリーブの葉とよばれる。三葉にしか裂かれていないときは月桂樹の葉とよばれる。たれている中央の葉は一一に縦裂きにされていて、それらは外に膨らんでいるが、ほかのものは凹んでいる。中央の葉の上にある花飾りは、葉模様すなわち小茎と中央の渦巻の間を上に伸びていて、頂板の中央にある円花飾りを支える茎であるかのようである。

柱頭の平面を決めるために、柱基の基板と同じ正方形を描き、その正方形のひとつの辺を底辺とする正三角形を描かねばならない。この底辺と対峙する頂点を中心として、頂板のカーブが描かれるであろう。頂板の隅の面取りを決めるために、正方形の各辺を一〇に等分し、そのうちの一を、隅が切り取られる幅の寸法とすることで、正方形の隅の面取りがなされねばならない。

（74）

この柱頭の比例は、古代の建物においても、建築家たちが書いた建築書においても、多様である。古代では柱頭全高が七分の一だけ低く、柱身下部の直径しかないものもある。ティヴォリのシビラ神殿がその例であり、ウィトルウィウスの規定どおりである。それよりも背が高いものもある。ローマのウェスタ神殿やネロ宮正面がそうで、柱身下部の直径よりもさらに六分の二だけ高い。私が規定した寸法と等しいものもある。セプティミウスのポーティコ、ユピテル・トナンス神殿がそうである。それよりわずかに低いものもある。パンテオン、三円柱、ファウスティナ神殿、マルス・ウルトル神殿、セプティミウスのポーティコ、コンスタンティヌス凱旋門である。やや高い例もあり、ディオクレティアヌス浴場がその例である。近代人たちの意見も分かれる。パラディオ、スカモッツィ、ヴィニョーラ、ヴィオラ、ドロルムは私が定めた寸法を用いている。ビュラン、アルベルティ、カターネオ、バルバロ、セルリオはウィトルウィウスに追随して低くしている。頂板はウィトルウィウスにおいて、三円柱、フォスティナ神殿におけるように、柱頭全体の七分の一である。さらに薄いものもあり、パンテオン、アントニヌスのバシリカ、ネルウァ市場では八分の一しかない。これは私が決めた寸法とはミニットの三分の一ほどの違いでしかない。五分の一そして六分の一という、より大きいものもある。ローマのウェスタ神殿、ティヴォリのシビラ神殿がそうである。

性格はかなり多様である。ウィトルウィウスはアーカンサスのように葉に縦溝をいれている。類例はティヴォリのシビラ神殿である。古代のほとんどの例では、五つに縦割りされたオリーブ葉である。マルス・ウルトル神殿のように四つに縦割りする例、ローマのウェスタ神殿にように三つに縦割りする例もある。アーカンサスの葉をもってする近代人が、セルリオ、バルバロ、カターネオである。古代においてはこうした葉は高さも一定ではなく、下段のもののほうが寸法が大きい。たとえばパンテオンのポーティコと堂内、ローマのウェスタ神殿、ティヴォリのシビラ神殿、ファウスティナ神殿、ネルウァ市場、コンスタンティヌス凱旋門、コロセウム、ディオクレティアヌス浴場である。ときには第二段の葉のほうが寸法が大きいこともある。たとえばアントニヌスのバシリカがそうである。私が規定したように第一段と第二段の寸法が等しいものもある。カンポ・ヴァチノの三円柱、ユピテル・トナンス神殿、マルス・ウルトル神殿、ネロ宮正面、セプティミウスのポーティコがそうである。葉の中央にある主脈もまた、ほとんどの場合、中線の左右ともこまやかに縦に割かれている。それがみられるのがパンテオン、ファウスティナ神殿、ユピテル・トナンス神殿、マルス・ウルトル神殿、ネロ宮正面、アントニヌスのバシリカ、セプティミウスのポーティコ、ディオクレティアヌス浴場である。縦に割かれていないものもある。たとえばローマのウェスタ神殿、ティヴォリのシビラ神殿、三円柱、ネルウァ市場、コンスタンティヌス凱旋門である。葉の最下部の段は、通常、下が膨れており、腹部のようなこの膨らみは建物によって大小がある。(75)ローマのウェスタ神殿ではそれが顕著である。ネロ宮正面に残されているピラスターの柱頭や、ディオクレティアヌス浴場にあるものでは、葉は通常のピラスター柱頭よりも多い。というのは各面でピラスターには第一段に二葉、第二段には三葉しかないのに、そこには第一段に三葉、第二段に四葉あるからである。さらにネロ宮正面のそれでは、葉模様と中央の渦巻の間には、小さな花飾りではなく、もう一葉あるからである。この葉はローマのウェスタ神殿の柱頭にもみられる。

ローマのウェスタ神殿では頂板の隅がとがっている。これはウィトルウィウスに追随したかのようである。彼はコリント式の頂板の隅を面取りするとはまったく語っていないからである。隅が面取りされたら八つの隅になるはずだが、彼は八つではなく四つの隅について語るのみである。頂板の中央にある円花飾りはやはりさまざまである。ウィトルウィウスはその寸法を頂板の厚みと同等としているが、そののち人びとは円花飾りを柱頭の花瓶すなわちドラムのへりのさらに下までたれさげた。そしてティヴォリのシビラ神殿では、円花飾りははるかに大きなものとなっていて、中央の渦巻をほとんど覆い隠さんばかりであり、その姿もまた風変わりである。ふつうは円花飾りは、花弁六枚で構成され、各花弁はオリーブの葉のように先が五つに割れており、その中央から魚の尻尾のようなものがでて、上方にはね上がっている。このような形をしたものが、パンテオン、ファウスティナ神殿、ユピテル・トナンス神殿、マルス・ウルトル神殿、ネルウァ市場、ディオクレティアヌス浴場にみられる。ウェスタ神殿には魚の尾びれではなく麦穂のかたちをしている。ティヴォリのシビラ神殿では円花飾りは大型で、それを構成している葉には溝がつけられておらず、中央には螺旋状にねじれた麦穂がある。ネロ宮正面には花飾りがある。アントニヌスのバシリカとコンスタンティヌス凱旋門では、円花飾りの下の花弁は上方を向いていて、中央には麦穂がある。三円柱の円花飾りは、左右がアーカンサスの葉となっており、下方につよく傾斜しており、中央にあるザクロ実飾りも下を向いている。セプティミウスのポーティコでは、円花飾りではなく雷を持った鷲により飾られる。頂板の中央におけるこうした円花飾りやそのかわりとなる飾りの張出しはさまざまである。ときには頂板の隅と隅をむすぶ直線よりもいくぶん突出することもある。たとえば三円柱、パンテオンの祭壇、シビラ神殿、アントニヌスのバシリカにみられる。これらとは違い、ときにはその直線よりいくぶん引き込んでいるものもある。ユピテル・トナンス神殿、マルス・ウルトル神殿、ディオクレティアヌス浴場がそうである。その線分とほぼ接しているものであり、パンテオン、ファウスティナ神殿がそうである。

渦巻どうしが触れあっていることもある。それがみられるのはパンテオンのポーティコ堂内、ユピテル・トナンス神殿、マルス・ウルトル神殿、などである。ときには完全に離れている。ウェスタ神殿、ネロ宮正面、アントニヌスのバシリカなどがそうである。古代には渦巻の螺旋飾り（helix）はふつう二種類ある。ひとつはカタツムリの貝殻のように、一定の割合で中心まで絡みつくような渦巻。もうひとつは中心に近づくと端が曲がり小さなS字を描くもの。前者がみられる例は、パンテオン堂内、ウェスタ神殿、ティヴォリの神殿、ディオクレティアヌス浴場である。後者の手法は古代においてより頻繁にみられるが、パンテオンのポーティコ、セプティミウスのポーティコ、三円柱、ユピテル・トナンス神殿、マルス・ウルトル神殿、ファウスティナ神殿、ネロ宮正面、アントニヌスのバシリカ、ネルウァ市場、コンスタンティヌス凱旋門である。しかし近代人は後者の手法をまったく使わなかった。三円柱の渦巻はきわめて特殊である。各面の中央にある渦巻は、通常ならその端で結合しあうのだが、ここでは交錯する。そうして、いっぽうの渦巻はもうひとつのものの上を通過したのち、ただちに、その下をくぐるのである。

そのエンタブラチュアは小モデュールが六である。ふつうは二〇に等分され、そのうちの六がアーキトレーヴに、おなじく六がフリーズに、そして八がコーニスにあてられる。こうした比例は古代遺跡においても建築書作家においてもさまざまである。たとえばフリーズはアーキトレーヴよりも大きくなっている例が、ユピテル・トナンス神殿、シビラ神殿であり、またセルリオやビュランの建築書でもそうなっている。より小さくなっているのは、パンテオンのポーティコ、平和の神殿、アントニヌスのバシリカ、セプティミウスのポーティコ、コンスタンティヌス凱旋門であり、パラディオ、スカモッツィ、バルバロ、カターネオ、ヴィオラらの建築書でもそうなっている。しかしパンテオン堂内ではフリーズとアーキトレーヴは高さが等しい。

アーキトレーヴ

アーキトレーヴの各部位の高さを定めるのには、それを六に等分し、各一をさらに三に等分し、全部で一八に

（77）

等分する。それらのうちの三を上の逆サイマとし、平縁にそのなかの一と四分の一をあてる。逆サイマの下にある大きな玉縁に一をあてる。五を上段のファスキアにあてる。一と半をその下にある小さい逆サイマにあてる。四を中段のファスキアにあてる。半をその下にある小さい玉縁にあてる。そして三を下段のファスキアにあてる。張出し寸法については、小モデュールの五分の二を、アーキトレーヴ全体にあてる。上段のファスキアにこれら五分の一のうちの一をあてる。中段のファスキアに五分の一のさらに半分をあてる。そして下段のファスキアは円柱の上はじの外づらにあわせる。

こうした比例は、古代人と近代人による極端な比例のなかの中間的なものである。たとえば大きな逆サイマだが、私はアーキトレーヴ全高の六分の一の高さをあてた。しかし五分の一以上の例もある。パンテオンのポーティコと堂内、ファウスティナとユピテル・トナンス神殿、ネルウァ市場、セプティミウスのポーティコ、コンスタンティヌス凱旋門、コロセウム、ディオクレティアヌス浴場である。しかし三円柱とマルス・ウルトル神殿では七分の一しかない。近代人もこの点についてはさまざまである。パラディオ、ヴィニョーラ、アルベルティ、そしてドロルムは五分の一以上の寸法とし、セルリオ、バルバロ、カターネオ、ビュランは七分の一という寸法とするのみであった。

装飾的な性格もまた多様である。コリント式アーキトレーヴとしては、上の逆サイマのかわりにカヴェットとその下のエキヌスがあるものが、平和の神殿、ネロ宮正面、アントニヌスのバシリカである。ときにエキヌスのかわりにカヴェット下の逆サイマがある。たとえばシビラ神殿とスカモッツィである。さらに逆サイマ下にはなにもなく、ファスキア間にもなにもないようなアーキトレーヴの例が、コロセウムやコンスタンティヌス凱旋門である。玉縁しかなく小さい逆サイマもまったくない例もある。シビラ神殿とスカモッツィである。さらに玉縁しかなく小逆サイマはないアーキトレーヴもあり、マルス・ウルトル神殿がそうである。さらにファスキアがふたつしかないものがネロ宮正面、アントニヌスのバシリカである。また濃厚に装飾された中央のファスキアのある例が、カンポ・ヴァチノの三円柱である。

フリーズ

フリーズで注目すべきは、アーキトレーヴの上はじと直角をなすのではなく、端刳によりつながっているいくつかの事例である。この手法はディオクレティアヌス浴場とユピテル・トナンス神殿で採用されている。古代遺構において稀な例ではあるが、パラディオとスカモッツィはこれを好んだ。フリーズとアーキトレーヴが垂直に出会うときは、部位と部位の間がジョイントとなるが、端刳が施されると、このジョイントはフリーズのなかにくるので、施工にはいくぶん不都合が伴い、効果も良くない。

エンタブラチュアのコーニス

コーニスを構成する諸部位の高さを定めるために、コーニス全高を一〇の小部分に等分する。これらにより一三の部位を定める。一〇のうち一を逆サイマにあてる。これが第一の部位である。一小部分のうちの四分の一を、第二の部位である平縁にあたえる。第三の部位である歯飾りは一と半である。その上にくる平縁と玉縁が第四と第五の部位となり、それぞれ一の四分の一をとる。第六の部位がエキヌスあるいは卵飾りであり、これに一をあてる。七番目がモディリオンであり、二をあてる。このモディリオンの上に八番目の逆サイマがくるが、一の半をあてる。九番目が雨覆いであり、一をあてる。雨覆いの上にくるのが一〇番目の小さい逆サイマであり、半を

（78）

あてる。一一番目はその平縁であり四分の一をあてる。一二番目が大きい正サイマであり、四分の一を五つあてる。一三番目がその平縁であり、半をあてる。

張出しは小モデュールの五分の一を単位として定められる。下にある大きい逆サイマがフリーズの外づらから張り出している寸法はこの五分の一である。歯飾りにはその二があてられ、歯飾りの頂部を飾る玉縁には二と半、モディリオンを支えている後ろの軀体には三と半、雨覆いには九、小さい逆サイマとその平縁には一〇、大きい正サイマには一二があてられる。

コリント式コーニスを構成するすべての部分の大きさは、さまざまな建物ごとにはなはだ異なり、似た寸法はまったくないほどなので、私は、コリント式建築のなかではいちばん賞賛されているパンテオンのコーニスを実測して観察した比例をとりあげ、またその特徴となる装飾を全面的に採用した。ただ、雨覆いと大サイマの間に小さい逆サイマを置き、この点だけは違うことをした。パンテオンでは平縁がひとつあるだけだが、私はそのほかの古代建築のすべての例に追随したのだ。

性格も比例もたいへん多様である。たとえばコーニスに雨覆いがないのが、平和の神殿、コロセウム、ヴェローナのライオン凱旋門であり、そこではモディリオンはサイマのすぐ下にある。ネロ宮正面のように巨大な雨覆いがあるのもある。卵飾りが、歯飾りの下にひとつ、その上にひとつ、ふたつあるというのが平和の神殿である。卵飾りが歯飾りの下に、大きい逆サイマがその上に、というのが三円柱である。パンテオン、ファウスティナ神殿、シビラ神殿などでは、歯飾りはまったく彫り込まれていない。ウィトルウィウスは、歯飾りとモディリオンをけっして併用するべきではないと述べている。とはいえほとんどの古代のコリント式コーニスには歯飾りが彫り込まれる部位があるから、ウィトルウィウスの教訓は、たいへん評判のいい作品で歯飾りが彫り込まれて

(79)

いないものについては、ということに限定しなければならない。それはたいへん適切な判断だと、私は思う。この石仕上げはイオニア式オーダーに特有の装飾であるからであり、また、それを挟んでいるふたつの部位が、通常の加工がなされた卵飾りと大きい逆サイマであるとき、これら装飾が集まりすぎて眼にとっては不快な混乱となるからでもある。モディリオンがないコリント式コーニスの例が、シビラ神殿、ファウスティナ神殿、セプティミウスのポーティコである。モディリオンが正方形そして多面体であるものもあり、ネロ宮正面がそうであり、近代人がコンポジット式オーダーにもたらしたようなモディリオンである。ほかの例ではモディリオンには渦巻がまったくなく、前から見るとまったくの正方形であり、平和の神殿がそうである。いくつかの建物では、モディリオンの持送りを下から覆っているのが葉ではなく、別の種類の装飾であるコリント式コーニスの例もある。コンスタンティヌス凱旋門の〔アーチの両端を載せる〕追元《せりもと》で使われているもので、そこには鷲飾りがある。持送りを覆っている葉飾りはたいていオリーブ葉状に縦に割かれている。それでもときには三円柱、ディオクレティアヌス浴場のように、アーカンサス葉状のこともある。さらにモディリオンはたいていは円柱の軸線上には置かれないが、カンポ・ヴァチノの三円柱やコンスタンティヌス凱旋門のような稀な例では、円柱の中心線上にモディリオンがひとつくるように、その間隔がとられている。コンスタンティヌス凱旋門(76)では各円柱上に三モディリオンあるので、円柱の軸線上にはかならずひとつある。ネルウァ市場ではエンタブラチュアが各円柱の上で突出しており、そこにはモディリオンは四つあるので、柱間の軸線上にはモディリオンはこない。

　モディリオンについてなすべき最後の指摘は、ペディメントのなかでモディリオンをどの方向にすえるか、である。古代における通常のやり方によれば、水平線にたいし直角の方向にする。だからティンパヌム〔ペディメントの三角壁部〕にたいして垂直になっているものは、セルリオがヴェローナ凱旋門の例を示しているとはいえ、少ないのである。これほど普遍的なやり方なのだから、規則とされるべきなのは確かだ。しかし理にかなっているのはその逆であり、ウィトルウィウスの掟によれば、コーニスのモディリオンや歯飾りにかんするすべては、木構造の模倣だということから定めねばならない。それらは屋根の木構造をなす部材の端部を再現したものである。モディリオンはふつうは対束《ついづか》の端部をあらわし、ペディメントのある切妻においては母屋桁《もやげた》の端部をあらわしているので、理論的には、ペディメントにおけるモディリオンのすえられ方は、母屋桁の置かれ方と同じであるべきである。そして母屋桁はペディメントの線にたいして直角に置かれているので、モディリオンも同じ方向に定めなければならない。ウィトルウィウスはこの主題についてはなにも定めなかった。彼は、ギリシア人はペディメントにモディリオンをいっさいつけず、Chisi 神殿〔不詳〕にみられるように、コーニスをたいへん簡素[80]にしたと指摘している。そしてコーニスの中のモディリオンは木造建築の模倣とは一致しないという理由を述べている。切妻には対束がこないから、そこに対束の端部を再現するのは理にかなっていないと、ウィトルウィウスは指摘している。しかし、ペディメントのなかのモディリオンを想像すれば、この場所において再現しうるのは母屋桁の端部しかないから、それらが母屋桁とは異なった位置や方向をとることはできない。このような理屈から近代のなん人かは、古代人の慣用に反して、ペディメントのなかのモディリオンや歯飾りをこのように設置した。最近マンサール氏は、サンタントワーヌ通りのサント＝マリ教会[77]のポーティコで、そのように使い、おおいに賞賛された。

ウィトルウィウスは大サイマのなかにライオンの頭部をもたらしたが、古代の建物には、そのようなものはまったくない。三円柱には、ライオンの頭部ではなく、アポロの頭像があり、アーカンサス六葉で構成された円花飾りの中央から光線飾りが伸びている。

コーニス下端のモディリオン間には格間があり、そのなかに円花飾りがある。ほとんどの格間は長方形である。完全に正方形であるのは稀であるものの、ユピテル・トナンス神殿、ディオクレティアヌス浴場ではそうなっている。長方形格間としてはパンテオンのポーティコ、三円柱、コンスタンティヌス凱旋門がある。ときには円花飾りには額縁がないこともある。平和の神殿、コロセウムがそうである。ほとんどの場合、円花飾りはひとつひとつ違い、同一であるのは稀だが、ディオクレティアヌス浴場ではそうなっている。モディリオンの渦巻が、上を覆っている逆サイマよりも張り出していることがある。ディオクレティアヌス浴場がそうである。ときに渦巻は逆サイマより内側にとどまる。パンテオンのポーティコ、ネルウァ市場、コンスタンティヌス凱旋門がそうである。ときに逆サイマに食い込むように張り出す。パンテオン堂内、三円柱、ユピテル・トナンス神殿がそうである。ときに、ディオクレティアヌス浴場のように、モディリオンを覆っている葉は渦巻とおなじくらい伸びる。ときに葉は渦巻のエッジの内側まででとどまる。たとえば三円柱やユピテル・トナンス神殿である。ときに葉は渦巻の中央まで伸びている。たとえばネルウァ市場、ユピテル・トナンス神殿(78)、コンスタンティヌス凱旋門である。

しかし近代人のなかにはスカモッツィのように、まったく異なった装飾のあるコーニスを造形した人もいた。歯飾りはまったくなく、モディリオンはとても小さく、雨覆いはおおきく張り出し、そのせいで、コーニスはモディリオンの長さの半分以上もそれから張り出しており、水切りはコンポジット式のもののように太くなっている。モディリオンをここまでこえて張り出させたのは、ディオクレティアヌス浴場を真似てのことのようだが、この浴場では張出しはそれほどでもない。このようなモディリオンは、通常よりも小さく、たがいにより密に配置できるので、円柱どうしをさらに近づけ(79)、柱頭の頂板が接するばかりにでき、しかもモディリオンをやはり円(81)

柱間の中央の位置にすえることができる。これは通常のやり方ではない。通常では柱頭の頂板の端部どうしには、かなりの隙間とせねばならない。というのは、この間隔はヴィニョーラにおいてはほぼ四五ミニットであり、パラディオにおいては一六、本書での方法では一二である。そして最善の方法は、ポーティコにおいて円柱が対に並べられるが、隙間をあけねばならないような必要から、円柱どうしをできるだけ近づけねばならない場合のものだと、私は信じる。しかしこのようなコーニスの性格は、通常のものからかけ離れた、歯飾りがないものとなる。歯飾りはコリント式コーニスには不可欠であるというのが慣用なのであり、私はそれをたいへん恣意的に使えるとは思わない。

第五図

（82）
第五図の説明

A．ウィトルウィウスののちの古代建築家たちがコリント式オーダーとコンポジット式オーダーのために発明した柱基。それらの部位の高さ寸法は、四等分を繰り返すことで、張出し寸法は小モデュールを五に等分することで、定められている。

B．コリント式柱頭はウィトルウィウスのものとは異なっており、高さもより大きいので比例も等しくない。装飾的な性格もウィトルウィウスならアーカンサスの葉としているが、ここではオリーブの葉であるなど、違っている。

C．柱頭の平面図。

D．柱頭の渦巻あるいは巻きひげ。中心にむかいS字に巻いている。

E．雨覆いの葉。ローマのウェスタ神殿の柱頭にあるような。

F．柱頭の頂板の花飾り。やはりウェスタ神殿にあるもの。

G．カンポ・ヴァチノの三円柱の、柱頭の頂板にある円花飾り。

H．アントニヌスのバシリカにおける柱頭の頂板の花飾り。

I・K・L．エンタブラチュア。円柱の軸線上にあるモディリオンが、柱基の張出しや、円柱の上部あるいは下部の外づらと、もつ関係を示さなければならない。

訳注

（75）ペレス＝ゴメス版では、「歯飾り」とあるのは「モディリオン」の誤りであり、モディリオンはコリント式コーニスにはあらわれるが、ウィトルウィウスのイオニア式オーダーにはあらわれず、後者には歯飾りが使われる、としている（Pérez-Gómez 1993, pp.129, 181 note 57; Vitruvius, 1684, p.66, pl.XI）。

（76）ペレス＝ゴメス版では、コンスタンティヌス凱旋門への言及が繰り返されているのは誤りであると指摘されている（Pérez-Gómez 1993, pp.137, 181 note 60）。ここではデゴデ『ローマの古代建築』と照合して、整合性をもたせた。

（77）フランソワ・マンサール（François Mansart, 1598-1666）によるこの教会は、聖母訪問会教会として知られている。

（78）ペレス＝ゴメス版では、ここで原テキストの矛盾が指摘されている。すなわちユピテル・トナンス神殿ではモディリオンを覆っている葉が渦巻のエッジの内側にまできていると書かれ、しかしやはりユピテル・トナンス神殿では同じ葉が渦巻の中央まで伸びているとも書かれているが、正しいのは後者であろう、と（Pérez-Gómez 1993, p.181 note 62）。

（79）ペレス＝ゴメス版では、これはペローがルーヴル宮東ファサードの列柱を設計したときの懸案であろうと推測されている（Pérez-Gómez 1993, pp.139, 181 note 63）。

第五章　コンポジット式オーダーについて[83]

俗にコンポジット式とよばれるオーダーである。しかしイタリック式と呼ぶ人びともいる。ローマ人がそれを発明したからである。ただコンポジット式（composite）としようが複合式（composé）としようが、ほかのオーダーとは違うということを表現してはいない。ウィトルウィウスによれば、コリント式そのものがドリス式とイオニア式からの複合式なのである。また古代にあるようなコリント式オーダーは、ウィトルウィウスのいうコリント式とは異なっているが、これはコンポジット式が古代のコリント式とは違っているようなものなのである。古代のコリント式は、エンタブラチュアのコーニスにモディリオンと卵飾りがあり、アーキトレーヴに玉縁があり、柱頭にオリーブ葉状に造形された葉飾りがあり、柱基にトルスがふたつある。これらの部位はすべて重要なものであるのに、ウィトルウィウスが説明するコリント式にはまったくみあたらない。ウィトルウィウスのものは、なによりもまずカリマコスにより創案された[80]ものであり、それが真のコリント式とみなされるべきものである。

セルリオは、ウィトルウィウスが説く四オーダーに第五のものを追加した最初の人物である。彼はバックス神殿、ティトゥス凱旋門、セプティミウス凱旋門、両替師門、ディオクレティアヌス浴場のなかの今に伝わるものから、これを造形している。しかし彼は、古代のなかからこの柱頭しか参照しなかった。パラディオとスカモッ

（84）

ツィは、ネロ宮正面からとった特有のエンタブラチュアをこのオーダーにもたらした。理由は明らかである。この建物はその柱頭ゆえにコリント式オーダーだとされるものの、そのエンタブラチュアにはほかのコリント式の建物にはまったくみられない特有の装飾がある。彼ら建築書作家たちは、このきわめて特徴的な部位とその柱頭とを組み合わせたら、このオーダーは、そのほかのすべてのものとは、とても異なっているものとなるだろう、と判断した。しかし現実には、このエンタブラチュアはコリント式よりさらに繊細であるべきオーダーとするにはやや鈍重である。もっとも、事実、コリント式ほどには繊細ではないこの柱頭のせいで鈍重なのだと指摘しなければ。だからスカモッツィが、コンポジット式をコリント式の下位に置くのも的外れではない。じっさい、ヴェローナのライオン門ではそうなっている。このコンポジット式コーニスは、円柱もピラスターもないような、たとえばかつてのルーヴル宮外部にあったような建物のエンタブラチュアに用いるには、たいへんまっとうなものである。

近代建築家は彼らなりにこのオーダーの比例を決めたとはいえ、ウィトルウィウスはけっしてそうはせず、その柱頭はドリス式、イオニア式、そしてコリント式から抽出したいくつかの部位で組み合わされていると述べ、装飾的特徴を定めただけであった。また彼は、柱頭についても円柱のそのほかの箇所についても、まったく比例を変えていないのだから、この混合式をほかとは異なるひとつの別のオーダーにしようとはしていない。しかしセルリオや近代人のほとんどは、このコンポジット式円柱に別の比例をあて、コリント式よりも大きな高さ寸法としている。

すでに述べたように、オーダーはより繊細なものほど段階的に大きな寸法となるのだから、コンポジット式オーダーは全体で四六小モデュールであり、そのうちペデスタルは一〇、柱基と柱頭こみで円柱は三〇、エンタブラチュアは六をとる。

ペデスタルの台基

ペデスタルの台石もふくむ台基は、ほかのすべてのオーダーとおなじくペデスタル全体の四分の一であり、台石をのぞいた部分は台基の三分の一という寸法である。台基から台石を除いた部分は、コリント式なら五つの部位からなるように、ここでは六つの部位からなる。すなわちトルス、小玉縁、正サイマとその平縁、大玉縁と平縁であり、最後のものは台胴の外づらの端刳《はしくり》をなす。これら部位の高さ寸法を定めるには、台基から台石を除いたこの部分を一〇に等分し、そのうち三をトルスに、一を小玉縁に、半を正サイマの平縁に、三と半をサイマに、一と半を大玉縁に、半を端刳となる平縁にあてる。張出し寸法は、通常、小モデュールの五分の一を単位として定められる。一を大玉縁に、二と三分の二を正サイマの平縁に、トルスの張出しは台基全体の張出しに等しくされ、それは高さに等しい。

この台基の比例と装飾的な性格は、古代においても近代の建築書作家においてもさまざまである。ティトゥス凱旋門のそれはスコティア一基をふくめ一〇の部位からなる。セプティミウス凱旋門には四つしかなく、両替師門には五つある。スカモッツィはそのコリント式オーダーに、ティトゥス凱旋門ではコンポジット式であったものの台基をもたらした。これが私がコンポジット式オーダーにあてたものだ。それは六つの部位からなるが、それはティトゥス凱旋門のそれと、セプティミウス凱旋門のそれの中間なのであり、前者は装飾過多であり、後者はほかのすべてのオーダーを混成したオーダーであるには過少である。

ペデスタルの台蛇腹はふつうペデスタル全高の八分の一であり、七つの部位からなる。すなわち台胴の端刳をともなう平縁、大玉縁、サイマと、その平縁、雨覆いと、逆サイマと、その平縁である。このコーニスの高さ全体は一二に等分され、半が平縁に、一と半が玉縁に、三と半が正サイマに、半が平縁に、三が雨覆いに、二が逆サイマに、そして一がその平縁にあてられる。下はじの平縁とその上の玉縁は、張出しとして小モデュールの五分の一を単位として、正サイマとその平縁は三を、雨覆いは張出しとして三と半を、逆サイマとその平縁は四と半をとる。

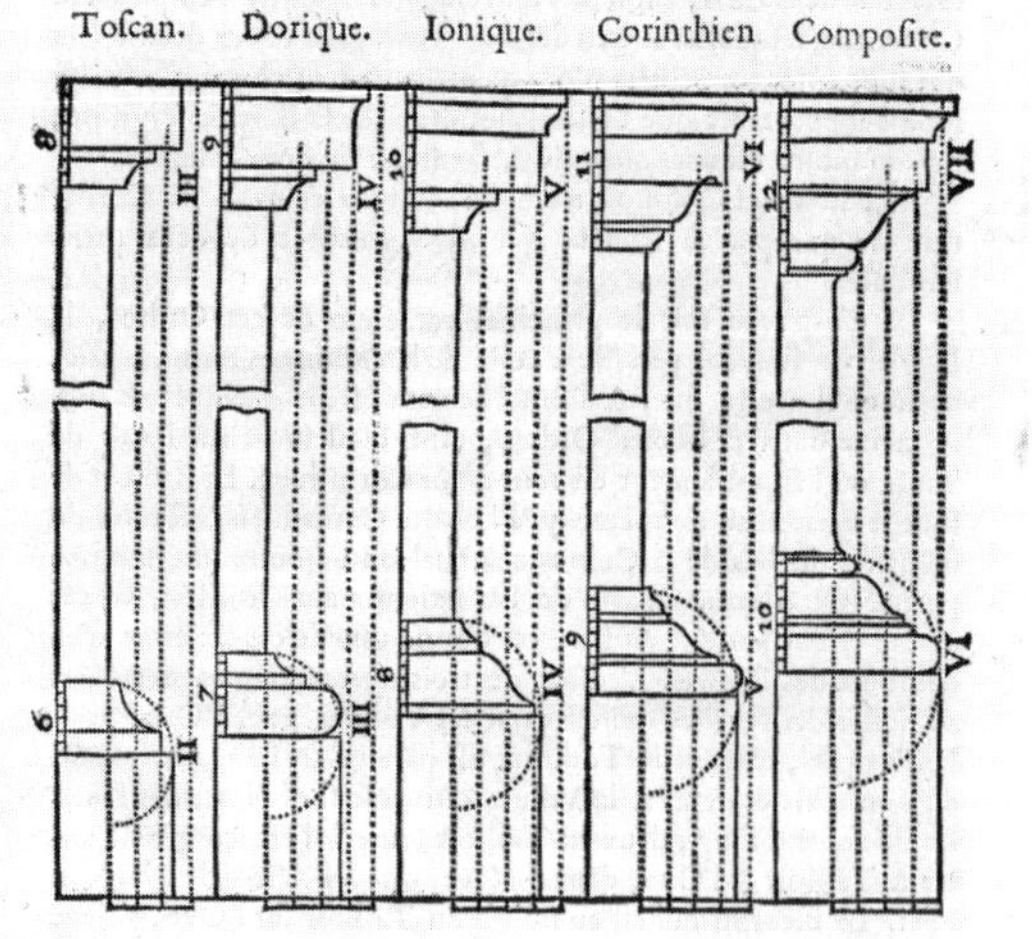

トスカナ式からコンポジット式のペデスタル

この台蛇腹の装飾と比例は、台基と同じであり、それを構成する部位の数は、ティトゥス凱旋門のコンポジット式では多すぎるし、セプティミウス凱旋門では少なすぎる。

(86)

円柱の柱基

円柱の柱基はコリント式オーダーと同様である。ティトゥス凱旋門もそうなっている。アッティカ式柱基となることがある。たとえばバックス神殿、セプティミウス凱旋門、ヴェローナの凱旋門、ディオクレティアヌス浴場である。ヴィニョーラのコンポジット式柱基は独特のものであり、かつてディオクレティアヌス浴場のコリント式オーダーで使われていた柱基からとられた。コリント式柱基との違いはただ、ふたつのスコティア間に玉縁がひとつしかない点と、もうひとつの玉縁はその場所から移され、大トルスと最初のスコティアの間に置かれていることだけである。しかしこの柱基はほとんど使われないし、さらに、玉縁ひとつが平縁ふたつの間にはさまれていて、部位としては弱いし、スコティア上のすわりもよくないので、柱基のこの箇所は細すぎ鋭すぎるようにみえる。この柱基の性格はコンコルディア神殿の柱基のそれからとられたもののようである。後者は、スコティア間に、玉縁ふたつと平縁ふたつがあるのではなく、平縁がひとつあるだけである。これよりもさらに耐え難いのがヴィニョーラの柱基であり、玉縁ひとつだけを、平縁すくなくともふたつが添い支えている。

円柱の柱身

柱身はコリント式より高さ寸法が、小モデュールふたつぶんだけ大きいという点だけ、それと違っている。

柱頭

　柱頭はこのオーダーの主要な装飾的な性格である。指摘されるように、その柱基はしばしばコリント式円柱と同様であり、エンタブラチュアもどちらのオーダーでもたいがい同じである。ティトゥス凱旋門がそうであり、エンタブラチュアは完全にコリント式である。柱頭の全高もコリント式オーダーと同じであり、柱身下部の直径にさらに六分の一を加えたものである。これら六分の一が四つ、葉飾りの高さにあてられるが、この箇所は六に等分され、それら六分の一のひとつが葉飾りのカーブにあてられる(81)。三が葉飾りの上に残り、そこに渦巻、卵飾り、玉縁、頂板がすえられる。このスペースは八に等分される。それらのうち六と半を渦巻にあてる。渦巻は第二段の葉の上にすえられる。二は頂板に、一が頂板と卵飾りのあいだのスペースに、二が卵飾りに、一が玉縁とその平縁にあてられる。卵飾りの上に載る頂板の中央にある花飾りは、頂板の上はじまで伸びている。高さ寸法より八分の一の半分だけ、幅寸法が大きい。張出しは小モデュールの五分の一を単位として定められる。コリント式オーダーと同様である。そして柱頭のプランもやはり同じように定められるが、葉飾りはアーカンサスの葉をかたちどられる。頂板の中央にある花飾りはいくつかの葉で構成されており、それらのうち、あるものは中央で融合し、あるものは外側に伸びてゆく。アバクスの隅の下には、コリント式柱頭のように、上方にむかい巻き上がる葉もあれば、各渦巻の側によりかかり横たわる葉もある。コリント式柱頭にはある葉模様ではなく、花瓶あるいはドラムに添っている小さな花飾りがあり、柱頭正面の中央にむかい巻き上がり、先端は円花飾りとなる(87)。

　古代の建物においても近代人による建物においても、この柱頭の各部位の比例もまちまちである。全高もそうである。私はその高さを七〇ミニットとする。しかしそれよりも大きい建物もある。ティトゥス凱旋門では七四と四分の一、バックス神殿では七六というように。それより低い建物もある。たとえばセプティミウス凱旋門では六八ミニットと半分であるし、両替師門では六八と四分の三であり、セルリオにおいては六〇しかないというように。頂板については、私は七ミニットと半分という寸法にする。しかし両替師門では八と三分の一の半分、セプティミウス凱旋門やディオクレティアヌス浴場では九、ティトゥス凱旋門では一〇、バックス神殿では一三である。渦巻については、私は二五ミニットとする。バックス神殿ではこの寸法となっているが、ティトゥス凱旋門では二八もあり、ディオクレティアヌス浴場では二二しかない。

　この柱頭の装飾的な性格を定めるのは下記のような違いである。まず渦巻は、通常なら葉の上はじまで下がるのであるが、ディオクレティアヌス浴場やセプティミウス凱旋門では葉とは接しない。つぎに葉は、古代や近代人による建物のなかでは高さは異なり、最下段のものがいちばん高さが大きい。近代人による建物のあるものでは等しい高さとなる。さらに渦巻は近代人による建物においては、花瓶の輪郭をはみ出すことがきわめて多い。ティトゥス凱旋門がそうなのだが、ときには花瓶にはいることなく卵飾り上の頂板にそい伸びる。両替師門、セプティミウス凱旋門、バックス神殿、ディオクレティアヌス浴場がそうである。渦巻については、その厚みは中央において薄く、下部と上部において厚いのがバックス神殿、ティトゥス凱旋門、セプティミウス凱旋門、ディオクレティアヌス浴場である。幅が一定にされているのがパラディオ、ヴィニョーラ、スカモッツィの建築書である。こうした渦巻は、古代建築においても近代の建築書作家たちが記載したことにおいても、一体のものとさ(88)れている。こんにちまで私たちの彫刻家たちがなしてきたのは、より開放的な手法であり、渦巻を構成するねじれた皮層が、たがいに接することなく、隙間があけられている。私の意見としては、これはたいへん正しい判断である。なぜなら、そうしないとこの渦巻はなにかとても重々しくなり、ふつう五種類のなかで最も繊細とされているオーダーにはふさわしくなくなるからである。

エンタブラチュアは、ドリス式以外のほかのすべてのオーダーと同様であり、二〇に等分され、六がアーキトレーヴに、同量がフリーズに、八がコーニスにあてられる。これらの比例は建築書作家により異なる。というのはフリーズはアーキトレーヴよりも高さ寸法が小さいこともあり、バックス神殿、セプティミウス凱旋門、両替師門、パラディオ、スカモッツィ、セルリオ、ヴィオラがそうである。しかしこれらふたつの部位は、ティトゥス凱旋門、ヴィニョーラにおいては等しい寸法である。

コリント式アーキトレーヴがイオニア式のそれと異なるよりも、コンポジット式アーキトレーヴはコリント式とは異なっている。ファスキアはふたつしかなく、それらに挟まれて小さい逆サイマがひとつあり、上に玉縁をともなうサイマあるいは大きな逆サイマではなく、卵飾りがひとつ、上の玉縁と下のカヴェットに挟まれている。これらの部位の高さ寸法を割り出すには、コリント式オーダーの場合もそうしたように、アーキトレーヴ全体の高さを一八に等分し、五を最初のファスキアに、一をその上にある小さい逆サイマに、七を第二のファスキアに、半をその上にある小玉縁に、一と半をそれが支える卵飾りに、三をカヴェットに、最後のもののうちの一と四分の一は平縁にあてる。張出しは、コリント式アーキトレーヴでそうであったように、小モデュールの五分の二である。

このアーキトレーヴの比例や性格は、ネロ宮正面やファウスティナ神殿のアーキトレーヴにみられるものとよく一致している。それらを手本としてパラディオやヴィニョーラは、コンポジット式オーダーのアーキトレーヴを定めた。それらの建物において柱頭はコリント式であるにもかかわらず。しかし現実には、コンポジット式オーダーによるすべての古代建築をみまわすと、アーキトレーヴはそれとはまったく異なる。たとえばバックス神殿では三つのファスキアは玉縁を挟まず、すっきりしたものである。セプティミウス凱旋門では、アーキト

（89）

レーヴにはファスキアはふたつしかなく、上のサイマは玉縁付きの逆サイマであり、コリント式オーダーのようである。ティトゥス凱旋門ではまったくコリント式と同様である。

フリーズ

フリーズに独特なところはまったくない。例外はバックス神殿であり、円い輪郭のフリーズがある。パラディオが模倣したのはこれである。セプティミウス凱旋門では、フリーズは大きな端刳を介してアーキトレーヴに接している。私が模したネロ宮正面のフリーズには、このように端刳がひとつあるが、上はじについている。私がそこにすえた端刳ははるかに小さく、フリーズの外づらをコーニスの最初の部位に接続するために、そうしたにすぎない。この最初の部位とは平縁であり、ふつうは端刳を必要とする。この端刳により、それは上にくる刳形あるいはほかの部位につなげられるのである。そしてどうやら、ネロ宮正面のフリーズのそれが大きなものであったのは、そのフリーズに、かなりの厚みの彫刻が施されていたからである。この端刳のおかげで、彫刻の張出しが悪い視覚的効果を生むことを防げられた。端刳がまったくないフリーズでは、彫刻はコーニスの最初の部位と同じだけ張り出してしまい、悪い効果がもたらされたであろう。とはいえ現実には、彫刻が施されているが端刳はないフリーズのほうが、端刳があるものより一般的である。フリーズに彫刻が施されたものでファウスティナ神殿、ユピテル・トナンス神殿、ネルウァ市場、ティトゥス凱旋門、両替師門には端刳がない。ところがフォルトゥナ・ウィリリス神殿、ティヴォリのシビラ神殿、ネロ宮正面にはそれがある。

コーニスはコリント式とおなじく一〇に等分され、一三の部位からなる。しかし見かけはコリント式より重々しい。雨覆いもモディリオンもよりマッシブであり、モディリオンは持送りの形をしておらず、葉飾りで覆われてもおらず、矩形なのである。このコーニスの第一の部位は平縁であり、一〇のうちの一のさらに四分の一をとる。第二は玉縁であり同量をとる。第三は逆サイマであり、一をとる。第四はモディリオンの最初のファスキアであり、一をとる。第五の小逆サイマは、半をとる。第六はモディリオンの第二のファスキアであり、一の四分の五をとる。第七は平縁であり、四分の一をとる。第八は卵飾りであり、一の半分をとる。第九は雨覆いであり、二をとるが、下に水切りを備えており、その溝は三分の一をとる。第一〇は逆サイマであり、三分の二をとる。第一一は平縁であり、三分の一をとる。第一二は大きな正サイマであり、一と半をとる。第一三は平縁であり、半をとる。

張出しはふつう、小モデュールの五分の一を単位とすることで定められる。たとえばこの単位の三分の一を、最初の部位すなわち小さな平縁に、さらに三分の一をその上にある小玉縁にあてる。さらに一と三分の一をその次の大きい逆サイマに、四と三分の二をモディリオンの最初の面《つら》に、五を第二のそれに、五と三分の二をモディリオンの上にある卵飾りに、八と半分を雨覆いに、九と半分を逆サイマあるいは雨覆いに、一二を大サイマにあてる。

(90)

このコーニスの装飾的な性格や刳形の比例は、まさにネロ宮正面のエンタブラチュアに由来しているし、アーキトレーヴもやはりこの建物からであるわけであり、それをパラディオとスカモッツィが模したものに、私はほぼ倣った。つねづねそうしているように、中庸なるものに倣った結果、両極端のあいだをとることとなった。たとえば雨覆いは、ネロ宮正面においてはきわめて大きく、コーニス全高の四分の一もあるが、パラディオにおいては六分の一、スカモッツィにおいては七分の一しかないので、私は五分の一とする。モディリオンは、ネロ宮正面やスカモッツィにおいてはコーニスの四分の一しかなく、パラディオでは三分の一である。私はこの寸法も、ほかのほとんどすべての点も、パラディオを踏襲して定めたのであり、彼のコーニスのほうが、スカモッツィが書き残したものよりも、ネロ宮正面に一致する。スカモッツィはコリント式オーダーからモディリオンの下にあるすべての刳形、すなわちエキヌスあるいは卵飾り、歯飾り、そして大逆サイマをとったのである。ほかの近代人は、コンポジット式オーダーにコリント式コーニスをもたらしているティトゥス凱旋門やセプティミウス凱旋門といった古代建物にも、ネロ宮正面といったモデルにも倣わなかった。たとえばヴィニョーラはきわめて簡素なコーニスをあてている。それはむしろイオニア式オーダーのそれにちかい。セルリオとビュランは、トスカナ式オーダーよりも重厚にしている。装飾豊かな柱頭がみられるコンポジット式のような、いとも繊細なオーダーにはさほどそぐわない、このコーニスを飾るために、彫刻を施すことのできる部位には、かならずそれがつけられる。たとえば玉縁、モディリオンの下にある逆サイマ、逆サイマとモディリオンの卵飾り、大サイマの下にある逆サイマ。あきらかにこの理由から、ネロ宮正面の逆サイマはとても美しい彫刻で飾られている。同じコーニスのほかの部位には、ある種の彫刻は不可欠だが、この逆サイマはそうでないにしても。

第六図

(92)
第六図の説明

A. ティトゥス凱旋門のコンポジット式オーダーにみられる柱基。古代人たちがコリント式オーダーにもたらしたものと同じである。
B. コンコルディア神殿の柱基。これを模してヴィニョーラはコンポジット式柱基をこしらえた。
C. かつてディオクレティアヌス浴場にあった柱基。コンコルディア神殿のそれをもとになされたもので、ヴィニョーラはそれをコンポジット式オーダーにもたらした。
K. 柱頭。現代の彫刻家たちが適用した比例と装飾的性格に倣ったもの。きわめて注目すべきこと。アーカンサスの葉はどれも高さが等しい。渦巻はいとも優雅にくりぬかれ、軽々としている。それを構成する円周状の輪郭は、たがいに接しないようにされている。渦巻は重厚でも一体でもなく、古代や近代人の建物においてはどれもそうなっているように。
D. アーキトレーヴはネロ宮正面とファウスティナ神殿のそれを模したもの。
E. フリーズはその上はじが端刳となっている。ネロ宮正面でもそうだが、その端刳はとても大きい。おそらくフリーズにはレリーフが彫られていたからであろう。
F. コーニス。これもやはりネロ宮正面に由来するもの。

訳注

(80) "esté inventé par Callimachus": ペレス＝ゴメス版ではこの "inventé" の意味が考察されている。ラテン語 "invenio" を語源とするフランス語 "inventer" には発見（discovery）と創造（creation）というふたつの意味があるが、英語における"invent"の一般的な意味は、創造のほうのみである傾向がある。ペローのテキストにおける"inventer"は二重の意味がこめられた例であり、伝説によれば（すなわちウィトルウィウス建築十書によれば）、カリマコスはコリントの町で墓の上に置かれた籠から野生のアーカンサスが叢生するのを受動的に発見し、のちにそのパターンにもとづいてコリントの人びとのために円柱をたてた、すなわち能動的に創造した、という二段階である、と（Pérez-Gómez 1993, pp.142, 181 note 64）。

（81）ペレス＝ゴメス版では、テキストは曖昧だが、第四図は明快であり、柱下部直径は六等分され、一が付加されることで、柱頭の高さが定められ、六分の七となり、六分の四を葉にあてるようになっている、と指摘されている（Pérez-Gómez 1993, p.145, 181 note 65）。

第六章　ピラスターについて

円柱についてはすんだ。こんどはピラスターについて述べよう。ピラスターは、コラム（円柱）を矩形としたものである。矩形のものにはいくつかの種類があり、どのように壁に付加されているかが違う。円柱にも種類があるように。円柱もまた、壁から完全に切り離されたものもあれば、出隅に置かれているので二面を表に出していたり、壁に半分とか三分の一だけ埋め込まれていたりするものは正面だけが完全な姿を残している。ピラスターもまた、独立したものもあれば、壁から三面、あるいは二面だけをのぞかせているもの、一面だけが完全な姿を示すものがある。

断面が正方形で独立した角柱は、古代においては稀だが、パラディオが描き残したトレヴィの神殿のものがそうである。それらはポーティコの端部に置かれ、出隅をより堅固にする。壁体外側にその三面を見せるもの、二面しか見せないものを、古代人はアンタと名づけた。ウィトルウィウスは壁の外側に二面しか見せないアンタ、すなわち神殿の外壁につくものを出隅アンタと名付けた。ポーティコの壁体の端部となり、三面を見せるものとは区別するためである。壁の外部に一面しか見せないピラスターはさらに二種類に区別される。壁の外側に半分は姿を示すピラスターと、六分の一あるいは七分の一しか壁から出ていないもの、である。後者は古代建築家たちのあいだでは稀であったが、いまや現代建築においてはたいへん一般的である。

（94）

ピラスターにおいて調整すべき主要な四点は、壁からの張出し、〔直径の〕縮減、エンタブラチュアをピラスターと円柱の上に同時にすえるとき、いかにそうするか、フルーティングと柱頭、である。

壁の外に一面しかみせていないピラスターの張出しは〔直径の〕半分まるごとであるべきである。ネロ宮正面のように張出しを強いるものがないときは、せいぜい六分の一である。パンテオンのポーティコでは、堂外にあるピラスターも、一〇分の一の張出ししかない。ネルウァ市場のように一四分の一しかないこともある。しかし迫元がピラスター上に載り、その両側の輪郭がきわだっているとき、ピラスターの張出しは直径の四分の一としなければならない。この比例にはさらに利点もある。コリント式やコンポジット式の柱頭が不規則に削りとられるという不都合が回避されるのである。たとえば下層の葉飾りはちょうど半分のところで切られ、コリント式オーダーでは、茎もまた半分のところで切断されるということが観察される。柱頭のシンメトリーというまさにこの理由から、半ピラスターが入隅にあるときは、直径の半分以上の張出しをあてねばならない。これは次章で述べよう。

ピラスターが壁面から張り出して一面しかみせないとき、縮減はまったくない。パンテオンの外部ポーティコのそれにも縮減はまったくない。しかしこれらピラスターと円柱が同じひとつの列柱をなし、エンタブラチュアを、ピラスター上にも円柱上にもとおし、突出なく一直線とするためには、たとえばパンテオンのポーティコ(82)の外部の側におけるようにするには、ピラスターにも円柱と等しい縮減を施さねばならない。正面はこの縮減がなされ、側面はなされない。アントニヌスとファウスティナの神殿ではそうなっている。しかしピラスターが入隅にあり二面を見せ、そしてそのひとつの面が円柱と正対しているとき、その面は円柱と等しい縮減となる。セプティミウスのポーティコではそうなっており、円柱に正対していない面はまったく縮減していない。しかし古代

（95）

の実例のなかには、パンテオン堂内のようにピラスターはまったく縮減していないものもあれば、マルス・ウルトル神殿やコンスタンティヌス凱旋門のように、円柱に比べてほんのすこししか縮減していないものもある。このような場合、古代人ならこうしている。アーキトレーヴを円柱の外づらにあわせ、ピラスター外づらからは後退させるのであり、マルス・ウルトル神殿、パンテオン内部、セプティミウスのポーティコではそうなっている。また半々とし、円柱の外づら上からは半分だけ前方に張り出して片持ちとし、ピラスター外づらからは半分だけ後退させていることもある。ネルウァ市場がそうである。

フルーティングだが、セットになっている円柱にはないのに、ピラスターには施されていることがある。パンテオンのポーティコがそうである。しかしこの建物では円柱は白大理石ではないので、フルーティングが施されていない。というのは多彩色の大理石にはふつう、フルーティングはなされないのだ。ときにはマルス・ウルトル神殿とセプティミウスのポーティコのように、フルーティングなしのピラスターと、フルーティングされた円柱が連れ添うこともある。直径の半分ほども突出していないピラスターの折返し面には、フルーティングはつけない。溝の数は古代ではさまざまである。パンテオンのポーティコ、セプティミウスのポーティコ、コンスタンティヌス凱旋門では七である。パンテオン堂内のピラスターには九である。円柱には通常の二四なのだが。ピラスターにおいてつねに奇数個の溝がほどこされるが、入隅の半ピラスターであるなら、完全なピラスターにおいて七か九かであるにおうじて三と半ではなく四、四と半ではなく五つけねばならない。その理由は、柱頭に悪影響を及ぼさないためである。柱頭が隅において〔直角に〕折られると、上部が狭くなりすぎるからである。葉飾りのある柱頭においては、幅が狭くなることで混乱が生じるので、幅を大きくしてこの不都合を回避するのである。

柱頭の比例は、縦寸法については円柱のそれと同様である。しかし横寸法については異なる。(83) ピラスターの外周は、円柱の円周よりも長いにもかかわらず、同数の葉飾りによって飾られるからである。一周で八葉の葉飾りがある。ところが、しばしばピラスターには一二葉の例があり、ネロ宮正面、ディオクレティアヌス浴場がそうである。通常のピラスターに葉飾りがどう配置されるかというと、下段には小ぶりな葉飾りが、各段にはふたつずつ、そして上段には中央にひとつと両側にふたつと半、つけられる。半とは隅で折られた大きな葉の半分のことである。さらに留意すべきことに、ふつうドラムの上部は下部のようにまっすぐではなく、中央の箇所ではすこし膨らみ背も高くなっている。アントニヌスのバシリカでは、柱身下部の直径の八分の一だけそうなっている。セプティミウス凱旋門では一〇分の一であり、パンテオンのポーティコでは一二分の一である。

ピラスターについてはさらに述べねばならないが、つづく二章に譲る。

訳注

(82) ペレス＝ゴメス版ではつぎのように注釈されている。ペローのこの説明はあまり明快ではないが、こういう意味なのである。パンテオンにおける中間ブロックの両側のピラスターは直径は上方にむかい低減していない。それは一面のみが壁面から出ているからである。ところが、ポーティコの円柱は、ピラスターと同じひとつの列柱をなしつつ、その直径は上方にむかい縮減している。その結果、縮減のないピラスターと縮減のある円柱の違いを調整するために、エンタブラチュアには屈曲点があり、ピラスター上から若干前にせりだしている。だから張出しを一定に保つためには、ピラスターもまた直径を縮減させねばならない、と（Pérez-Gómez 1993, pp.152, 182 note 68）。このテーマは、まさに建築アカデミーで議論されたのであった。土居義岳『アカデミーと建築オーダー』参照。

（83）ペレス＝ゴメス版では、原典正誤表の内容を加えるため「というのは葉の幅ははるかに大きいはずだから」を挿入した、とある（Pérez-Gómez 1993, pp.153, 182 note 69）。

(96)

第七章　比例を変更するという誤用について

世間の見解があまりにはっきりしているので、子細にみればそう容易なことではないのに、検討してみるだけで物笑いの種になりかねないことがある。さまざまな見え方におうじて建築や彫刻の比例を変化させるべきだ、というのもそのひとつである。建築家たちは、比例を変えることこそが自分たちの最高の名誉の証だと語るし、その法則を適用することこそ建築の卓越性なのだと主張する。しかしこう考える人びともいる。比例の変化は誤解されているのであり、それらの法則はまったく実践されていないようで、評価の高い建物にも、それとはまったく逆のことがみられるし、それら法則を支えている根拠もみんなの合意ではなく、それらがながいこと受け入れられているのは、たんに検討されなかったからである、と。

この章でそれを検討する。そのために本書の最後をひとつのパラドクスによって締めくくりたい。ちょうど本書の冒頭で、やはり比例の変化についての別のパラドクスについて述べたように。つまり序では、建築比例のほとんどは恣意的なものであり、明証的で自然な美をもたらすものの範疇にはなく、既定の比例をいくぶん変えたり、やはり美しい別の比例を考案したりすることを禁ずるものはない、ということを私は示そうとした。そしていまや、これらの比例はひとたび規定されれば、もはや視覚補正や建物の見え方もさまざまであることを理由にして、違う建物ごとに変えたり修正してはならない、と私は訴えるのである。しかしこの第二のパラドクスにつ

(97)

いては最初のものよりはるかに多くの反論があるだろう。最初のパラドクスでは、私は建築家たちの意見と戦うだけでよかった。建築家たちは、自分たちが追随している美の理念が、評判のいい建物をスタディし観察することにより自分たちで構築したものだとはけっして考えず、美の理念なるものは自然の原理のひとつだと思い込んでいるのだ。しかし建築家ではない世間一般の人びとは、規則や習慣といった先入観からは自由なのであり、それゆえ玉縁なりトルスなりの高さや張出しが大きすぎる、小さすぎるなどとは、まったく感じないから、こころよく私に同意し、もし建築比例のなかに自然な美が含まれているなら、人は経験や学習によって教えられなくとも自然にそれを識別するであろう、と結論づけるであろう。しかし第二のパラドクスについては、たしかに、比例を変化させることはとても理にかなっているとだれもが考えるし、ふたつのミネルウァ像にまつわる有名な説話には納得するであろう。つまり高い箇所にすえられるべきふたつのミネルウァ像がつくられたが、ひとつは彫刻家が場所を勘案して比例を変えることをしなかったので、思ったとおりの効果はさっぱりなかった、というお話である。たしかに、このテーマについてなされる議論を耳にする人びとは、こうした議論がうわべだけのものであっても黙認しているし、それらは視覚補正や知覚錯誤といった理論に立脚しており、こうした理論は芸術を推敲するためのたいへん優れた方法だと思われている、という見解を払拭するのはなかなか難しいことを、私は承知している。

眼球に投影されたものの像は、対象が近くなるときよりも遠ざかるにつれ、さらに小さくぼんやりするし、正対して見た対象は、斜めから見たときとは違って映る。だから、これは芸術が矯正すべき欠陥であり、それを補わねばならない、と考えられるようになった。だから円柱はもともと上部ほど痩せているが、背の低いものより高い円柱ほど、〔直径の〕縮減は控えめにされねばならない、という指摘がなされる。なぜならその高さゆえにすでに上部は細く見えるし、さらに列柱の遠い端にあるのなら、なおさらである。さらに大円柱の上にすえられるエンタブラチュアは、高い位置にあると痩せて見えるので、より大きくすることが望まれている。また部位の面《つら》も、ほどほどの状況ならふつうは垂直にされるのであるが、高い位置にすえると短く見えることを恐れて、前方に転ばせられることになっている。さらに下端《したば》すなわち下を向いた面は、ふつうは水平であるが、低い位置に取り付けられていて、眼の高さにくらべてそれほど上にはないとき、張出しが不足しているかのように見られるのがいやなので、前方にむかい、せり上げられることになっている。また彫刻においては、眼から遠くにある作品は、より大きく、より力強く、より粗々しくされ、そうすることであまりに小さく消え入りそうになるのを防ぐことがよしとされる。また立像が、高い位置にあるニッチの中にすえられるとき、前方に傾斜させることで、後方にそりかえっていないように見せることになっている。

私はこのような理屈を、事実によって検証しようと思う。つまり比例を変えるために、このような法則が実践されたためしはないと考えるし、そのような例に遭遇したとしても、それを視覚補正のための理由からだと信じるべきではなく、それはたんなる偶然であり、きわめて評価の高い建物ではそのような変更は実践されなかったからだ、と私は断言しよう。

まず円柱上部の直径をどのくらい縮減させるかだである。古代においては最大の円柱でも最小のものでも、縮減は同じであるし、最大のものより最小のもののほうが縮減率が小さいということさえもある。平和の神殿、パンテオンのポーティコ、カンポ・ヴァチノ、アントニヌスのバシリカにある大円柱はその柱身だけで四〇から五〇ピエもあるというのに、それらの縮減は、バックス神殿にある柱身一〇ピエにすぎない円柱とほぼ同等である。しかしファウスティナ神殿、セプティミウスのポーティコ、ディオクレティアヌス浴場、コンコルディア神殿において円柱の柱身は三〇ピエから四〇ピエであるが、それらの縮減は、柱身が一五ピエから二〇ピエしかないティトゥス凱旋門、セプティミウス凱旋門、コンスタンティヌス凱旋門のものより大きいのである。このように円柱の縮減がさまざまであるのは視覚補正が理由ではないことは確かである。このように背の高い円柱は直径もおおきく縮減し、小さい円柱は逓減も小さいという比例は、視覚補正の理に従うなら、建築家たちの意図に反した効果をもたらすはずであろう。

下端《したば》の手前を持ち上げることについては、部位の張出しがどう見えるかで実践されるべきであり、おもに次の三つの場合に必要だとされる。すなわち遠くから見るとき、部位がじゅうぶん高い位置にはないとき、そして部位にふさわしい張出しをあてることができないとき。だが古代では、まさにこれらの場合に、逆のことが実践されたことも観察される。つまり見え方については、パンテオンのポーティコはかなり遠くから見られることになり、この推論からすると張出しは見かけ小さくなるはずだが、しかし下端はまったく手前が持ち上がっていないし、神殿の内部では必然的に近くから見ることになるのに、そこでは下端は持ち上がっている。下端を上げる必要はまったくないにもかかわらず。低い位置にある部材については、法則と反対のことが評判の高い建物にもみられる。そこでは下端は、まったくその必要はない最上部において、しばしば持ち上げられているいっぽうで、(99)下の位置にある部材はそうはなっていない。そうであるのがマルケルス劇場であり、アーキトレーヴであれ迫元であれ、その下端は、上の第二オーダーでは起き上がっているが、下の第一オーダーではそうなっていない。またコロセウムでは四オーダーのいずれもにおいて下端は起き上がっている。そしてティヴォリのウェスタ神殿とバックス神殿では、オーダーはきわめて小規模でエンタブラチュアもいちばん低い位置にあるのだが、それでも下端はまったく持ち上げられていない。最後に、張出しを小さくしなければならない場合だが、それも下端の手前を持ち上げる原因とはなっていない。なぜなら評価の高い建物において、張出しはとても大きいのに、それでも下端が持ち上げられているものがある。たとえばフォルトゥナ・ウィリリス神殿のアーキトレーヴは途方もなく張出しが大きいのに、ファスキアの下端は、手前が持ち上げられているのである。

ファスキアの傾斜についてだが、斜めから見ると、その部位は短く見えるので、それを防ぐために、それらは前方に転ばせねば〔すなわち傾斜させねば〕ならないとされるが、視点が対象に近すぎて斜めから見なければならないとき、あるいはなんらかの理由で小さくせねばならない部位を大きく見せねばならないとき、この法則によりファスキアを転ばせるべきであろう。しかしこのことは古代建築のなかにはまったく観察されない。なぜならパンテオンのポーティコと堂内において、視点の位置はさまざまだが、すべて後方への転びである。バックス神殿、ディオクレティアヌス浴場においてもそうであり、視点がかなり近いので法則によれば前方へであろうが、やはり後方に転んでいる。ファスキアが正しい大きさであるのに、後方に転んでいることが、ほとんどつねに観察される。ファスキアがあるべき寸法よりも小さいときでさえ、そうであることもある。たとえばティヴォリのウェスタ神殿では、アーキトレーヴの上のファスキアはとても小さいが、後方に転んでいる。そしてかなり上に位置する部位のものであれ、下の位置であれ、ファスキアはほとんどつねに後方にそうなっている。またマルス・ウルトル神殿やネルウァ市場は、ファスキアが前方に転んでいる古代のほとんど唯一の建物なのだが、なぜそうなのかは説明できない。もしファスキアが後方に転んでいないと、全体の張出しが望ましいものではなくなるので、迫元、コーニス、あるいはアーキトレーヴといった部位にじゅうぶんな寸法の下端としなければならないので、ファスキアを後方に転ばせなければならない理由がときにはある。しかしこのような理由から古代人がファスキアを後方に転がしたことは、まったくなかったようである。フォルトゥナ・ウィリリス神殿のアーキトレーヴではファスキアは後方に倒れているが、下端はあるべき寸法の倍の張出しなのである。

彫刻においても古代人たちが、視点により近い位置にある作品より、高い場所に置かれた作品のほうを、より彫りが深く、より粗々しく、よりごつごつしたものとしたり、彫像そのものをより大きくしたとは、まったく思えない。トラヤヌス記念柱における浅浮彫りの彫像でも、下より上のもののほうが大きく力強いということはない。記念柱の上にすえられているトラヤヌス像は円柱の六分の一の高さしかない。パラディオが彫像をすえた円柱の高さはトラヤヌス記念柱の半分しかなかったが、円柱を基準にした相対的な寸法においては、トラヤヌス像はパラディオが設置した像の半分ほどの小ささであったのは確かだ。そしてこの建築家は、ほかのすべての建築家とおなじく比例の変化を語るにもかかわらず、そのような比例の変更は実践しないのであり、高い位置にすえようが低い位置にすえようが、彫像の寸法は一定にしたし、古代神殿の実測図面では、しばしば上より下のもののほうを大きくしている。プリニウスはこう記している。かつてパンテオンの上部にあった彫像は、いとも美しいものであったものの、秀作という地位にあるものとはならなかった。その理由は、彼によれば、これらの彫刻はあまりに高い位置にすえられたので、距離がありすぎて、それらをはっきり判別することができなかったからだ、と。しかしこれらの彫刻のみならず、この神殿のあらゆるほかの彫像を制作したかの有名なアテナイ人ディオゲネス(84)が、この高みに彫像をすえたのだ。この有名な職人が、ふたつのミネルウァ像の説話を知らなかったのではなさそうだ。ほかの人びととはちがい比例を変更するという名誉に浴しようとしなかった、ようでもなさそうだ。そうではなく、ほかの人びとも比例をまったく変更しなかったし、彼もまた変更しなかったのだ。

しかし古代においても近代においても、あきらかに見え方を理由として比例が変えられようとした形跡のある例がある。しかしこのような修正は稀であるばかりか、きわめて悪い効果をもたらしている。たとえばルーヴ

(101)ル宮中庭では、屋階にすえられた浅浮彫りの彫刻は、下段のものよりかなり大きく、そのことがあらゆる人を当惑させる。サン＝ジェルヴェ教会(85)でも類似することが観察される。扉口の高さ寸法がたいへん大きいので、巨大な立像が設置された。しかしパンテオンこそ視覚補正を理由として比例が変更されたたいへん顕著な例である。ドームの格間は正方形であり、ピラミッド状に穿たれ、階段式に彫り込まれている。そのピラミッド状に穿たれたものの軸線は、ドームの中心〔すなわち円形プランの中心、床から約二二メートルの高さの点〕へとではなく、神殿平面の中心ではあるがその舗装面から五ピエ高い点〔すなわち床から約一・六メートルの高さの点〕を狙っている。だから、この軸線はまったくピラミッド底面にたいして垂直ではなくなるが、このようなことがシンメトリーを守るために必要であったのだ。このような変更のおかげで、神殿床面の中央の低い位置からでも、ドーム中心の高い位置からでも、穿たれたピラミッドはすべて同等に見えるし、ピラミッドはこの中心に正対しているかのようである。しかし舗装の中心から遠ざかるにつれて、この効果はなくなり、軸線がずれていることに、これらピラミッドのシンメトリーが破綻していることに、もしこのような穿孔をいわばドームにたいしてまっすぐにした場合よりも視覚的には悪い効果となることに、気づく。まっすぐな軸線は自然だとはいえ、その場合の唯一の不都合は、もし壁に近づくと、各ピラミッドにおける底辺の各段の踏板にあたる面《つら》が、その段の蹴上にあたる面によって隠されるように見えるであろうし、また、もし中央から遠ざかると、これら踏板にあたる面がより広いように見えてしまう、ということである。これは斜めから顔を見たときに鼻が頬の一部を隠しているようなもので、まったく不都合ではない。つまり画家が斜めから顔面を描いていて、そのとおり描くと鼻が頬をすこし隠してしまうことを恐れて正面から見た鼻を描いてしまう。それと同じことをパンテオンの建築家はなしたのであった。ラバコ(86)もやはり、ほかの建築家たちのように、比例の変更を賞賛しながらも、まったくそれを実践しない。そして、パンテオンにおけるこの変更が悪い効果を生んでいることを学習して、サン＝ピエトロ大聖堂のドームの図版を出版したなかで、その断面図を示しながら、ヴォールト格間のピラミッド状穿ちの軸線をあるべきようにヴォールトの中心に向けたのである。彼は、サン＝ピエトロ大聖堂の高さはパンテオンのそれをはるかに凌駕しているから、段の蹴上が大きいので上の段の踏板はますます隠されるという不都合が増幅されるにもかかわらず、中心からずらしても良い効果はもたらされないと判断したのだ。彼はこの不都合なるものをまったく斟酌していないようだ。このようなことでは視覚はまったく損なわれない。部位が部位に隠れているのは、ごくふつうに目[102]撃するし、視覚は一部分しか見えなくとも全体の大きさを判断し、その判断により補充することで全体の比例がわかるくらい、たいへんよく習慣づけられている。

そして視覚判断にかんするこの道理からすれば、一般的に、けっして比例を変えてはならない。なぜならこの判断は、距離があったり設置場所がまちまちであったりすることで生じるかもしれない、想定される変更や不都合な効果によって騙されないように、いわばそれを回避するからである。そして比例を変える理由はまったくないことを理解していただくために、すでに説明したように古代人が比例を変えた例はまったくない、ということを言い添えたい。

どの感覚にも判断力は備わっている。ところが、習慣のせいで、その能力を所有していることを忘れているし、それを使っていることにも気がつかない。この習慣はほとんど第二の自然であり、私たち自身も気づかないままその行為をなしているほどだ。そのため習慣による判断は、ほかの[87]類の判断行為とは別のものになっている。ほかの判断行為はさほど反復されないため、私たちは熟慮し、それと認識して、判断力を行使するのだが、それとは違うのだ。さらに視覚と聴覚といった私たちがふつう行使しているものは、ほかの感覚よりもはるかに正確な

（103）

判断をくだすし、錯誤がおきやすい状況を識別しているので、誤りも少ないのである。すなわち視覚と聴覚ならば、対象物の距離、大きさ、そして勢いをしっかり判断できる。しかしほかの感覚はこうした状況をさほど容易には識別できない。たとえば触覚によれば遠くの大きい炎と、近くの小さい炎とを識別するのは容易ではない。味覚はアルコール度の弱いワインと、水で割った強いワインとをしばしば混同する。嗅覚は自然のなかのかすかな臭いを、微量ゆえに弱い臭いと勘違いする。しかし視覚と聴覚は、ほとんどたえまなく作動し、経験が豊かなので、判断力をもつ。ところがほかの感覚はそんな経験がないので、それほどの能力はない。だからもし棒の先端を、交差した二本の指の先端で触るとき、はじめは二本の棒に触っていると信じてしまう(88)。こんな触り方には慣れていないからである。とはいえ、このやり方でながく触りつづけると、もはや間違わなくなり、棒は一本しかないと感じる。おなじように眼球をむりに通常ではない位置にずらすと、ものが二重に見えることもある。しかし斜視の人は眼球がやはり通常でない位置にあるのに、ものが二重に見えることはない。彼らは眼球が通常ではない位置にあることで犯しがちな誤りを、判断力により矯正することに慣れているからである。

たいへん信憑性のあることだが、動物は生まれたときは視力が弱く、遠くにある対象物は、網膜に投影された像が小さいので、そのように小さいと判断するものの、経験により学習することで自分が間違っていることに気づき、はじめの〔誤った〕判断が訂正される。このように判断力は誤りを回避するためにあらゆる手段を使うことに慣れ、注意ぶかく見ようとしはじめたときには、視覚はとうとう完全なものとなる。このように視覚が完成されると、遠くにある塔が眼の近くの指で隠されるからといって、その指よりも小さいなどと考えることもなくなり、斜めから見た円が楕円であるなどと、はたまた楕円が円であるなどと考えなくなる。対象物がいかなる像を眼球内で結ぼうと、そうなのである。ここで省察すべききわめて重要なことは、こうした判断は正確なのだが、

（104）

あまりに寸分違わないので、経験をとおして証明されないと信じられないほどのものだ、ということである。たとえば五〇歩手前から、隙間がわずか二プース〔一プース＝二七・〇七ミリ〕ほどしか足らないので、自分の四輪馬車はほかの二台のあいだを通過できないと、御者は判断するのを日々目撃しなかったら。飛んでいる鳥の寸法をわかる猟師を見なかったら。木の上にある果実の大きさを間違わない庭師、建物の棟木に置かれた梁の太さがわかる大工、噴水の広がりと高さを目視で正確に計測できる噴水技師を、この眼で確かめなかったら。

ところで経験則だけで、けっして視覚はいわれるほど間違うものではないと、確信しているのではない。理性によっても、間違って認識しないよう、いかなる手段をもちいて判断するべきか、そして困難であっても精度の高い認識をうるために判断はなにに立脚すべきかを、私たちは学び、そのことを認識できるのである。なにが根拠でなにが手段であるかを知るために、画家たちが対象物を近くに、または遠くにあるように見せるよう、視覚をあざむく仕事をするために通常なにをするか、を考察してみよう。画家は視覚判断による観察や検討はたいへん正確だという事実にもとづき実践している。彼らの方法はおもにふたつある。大きさや形状を修正することと、色彩を修正することである。大きさや形状を修正するというのは、たとえば床を持ち上げたり、天井を下げたり、遠い両側にあるものを近接させたりして、距離感を示したり、対象物を縮めたり、しかるべく配置する。色を修正するというのは、やはり距離感を出すためである。光が当たる箇所が鮮やかになりすぎるのを抑制し、影になる箇所は暗くなりすぎるのを防ぐことで、色の強さをやわらげるのである。しかもこれら二種類の修正はつねにいっしょになされる。なぜなら、すべての対象物を視覚的に検討して判断した結果、網膜上に小さい像を結ぶある対象は、明るい光に照らされつつたいへん暗い影を残すなら、たしかに小さく近くにあるのだと、私たちは推定しなければならない。さらに判断力は、床は盛り上がっているかに眼には映っていても、現実にはそうではないと結論づけるし、床が盛り上がっているかのように構成要素が彩色されていても、光や影がしだいにぼんやりしていれば、床はまっすぐなのだと結論づけるのである。

視覚判断はこうした二種類の修正をたいへん精緻に検討する。さらにほかの状況にも気を配り、遠くにある対象物の大きさや距離を認識するために、別の手段をも使う。すなわち既知のものと未知のものを比較し、既知の距離から大きさを知り、既知の大きさから距離を知るという手段である。人間、羊、馬といったものの大きさは既知であり、眼のなかで小さな像を結んでいるとき、それらは遠くにあると判断される。このような推論で、遠くにあるとわかっている塔が、眼のなかに大きく映っているとき、塔はじっさいに高いと判断される。私たちは判断するときに、既知のものと未知のものの比較というこの後者の手段と、大きさ、形状、そして色彩の修正にかんする最初の手段とを併用する。こうしたことを理解しなければならない。色彩を修正すると距離が判断できるし、距離によって大きさが判断できるし、大きさを修正すると距離が判断できるのである。こうして精神は、長期にわたりほとんど無限の経験をすることで、これらの対象すべてをあわせて検討し、結びつけ、比較することに習熟し、とうとう無誤謬の能力をもち、離れた対象の寸法、距離、形状、色彩、そのほかの真実を識別するのである。

（105）

しかし視覚判断は的確であり無謬であることが証明されれば、この感覚は、通説とは違い、けっして驚かされたり騙されたりしないので、芸術がいかに完全で巧みであっても感覚は容易には騙されないと、きっと認識されるであろう。なぜなら、でたらめに飛んでいるなん羽かの鳥はべつにして、動物が視野を間違えることなどほとんどみかけない。画家は大きさを縮めたり、側面の線を斜めにしたり、光と影を弱めることで、自然のなかにある対象が、そのさまざまな距離により定まってくる強度のレベルを、できるだけ忠実に踏襲しようとするであろう。しかし画家は、自然の完全さには及ばないのだから、眼は、画家の腕よりも正しく的確であり、最高に忠実に描かれたもののなかにも、欠陥を容易に見抜くのである。そして視覚はかくも的確だからこそ、絵画には欺かれないのである。視覚は、タブローにはよくある作者のミスによる欠陥だけでなく、別の、事物そのものに必然的に由来する欠陥までも発見する。たとえば山がたいへん遠くにあるかのように描くために、色彩を弱めて加減をしようとしても、眼は不可避的にそれらのやわらげられた光と影のなかにも、近傍にある対象物の光と影くらいの強度のものを感じとる。なぜならカンバスや壁そのものは、遠くではなく近くにあり、表面は不均質なので、遠くにある対象物にはみられない光と影の強度を伝えるからである。同様な理由から、腹から発声するといわれる人びとの声ならたいへん遠くから聞こえても、注意ぶかくすれば聞き誤ることはない。なぜなら耳は、か弱い声のなかにも、混ざった小さな音を、近くの音のようにはっきりと聞き分けるからである。だから遠くのタブローを眺めても、その表面の不均質さをただちには見分けられないにもかかわらず、それでも視覚はたいへん忠実であり正確であり、知覚がそのように不完全で混同していても見誤ることはない。

　視覚による判断は正しいし、視覚により私たちにもたらされる認識もやはり正確で確かであり、対象物が遠くにあっても、見誤ったり騙されたりはしないことは容易に認識される。これらの比例を変化させればかならず気づくのだから、比例を変更することは不要なばかりか間違っていると判断されるべきである(89)。エンタブラチュアの比例がどうあるべきかを知っている人の眼は、エンタブラチュアがどの高さに位置づけられようと、低いものより高い円柱の上に比率的に大きなエンタブラチュアがすえられたのを、かならず見破るのである。やはり高い位置にある窓のそばにいる人物が、通常よりも大きな頭部をもっていることがよいとは、だれも考えない。エンタブラチュアの通常の比例が理にかなっているとすれば、支持されているものの量塊と、この量塊を支持するも

（107）

のの力強さとが相関しているからである。エンタブラチュアが、それを支持している円柱に比例してあるべきよりもさらに大きな寸法であると、かならず眼は驚愕するであろう。またニッチにある彫像、あるいは円柱上にある胸像が後方に傾いているように見えないように、それらを前方に転ばすときも、驚愕するであろう。それらを前方に傾ければ、かならず前方に傾いて見えるからである。

この理由から、彫刻において高い位置にある作品の部位が、距離が大きいのであまりに混乱し、あまりに混濁して見えることのないよう、その彫刻をより無骨で粗々しくするのなら、眼はそれを無骨で粗々しいものと見るであろう。なぜなら眼は、認識している距離と、距離ゆえに対象のなかでおこるはずだと認識しているあいまいさとを比較したときに、そこにあるべきでないと判断した明晰さを発見すると、眼は憤慨するであろうから。そして私たちは、画家が遠くにある対象物を近くにあるもののように、つよくはっきり描いているタブローを見ると、驚愕するであろう。タブローのなかに遠景として描かれた人物のなかに、まぶたのまつ毛や、血色のいい唇がくっきり描かれているのを見たがるのは無知な人びとだけだと認めるとしよう。だとすれば彫刻家が高い場所にすえられるので彫刻の眼に陰影をつけ、その巻髪のなかに穴をあけ、必要以上にその筋肉をくっきり強調しているのを見るのは、なにが彫刻をして美しくあらしめるかに無知な人でないなら、我慢できないであろう。なぜなら制作の完成度という理念をもっていれば、つねに比例が歪んだり損なわれているかどうか観察するだろうし、すくなくともこの部位とあの部位を比較しながら、そうするのであろうから。遠くから見るようにすえられた彫刻のために、あの部位もこれもおなじくらい力強く明瞭にはできない。たとえば、眼の周囲を穿ち輪郭をはっきりさせ、影をつけるようには、頭部が肩に落とす影を、黒く鮮明にすることはできないのである。

眼とその判断力は、遠くにあるものの寸法を正確に知ることはできないし、御者がこれから四輪馬車が通り抜けようとする隙間の幅を、計測器で計るかのように正確に知ることはできないにしても、この種の正確さだけが要求されるのではない。眼が距離によって騙されないためには、比例の議論において、ある対象の寸法を完全に知ることはまったく必要ではなく、その傍らにあるものと比較できればよいのである。なぜなら、御者が通り抜けようとする隙間が狭すぎると判断するのは、おもに、通り抜けたい隙間の両側にある二台の四輪馬車の大きさと、その隙間の幅を比較するからである。眼はこのように、エンタブラチュアの寸法を判断するし、あるものは大きすぎると判断するだろうが、だからといってその寸法を正確に把握しているわけではない。その大きさをその建物のほかの部位と比較すればよいからである。さらに、遠くにある対象でも比較できる。なぜなら遠くになるにつれ、このエンタブラチュアの見かけの寸法は小さくなる。そしてエンタブラチュアにつきそう隣りの建物部位もまた、見かけの寸法が小さくなるからであり、建築家や彫刻家がある部位の寸法を大きくしたであろう増分を、眼は容易に察知できるのである。

しかし、眼による判断では、対象の距離や置かれた状況がもたらす誤解を防ぐことができるかどうか定かではないとき、比例を変更することは、このいわゆる欠陥にとってけっして良薬ではない。なぜなら、視距離は一定であり、眼の位置は変えないという前提でのみ、良い効果はもたらされるからである。そしてまたこれら図像は視覚補正され、比例はとてもよく調整されているので、ある場所から見るととても良い効果がうまれるものの、視点が違う場所に移ると、それらは歪んで見えてしまう。ある一定の場所から見たときに良い効果をもたらすよう建物の比例を変化させると、やはり違う場所から見たときにとても歪んで見えてしまう。なぜなら、近くにいれば斜め方向から見ていることになるが、遠ざかるにつれ、斜めからではなくなるからである。そしてこのように、雨覆いのファスキアは斜めから見ると、その部位が見かけ上とても小さくなるので、これを防ぐために、大きくしたり傾けたりするが、視点の位置がかわって斜めからの見かけではなくなると、その部位はとても大きく見えてしまうのである。

端的にいうと、比例が損なわれないためだといいつつ比例を崩したり台無しにしてはならないし、比例を補正しようとしてそれに欠陥をくわえてはならないことは、考えてみればすぐ気がつくのではないか。遠くにあったり設置された状況により見かけは変わり、悪い効果が生まれ、欠陥とみなされるが、しかしそれが対象のあるがままであり自然な様相なのであり、それを変更するのはまさに歪曲である。なぜならこの主題については、遠ざけることで比例が、そうではないように見えることは絶対にないし、またおなじく、比例を変更すればまさに比例は損なわれるのは確かであるし、さらに比例が損なわれていないときより、損なわれているときのほうが、損なわれて見える危険性は大きい、ということ以上の説明はなかったし、ないであろう。

しかしウィトルウィウスは比例の変更について語り、その法則を定めた。とはいえ、彼の権威にもとづいて建築家たちはどのような満場一致の意見をもつのだろうか。ウィトルウィウスの箴言がうちたてられてから二〇〇〇年ちかくたつが、だれもそれを検討しようとはしなかった。天分ある偉大な人びとも、かくも重要な問題についてあきらかに熟慮しながらも、真実は発見できなかった、と信じねばならないのだろうか。この問題にすこし立ち入るとして、私はこう考えている。建築家に必要なあらゆる才能の持ち主なら、ポイントのずれた難問だと思えるようなことと戯れるのは時間の浪費だと感じるかもしれないように、たいへん込み入った問題を解く能力のある人びとなら、こんな問題を回避したであろう。権威あるウィトルウィウスがこの主題を定式化したようだというなら、比例が変更された実例はなくはない、といわれているなら、そもそも的外れの議論であるようだ。これらの実例においても、比例が変えられたのはけっして視覚補正が理由ではないのだから、比例にかんする真

（109）

理はまったく絶対的である。すなわち見え方が異なるからといって、けっして建築の比例を変えてはならないのである。

だれもが自分が職能とする芸術の価値を高めたいように、建築家たちは理性で割り切れなかったものはすべて神秘だと思いたかった。すなわち彼らは優れた評価が定まっている過去の事物に準拠するために、最古のギリシア人やローマ人による建物遺構をとりあげ、これら評価の高い建築遺構はすべてしっかりした道理でなされたということを立証し、確固とした基盤としようとした。評価の高い建物においても比例はまちまちであるという異論がなされると、彼らはその理由を、見え方がさまざまであったという事情により、比例がさまざまに変化させられたのである、とした。異なる状況の建物では比例の法則も違うはずだ、というのである。

本章の冒頭で報告された、きわめて評価の高い古代建築からの例は、それへの反証である。同じ見え方でも比例は異なっているし、逆に見え方が違っているのに比例は同じということもあるのだ。さらに、比例を変更することが許されるとしても、けっして視覚補正や、建築の部位が置かれた距離や設置状況がもたらしうる効果は理由にはならないことも、示さなければならない。

比例を変更できると私が考える最初の場合は、コーニス、アーキトレーヴ、ペデスタルの張出しをあまり大きくしたくないときである。つまり面《つら》を後方に転ばすことで、その傾斜のぶんだけ張出しを大きくすることができるのだ。あきらかにこれは視覚補正ではない。張出しの寸法はそのとおりであり、けっして実寸とは違うように見せようというのではないからである。この実践のなかで遵守すべきは、そのように傾斜させるのは膨らんだ部位だけである、ということである。たとえばドームやランタンの内部、アーチの胴蛇腹、窓額縁、フレーム。そして一般的には、出隅がないので刳形の輪郭が見えないので、面を傾斜させると、たいへん悪い効果しかないような場合、という配置などである。パンテオンは、面を後方に転ばして良い結果を生んだ例であり、その堂内、入口にあるアーチの胴蛇腹、中央チャペルがそうである。しかし屋階のアーキトレーヴはそうなっていなかった。帯は違う色の大理石を塗り分けられているだけで、ある帯が上下の帯より突出しているのではない。こうした理由から、神殿のほかの箇所を担当した建築家とは別人が、この屋階を担当したのだと信じられている。

[110]第二は、巨像をとても高い位置にすえようとする場合である。すなわち低い位置にするよりも、はるかに大きくできる。しかしあきらかに視覚補正を理由としてそうするのではない。像が巨大に見えるということが意図されているのだから。そしてこの場合に留意すべきは、この巨像はその寸法にふさわしいものの上にすえねばならないから、たとえば二層目あるいは三層目のオーダー上に置いてはならない。これら二層目あるいは三層目のオーダーは必然的に一層目のものより小さいので、立像が適切な比率であるか一層目のオーダーのものより小さくないなら、巨像は支えきれない。だから巨像の背景は、なん層ものオーダーを含むか、すくなくとも巨像にみあう大きさのオーダーからなるか、確認しなければならない。サンタントワーヌ城外地にある凱旋門[90]もそうなっている。そこでは巨大な王像が高い位置にすえられており、それを支えるマッシブな建物の周囲をオーダーがとりまいているが、オーダーの高さはこの建物の半分もない。この量塊が、オーダーの円柱上にすえられる像よりもはるかに大きい巨像を支えるペデスタルの役目を果たしており、円柱上にはそれにみあったサイズの像があるように、量塊にはそれにみあった巨像が置かれる。

だから各階に立像があるとき、それらが同種類の立像であり、つまりそれぞれの階やオーダーに置かれるとき、けっして上層の立像を下層のものより大きくしてはならない。そうではなく、上層のオーダーは下層のそれより必然的に小さいように、立像もまた、上層ほど小さくあるべきである。

第三は、二つの半ピラスターが入隅《いりすみ》をなす場合である。つまりこのとき幅を半直径よりすこし大きくしなければならない。もしこれら半ピラスターがこのように幅をすこし大きめにされなかったら、前章で述べたように、必然的に柱頭やフルーティングが悪い効果をもたらすが、そのことが回避される。これはけっして視覚補正のための修正ではない。いくつかの部位の幅があるべきよりも小さくなることを回避するために、あらかじめその幅を当然あるべきよりも、すこし大きめにすることであるのは、明らかである。この修正はコリント式柱頭が入隅にあるときになされる。きっかり半分の幅にしてしまうと、〔柱頭の〕第二層の葉飾りは、葉の折り目が鋭角になりすぎる。また中央の渦巻もやはり大きめにしないと、あまりに狭苦しくなる。だから幅を半直径より、すこし大きめにするのである。

(111)第四は、スカモッツィの考え方に準拠してコンポジット式オーダーを、イオニア式とコリント式の中間のものとすることだ。私ならこの考えにつよく賛同する。コンポジット式柱頭はイオニア式ともたいへん類似しているし、そのエンタブラチュアは鈍重なもので、コリント式以外のマッシブなオーダーのエンタブラチュアと似た比例をもっているからである。だからこの場合、比例を変えねばならず、コリント式ペデスタルの上にコンポジット式の円柱とエンタブラチュアを置くなら、柱身を二小モデュールだけ短くしなければならないし、まったくそのようにコンポジット式ペデスタルの上に、コリント式の円柱とエンタブラチュアを置くときにも、柱身を二小モデュールだけ高くしなければならない。比例を変えてもよい機会がほかにもある。にもかかわらず、そうしなければならない理由が視覚補正なのだとは、けっして私は考えない。彫刻家には、彫像が置かれる場所にふさわしい姿勢を選ぶことは許されるし、悪い効果をもたらす姿勢を避けることも許される。だからソーにおけるジラルドン氏(91)の実践はきわめて正しかったのだ。彼は、巨大なミネルウァ立像を、建物上部にあるペディメントの頂上にすえるために、座像の脚を工夫して、腰高に座っているような姿勢をとらせ、その膝が身体を隠さないようにしたのだ。膝がもっと上がっていれば身体は隠れてしまうところであった。彼はこのように変更したのだが、そうではないように見せようという意図はまったくなかった。この話の肝心な点である。

本章の結論として、比例を変えなければならないであろう場合に、同じ比例をつけるのは奇妙だ、という補足をしたい。たとえば建築書をものした高名な三名の建築家、ヴィニョーラ、パラディオ、セルリオは、イオニア式、コリント式、コンポジット式オーダーすべてにおいて、エンタブラチュア高さと円柱高さ寸法とを一定の割合にしており、ヴィニョーラはすべてのエンタブラチュアについて円柱のほぼ四分の一としており、パラディオもスカモッツィも、上記すべてのオーダーについて一様にほぼ五分の一としている。しかし私にとって理にかなっていると思えるのは、たとえば円柱高さの四分の一の寸法というような重厚なエンタブラチュアを、背が低くがっしりした円柱の上に載せることである。たとえばイオニア式とコンポジット式との関係において、イオニア式と比べると背が高く細いコンポジット式の円柱には、高さは円柱の五分の一という軽快なエンタブラチュアをあて、イオニア式にはその反対のことをおこなうのである。そうしたことから私は、オーダーの種類の違いによりエンタブラチュアの比例を多様化し修正した。そのことは設置場所や見え方の違いを理由にして変化させたことよりも、もっと根拠があると私は思う。（112）

私は本書の第一部第四章でエンタブラチュアについて詳細に語ったが、なぜエンタブラチュアの比例にさまざまな値を与えたかは説明し忘れた。あの章で私は、すべてのオーダーについてエンタブラチュア高さは等しいとした。このようにエンタブラチュアの高さを一定としたので、円柱高さにたいする比率は違うこととなった。そのことについて、そこでは円柱の高さはしだいに大きくなるのに、エンタブラチュアの高さは同じままだから、その帰結として、小さい円柱は大きい円柱に比べ、比率的により大きいエンタブラチュアを支えることとなる。かくしてトスカナ式円柱の高さは、エンタブラチュア高さの三倍と三分の二、ドリス式は四倍、イオニア式は四倍と三分の一、コンポジット式は四倍と三分の二、コンポジット式は五倍である。このようにオーダーが軽快で繊細になるほど、エンタブラチュアの比例は、エンタブラチュアと円柱の比例の三分の一ずつ、オーダーごとに減少してゆくのである。

訳注

（84）紀元前一世紀にアテネで活躍した彫刻家。大プリニウス『自然誌』（XXXVI, 13）において言及されており、「パンテオンはアグリッパがアテネのディオゲネスに美装させた。この神殿にある支持柱のなかで、カリアティドは相応の扱いをうけているし、ペディメントのなかの像もそうであるが。後者は高い位置にすえられているのであまり知られていない」。前四世紀の哲学者ディオゲネスは別人。

（85）パリ一区にある教会堂。四世紀の創建。現在の建物は一四九四年に起工され、一五〇〇年かけて完成された。ファサードはサロモン・ド・ブロス、クレマン・メテゾ、フランソワ・マンサールがかかわった。

（86）Antonio Labacco, c.1495-1559：イタリアの建築家。子アントニオ・ダ・サンガッロの弟子で、サン＝ピエトロ大聖堂の工事を弟子として担当した。一五五八年に『建築書』（*Libro Appartenente all'Architettura*）をローマで出版。

（87）この「類 espèce」について、ペレス＝ゴメス版では、種類という一般的な意味と、法律上の「訴訟」というダブルミーニングではないか、そして「五種類の円柱 cinq espèces de colonnes」というペロー文献のタイトルも「円柱にかんする五つの訴訟」とも読める、と指摘されている。ペレス＝ゴメスが根拠としているのは、ロベール版フランス語辞典（*Dictionnaire alphabétique & analogique de la langue française*, 1990）であり、そこではこの意味での「類

espèce」の初出は一六七〇年であり、そこでは「法廷に提起された法律の事実状況……」とされていること、さらにペロー兄弟の父ピエール・ペローも法曹家であったこと、ほかの兄弟も法曹家としてトレーニングされたこと、である（Pérez-Gómez 1993, pp.158, 182 note 74）。たしかに『小学館ロベール仏和大辞典』（一九九八年）でも「【法律】訴訟」の意味は指摘されている。

（88）デカルトは『屈折光学』のなかで、球を二本の指ではさむと球が二つあるように思えることを指摘しており、ものが二重に見えることの喩えとして使っている（『デカルト著作集Ⅰ』一五三頁）。

（89）ペローはここでデカルト哲学を踏襲して眼は明解な隔たりのある「理念」を知覚できるとしているが、序文では比例をすこし修正できるとしたことと矛盾しており、後世の建築家たちもこの矛盾に言及した、とペレス＝ゴメス版では指摘されている（Pérez-Gómez 1993, pp.161, 182 note 75）。

（90）ペローが一六八八年に建設したもの。ルイ一四世の巨像が載る。ブロンデルはそれを失敗作として非難した。ペローは彫像の巨大さは視覚補正とは関係がないと強調している（Pérez-Gómez 1993, p.161, 182 note 76; Herrmann 1973, pl.17, pp.86-87）。

（91）François Girardon, 1628-1715: フランスの彫刻家。一六八三年、コルベール一家はパリ郊外ソー（Sceaux）の地所と館を相続し、そこをジラルドンらの彫刻で飾った。

第八章　近代建築にもたらされた、そのほかの誤用について

第八章　近代建築にもたらされた、そのほかの誤用について
(113)

言語には、文法の規則には反するが長い慣用により許容されているばかりか、訂正も許されない話法も多いいっぽうで、それほど広く受容されてもおらず、話法の達人と評される人びとが拒否するので、確立されたともいえない話法もある。建築においても、これらのような二種類の誤用があるといえる。誤用は、慣用によって容認されただけでなく、きわめて必要とされるものは、いかに理性や古い法則に反していようと、まさしく建築の法則となった。本書の序で論じた誤用がそれである。円柱の膨らみ、ペディメントの三角小間の斜線ではなく水平線にたいして直角をなすモディリオンである。さらにモディリオンを、ひとつの建物の四面に、そしてペディメント下を横断するコーニスにも配置するという慣用。モディリオンを最上階のオーダーだけではなく最下階のオーダーにも設置すること。モディリオンは垂木や対束《ついづか》の端部をあらわしているので、後者がある側面にしかあってはならない。ペディメント下を横断するコーニスにあるはずはなく、ペディメントにあっては母屋桁の端部をあらわすなら、あってもいいだけである。さらに垂木も対束も母屋桁もありえない箇所に設置するとなると、モディリオンがなにをあらわしているかということと、ひどく矛盾してしまう。トリグリフは梁の端部をあらわしており、その梁があるべき唯一の場所が円柱の上部なのだから、トリグリフを円柱上部からはずして置くこともまた、慣用ゆえに許されている多くの誤用のひとつとされうる。

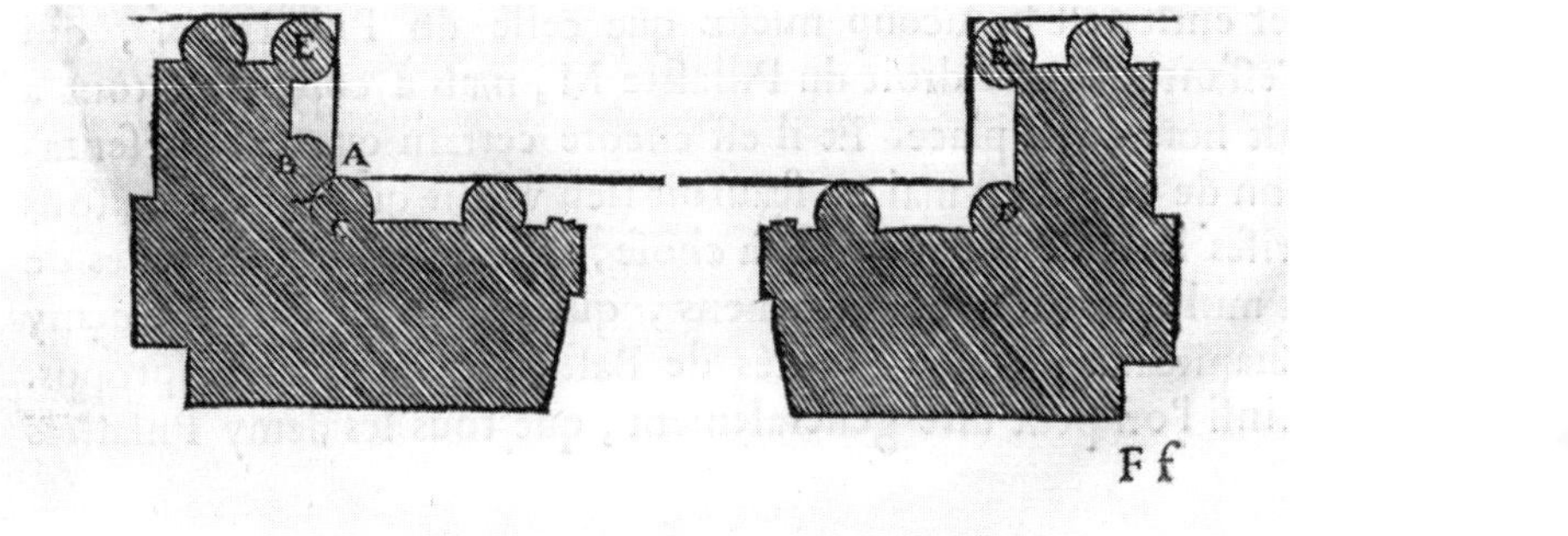

（114）

もうひとつの誤用は、権威が批准したのでやっと許容されているものであり、私たちがそれらを完全には非難しないにしても、すくなくともより完璧を期すためには避けうるものである。パラディオはそれにわざわざ一章〔『建築四書』第一書第二〇章「誤用について」〕を割いたが、四つの誤用、すなわちなにかを支える巻軸装飾、中央が割かれ開いているペディメント、張出しの大きいコーニス、粗石積みが施された円柱のみを論じている[92]。しかし誤用はそのほかにもあり、そのうちいくつかはパラディオの時代にはまだ導入されていなかったのだと思う。なぜなら前章で論じた比例の変化といったもののほかに、いくつかの誤用があるだろうし、そのほとんどは本当のところは、パラディオが申し立てたものほど有害ではない。

そのうち最初の誤用は、円柱とピラスターがたがいに重合し貫入しあうようにすることである。こうした相互貫入は円柱よりもピラスターに頻繁にみられる。たとえばルーヴル宮中庭であり、入隅《いりすみ》Aには、円柱D一本では満足できないようで二本の円柱BとCがある。この円柱DだけでBとC二本と同じことができるし、いわばもっと自然にそうすることができる。出隅《ですみ》にある円柱Eはふたつのアーキトレーヴを支えているように、入隅にある円柱Dもふたつのアーキトレーヴを支えるのである。出隅を一本で支えているのだから、入隅を支えるのに一本の円柱では不十分だという理屈にはまったくならない。

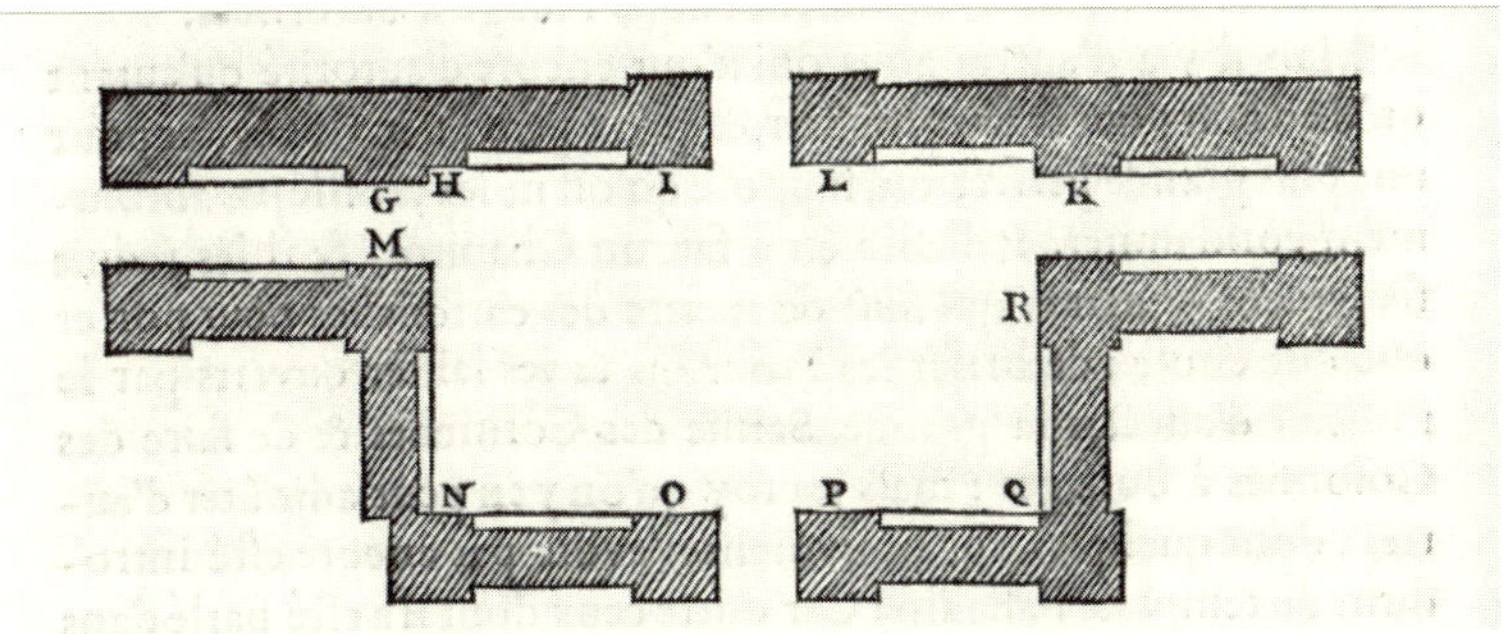

パラディオは、ヴィツェンツァのヴァレリオ・キエリカーティ伯爵のために建設したパラッツォのなかで、このような相互貫入する円柱を使い、それをダブル円柱と呼んでいる。

ピラスターでは、このような誤用はもっと多い。近代人のやり方だが、たとえばピラスターGが〔浅浮彫り状の〕突出部をなし、それに連動してエンタブラチュアもペデスタルも手前に突出するとき、それに半ピラスターHを添わして、ピラスターGとたがいに貫入しあうようにする。この半ピラスターは、ピラスターIの上を通過するエンタブラチュアを支えるためにある。これは誤用であって、これらの部位が相互貫入していることにくわえ、さらに半ピラスターHは適所にはなく、まったく不要であり、ピラスターKとピラスターLがあればいい。理由はこうである。G、H、Iといったピラスターや半ピラスターの張出しはその幅の五分の一あるいは六分の一しかなく、それゆえ建物の突出部も、それだけの厚みしか突出していないとき、こうした突出部は、M、N、Oからなる建物を浮彫りとしてあらわす浅浮彫りとみなされるべきである。LやKは半ピラスターではまったくなく、P、Q、Rのような完全な角柱をあらわす浮彫りである。ところでM、N、Oのような手法はまったく不合理なのはあきらかだ。ピラスターNをこのように配置すると、ピラスターMと同一線上ではなくなり、軸線は完全にずれるので、まったく適所ではない。それに比

（115）

べれば、ピラスターQをこのような完全な状態に配置することは、はるかに良い。また、ものごとの本質そのものから逸脱してはいないほかの重要な考察がなければ、不都合なものの再現はまったく悪い、ということではない。たとえば半柱頭やきわめて不適切に置かれた半柱基などにおいて装飾が増えるという理由である。だから一般的に、すべての半ピラスターはまさに誤用なのである。半ピラスターが全ピラスターに付随している提案においても、ふたつの半ピラスターが入隅において出会うときも誤用である。ピラスターQの小さな隅をみればわかるように、このやり方が入隅において規則正しく設置される唯一の方法なのであり、ルーヴル宮の正面となる大ポーティコの内部においてもこのように実施されたのである。なぜなら、半ピラスターが入隅にあるという例は、パンテオンのような評価の高い古代建物にもみられる。それらはつねにふたつの円柱の相互貫入として思念されるのだが、それらは真の規則性には反しているにもかかわらず、なんらかの理由があれば、ときにはその規則性に頓着しないことも許されるのである。

第二の誤用は、円柱を膨らませることである。第一部第八章ですでに触れたように、この手法は道理にあわず、古代において実施されたとは、まったく観察されない。

第三の誤用は、円柱を対《つい》にすることである。古代にはまったく類例はないといって承認しない人びともいる。しかし真実はというと、古代人たちによる発明になにかを追加することが許されるなら、この発明はたいへん美しく便利なものとして、建築においても認めていい(93)。美については、それは古代人の趣味によくあう。彼らはとりわけ柱間が狭い建物を好んだし、とくになにも文句はいわなかった。ただ柱間を狭くしたことによる不便さについては違った。不便なので、古代人は中央の柱間を大きくしなければならなかった。この理由から、ヘルモゲネス(94)は二重周柱とよばれる神殿の側部あるいはギャラリーの柱廊を幅広くするために、擬二重周柱というものを考案した。神殿の側部には、柱が二列並んでいるので、壁とあわせて、室外の柱廊が二重になっていた。そこで古代建築における第一級の考案者のひとりであったこの熟達した建築家は、躊躇せず真ん中の柱列を取り除き、ふたつの狭い柱廊が並んでいたのを、ひとつの広い柱廊とした。その幅たるや、柱廊ふたつぶんにさらに円柱の直径もあわせた寸法となった。近代人はこのヘルモゲネスを手本として、円柱を設置する新しい手法をもたらし、円柱を対にするという手法を発見した。そうすることで柱廊は通りやすくなり、オーダーはより優美になる。〔116〕なぜなら円柱をふたつずつ束にすることで、柱間をより大きくすることができるし、この柱廊に面している戸口や窓が隠されないようにもできる。古代人の建築では、開口部のほうが柱間より幅が広かったので、そういうこともあったのだ。なぜなら円柱を配置するもっとも通常の方法では、必然的に柱間は八ピエとなり、円柱の直径は四ピエから五ピエになるのであった。ところが、円柱を対にすれば、円柱の直径が二ピエから二ピエ半であればじゅうぶんである。こうしたところで、広い柱間が優美さを損ねはしない。もし円柱が一本ずつであると、この状況では見かけが弱々しくなり、その柱間をなす柱から柱に架けわたされたエンタブラチュアのその長さを支えることができないかのようで、優美さを損ねてしまうのである。

　このような円柱の並べ方は、古代人たちが使った五種類にさらに追加されるべき、第六のジャンルであろう。第一はピクノスタイル〔密柱式〕という。なぜなら円柱はたいへん密に並べられ、柱間は円柱の一直径半しかないからである。第二のものはシスタイル〔集柱式あるいは二径間式〕といい、柱はやや密ではなく、柱間は二直径である。第三のものはユスタイル〔正柱式〕といい、ほどほどに密であり、柱間は二直径と四分の一である。第四のものはディアスタイル〔広柱式〕といい、柱はやや疎に並べられ、柱間は三直径である。第五のものはアエロスタイル〔疎柱式〕といい、円柱はもっと疎に並べられ、柱間は四直径である。ところで、こうもいえるであ

（117）

ろう。追加された第六のものは両極端のふたつの類型、すなわち円柱がとても密に並べられたピクノスタイルと、円柱がとても疎に並べられたアエロスタイルを複合させたものである。さらにこのような円柱の配置法は、古代人がそれをまったく使わなかったという意味においてのみ誤用とみなされるが、本章の冒頭で述べたように、慣用により許された類似したさまざまなことのひとつと、みなされうる。

第四の誤用は、ドリス式オーダーの柱間を望みの寸法とするために、メトープを大きくすることである。たとえば二本の円柱を対にしようとすると、必然的にトリグリフどうしの距離を大きくし、メトープを拡大しなければならない。トリグリフの中線から隣りのトリグリフのそれまでの距離は、円柱の中線から隣の円柱のそれまでの距離に比べるとはるかに小さく、円柱どうしを近づけてもそうなのである。ところで太古人なら、メトープを大きくすることにはつよく躊躇したであろう。古代の有名建築家であるピュティオスとアルケシウスはこうした理由からこのオーダーが神殿に使えるとは信じなかったと、ウィトルウィウスは述べている。(95) ヘルモゲネスもそのほかの点では古代の規則には縛られなかったが、ドリス式オーダーにかんしては恣意的な手法をけっして採用しようとはしなかった。大量の大理石によりバックス神殿を建設しようとしたさいも、ドリス式オーダーで建設しようとしたが、その意志を破棄して、イオニア式オーダーで建設したのであった。(96) 近代人はもっと大胆である。パラディオは、すでに言及したヴァレリオ伯のパラッツォにおいて、ポーティコ中央の柱間においてメトープを拡大し、トリグリフ二基だけのそのほかの柱間よりも、それをすこし広くした。彼がこのような寸法拡大をおこなった必要性も理由もひとつしかなかった。中央の柱間が広くなり、そこにトリグリフが三基もくるようには、したくなかったのである。しかしウィトルウィウスがドリス式オーダーのポーティコのために定めている規則によれば、中央の柱間にトリグリフは三基あり、ほかの柱間には一基しかないので、その処理は可能であった。過去一〇〇年のあいだに建設された最も美しい建物のひとつであるサン＝ジェルヴェ教会のファサードを建設したかの博識な建築家〔フランソワ・マンサール〕は、円柱を対にするために、まよわず一層のドリス式オーダーのメトープの幅を大きくした。ロワイヤル広場のミニム修道院のファサードはドリス式オーダーであるが、そこには、入隅に半トリグリフが置かれているという、別の破格がみられる。これもまた、パラディオがやはりヴァレリオ伯のパラッツォでなしたことを模しているのである。

第五の誤用は、近代式イオニア式柱頭において頂板の下の部位を省略することである。この部位は皮層とも呼ばれ、古代式イオニア式柱頭では渦巻の一部をなすものであり、コンポジット式柱頭では頂板の下部をなすものであって、近代のイオニア式においてもそうであるべきだと、私なら信じるのである。なぜならこの部位が省略されると、逆サイマという上の部位だけが残り、この頂板は瓦のように薄くなってしまうからである。そして頂板は、四つの渦巻の凸の部分の上に載るだけとなり、それら四点だけで接することとなり、きわめて悪い効果をもたらす。つまり脆そうで、視覚的に苦痛である。コンコルディア神殿の柱頭や、フォルトゥナ・ウィリリス神殿(118)の柱頭をモデルにして近代のイオニア式柱頭は形成されたのだが、それらには唯一の逆サイマのみからなる頂板がある。しかし逆サイマは、いかに薄いとはいえ、このような視覚上の脆さはまったくない。なぜならそれは渦巻の凸面で支えられているのではなく、これらの渦巻は花瓶からはみ出すことはなく、共通の垂直線にそろっており、古代のイオニア式とまったく同様である。だから、この頂板はたいへん薄いとはいえ、驚愕させるものではまったくなく、いたる箇所でそのように支えられている。ここで問題とする柱頭ではこうはいかず、頂板と花瓶とのギャップは大きい。私見では、頂板全体をそのままで残すことが良い手法であり、古代のコンポジット式オーダーはそうなっており、渦巻は花瓶からはみ出し、頂板の下はじに食い込んでいる。これこそパラディオが建築書〔『建築四書』第一書一八章「コンポジット式オーダー」〕で描いた柱頭により示したことであり、コンコルディア神殿の柱頭では、[97]渦巻は花瓶に納まっている。彼は柱頭の頂板を堅固に描いており、ティトゥス凱旋門のコンポジット式柱頭のそれも同様であり、渦巻は花瓶に納まっている。近代のイオニア式柱頭の残りのすべては、古代式コンポジット式柱頭をモデルにしたのであり、頂板におけるこうした特殊性を模倣しないという道理はないのだが、まさにこの模倣がなされない点が、誤用なのである。

第六の誤用は、大オーダーである。古代人なら各階にひとつのオーダーを使ったのだが、そうはしないで数階の高さをもつ大オーダーを用いることである。どうやらこの破格は、カヴァ・アエディウム[98]とよばれる古代ローマ人の中庭、とりわけコリント式と名付けた中庭、を模倣したもののようであり、中庭を取り囲む建物のエンタブラチュアは、数階を包含して下から上までを貫く円柱によって支えられていた。これらコリント式中庭と、現代の大オーダー式の建物との違いは、唯一、コリント式中庭の円柱はいくぶん壁から離れていて、庇のような役割を果たしているエンタブラチュアの張出しを支えていたが、現代建築の円柱は壁に半分食い込んでいて、しかもたいがいの場合、円柱ではなく私たちはピラスターを置く、という点にある。ところでなにが誤用かというと、あらゆる種類の建物にむくわけではないこの大オーダーに執着することにある。なぜなら大オーダーにより壮麗になるのは、神殿、劇場、柱廊、ペリスタイル、サロン、玄関ホール、礼拝堂、高い台座の上にあるかそれが必要なそのほかの建物、なのであるから。数階をひとつの大オーダーに含めるというこの手法は、まったく逆に、ひ弱で貧相ななにがしかをもっているといえる。[119]たとえば、なかば崩壊しうち捨てられた大宮殿、私人たちがそこに住もうとするが、基壇の高い大アパルトマンは彼らには快適ではないので、場所をとりつくろうために、中二階をつくろうとするという状況を考えたらよい。

大宮殿ならときに許されるということではなく、建築家は大オーダーのための口実をうまくみつけなければならない。大オーダーは、建物の主要箇所には必要であり、建物の残りの部分にも延長されるべきで、建物において支配的であるべきだという、シンメトリの法則により拘束されているかのようでなければならない。こうしたことはいくつかの建物ではきわめて慎重に判断されて実践されている。とりわけルーヴル宮は、大きな川ぞいに建設されており、たいへん遠くから距離をもって建物が眺められるので、ひ弱に見えないように、大オーダーが必要とされる。(99) そして二層を貫通する大オーダーがもたらされた。それらがすえられた下の階はペデスタルに相当するとはいえ、正確には城館の塁壁である。このようにして大オーダーは、高くて壮麗な柱廊がふたつあるので、高い位置にすえられる。これら柱廊は、主要ファサードにそい宮殿入口を支配し、二階にあるすべてのアパルトマンにとっての玄関ホールに相当する。だからこのオーダーは、格別の偉大さと高さが要求され、さらに建物の残りのすべてに延長され、全体を支配しなければならないのであった。このことは、建築家がそれ自体道理のないことを必要でもないのになしたので糾弾されたとき、その不作法を正当化するか、すくなくとも弁護するものである。つまり各階は、実質的にはそれぞれ分断された建物なのだが、それぞれに固有の、別個のオーダーとするのではなく、同じひとつの円柱により、ふたつの床を支える。あたかもひとつの床を頭で支え、もうひとつの床を胴バンドにつるすなどと考えるようなものだ。遠くから見えるからといって、本来なら低く抑えるべき建物が、より高くなければならない十分な理由とはならない。たとえば劇場が大規模だからといって階段、座席、手摺子、支柱をより高くすることにはならないのは、ウィトルウィウスが指摘したとおりである。

第七の誤用は、建物の横幅が大きいので、それにあわせて高さも大きくすることである。こうした幅と高さの比例が主要な法則であるはずだという信念は、誤りである。比類なく重要なウィトルウィウスの箴言、たとえば

（120）建物の大きさは使い方によって決まってくる利便性により規制されるべきである、という法則である。なぜなら、広い中庭を建設せねばならないので建物の幅もとても大きくしなければならないとき、必要とされる二倍の高さにしようとして、階数を増やし、階高を大きくしたおかげで、不便なものとなり、さりとて美しくもならないのはまったく道理なのであり、より高くすることであきらかに不便になったものが美しいことなど、ありえない。だから大規模で幅の広い建物は、神殿、劇場、この種のほかの建物、といったように、高さも大きくされうるのは、それが可能であり、そうであるよう要求されている場合においてのみであることに合意せねばならない。なるほど高さを増すと建築はより威厳に満ち、より美しくなるとしても、建築家は慎重に構えて、住居に使おうとする建物のように威厳も美もいらないものを高くするためには、もっともな説明をさがして選ばねばならない(100)。そのために、いくぶん大きい玄関ホール、いくぶん大規模な礼拝堂を建てて、それらがアパルトマンを超して見えるようにし、このように建物のしかるべき部分を高くするような手段を講じねばならない。これこそがエル・エスコリアル宮(101)でなされたことである。この宮殿は、いくつもの大規模な建物からなるとはいえ、用途から決まる高さにより比例が定められているので、ほどほどの高さである。中央部には大規模で背の高い礼拝堂が、いとも優美にそそりたち、あたかも、恰幅のよい身体の肩の上に頭部があるかのようである。例としてあげたエル・エスコリアル宮は、修道院、宮殿によって構成されており、単純な宮殿にとってけっして模範とはいえない。大規模な宮殿のなかに、かくも背が高く顕著な礼拝堂を、アパルトマンから切り離されたかたちで建設することは、不都合ではまったくない。このようなことは古い城館では、つねに道理と適合性にきわめてかなうよう実践されてきた。そこでは礼拝堂は、最近の慣行とは違い、部屋やホールには構えられず、つねに独立した礼拝堂然とした建物なのであった(102)。

（121）

第八の誤用は、ドリス式オーダーについてのこの第二部第二章ですでに言及した。近代人のうちなん人かは古代人の慣用に反して、円柱の柱基の基板を、ペデスタルの台蛇腹の端部と一体化させて、一種の端刳《はしくり》のようにし、柱基の本質的部分を実質的に取り除いている。こうして円柱の柱基というよりペデスタルの台蛇腹の一部であるかのように見えてしまう。

第九の誤用は、二本の円柱あるいは二本のピラスターの相互貫入についての第一の誤用とも関係することだが、いわゆる「アーキトレーヴ式コーニス」、すなわちアーキトレーヴやフリーズをコーニスと混ぜ合わせることである。完全なエンタブラチュアをすえる余裕がないとき、これがなされる。これが誤用であるゆえんは、オーダーではけっしてないものをオーダーとみなすからである。円柱やピラスターを取り除いたものをオーダーとしてはいけない。あるいは、もしエンタブラチュアにじゅうぶんな余裕がないので、ひしゃげてしまうなら、独立した部位により支えられるべき張出しが必要であるし、カリアティドや、ヘルメス像あるいは大きな持送り、を設置すべきであり、円柱ではない。ここで要求される規則性からすれば、円柱には、はっきりと区別される三部位からなるエンタブラチュアが不可欠なのであるから。

第一〇の誤用は、オーダーのエンタブラチュアを破断させることである。たとえばペディメントのコーニスを、ある円柱、ピラスター、ピアの上から上昇させ、そして隣のものの上に降下させ、二本の円柱のあいだのエンタブラチュアを中断させる。するとペディメントには底辺を縦走するアーキトレーヴもフリーズもコーニスもなくなる。この手法はまったく建築の原理に反するものである。ウィトルウィウスの教えによれば、そしてあらゆる優れた巨匠が実践するところによれば、建築とは木構造の模倣であるということが、エンタブラチュアとペディメントを律している。ペディメントとは三つの部位からなるトラスであるのが規則である。すなわち、ペディメントのふたつの斜めコーニスはふたつの対束《ついづか》をあらわしており、せり上がり、たがいに接するのであり、また底辺をなすエンタブラチュアは繋《つな》ぎ小梁《こばり》をあらわしている。トラスはそれをなす三つの部材がひとつでも除去されると成立しないように、ペディメントもなにかが欠ければまったく不完全なものにみえる。だからパラディオは、正当にも、ペディメントの上部を切り取る手法を非難したのだ。この部位を切り取るということは、対束をそうすることであり、部位が上はじでたがいに支えあうという、その主要な用途を禁止しているのだから。さらにペディメントの下部を横断するエンタブラチュアを中断させる建築家たちも、やはり非難されるべきである。彼らは、対束を下はじで支え、対束が離ればなれになるのを防ぐべき繋ぎ小梁をあらわしているものを除去しているからである。

（122）

このほかにも、さほど重大ではないとはいえ、いくつかの誤用がある。迫元の輪郭を円柱よりもはっきりさせたり、ローマのサン＝ピエトロ大聖堂にあるように、迫元にそれらがつきあわされているピラスターよりも大きい張出しとする慣行である。さらに、ある階の上のコーニスが、その上の別の階のテラスや窓枠の下支えであるようにすること。窓を下支えている楣《まぐさ》を連続させて建物の帯であるかのようにすること。戸口の額縁を隅切りして、袖《そで》のようにすること。スカモッツィがそのようにした例があるが、きわめて不快である。コーニスの下にありそれで覆われている戸口あるいは窓の傍らに、そのコーニスをまったく支えていない持送り台を置くこと。雨覆いの下にある刳形を、持送り台の鉛直線上にまで張り出させれば、良い手法といえるのだが。なぜならこの誤用もまた、パラディオがきびしく非難した巻軸装飾と同じくらい非難されるべきだ、と指摘できる。巻軸装飾はそもそも支えるようにはできていないので、なにかを支えるのが良くないことを指摘するには道理もいらないように、持送り台は支えるためにあるから、なにも支えていないことは良くない。

パラディオはフォルトゥナ・ウィリリス神殿と、ニームにあるメゾン・カレ[103]と呼ばれる神殿の持送り台を実測して図示している。これらの持送り台は雨覆いを直接支えている。しかし現在なされている手法には、古代にはなかった優美さがある。ウィトルウィウスがそれについて定めた比例や、そのもととなったフォルトゥナ・ウィリリス神殿の持送り台にみられる比例は、狭く平板で、今のものとは違う。それらの張り出した渦巻は、古代コンポジット式柱頭のそれのような螺旋形の渦線ではまったくない。古代風の持送り台があるのが、卓越した建築家ルメルシエ氏[104]がソルボンヌ教会中庭脇に建設したソルボンヌ教会の美しいファサードであるものの、それらはまったく良い効果はもたらしていない。だから本章の冒頭で述べたことはほんとうのことなのだ。つまり建築においては、太古人たちの法則には適合しないにもかかわらず、たいへん良く、躊躇せずに実施できるものを、誤用だとよんでいるのである。

さらにもうひとつの誤用の例。コリント式コーニスの雨覆いの下端にあるモディリオン間に円花飾りを置くことである。ふつうこれらの円花飾りは古代では違った手法による。しかし、人びとがディオクレティアヌス浴場にある円花飾りを手本にして、まったく類似したものをつくるという誤用を、非難することはできないと思う。その理由は、装飾であるべき彫刻や絵画が表象する事物と、事実や真実を含んだ歴史的なものとしてそれらがあらわす事物とを区別すべきだからである。なぜなら前者はいつも変わらず繰り返され再開されねばならないし、後者は多様化されるべきであるからだ。たとえば楣に花壇を描こうとすれば、楣はさまざまな姿の、いくつかの種類の花で飾られることができる。そうなれば真なる姿となるからである。しかし建築のある部材を葉や花で飾ろうとすれば、同じ葉や花びらを繰り返さなければならない。のみならず、これらの物は同じサイズ、同じ姿勢でなければならない。こうした側面、すなわち、この同一物の反復もまた、シンメトリというものである。装飾については、建築や彫刻の美は、このシンメトリによる。そしてここで議論している円花飾りは、楣、逆サイマあるいは正サイマにそわせる装飾とは、違う種類のものである。これらの円花飾りはたがいに離れているので、つねに同じサイズであるというだけで、シンメトリという目的にはじゅうぶんかなっているのは、いうまでもない。円花飾りを多様な姿とする理由はもはやない。そうでなければモディリオンも多様なものとしなければならないはずだ。しかしモディリオンは、たとえすべて同じサイズであっても、姿が異なっていれば容認できなくなるであろう。さらにひとつながりのモディリオンにおいて、あるものはオリーブの葉であり、あるものはアーカンサスの葉であり、あるものは葉ではなくワシであり、あるものはイルカであるなど、古代のさまざまな建物においてみられるようなことは、だれも賞賛できないであろう。

本章では建築にみられる最近の誤用について考察してきた。円柱のオルドナンスという本書の主題にはあまりそぐわない考察もいくつかあったとはいえ、それらを引き下げることもないであろう。私にとりきわめて重要な考察であり、機会があれば言及しないわけにはいかない。もちろんやや迂回した言い方にはなるが。私の気まぐれをこれらの誤用のひとつとして寛容していただきたい。これらの誤用は、法則には反しているが、有用性も高いので、許容されるのである。

（124）

本書の締めくくりとして、序のなかで述べた異議を繰り返したい。私は、提唱したパラドクスに固執していると受け取られるのは不本意である。真理の光をよりよく浴びて自分の誤りに気がつけば、それらを破棄する用意はできている。とくに誤用的と形容するものについては、それら誤用を承認し確立した偉人たちの権威よりも、誤用だと批判する私の道理づけのほうが優っているなどと考えてはいない。彼らを崇拝し尊敬しつつも、こうした疑問については問題を提起できる。学識者たちは先入観にとらわれず、信念にもとづき、これらの問題について判断し、決定していただきたいと、私は望む。

訳注

（92）パラディオ『建築四書』第一書二〇章。

（93）ペレス＝ゴメス版では、ペローはここでルーヴル宮東ファサードにおいてカップルド・コラムを使ったことを自己弁護しているのであり、ブロンデルはこの「近代の誤用」を批判したことにたいし、ペローはここで誤用を打ち立てた権威ある建築家たちへの崇拝ではなく、理性の光に照らして「誤用」を論じている、と指摘されている（Pérez-Gómez 1993, pp.169, 183 note 79）。

（94）Hermogenes：紀元前二世紀ギリシアの、プリエネ出身の建築家。ウィトルウィウスは建築十書の第三書三章で、彼がテオスにイオニア式周翼式のディオニソス神殿を建設したし、擬二重周柱式を考案したとしている。

（95）ウィトルウィウスは建築十書の第四書三章や七書序でピュティオスやアルケシウスを含む古代の建築家について説明している。ペローはウィトルウィウスによるこの記載から引用して書いている。ピュティオス（Pythius, 紀元前三〇〇年ころに活動）はプリエネの建築家。プリエネのアテナ・ポリアス神殿とハリカルナソスの霊廟を設計したが、両者ともイオニア式オーダーである。アルケシウス（Arcesius）はどんな人物か詳細は不明であるが、ウィトルウィウスは、上記の箇所でピュティオスとともに紹介し、あるいは第七書でも紹介している。それによると、コリント式オーダーの比例にかんする書物を著した。こうした記載を根拠に、彼らはドリス式オーダーを神殿には用いなかったと、ペローは指摘している。Pérez-Gómez 1993, pp.170, 183 note 79も参照。

（96）ウィトルウィウス建築十書の第四書第三章。

（97）ペレス＝ゴメス版では、文章が混乱されていると指摘している。すなわち、ペローはすこし上段では、コンコルディア神殿とフォルトゥナ・ウィリリス神殿では渦巻は柱頭の花瓶からでるのではなく、「古代のイオニア式のようにその上をまっすぐ通過する」と書きながら、この箇所では渦巻は花瓶に入る、としていると。パラディオの第一書図XXVIIIのフォルトゥナ・ウィリリス神殿のイオニア式オーダーでは、渦巻を生み出す樹皮はまさに花瓶に入るのではなく、その上を通過している、と（Pérez-Gómez 1993, pp.171, 183 note 82）。

（98）cava aedium: ペロー版ウィトルウィウス第六書、三章、図LII参照。Cf. Pérez-Gómez 1993, p.183 note 83.

（99）ペローはルーヴル宮のコロネードがその立地ゆえに遠くから眺められるので、それにおうじて比例を修正するとしているが、それは状況によって比例は変化させるべきでないと主張したことと矛盾していると、ペレス＝ゴメス版では指摘されている（Pérez-Gómez 1993, pp.171, 183 note 84）。

（98）ペレス＝ゴメス版では、これはペローの「機能主義 functionalism」というよりむしろ「適切さ appropriateness」概念の合理化であると指摘されている（Pérez-Gómez 1993, pp.172, 183 note 85）。

（101）マドリッド郊外にあるスペインの王宮。フェリペ二世の命令により、エレーラらが一五五三年から一五八四年にかけて建設した。ペローはソロモン神殿の復元図に着想を得てサント＝ジュヌヴィエーヴ教会を構想した（*Essays in the History of Architecture presented to Rudolf Wittkower*, ed. Douglas Frazer, Howard Hibbard and Milton J. Lewine, 1967, pp.143-158, Wolfgang Herrmann, *Unknown Designs for the 'Temple of Jerusalem' by Claude Perrault*）が、たほうでエル・エスコリアル宮もソロモン神殿を下敷きにして設計されたとされており、ペローがスペイン王宮の宮殿に言及したのは、この太古の神殿に関心があったからと推測される。

（102）ペレス＝ゴメス版ではヴェルサイユ宮の王宮礼拝堂との関連を考察している。この礼拝堂はペロー没の一〇年のちの一六九八年に建設された。ところでヘルマンはすでに、ペローが一六七八年に作成したソロモン神殿復元図がそこで踏襲された可能性がある、と指摘している（Herrmann, *Essays*, 1967, pp.143-58）。とうぜん、エル・エスコリアル宮とその礼拝堂の関係は、ヴェルサイユ宮とその礼拝堂の関係に相当するという意識をペローはいだいていたであろう、と（Pérez-Gómez 1993, pp.173, 183-184 note 86）。

（103）La maison carée：南仏ニームにある古代ローマの神殿。紀元前一六年ころの建設。六柱式のコリント式神殿。

（104）ジャック・ルメルシエ（Jacques Lemercier, 1585-1625）がソルボンヌ学院の礼拝堂を建設した。Cf. Pérez-Gómez 1993, pp.174, 184 note 87.

クロード・ペロー年譜

次章からで解題するヘルマンらの著作は、クロード・ペローの生涯にかんするモノグラフとして読める部分を含んでいる。本章はそれをコンサイスに編集したものである。

一六一三年（〇歳）

クロード・ペローは、九月二五日、パリで誕生。ペロー家はブルジョワ階級に属し、裕福な暮らしぶりである。父ピエールはパリ高等法院の次席検察官であった。母パケット・ルクレール（Paquette Leclerc）は再婚であり、連れ子としてジャンとピエールがいた。成長して兄ジャンは評定官になる。兄ピエールは財政畑の仕事をするようになる。一家はパリ東部のヴィリ（Viry）の広大な地所に別荘を構えていた。コルネイオ『ヴィリ紀行』(1)が手稿として残されている。科学者ホイヘンスもペロー家の賓客としてしばしば滞在した(2)。父は教育熱心であり、毎晩ラテン語のレッスンをし、信仰心や倹約を重視するブルジョワ的な教育を施したという。おかげでペロー兄弟の五人はそれぞれパリのボーヴェ学寮で優秀な成績を修める。クロードは、独身を貫き、一生を科学の研究に捧げる。

一六二四年（一一歳）

弟ニコラが誕生。

一六二八年（一五歳）

一月一二日、双子のフランソワとシャルルが誕生。フランソワはすぐ亡くなる。弟シャルルは成長して有名な童話作家となる。同時に有力者サークルの一員となり、コルベールの威光のもとで、兄ペローを学界の要職につけさせる。後年、『古代人と近代人の比較』や『回想録』などでクロード、ピエール、ニコラについて書き残すことになる。(3)

さらに妹マリーが誕生したが、すぐ亡くなった。

イギリスの解剖学者にして医師ウィリアム・ハーヴェイ(4)は、「血液循環説」にかんする文献を出版する。すなわち心臓から送り出された血液は、動脈をとおり全身をめぐり、ふたたび静脈をとおり心臓にもどるという説である。彼はまた月経血から胎児は生まれるというアリストテレスの説を否定した。このようにアリストテレスに代表される古代医学を否定し、新しい発見にもとづく近代医学を確立するきっかけをつくった。クロードを考える場合に不可欠の同時代事項である。(5)

一六二九年（一六歳）

入学年はわかっていないが、シャルル『回想録』によれば、ペロー兄弟はボーヴェ学寮で学んだ。(6)クロードは自然科学者そして建築家としての評判が高く、ペロー兄弟のなかではいちばん理数系である。正式な建築教育は

受けていないものの、子供のころから描画に関心があった。(7)

一六三七年（二四歳）

コルネイオの手稿『ヴィリ紀行』（前述）は、一六三七年付である。このなかには、クロードがヴィリにあるペロー家別荘のインテリアなどを描いたスケッチがふくまれており、彼のデッサン能力を示している。(8)

デカルトの『方法序説』が出版される。そのなかには『屈折光学』『気象学』なども含まれている。

一六三九年（二六歳）

大学入学資格を得て、パリ医学校に入学する。当時医学の勉強のためにはギリシア語は必須であり、このときの語学の知識が、のちのウィトルウィウス建築十書の翻訳に役立つことになる。(9)

当時の医学学校は研究機関でもあり諮問機関でもあった。一七世紀の医学はまだ古代医学のうえに立脚しており、抽象的で理論的であり、実践的ではなく、解剖学ですら理論のほうを重視していた、(10) とされる。

一六四二年（二九歳）

パリ大学医学部の医師にして教授になり、博士論文の審査をする。そして学長、教授の選挙に参加して、将来の候補となる。(11)

一六四八年（三五歳）

デカルトの『人間学』が執筆される。刊行は一六六四年。

一六五〇年（三七歳）

フレアール・ド・シャンブレの『古代建築と近代建築の比較』が出版される[12]。建築の比較論としてペローにとり重要な方法論を提供する。この時点ではペローには建築への関心はない。

一六五一年（三八歳）

生理学教授に指名される。二年のあいだ、この教職を果たす[13]。

ペローは血液循環説について、立場を明確にはしていない。当時ハーヴェイの血液循環説が注目されており、フランス医学界では賛否両論にわかれていた。パリ大学医学部のギ・パタン[14]は反対の立場であった。しかしこの時期、ペローは、同僚のなかの反対派にも、この主題そのものにかんしても曖昧な態度をとっている[15]。

彼は多くの学位審査にもかかわる。しかしピコンによれば、医者としての彼の腕は判断が難しい。教授でありながら、彼は医者らしくないメンタリティをもち、吐き気を訴える女性への処方では当時としても課題があったという。当時の理論と、即座に適用される手段との乖離がみられたという。それを本人は意識していたのか、医学を離れ、生命についての知の新しい分野に進む。医者というより医学者としての経歴を歩み始め、生命の力の説明できない性格を解明にするために研究を重ねる。しかしデカルト的機械論に完全に屈服したわけでもない。ペローは中世的なアニミズムと近代的な人間機械論の奇妙な組合せのなかにいる[16]。

弟シャルルは、オルレアン大学で法律の勉強を修了する。しかし弁護士としてのキャリアはすぐに放棄し、兄ピエールの力添えもあって、パリ財務出納長[17]となる[18]。

一六五二年（三九歳）

父ピエール没。地所は財務徴税官[19]を務めていた兄ピエールが相続する。

フロンドの乱は最盛期であったものの、ペローはブシュリ通りの教室で、人体機能を学生に教えていた。生理学教授の職はこの年までである[20]。年俸九〇リーヴルを得ていた[21]。

この年かその前後、ペローはボワロー[22]とその義理の姉妹を患者としてうけいれている。ボワローは新旧論争においてペロー兄弟と対立すると、医者としてのクロードの能力を疑問視する文章を記して論敵を揶揄している。彼は医者としてそれほど独創的であったというわけではない[23]。

一六五三年（四〇歳）

病理学教授となる[24]。

ペロー兄弟と某ボラン（Beaurain）は『トロイの壁あるいはビュルレスクの起源[25]』を刊行する。ピコンによれば、『トロイの壁』において、クロードは建築術への関心、ギリシア語、ラテン語の知識を証明しており、このことがコルベールをしてウィトルウィウス翻訳者にクロードを指名せしめた。一六五〇年代において、奔放なビュルレスク精神と真摯な精神は、ほんらいは両立できないものである。しかしペロー兄弟はそれらが併存している。ニコラはのちにソルボンヌの博士となり、ヤンセン派[26]の神学者となり、『アエネーイス』翻訳に参加する。

クロードは、ビュルレスク運動に参加しながらも、生涯独身で、科学に専念という禁欲的な人生を選ぶ(27)。

一六五四年（四一歳）
弟シャルルはパリ財務局の財務長官補となり、一六六四年まで一〇年のあいだ、この地位にとどまる。詩人ジャン・シャプラン(28)や劇作家フィリップ・キノー(29)といった文芸人たちとの交友という輝かしい世俗的成功をおさめる。世俗的、享楽的、移り気ないっぽうで、禁欲的なヤンセン派にも理解を示すなど、やはり矛盾したふたつの面をのぞかせる(30)。

一六五五年（四二歳）
弟ニコラは神学者となるものの、この年から翌一六五六年にヤンセン派のアントワーヌ・アルノー(31)の思想を擁護したことから、ソルボンヌから排斥される。とはいえシャルルによれば、ニコラとアルノーは直接の面識はない(32)。

一六五六年（四三歳）
財務総徴税官(33)である兄ピエールは一一月六日、間接税諮問官僚の娘と結婚(34)。

一六五七年（四四歳）
母没(35)。兄ピエールは地所を相続し、主屋を建設し所有する。彼は両親と同じようにホスピタリティに満ちてい

る。シャルルやクロードにとり研究活動や社交の場となる。(36)

一六六〇年（四七歳）

国王がパリにもどる決心をする。マザランが逝去し、フーケが凋落すると、ルイ一四世は啓蒙主義の国王であろうとして、パリを拠点としようとする。(37)

一六六一年（四八歳）

二月、ルーヴル宮で火災。コルベールはむしろそれをきっかけとして宮殿の整備を急ぐ。(38)

一六六二年（四九歳）

七名の「医学校の医師長（Docteur régent）にして教授」のうちのひとりとある。(39)

一六六三年（五〇歳）

コルベールは将来の「碑文・文学アカデミー」の核となる「小アカデミー」を設立する。ブルゼ（Bourzeis）神父、カサニュ（Cassagne）神父、シャプランらがメンバーである。シャプランに推薦されたシャルルは、この小アカデミーの書記となる。(40)

この前後、ペロー兄弟はホイヘンスと交際がある。たとえばこの年の一〇月、某コンラール（Conrart）は「ヴィリのペロー様方」のホイヘンスに手紙をだしており、(41)ホイヘンスは賓客として数日のあいだ別荘に滞在したようである。このことが、クロードが科学アカデミー会員として登用される背景のひとつとなったと思われる。時期は特定できないものの、ヴィリにおいてホイヘンスとクロードは共同で、音速、屈折などにかんする実験をおこなう。ホイヘンスの手紙によれば、クロードはレンズ、望遠鏡を制作したらしい[42]。

一六六四年（五一歳）

ルーヴル宮コロネードのプロジェクトを作成し、コルベールに見せる[43]。

コルベールは建築総監になる。シャルルはこのコルベールの信頼を得て、建築総監のもとで初代の建築総監補（commis des bâtiments）となり、さらには文芸や芸術にかんする詳細な政策を担当するようになる[44]。

ルーヴル第一案、イタリアの建築家ベルニーニに送られる。

一六六五年（五二歳）

ベルニーニはルーヴル宮計画のためパリを訪れ、いくつかの計画案を提出するが、フランスの建築家たちからは歓迎されず、パリを去る[45]。

イギリスの建築家クリストファー・レンもパリを訪問している。

一六六六年（五三歳）

科学アカデミーの創設会員となる。弟シャルルの『回想録』によれば、クロードを会員に推挙しようとすると、本人は謙遜して辞退しようとしたので、難儀したという。ほかの会員は高名な科学者たちである。そのなかにはコルベールがオランダから招聘したホイヘンスもいる。この科学者の存在がペロー登用の背景のひとつではないかと推測できる。[46] 当初は躊躇していた彼は、新しい環境に驚くべき適応力をみせ、アカデミー内において「動物の自然誌」の専門家として認知される。人体と動物の比較解剖学がそこの重要テーマのひとつとある。科学アカデミーは王の図書館のなかの部屋を占めていたが、そこで王立動物園[47]からの動物を解剖する。二〇年におよぶ解剖活動が始まる。議事録にはしばしば彼の名前が記される。解剖そのものもおこなうが、スケッチや正確な記述で、記録をつけてゆく役割である。[48] このことは彼にとってキャリア上の大きな転機となる。重要な立場となるだけではなく、医師としての実践はひどく縮小し、診断するのは親族、知人、貧困者たちのみとなる。研究に転向する。こうして医学者として生物学、植物学、生理学、解剖学、病理解剖学といった関連する諸分野を包括的に研究するようになる。[49]

科学アカデミー会員になった数日のち、王の名誉を称えるためにセーヌ左岸に建設されるべき巨大なオベリスクのプロジェクトを提出する。[50]

年末、コルベールはルーヴル宮建設を検討するための「小委員会」を設置させる。活動は翌年からである。[51]

一六六七年（五四歳）

この年から一六七八年ころまで、とくに最初の数年のあいだ、集中的な建築実践。[52] とりわけ将来の科学アカデミーの拠点でもあるべき天文台プロジェクトに、このアカデミーの会員として、かかわる。

四月にルーヴル検討「小委員会」の最初の会合が開催される。委員は国王首席建築家ル・ヴォー、国王首席画家ルブラン、そしてクロード・ペローである。ペローは建築の知識を求められてではなく、いわば国王首席理論家とでもいえる立場である。[53] このときベルニーニ案だけでなく、一六六一年案、一六六四年案もとうぜん知られている。[54] ルブランがいるのは、コルベールの意図ではない。ルーヴルは古典的ドグマにかなっていなければならない。シャルル・ペローは『回想録』のなかで、「クロード・ペローはル・ヴォーやルブランとつねに対立したので、毎回、レポートを書き、建築について講義しなければならなかった」と記している。[55]

クロード・ペローはさまざまな分野の科学研究で、活動する。まず、宇宙空間には生命が充満しており、それが地上に降りてきてさまざまな生命体を産んだとするパンスペルミア説を、[56] 科学アカデミーで発表する。当時としては初出であり、しばらくは類説を述べる科学者は多い。[57] 血液とのアナロジーで植物の樹液の循環を研究する。輸血について、この年（イギリスにおける同種の実験の二年のち）、医学部の同僚とともに、二匹の犬の血管をつないで輸血をする実験をするが、結果は公表しない。[58] 輸血は科学アカデミーの重要テーマとなる。三月、科学アカデミーにおいて輸血が議論される。これについて批判的であり、終生その意見を変えない。[59]

科学アカデミーの解剖記録が出版される。記録の序は、ペローが記したと思われる部分がある。彼は「過去の偉人たちに頼りすぎない」ことを指摘する。この精神はのちに、建築論にも反映されている。[60]

建築関係の活動は、このころからはじまる。この年、天文台プロジェクトを作成する。[61] ウィトルウィウス建築十書の翻訳作業はすでに始まっていた可能性がある。版画の制作は始まっていたはずだからである。[62] 一二月、科学アカデミーに報告書を提出、そのなかでウィトルウィウス、チェザリアーノ、バルバロ、フィリベール・ドロルム、パラディオらに言及する。[63]

弟シャルルは『ルイ大王の世紀』[64] を発表し、古典よりも現代文学が優れていると主張する。いわゆる新旧論争がおこる。

一六六八年（五五歳）

国王をセーヌ川にそう翼部に住まわせる決定がなされる(65)。

ペロー訳『ウィトルウィウス建築十書』のための版画に支払いがなされる(66)。ゆえに翻訳作業がなされていた可能性がある。サンタントワーヌ門の凱旋門プロジェクトにペロー案が選ばれる。工事は完成せず、一七一六年には取り壊される(67)。

古い人文主義的な医学が終わりつつあった時代である。しかしこの一六六八年の時点でも、ペローは血液循環派であったかどうか態度は曖昧である。医学部長は循環反対派であるので、彼も立場を明確にしなかった。ペローは上司の指示のもとに動物から人間への輸血の実験をする。精神障害者であった被験者は死亡。未亡人が訴訟をおこす(68)。彼は、著作においても輸血についての論述を避ける。

一六六九年（五六歳）

九月からボルドーを視察する。高等法院次席検察官であった兄ジャンも同行する。王権に敵対的であったボルドー市の状況をさぐるためではなかったか、というようがった見方もある。とりあえず科学者として建築施設などを視察する。トゥーテーラ柱(69)や闘技場といったローマ時代の遺跡を調査し、海軍兵器庫、水門付乾ドック、沸騰式の製塩施設などを視察し、はじめて食した魚の解剖などについて記録する。クロードがボルドーに滞在しているあいだ、ガロンヌ川左岸の川岸が崩壊し、要塞が破損した。知らせをうけたコルベールは、当地にいた彼に応急処置をするよう指示する。彼は被害の状況をくわしく調査し、パリにもどるとコルベールに報告する(70)。

ボルドーでは、高等法院次席検察官であった兄ジャンが体調を崩す。クロードは手から採血し、脚に移すなどの治療を施す。それにもかかわらず、ジャンは没する。クロードは兄の葬儀をすませる。のちにボワローはこの件に言及し、クロードは良い医者であったかどうかを疑い、皮肉る。(71)

ペローがパリに不在であったあいだ、ホイヘンスはヴィリにおり、ピエール・ペローらと実験をしたらしい。どの年かは確定できないが、ペローが望遠鏡のためのレンズにかんする実験をしていることを、ホイヘンスは把握している。またホイヘンスが音速を計測する実験をするのを、ペローは補助する。(72)

腸の蠕動についての研究を計画する。物理学にかんする実験や、気象観察をおこなう(パリは極寒であった)(73)。

科学アカデミーにおける解剖の記録が出版される。(74)

一六七〇年(五七歳)

後年まとめられたホイヘンス『著作集』によれば、この年からの書簡において、しばしばペローが言及されている。科学者としての彼の評価が高かったようである。(75)

サンタントワーヌ門の凱旋門着工。(76)

一六七一年(五八歳)

王立建築アカデミーが設立される。ペローはすでに科学アカデミーの会員であり、二重会員となることはないものの、重要な役割を果たす。シャルルはアカデミー・フランセーズの会員となる。

『動物自然誌に有用な論文集』(77)を王立出版局から出版する。動物解剖学については古代の研究成果がまだ活用される状況であったので、科学アカデミーはこの欠落を埋めようとして、積極的に取り組む。コルベールは解剖記録の出版が重要であると認識したからである。ペローはまた、動物や人間の身体を測定するために寸法やモデュールが必要なのは、建築にとってと同じだ、などとしている。人間や動物における血液の循環と、植物における樹液（生命力）の循環をアナロジーでとらえ、そこに生命の構造をみようとするし、デカルトやホイヘンスにも刺激され、身体の統一性などに関心をもつ。(78)

一一月に公募がはじまったフランス式オーダーのコンペに応募する。おそらく前後して、ルーヴル宮とチュイルリ宮をひとつの建物に統合するための「グラン・デッサン」を送る。これは国王をセーヌ川ぞいの翼部に住まわせる決定をうけてのことである。(79)

一六七二年（五九歳）

コルベールは、ペローの医学、自然科学、建築にかんする学識を知っており、ウィトルウィウスの翻訳を指示する。ただし、いつ翻訳に着手したかは不明である。四年まえに最初の版画代が支払われている。ヘルマンは、一六六七年の時点でウィトルウィウス翻訳のコピーを読むことができたし、この年には同翻訳の注釈は書かれていたとしている。(80)

血液循環派ディオニス（Dionis）が人体解剖の提示者として指名される。(81)

哲学者ライプニッツは、この年から一六七六年までパリに滞在している。ホイヘンスの奨めでデカルトの幾何学を学ぶ。ペローも知己を得る。彼は重力、弾性、そのほかの物理学の課題について書簡を、パリに滞在しているライプニッツに送る。後者はペローの学識と研究熱心さを賞賛した長い返事をする。そのなかで、重力論については合意できないものの、自説を構築する良いきっかけとなったことを感謝する。ヘルマンによれば、ペローの「とりとめのない混乱した思考 pensée négligée et confuse」とライプニッツの「微小知覚 petite perception」は偶然の類似ではない。幾何学についてはペローに負うものもあると、ライプニッツはホイヘンスに告白している。[82]

一六七三年（六〇歳）

二月、建築アカデミーはウィトルウィウス建築十書の既存のフランス語版を講読しようとするが、満足できず、ペロー版を待つこととする。そうしたなか、ペロー版『ウィトルウィウス建築十書』第一版が出版される。翻訳作業はおそらく数年にわたる。第一版は本人にはまだ満足のゆくものではなかったようで、科学者ではなく建築家むけであると弁解している。[83] このことは逆に、この翻訳は科学者をも想定読者として含んでいることを物語る。建築アカデミーは設立が遅れたので、訳出にじゅうぶんな助力を提供する余裕がない。

一一月、クロードは出版されたばかりの『ウィトルウィウス建築十書』第一版を建築アカデミーに寄贈する。[84]同アカデミー議事録によれば、一一月二〇日の会合において、それをアカデミー蔵書のひとつとすることが決められる。そのときはパラディオの建築四書を講読していたので、しばらく棚上げされる。アカデミーは翌一六七四年六月一一日[85]から一六七六年四月二六日[86]までの二三カ月にわたって、ほぼ毎週、ペロー版ウィトルウィウスを講読する。とはいえ、そののちはスカモッツィ、フィリベール・ドロルムの建築書が読まれる。建築アカデミー立ちあげ当初は、ひとつの著作について数カ月以上の長期にわたり講読するのがならわしである。

フランソワ・ブロンデルは、ルイ・サヴォ『フランス建築』改訂版（一六七三年）のなかで、「医学博士ペロー氏」がウィトルウィウスを翻訳し、それまでの翻訳では回避されていた難しい箇所も翻訳されて意味がしっかり

しており、注も優れていることを指摘している。(87)

一六七四年（六一歳）

『ウィトルウィウス建築十書要旨』(88)を出版する。

アカデミーは、ひきつづきペロー版ウィトルウィウスを講読する。

ペローは、ヴェルサイユ宮大アパルトマンの制動ドアのスケッチをコルベールに渡す。(89)ルーヴル宮の現場では、某ポンスレ・クリカン（Poncelet Cliquin）が、石材を持ち上げるための木構造の機械を数年まえから建設しており、そのための支払いをうける。(90)

建築アカデミーは四月三〇日の会合で、円柱を対《つい》にする手法、すなわちカップルド・コラムを議題とする。ペローの名は直接には議事録には記されていない。古代では用例はないが、通路を広くするため、堅牢さのため、なら許容されると判断する。(91)

一六七五年（六二歳）

六月、科学アカデミーはコルベールからの指示にもとづいて『機械論』（*Traité de mécanique*）をとりまとめる。ヨーロッパ中の機械を紹介するという王の所望にもとづくものである。ペローは、そのなかで重要な役割を果たす。彼にはもともと機械への関心があり、しかも、動物を一種の機械とみなしていた。すでに着手していたウィトルウィウス翻訳のなかで、機械にかんする古代の議論にすでに接していたし、古代の機械を復元して図化していた。アカデミーは、機械の例は収集したが、理論的考察はさほど進まない。ペローは熱心に取り組む。ルーヴォアの要請で、雨量測定器や蒸気測定器を設計する。可動鏡による望遠鏡。投石機。セーヌ川をワンスパンでまたぐ橋、などを構想する。ルーヴル宮ペディメントに大きな石を運搬し、持ち上げる現場を目撃し、さらに巧妙な装置を考案する。その成果はウィトルウィウス第二版に反映される[92]。

コレージュ・デ・キャトル・ナシオン（四国学院）におけるマザラン墓地設置についての諮問の件で、建築アカデミー会員たちは礼拝堂を訪問する。会員は各自、報告書を作成する。クロードらペロー兄弟も、正式には会員ではないが、出席する。実質的には会員扱いされている[93]。

ライプニッツはこの年の日付の覚書のなかで、ペローは魂は身体のなかに遍在しており、眼は眼において、脚は脚において知覚すると指摘している、と述べている。さらに、クロード説のなかには不都合もあると指摘している。ペローが知覚について自説を公表するのは一六八〇年からである。それまでにライプニッツとペローは意見を交換していたようである[94]。

建築アカデミーの初代主事にして教授フランソワ・ブロンデルは、講義録である『建築教程』を出版する。

一六七六年（六三歳）

『動物自然誌に有用な論文集』第二版が出版される。「ペロー氏の企画による」とあり、クロードがほとんどの責任を負っていたことがうかがわれる。彼は同年に出版されたドダール編『植物自然誌論文集[95]』でも重要な役割をになう[96]。

アンドレ・フェリビアン[97]は『建築学原理』を出版する。そのなかで、ペロー版ウィトルウィウス建築十書はいままでの版で不明であったところを解明しており、注も優れていると賞賛している[98]。

ボワローはヴィヴォンヌ公への書簡（一六七六年）のなかで、「ペロー氏はウィトルウィウスを読み、ル・ヴォー氏とラタボン氏に会い、建築に没頭してしまった」と記している。新旧論争による恨みから、ルーヴル宮コロネードはクロードによることを否定しようとする。(99)

このころライプニッツは、ペローによるルーヴル宮と凱旋門について言及している。(100)

一六七七年（六四歳）

『動物機械論』（*Mécanique des animaux*）を出版する。(101)

建築アカデミーは三月二九日の会合において、クロードが制作したルーヴル宮東ファサードの屋階の模型を検討し、きわめて美しいと評価する。(102)

一六七八年（六五歳）

イエルサレムの神殿の復元図を作成する。またルーヴル宮コロネードの隅部パヴィリオンの上に塔屋を付加するプロジェクトのために、建築アカデミーに諮問する。建築家にあらずして建築プロジェクトを構想しつづけてきたが、それもこの年まで。そののちは、建築を含むとはいえ、科学の研究に没頭する。(103) 建築アカデミーの一二月一二日の会合において、ペローはコルベールの指示により、ルーヴル宮屋階とパヴィリオンの図面を提出する。アカデミーは手摺子などを検討する。また、やはり彼が提出した凱旋門の図面を賞賛する。(104)

一六七九年（六六歳）

建築アカデミーは一月二三日の会合で、ルーヴル宮の図面を検討する[105]。

ルネ・ウヴラール[106]は『調和建築』（*Architecture harmonique*）を出版する。彼はそのなかで、ペロー版ウィトルウィウス建築十書はウィトルウィウスをして大建築家たらしめるものと賞賛する[107]。

一月九日の建築アカデミーの会合で、ペローが考案した直径の異なる車輪からなる円を描くための機械が議題になる[108]。

一六八〇年（六七歳）

建築アカデミー議事録によると、ペローはこの年から一六八三年にかけて、毎週の会合に、毎回ではないにしても、比較的よく出席し、署名している[109]。セルリオやスカモッツィの建築書が講読されたし、なによりデゴデの『ローマの古代建築』が会合で読まれ、パンテオンらの姿が議論される現場である。そこにペローとブロンデルが同席する会合もある。そこでの議論がペロー版『ウィトルウィウス建築十書』改訂版や『五種類の円柱』の内容に反映されていると考えていい。

『自然学試論』（*Essais de physique*）の第一巻から三巻を出版する（第四巻は一六八八年）。第一巻では腸の蠕動運動など、第二巻と第三巻では音と知覚、重力、弾性、液体の凝固、雨、雪、パリの水位などを論じている[110]。ペローの思考は融通無碍に展開され、ある領域からほかの領域に自由にゆきかう。たとえば犬の輸血がうまくいかないのは、あるヴォールトの石はほかのヴォールトには使えないのと同じだなどと、動物身体と建築を横断的に考えている[111]。

ペローは『自然学試論』のなかで、物質の凝固性、腸の蠕動運動、血液循環などを論じる。さらに、宇宙は身体のように蠕動運動をしている、知覚論においては触覚こそが諸感覚の基礎であり、視覚などほかの感覚は触覚を修正したものである、などとする。視覚は網膜でおこなわれるかどうかについては、機械論的アプローチの限界をさとり、アニミズム的な立場をとろうとする。すなわち、イメージは脳内では成立しないが、魂は遍在するのであり、身体のなかに遍在する精神において知覚はなされる。脳内に精神は宿り、外の対象物がその脳に痕跡を残すとしたデカルトとは違い、クロードは精神を非中心化する。この点ではアウグスティヌスに近い。記憶は脳のなかの痕跡ではなく、魂のみがなしうるその瞬間ごとの判断である。この考え方はライプニッツ的でもある。魂は遍在するのだから、人間は組織の過程をはっきりと意識しないことがある。ペローは、「随意的で明確な思考 pensée expresse et distincte」と「とりとめのない混乱した思考」を区別する。前者は身体の外部にある対象にかかわる。後者は身体の内部にかかわり、心臓の鼓動や消化などであり、習慣の作用によって、意識しなくともできるようになる。後者の思考は、ライプニッツの「微小知覚」（たとえば海の波のざわめき）との関連が指摘されている。じっさいライプニッツはパリ滞在のあいだにクロードと会っている。両者は、魂と身体の関係を論じた。ペローは、魂は身体を支配すると考えた。それにたいし、ライプニッツは身体と魂の調和を考えたという。[112]

ペローがパンスペルミア説を強調し、魂と身体の関係をアニミズム的に理解するのは、アウグスティヌス的であり、同時代ではヤンセン派の考え方にちかい。彼は神の全能を信じており、自然概念をさほど重視しない。機械としての身体は、そこに魂が住みついているからこそ自己知覚されるのであり、神こそが有機体を創造したのである。ペローは、「概念の構築においては大胆であったが、宗教的には小心」であったとされる。[113]

さらにルイ大王の時代は古代よりも優るとし、「ダビデ王の詩篇は、世界の幼年期にふさわしい音をあらわしている」と指摘し、芸術の完成可能性の概念を広げている。[114]

一六八一年（六八歳）

建築総監コルベールは、建築アカデミーの八月一八日の会合に臨席する。この会合においてアカデミーは、自然における現実的で明証的なものからもたらされる良き趣味を論じ、習慣や先入観から建築を見る悦びがもたらされるのかどうかを検討する。そして、建築には恣意的な美もあることを認めながらも、数、配置、音楽における音の比例などが調和的な統一をもたらすのであり、建築も比例を変えると美しくなくなることがあると結論づける。[115] ブロンデルの『建築教程』、ペロー版『ウィトルウィウス建築十書』第一版注釈、などをふまえての議論である。

さらに年末、ペローは科学アカデミーに恣意的な美と明証的な美を本格的に論じた『五種類の円柱』の手稿を提出する。建築アカデミー会員もとうぜん閲覧したと思われる。

一六八二年（六九歳）

アントワーヌ・デゴデの『ローマの古代建築』が出版される。

一六八三年（七〇歳）

『太古人たちの方法による五種類の円柱のオルドナンス』を出版する。ペロー自身がパラドクスと称する論は、建築比例の無根拠性をいいながら、比例はいちど制定されるとけっして変更されてはならないとするものである。

また比例論や視覚補正論を、コスモロジー的造形論ではなく、触覚、視覚、聴覚など人間の知覚に還元して再構築するという、方法論的にきわめて新しいものである。同年に出版されたデュヴェルネの『耳器官論』[116]とともに時代のパラダイムを物語っている。

九月六日、コルベール没。ペロー兄弟は寵を失うかもしれないと、建築アカデミー議事録編纂者ルモニエは指摘している。[117]建築総監としてルーヴォワが後任となる。

フランソワ・シャルパンティエ[118]が『フランス語の優位について』[119]を出版する。

一六八四年（七一歳）

ペロー版『ウィトルウィウス建築十書』第二版が出版される。第一版はまだ至らないところもあるが、第二版ではじゅうぶん時間をかけたことが、序に記されている。第二版は、ペローの訳注だけでも、ひとつの建築論たりえている。それは機械的な翻訳ではない。訳者はウィトルウィウスの欠点を指摘し、最新の研究成果を盛り込む。ペローは、ウィトルウィウスが完全には果たせなかったことを完成させようとする。[120]

一六八五年（七二歳）

フランソワ・ブロンデルは、ルイ・サヴォ『フランス建築』一六八五年改訂版のなかで、ペロー版ウィトルウィウスは正確で完全であり、第二版もまた有用な注釈が追加されており、また現存しない古代遺跡の記録も含まれていると、評価している。[121]

建築アカデミーの一月一二日の会合。臨席するルーヴォワに、ペローが設計し、工事中であった凱旋門についての処置をうかがう。アカデミー内ではジタール[122]が担当である。[123]

一六八八年（七五歳）

『自然学試論』第四巻を出版する。知覚をアニミズムの論理で考察し、論考を続ける。[124]

晩年になっても機械を研究する。『自然学試論』のさらなる続編を刊行する予定であったし、『動物誌』の増補版にも取り組んでいた。このことは、ラ・イール[125]からホイヘンスにあてた同年三月三日付の書簡によりわかっている。ペローはおそらくこれら改訂版のためにラクダを解剖したようだが、そこからの感染が原因で、死去する。一〇月九日である。数日のち、シャルルらに見守られ、サン＝ブノワ小教区に埋葬される。[126] 晩年の文献において、著者としてのクロードは「王立科学アカデミーのペロー氏、パリ医学部医師」として紹介されている。ヘルマンによれば、クロードは科学者として第一人者とはいえなかったが、評判は高く、後世においても引用され、科学への貢献も大きい。

建築アカデミーは、一二月三日の会合から『五種類の円柱』を講読しはじめる。[127] 一二月一〇日と一七日には序文を読む。議事録には特記なしという記載である。

シャルルは『古代人と近代人の比較』[128]を出版する。この文献のなかにクロード、ピエール、ニコラの思想を読みとることができる。[129]

一六八九年（没後一年）

建築アカデミーは、一月七日の会合から『五種類の円柱』を講読する。一月七日は二章を、同一四日は二、三、四章を読む。同二一日はとくにエンタブラチュアの比例にかんする記述を検討する。文献の残りの部分も読まないうちは、なにも決めないほうがよいと判断する。おそらくそれに触発されてか、アカデミーは二月四日と一一日の会合では五オーダーの比例を、同一八日の会合ではトスカナ式オーダーの比例を、同二五日の会合ではドリス式とイオニア式オーダーの比例を、三月四日の会合ではコリント式の比例を論じる。(130) しかし『五種類の円柱』そのものには判断は下されない。

注

（1）Corneillau, *Voyage de Viry*, 1637

（2）Antoine Picon, *Claude Perrault ou la curiosité d'un classique*, Picard 1988, p.25-.

（3）Wolfgang Herrmann, *The theory of Claude Perrault*, Zwemmer 1973, pp.1, 2; Picon 1988, pp.13-14, 25-; Charles Perrault, *Mémoires de ma vie*, éd. 1909, p.19.

（4）William Harvey, 1578-1657：イギリスの医学者。解剖学者。一六一八年の国王ジェイムズ一世の侍医。一六二八年に『動物における心臓と血液の運動について』（*Exercitatio anatomica de motu cordis et sanguinis in animalibus*）を発表したが、アリストテレス信奉者たちからは否定された。一六四五年よりオックスフォード大学マートン・カレッジの学長。

（5）一七世紀は医学においても新旧が対立していた。ペローの文脈では、モンペリエ派とそれに近い科学アカデミーと、パリ大学医学部の対立でもある。Cf. Picon, op.cit., p.35

（6）Picon, op.cit., p.13.

（7）Joseph Rykwert, *The First Moderns*, The MIT Press, 1980, p.28.

（8）Herrmann, op.cit., p.17.
（9）Ibid., pp.2-3.
（10）Picon, op.cit., p.29.
（11）Ibid., pp.13, 29, 33：同様に、ヘルマンによれば、一六四二年にクロードは博士号を取得し「医師ペロー氏」として認知され、パリにおける一〇〇名の医師資格者のうちのひとりとなった。そして医師長（docteur régent）としてパリ大学医学部のメンバーとなり、当時の慣例のとおり、医師長として二年間の教職を果たした（Herrmann, op.cit., pp.2-3）。
（12）『五種類の円柱』の一三三頁訳注（65）参照。
（13）Herrmann, op.cit., p.3; Picon, op.cit., pp.13, 14, 40.
（14）Guy Patin, 1601-1672：フランスの医師。一六五〇年よりパリ大学医学部の学部長。一六五五年よりコレージュ・ド・フランス教授。血液を身体の外に排出させることで病気を治そうとする、古代からの瀉血法を採用していた。
（15）Picon op.cit., p.37.
（16）Ibid., p.40.
（17）Receveur général des finances de Paris.
（18）Picon, op.cit., p.14.
（19）Receveur des finances.
（20）Herrmann, op.cit., p.3; Picon, op.cit., pp.13, 14, 40.
（21）Herrmann, op.cit., p.4.
（22）Nicolas Boileau-Despréaux, 1636-1711：フランスの詩人。文芸批評家。『諷刺詩集』（一六六六年）など。一六八七年から古代派として、新旧論争を展開する。

（23）Herrmann, op.cit., pp.3-4.
（24）Picon, op.cit., p.40.
（25）*Les murs de Troye ou l'origine du burlesque*, 1653：ビュルレスクとは、一七世紀フランスにおける滑稽詩。語源はイタリア語の「ブルラ」（burla＝「冗談」）。とくに世紀中盤に大流行した。高貴な人物や友人に故意にふざけたことばによる滑稽な詩を贈ったり、古典的作品をパロディ化して皮肉を込めたり、誇張したり俗なことばでいいかえたりして弄ぶもの。中島潤『シャルル・ペロー『古代人近代人比較論』におけるビュルレスク』愛知工業大学研究報告、第四六号、平成二三年、一〇三～一〇六頁。http://aitech.ac.jp/lib/electricdoc/files/46/B10.pdf
（26）ネーデルラントの神学者コルネリウス・ヤンセン（Cornelius Jansen, 1585-1638）とその死後に刊行された『アウグスティヌス―人間の本性の健全さについて』（一六四〇年）の思想とその広がり。カルヴァンの予定説の影響が強く、原罪、恩寵が重要視され、人間の罪深さや自由意思の弱さが強調される。パスカルもその信奉者。パリでは郊外のポール＝ロワイヤル修道院が活動の拠点となる。イエズス会、フランス国王、ローマ教皇などとはつねに緊張関係にあり、バランスに苦慮しつづけた。
（27）Picon, op.cit., pp.14-17.
（28）Jean Chapelain, 1595-1674：フランスの詩人、文芸批評家。アカデミー・フランセーズの創設会員でもあり、宮廷からの評価も高かった。
（29）Philippe Quinault, 1635-1688：フランスの詩人、劇作家。
（30）Picon, op.cit., p.14.
（31）Antoine Arnauld, 1612-1694：フランスの神学者。哲学、数学、論理学、言語学も修める。ソルボンヌ学寮で神学を学ぶ。ヤンセン派の思想的影響をうけたことから、ソルボンヌから排除され、ポール＝ロワイヤル修道院を活動の拠点とする。一六六二年にニコルとの共著で『ポール＝ロワイヤル論理学』（*La logique, ou l'art de penser*）。哲学においてはデカルトの信奉者。マルブランシュとの神学論争、ライプニッツとの文通。

（32）ニコラはデカルトの「方法論的懐疑」にたいして批判的であり、かつイエズス会を批判する書を一六六七年に出版する。その緒言のなかでアレクサンドル・ヴァレ（Alexandre Varet）はニコラの科学とくに数学への指向を指摘しているが、ピコンによれば科学指向はペロー兄弟に共通する傾向である（Picon, op.cit., pp.25-, 258）。

（33）Receveur général des finances.

（34）Charles Perrault, *Mémoires*, p.34.

（35）ピコンは一六五四年としている（Picon, op.cit., p.25）が、シャルル・ペロー『回想録』（Charles Perrault, *Mémoires*, p.33）やヘルマン（Herrmann, op.cit., p.18）では一六五七年。

（36）Picon, op.cit., pp.25-：ヘルマンは、母が没すると、そののちクロードは建築の知識により、屋敷を改築したとする（Herrmann, op.cit., p.18）。シャルル・ペローの『回想録』によれば、兄弟総出で建設にあたり、シャルル自身は石工たちに壁を建設させ、グロットのロカイユ装飾をさせた。シャルルはコルベールにこの話をしたことを記憶していたので、彼が建築総監に就任したとき、シャルルをその補佐に任命する（Charles Perrault, *Mémoires*, p.34）。

（37）Rykwert, op.cit., p.29.

（38）国王首席建築家ル・ヴォーもずっと整備に取り組んでいた。宮廷は一時的にチュイルリ宮に置かれる。コルベールはそれでも不満で、より国王にふさわしいものとすべきと考える。当時のルーヴル宮担当建築家ル・ヴォーはもともと、ヴォ＝ル＝ヴィコントでフーケに協力していた。コルベールはそのことを忘れず、ル・ヴォーに冷淡であり、自分の計画をパリの建築家たちに諮問する。そして、ベルニーニを招聘し、さらにル・ヴォー、ルブラン、ペローの三者からなる検討委員会を設置する。

（39）Herrmann, op.cit., p.4.

（40）Picon, op.cit., p.14.

（41）Herrmann, op.cit., p.7.
（42）Ibid., p.12.
（43）Ibid., p.18; Picon, op.cit., p.180.
（44）Picon, op.cit., pp.14, 162.
（45）Ibid., p.162.
（46）アベール・ド・モンモール（Habert de Montmort）邸にて毎週自由な会合をもっていた科学者たちの集まりが母体となり、王立科学アカデミーが設立される。クロードはその集まりのメンバーではなかったので、躊躇したようである。設立にあたって中心的役割を果たすのが、シャプラン（Chapelain）、シャルル・ペロー、イタリアで一七年のあいだ古代建築を研究した経歴もあるオズ（Adrien Auzout, 1630-1691）、幾何学者でありパスカルとデカルトの友人であったピエール・ド・カルカヴィ（Pierre de Carcavy, ?-1684）らである。ピコンは会員をふたつのグループに分類している。まず幾何学者は、オズ、宇宙誌家であり王の技師ビュオ（Jacques Buot, ?-1673）、カルカヴィ、フレニクル（Bernard Frénicle, 1600-1675）、ホイヘンス、天文学者ジャン・ピカール（Jean Picard, 1620-1682）、数学者ジル・ペルソンヌ・ド・ロベルヴァル（Gilles Personne de Roberval, 1602-1675）。生命という課題を探求した哲学者は、作家で物理学者であり、王の医師であり宮廷への影響力が大きかった医師キュロ・ド・ラ・シャンブル（Cureau de la Chambre, 1596-1669）、王の医師デュクロ（Samuel Cottereau Duclos, ?-1685）、国王軍外科医ガヤン（Louis Gayant, ?-1673）、医学者クロード・ペロー、化学者ブルドラン（Claude Bourdelin, 1621-1699）、王室植物園長官にしてパドヴァ大学医師マルシャン（Nicolas Marchant, ?-1678）、解剖学者でありモンペリエ大学医師ジャン・ペケ（Jean Pecquet, 1622-1674）である。イエズス会士、デカルト主義者たちは排除された。（Cf. Herrmann, op.cit., pp.3-5, 6; Picon, op.cit., pp.15, 44; Charles Perrault, *Mémoires*, pp.43-44.）
（47）Ménagerie Royale：ヴェルサイユの王立動物園は、ルイ一四世が建築家ルイ・ル・ヴォーに命じて一六六三年に起工させた。東インド会社が持ち帰った動物など、世界中から集められた珍獣なども展示された。またヴァンセンヌにも王立動物園があった。

（48）Herrmann, op.cit., p.9.

（49）Ibid., p.5.

（50）Ibid., p.17.

（51）Picon, op.cit., p.166.

（52）Herrmann, op.cit., p.24：ヘルマンはコロネード、天文台、凱旋門のプロジェクト、フランス式オーダー、ルーヴルの主階段や大アパルトマンなどをふくむグランド・デッサン、サント＝ジュヌヴィエーヴ教会堂、イエルサレム神殿の復元などを列挙している。

（53）Herrmann, op.cit., p.23; Picon, op.cit., p.168.

（54）Picon, op.cit., p.169.

（55）Herrmann, op.cit., p.23.

（56）そもそも宇宙に充満していた生命の種が、たまたま地球に到着したという説。

（57）Herrmann, op.cit., pp.9, 195.

（58）Picon, op.cit., p.38.

（59）Herrmann, op.cit., p.11 note 31.

（60）Picon, op.cit., p.44.

（61）Ibid., pp.197- ; P.V.（*Procès-Verdaux de l'Académie Royale d'Architecture 1971-1793*, éd. Henry Lemmonier, tome I-X, 1911-1926）, t.I, p.LI.

（62）Herrmann, op.cit., p.18.

(63) Ibid., p.21.
(64) *Le siècle de Louis Le Grand*, 1687.
(65) Picon, op.cit., p.170.
(66) Herrmann, op.cit., p.18.
(67) Ibid., p.24.
(68) Picon, op.cit., p.38.
(69) Piliers de Tutelle：三世紀初頭に、ボルドーの、現在のカンコンス広場の位置に建設されていた古代ローマの建造物。カリアティッドが載るコリント式円柱二四本からなる。神殿であると一時期考えられていたが、屋根はないので、広場であると考えられるようになった。ルイ一四世は、フロンドの乱などの記憶もあり、一六七七年にこの遺跡を取り壊し、トロンペット要塞を建設し、ボルドーの反王権勢力を牽制した。
(70) Herrmann, op.cit., pp.27-28; Picon, op.cit., p.38.
(71) Picon, op.cit., pp.25, 38.
(72) Herrmann, op.cit., p.12.
(73) Ibid., p.12.
(74) Ibid., p.9.
(75) Ibid., p.194.
(76) P.V., t.I, p.LI.
(77) *Mémoires pour servir à l'histoire naturelle des animaux*.
(78) Herrmann, op.cit., pp.10, 21; Picon, op.cit., pp.15-17, 19.
(79) Herrmann, op.cit., p.25.

（80）Ibid., p.18.

（81）一七世紀の医学においては、保守的なパリ学派と革新的なモンペリエ学派の争いが顕著であった。後者は宮廷においても勢力をもち、王室植物園を支配した。一六七二年の人事は、血液循環派である人物が公開人体解剖の責任者となったことで、進歩派の勝利であった。デカルトは一六六四年の『人間論』において人間機械論を展開していたが、当時はまだ医療化学説すなわちすべての生理的、病理学的な現象を化学あるいは錬金術的の立場からとらえた研究も盛んであった。血流説の賛成派と反対派は、単純には区別できない状況であった。古代派にとって医学とは、自然を助けるための「芸術」である。医学はリベラル・アーツである。フランソワ・ブロンデルは、医学部長であり古代派医学の代表者として諷刺される。そうしたなかで近代派の医学は、自由学問か機械的学問かという医学の再定義をせまるものである。Cf. Picon, op.cit., p.35-37.

（82）Herrmann, op.cit., p.193.

（83）Ibid., pp.19, 21.

（84）Ibid., p.21.

（85）P.V., t.I, pp.76-.

（86）P.V., t.I, pp.123-.

（87）Herrmann, op.cit., p.199.

（88）*Abrégé de dix livres d'architecture de Vitruve*, 1674.

（89）Herrmann, op.cit., pp.25-26.

（90）Ibid., p.192.

（91）P.V., t.I, pp.70-71.

（92）Herrmann, op.cit., pp.12-14.

（93）Ibid., pp.28-29.

（94）Ibid., p.196.

（95）Dodart éd., *Mémoires pour servir à l'histoire naturelle des plantes*, 1676.

（96）Denis Dodart, 1634-1707：ルイ一四世の医師。医学部の医師長。Cf. Charles Perrault, op.cit., p.45. Herrmann, op.cit., pp.10, 11.

（97）André Félibien, 1619-1695：フランスの建築家、年代記家。一六四七年にフランス大使付秘書としてローマ滞在。一六六三年に碑文・文学アカデミーの創設会員。一六六六年、コルベールにより国王の年代記家に指名される。一六七一年に建築アカデミーの秘書。『建築学原理』（*Des principes de l'architecture*, 1706）。

（98）Herrmann, op.cit., p.199.

（99）Ibid., p.17.

（100）Picon, op.cit., pp.157, 270.

（101）Herrmann, op.cit., p.12 note 82.

（102）P.V., t.I, p.137.

（103）Herrmann, op.cit., p.26.

（104）P.V., t.I, pp.253-256.

（105）Ibid., p.260.

（106）René Ouvrard, 1624-1694：シノン出身の作曲家。音楽理論家。ボルドー、ナルボンヌ大聖堂聖歌隊長、パリのサント＝シャペル音楽長などを務め、一六七九年に引退。『調和的建築すなわち音楽比例の教義の建築への応用』（*Architecture harmonique ou application de la doctrine des Proportions de la Musique à l'Architecture*, 1679）。

（107）Herrmann, op.cit., p.199.

(108) P.V., t.I, pp.259, 336.

(109) ペローやフランソワ・ブロンデルは科学アカデミーから支給されていた。彼らは建築アカデミー会合に出席したときにサインする義務はなかった。ペローにとってあくまで科学アカデミーが本拠である。建築に没頭したのも数年のあいだである。ヘルマンの推測では、ペローは建築アカデミー会員ではないが、より上位の存在として尊敬される。ライプニッツに宛てた手紙のなかでペローは、「建築家ではないし、建築家になるためにいろいろ犠牲にしようとは思わない」と記している。Cf. Herrmann, op.cit., pp.28-30 note 82.

(110) Herrmann, op.cit., p.12; Picon, op.cit., pp.15-17.

(111) Herrmann, op.cit., p.21.

(112) Picon, op.cit., pp.75-87.

(113) Ibid., p.88.

(114) Traité de la musique des anciens の章。Picon, op.cit., pp.13, 19.

(115) P.V., t.I, pp.321-322.

(116) J.-G. Duverney, *Traité de l'organe de l'ouïe*. Cf. Herrmann, op.cit., p.194.

(117) 建築アカデミー一六八五年一月二二日の会合の議事録に関する注。P.V., t.II, p.70; t.VIII, p.116.

(118) François Charpentier, 1620-1702：フランスの文学者。一六五〇年にアカデミー・フランセーズ会員。シャルル・ペローとともに近代派。コルベールが設立した碑文・文学アカデミーの創設会員として、ルイ一四世の栄光を寓意や象徴でいかにたたえるかというミッションを担う。

(119) *De l'Excellence de la Langue Françaisе*.

(120) Herrmann, op.cit., pp.19, 33.

(121) Ibid., p.199.

(122) Daniel Gittard, 1625-1686：フランスの建築家。ルイ・ル・ヴォーの弟子。国王の建築家。建築アカデミーの創設会員。
(123) P.V., t.II, p.70.
(124) Herrmann, op.cit., p.15.
(125) Philippe de La Hire, 1640-1718：フランスの数学者。天文学者。建築理論家。父ロランは画家であり、フィリップもローマで絵画を学んだことがある。帰国ののちパリで数学を学び、デザルグの弟子と知り合う。デザルグ、パスカル、デカルトらの幾何学研究をも引き継ぐ。円錐を幾何学的にどう分析するかという主題において、デザルグとパスカルを継承する。この主題についての著作をいくつか残す。一六七八年に科学アカデミー会員。一六八七年から建築アカデミーでも教えはじめる。建築の五つのオーダーにかんする書も準備していた。これは現在、ロンドンの王立英国建築家協会（ＲＩＢＡ）図書館に手稿として残されている。
(126) Herrmann, op.cit., pp.15-16; Picon, op.cit., p.23.
(127) P.V., t.II, pp.170-.
(128) Charles Perrault, *Parallèles des anciens et des modernes*, 1688.
(129) Picon, op.cit., pp.25, 258 note 31.
(130) P.V., t.II, pp.173-179.

解題
ヴォルフガング・ヘルマン『クロード・ペローの理論』一九七三年

ヴォルフガング・ヘルマン(1)による先駆的モノグラフ『クロード・ペローの理論』が刊行されたのは、ルネサンス建築の新プラトン主義が近代建築においても復活しているというウィットカウアー(2)的な史観が示されていた時代であった。そのルネサンスにおけるコスモロジー的建築観を否定したクロード・ペローの理論をヘルマンは精密に分析する。一七世紀の建築家たちは、まだルネサンスの比例理論を信じているなかで、ペローはその形而上学的意義を否定し、建築理論を台頭してきた近代科学のうえに構築した。

第一章「ペローの生涯と業績」(一～三〇頁)では、とくに医学者としてのキャリアを説明している。

第二章「比例と美」では、まず冒頭の概論的な箇所(三一～三九頁)で、ペロー版『ウィトルウィウス建築十書』、『五種類の円柱』、『自然学試論』、建築アカデミー議事録をおもな資料として、ペローの非オーソドックスな建築論がいかに建築アカデミーを動揺させたかを論じている。そのあと「音楽アナロジー」「自然の模倣」「古代人の権威」「美のふたつの性質」「観念連合」「慣習の力」「優美」という節をたててペローの理論を論じている。

ペローは『ウィトルウィウス建築十書』序文のなかで、美は幻想のうえに立脚しているのだから、審美的に完全であろうとするなら、あらゆる人間の活動において規則が求められるように、美にかんする理念を形成し修正するためには規則が必要である、と述べている。彼はウィトルウィウスの権威はあるていど認めながらも、その不十分な点は補わなければならないと考える。建築アカデミーは一六七二年の会合で、この『ウィトルウィウス建築十書』序文を点検する。そこでペローの考え方を知るが、「美の基礎づけは恣意的であり、美は権威と慣習に依拠している」[3]という挑発的な考え方に動揺し、建築には明証的な美が存在するかどうか、それとは異なる意見が正しいかどうか、その結論を先送りにする。この問題は九年のちの一六八一年、科学アカデミーでペローの『五種類の円柱』が議題にされた機会に、建築アカデミーでも再検討される。アカデミー会員たちはふたたび結論を先送りにする。アカデミーは深入りを避けた、とヘルマンは解釈する。

ペローによれば、古代の建築家たちはウィトルウィウスの比例に倣った形跡はないし、近代の建築家たちも古代建築やウィトルウィウスの比例を踏襲しておらず、それらの比例はきわめてまちまちで、そこに法則性をみることは難しい。そこで古代から現代までなされてきた多様な微調整をさらにすすめて、完全で覚えやすい比例体系を定めなければならない。古代からの比例がさまざまであることは、フレアール・ド・シャンブレ[4]の『古代建築と近代建築の比較』やフィリベール・ドロルム[5]『建築第一巻』、アントワーヌ・デゴデの『ローマの古代建築』などで、なんども確認されていたことであり、建築アカデミー自身も比例の法則を確立しなければならないと考えていた。アカデミーは、建築の美は自然に由来する絶対的なものだと信じていた。

ヘルマンによれば当時、ヤンセン派[6]の神学者ピエール・ニコル[7]の『真の美と偽の美にかんする論』、ボシュエ[8]の『神と自分自身の知』、ドロルムの「神聖比例」、ヴィラルパンド[9]によるソロモン神殿復元などの例があり、真正なる比例は存在していること、比例は自然に由来するものであり、人間はこれら自然な比例を感受する能力を生まれながらにしてもっている、と大多数の人びとは信じていた。しかしながらペローによれば、古代の建築家たち、すなわちヘルモゲネス、カリマコス、フィロン、クテシフォン、メタゲネス、ウィトルウィウスはみな、さらにはパラディオやスカモッツィも、建築比例の法則は確立しえなかったのだから、それは自分自身の仕事であると考える（三六頁）。そのためにペローは、比例を知覚するという人間の行為を、生理学の問題として捉え直す。まず知覚とは、脳と臓器とがパルスのやりとりをするということではなく、そもそも精神は身体全体に広がり、各部分と直接やりとりをするのだという構図を考える。さらに生命は機械的に創造されたのではなく、神は世界創造の端緒においてあらゆる種子を世界にばらまいたのだ、と。(10)

ペローは自分の立脚点が「パラドクス」であると自称する。パラドクスの意味は、現代とは異なり、通常ではない、オーソドックスではないという意味である。そういう意味で、彼の出発点は、真正なるそして自然なる比例は存在しない、建築において観察される比例はまったく美には貢献しない、比例の正確さは意味がない、比例を変えても建物の美は損ねられない、などというテーゼである。そしてその目的は、比例は人間のコントロールの外側にある、という誤解を明らかにすることである。

「音楽アナロジー」の節（三九～四一頁）では、まずウィットカウアが『ヒューマニズム建築の源流』（一九四九年）のなかで紹介した新プラトン主義的、新ピタゴラス主義的な建築観を紹介している。すなわち建築は宇宙的な秩序を反映しており、天上の音楽というようにそもそも神は音楽的秩序をもって宇宙を創造したので、建築比例は音楽調和と同じ構造をもっている、という世界観である。

一七世紀のフランスにあってこの音楽比例を建築に適用したのがルネ・ウヴラールである。その『調和的建築』（一六七九年）によれば、ソロモン神殿にはあった調和建築の知識が、ギリシア、ローマにも伝えられたが、近代人はそれを失う。ホイヘンスは、面識があったこのウヴラールをとおしても音楽理論を知ったようで、眼が建築比例を認識することは耳が歌を聴くようなことだと、ライプニッツに書きおくっている。建築アカデミー教授フランソワ・ブロンデル[11]もその『建築教程』のなかで、ウヴラールの理論を賞賛する。音楽理論を応用した調和的な建築の概念は、アカデミーの信条を支えるものとなる。それにたいし、ペローは翻訳した『ウィトルウィウス建築十書』第一版（一六七三年）の注のなかで、建築比例には明証的な美という根拠はないのであり、音楽比例と建築比例は異なる、ドリス式オーダーの比例も変化していったように、比例が変化しても建築家は驚かないと主張する。

ここでヘルマンはきわめて正当にも、生理学者ペローはその専門的知識を活用して視覚と聴覚の違い、臓器としての眼と耳の違いを述べていると指摘している。ウヴラールにとって眼は耳ほど器用ではなく、誤りを受けとってしまうのだが、ペローにとっては眼は耳よりも差異を判断できるのである。眼は耳よりもただしく観察する。眼と耳は、異なる手段によって、脳に情報を伝える。耳は、精神に知識を伝えることはできないが、眼は知識だけを媒介にして精神に比例を伝えている。さらに自然は音楽比例を定めたが、建築比例はそうしていない。ヘルマンは結論を出してはいないが、さらに論を進めるなら、ペローは精神と知覚を分離して、眼を精神に近づけ、耳を知覚の領域に位置づけている、と解釈できる。

「自然の模倣」節（四二頁）では、自然の模倣とは、人体、樹木、原始的な小屋、あるいはオーダーの祖型としての木構造などであるが、ペローは模倣が建築にとって権威であることは認めるが、それが建築比例の基礎となることはない、という立場であったと指摘している。

「古代人の権威」節（四二〜五三頁）では、一七世紀ではアリストテレスに代表される古代哲学は権威を失いつつあり、進歩や新規性を信じる多くの人びとが出現しはじめており、ペローもそのなかのひとりである、と指摘している。

ヘルマンは述べる。一七世紀にはすでに古代建築を盲信する態度は薄くなっていたが、ペローはさらに、古代建築の比例を神秘なるものとして尊重する建築家たちを、宗教的な崇拝をいだいているとして批判する。ギリシア人は柱基なしのドリス式オーダーを使ったことについて、フレアール・ド・シャンブレはギリシア人たちが賢明でなかったはずがないとしたし、ブロンデルもなにか隠された理由があったのだろうと述べており、ギリシア人は完璧であり建築の指針であるという態度を崩さない。ペローはこうした見解を盲信であると指摘し、建築家たちが古代を崇拝するのは、彼らが一種の職業的秘密をもちたがっているからだ、と考える。科学者として、この種のドグマはすでに時代遅れであると考える。同時代の科学者たちと「進歩」の概念を共有している。ヘルマンがペローの同時代人としたのが、デカルト、ガッサンディ(12)、マルブランシュ(13)、ロオ(14)、ステンセン(15)らであり、彼らはアリストテレスの権威を認めない。ステンセンによれば、解剖学が古代から進歩していない理由は、すべては古代人によって観察されていると、現代人が誤って信じているからである。マルブランシュもまた、「古代人の権威への盲目的な服従」に言及している。新旧論争の渦中にあったペローは、古代建築の美しさを認めつつ、近代の芸術家もその域に達することができると考え、古代人たちも同じ論法なので、論破できるとする。ヘルマンによれば、ペローは芸術と科学は違うとは考えずに、進歩を信じた。古代詩を崇拝することと、スコラ学者がアリストテレスを信じることは違う。しかしペローはそれらが違うとは考えず、マルブランシュのように、事実的な真理を発見するよりも、アリストテレスに従順な態度をとることを非難するのである。

ともあれペローは、新旧論争における近代派である。古代派ボワローは「あの医者は、古代人たちへの趣味については兄弟と同じである」と揶揄したが、それでもペローはどちらが優れているとまでは指摘していない。ペローが「進歩」の名においてなしたことは、カップルド・コラムを提案し、それをルーヴル宮東ファサードで活用したことである。ヘルモゲネスも類似したアレンジをしたという理由で、自分を正当化しようとする。ブロンデルの批判にこたえて、ペローは美しい発明は必要だと力説する。アカデミー秘書アンドレ・フェリビアン[16]も『古代と近代の最も優れた画家列伝』（一六八五年）のなかで、古代人が自由に創作することを享受したように、近代においても第六オーダーすなわちフランス式オーダー、建築の新機軸を探究したドロルムといった例があるように、近代人もあらたに創案してよいことを指摘している。

ヘルマンによれば、一七世紀中葉までには、進歩のためには新規性を導入することが必要だと信じられるようになり、さらに科学と宗教がはっきり区別される。前者は権威ではなく理性に、後者は権威にもとづくという了解が一般的になる。アウグスティヌスはすでに科学と信仰を区別していた[17]。パスカルは『真空論』のなかでその区別を繰り返し、幾何学、算術、音楽、物理学、医学、建築においては権威は不要であり、宗教においては権威は最高の力をもつと指摘する。その理念は弟ニコラをとおして、クロードにも伝えられる。古代は研究のための目的ではなく手段であり、古代人を模倣することで彼らを乗り越える。クロードは『自然学試論』の序で、「新しさこそが自然科学では求められる。自然科学の主要な目的はまだ発見されていないことを探ることだ」と述べる。そして宗教と科学を区別し、科学においては既存の説を検証することは許されるが、オーダー書の作家たちはこの権利にもとづいて古代の比例を検証したり修正したりしたのであり、古代人たちを無批判に崇拝すると建築が前進できなくなってしまうと指摘する。このようにペローは、音楽的調和も、自然の模倣も、古代の権威も否定する。しかし比例が絶対的な美を生むということはないにしても、ある比例が眼にある効果をもたらすことはあることは認める。

「美のふたつの性質」節（五三〜五五頁）では、ペローが随意的な思考と、不随意的で反射的な神経システムを区別することで、根拠のないはずの比例でも眼に効果を与えるという事実を解明しようとしたことを、述べている。ペローはこのころ、デカルトに追随している。デカルトにとって、思考は魂のあらゆる活動から不可分である。しかしペローの考えでは、意識的でない行為もあるが、動物は考えないという瞬間もない。人間の思考はふたつのレベルからなる。すなわち随意的で明確な思考と、とりとめのない混乱した思考である。後者は長期にわたる実践の結果、意図して考えることは必要でなくなり、意識しない、あるいは自動的な思考となる。この二元論は、同時代の思想家たちからの影響でもあろう。マルブランシュは『真理の探究』一巻のなかで必然的な真実と偶発的なそれを区別する。[18]メレは趣味という曰く言い難いものに依拠する正確さと、法則にもとづく正確さを区別する。ライプニッツもペローのように、あいまいな知識とはっきりした知識を区別する。[19]比例は美の原因ではないにしても、美となんらかの関係がある。こうした二元論から、明証的な美と恣意的なそれを区別するペローの独自の美学が形成される、とヘルマンは指摘している。

「観念連合」節（五五〜五八頁）においてヘルマンは、ペローの美にかんする二元論を、イギリス経験論哲学と関連づけて論じている。ここは『クロード・ペローの理論』の鍵となる箇所である。

すなわち、ペローは『五種類の円柱』の序で、価値がはっきりしているものへの評価が、価値がまだわからないものに結び付く現象について言及している。[20]ヘルマンは、この精神の働きは、ジョン・ロックがいう「観念連合」であるとする。[21]観念連合の歴史はプラトンとアリストテレスにはじまる。一七世紀ではデカルト、ホッブズ、[22]マルブランシュ、パスカル、そしてペローののちにはジョン・ロックやバークレらが論じた。ペローは『五種類の円柱』で論じるまえに、すでに『ウィトルウィウス建築十書』の脚注で[23]「同伴によりそして習慣により」（par compagnie et par accoutumance）これが生じることを指摘している。ある比例が好まれるのは、その比例が、素材や仕上げにもとづく明証的な美とともにくりかえし知覚されることで、その美があたかもその比例から生まれるように思えてくることである。これが恣意的な美の根拠であり、それは慣習の力に負っているのである。

「習慣の力」節（五八～六三頁）において、ヘルマンは、習慣がペロー理論において核心的で重要な概念であることを指摘している。『五種類の円柱』においてペローは、この習慣の力が恣意的な美と明証的なそれを結び付けることを指摘している。これは、『自然学試論』における二種類の思考、すなわち明瞭で正確なものと、混乱しルーズなもの、の関係を考察するために重要である。人間の思考や行動はそもそもすべて意識的に随意的になされるものであったが、習慣の力により、独立したオートマティックな反応へと変容してゆく。このプロセスは生理学にも美学にもみられる。建築においてもはじめは歪んだ不快なものが、許容され、最終的には心地よいものになる。習慣のみが美を決定する。そう主張するペローは、しかし、相対主義者ではない。ただ古典建築の比例は変化していった。ちょうどファッションが変化してゆくように。彼はそこに習慣の力をみるのである。相対主義者であったのは、むしろ彼の論敵ブロンデルであり、歴史上のすべての建築を想定しつつも、「建築」を成り立たせるのは古典主義の教義、すなわち美の普遍的で外在的な基準に、人間は生まれながらにして感受性がある、という教義を信じている。しかしペローは、歴史上の建築のなかで古典主義のみが重要だとしながらも、それを律しているのは比例であり、この比例を支えているのは自然ではなく習慣なのだ、と考える。さらに習慣の力に支えられた「恣意的な美」についての知識が「趣味」であり、それを所有している者が建築家である。ペローは恣意的なものを評価していたのであり、習慣とは、否定できない事実なのである。

「優美」節（六三～六九頁）において、ヘルマンは、ペローの恣意的な美の概念をさらにふかく読み込む。ペローは、恣意的な美は権威と慣習に依拠すると主張する。ということは、ある形態がいいかどうかは、素朴な知覚のさらに上位における判断ということになる。ペローは『ウィトルウィウス建築十書』の脚注[24]において、さらに論考する。恣意的な美はさらに「従順」(sagesse)と「規則性」(regularité)に二分され、前者は明証的な美を使い、後者は比例法則を遵守することを目的とする。後者の比例法則とは、支持体は支持されるものより強いといった合理的法則や、古代建築をなんども観察するという慣習にも、立脚している。『五種類の円柱』のなかで、恣意的な美に属しているのは比例だけではなく、輪郭の心地よさなどの「形態の優雅さ」(grâce de la forme)である。

ヘルマンは、一七世紀古典主義において、絶対王権による芸術支配という枠組みのなかで芸術の絶対法則が打ち立てられようとした構図において、芸術家が独立して判断できるようなもの、なにかミステリアスなものが希求されたと、指摘する。そして評価不能な特性が美の重要な要素であるという視点は、当時ではひとつの思潮を形成していたとして、「芸術の神秘」や「曰く言い難いもの」(je ne sais quoi)に言及したボワロー、過度の規則性に注意を喚起したボシュエ、優雅、繊細さ、曰く言い難いものに言及したメレ、「美よりも美しい優美」のラ・フォンテーヌ[25]、そしてこの思潮をメルセンヌ[26]、ブウール[27]、ヴァザーリ、ロマッツォ[28]、フランキスクス・ユニウス[29]にまで遡及しながら、アカデミー秘書アンドレ・フェリビアンに言及する。そして美は建物の実体的な部分から生じるが、優美は芸術家の魂から生じるという理論を紹介する。フェリビアンの理論は、弟シャルルを経由して、あるいは直接的にペローに伝えられる。しかしペローの受け取り方は違っている。彼は芸術家の自由を促進するよりは、むしろ拘束しようとする。もし建築に絶対的な比例があるのなら、人為的に比例を決定しようとすることはすべて失敗するであろうが、比例は恒常的法則により決まるのではなく、習慣に立脚しているので、変化しうるし、変化してきたのであって、人間はそれを受け入れねばならない。ただ、建築家が自分の意思で変化をもたらすことには、ペローは反対である。

第三章「視覚補正」（七〇～九四頁）のなかで、ヘルマンは、まずウィトルウィウスらによる視覚補正理論の系譜を紹介する。眼が判断に伝える印象は、水面でオールが屈折して見えるように、しばしばミスリーディングなので、私たちがどこにいるかで、比例を増減して、ただしく見えるようにしなければならない。このようにしてアーキトレーヴは、コラムの絶対高さに相関して、比例を変えねばならない。多くの建築書作家たち、すなわちアルベルティ[30]、ウォットン[31]、デューラー[32]、チェザリアーノ[33]、バルバロ[34]、フィランデル[35]、ビュラン[36]、ドロルム、ヴィニョーラ[37]、フレアール・ド・シャンブレらが、異口同音に、無批判にこの理論を繰り返してきた。とりわけ眼は対象の大きさを、視角によって判断するというセルリオの理論は、ヘンリク・ホンディウス[38]やデュブルイユ[39]らが書いた透視図法の書でも繰り返される。フランスではアブラアム・ボス[40]やフランソワ・ブロンデルがより綿密に、建築に適用した。とりわけ高い位置にある部位は、下から見上げると小さく見えるので、補正しなければならないのである。この理論もチェザリアーノ版ウィトルウィウス（一五二一年）から、リヴィウス[41]、マルタン[42]、ルスコニ[43]へと引き継がれたものであった。この理論によれば、視覚はつねに誤るのである。ウィトルウィウスへの異論は例外的だが、スカモッツィ[44]やロジェ・ド・ピール[45]は、上部の部位を前方に転ばすことを批判したし、このことはペローも気がついている。

ペローはデカルト哲学と解剖学者としての独自の見識から、ウィトルウィウスらの理論に対抗して、視覚理論を構築してゆく。視覚は、知覚と判断という二段階からなる。眼は視角により対象物の大きさを判断するという当時の認識を超えて、眼はけっして誤らないし、視覚判断もたいへん確かで誤らないのであり、この能力は万人により所有され、無意識に作動されると主張する。寸法や距離についての視覚判断は、視角、陰影、既知のものと未知のものの比較、距離や大きさについての知識、といった手がかりによりなされる。こうした手がかりが適用されるプロセスは複雑であろうことが予想される。しかし眼は、くりかえし経験を重ねると、習慣のおかげで、自動的かつ無意識的にそれ自身で錯視を矯正しうる能力が、後天的に備わってくる。視覚能力は、生まれたときは貧弱であるが、経験や習慣でより学習し、後天的に優れた能力が形成されるようになる。たとえば御者は、五〇歩先の間隙が、車幅より二プース〔一プース＝二七・〇七ミリ〕大きいことを、瞬時に判断できる。網膜情報はどうであれ、判断は適正になされるので、錯視を阻止するために建築比例を変化させる必要はない、とペローは主張する。

つぎにヘルマンは、古代建築における比例の多様性と、それらがウィトルウィウスの基準から乖離している事実を、ペローがどう判断したかを、論じる。

バルバロ、フレアール、ブロンデルらは、古代の建築家たちが視覚補正を理由に比例を調節したからだと推論する。ペローはこの推論も誤りだとする。彼はデゴデの『ローマの古代建築』（一六八二年）で紹介された詳細で正確な実測図面を根拠として、古代人たちは視覚補正の理論を現場にあてはめようという意図はなく、遺構における寸法のばらつきは、たまさかのものであったことを実証する。

ペローのこの理論は、建築アカデミーでも検討され、ときに批判される。アカデミー教授ブロンデルは『建築教程』などで、ペロー理論はあまりに抽象的であるとし、ウィトルウィウスらの比例が範例となることと、建築家が実践の場でさまざまな比例を適用することには、まったく矛盾を感じないのであり、視覚補正はむしろ建築家がその才能を発揮するためのよい機会なのであると主張する。ペローとブロンデルは、サンタントワーヌ城外地の凱旋門上に設置された彫像の大きさをめぐり、やはり視覚補正の観点から論争している。さらにこの論争は、はじめは視覚が比例をただしく判断するために視覚補正をするという課題であったものが、やがて純粋に審美的な理由から比例を変化させるべきかどうか、という問題設定に移行してゆく。やがてロジェ・ド・ピールは、視覚調整がなされるのは透視図法の論理によってではなく、「ふさわしさ」(bienséance)の原理によらねばならない、ということを指摘するにいたる。いずれにせよペローは、比例はアプリオリには正当化できないからこそ、変更されてきたし変化しうるのだが、ひとたび比例が定められれば、けっしてそれを変更してはならないという立場をとる。

ヘルマンはこの論争を「芸術家と科学者のあいだの衝突」と位置づけ、こうした一連の流れのなかに一七世紀という進歩の時代における「科学者と芸術家のギャップ」をみる(九三頁)。

第四章「オーダー」(九五〜一二九頁)では、ヘルマンは、矛盾した二面性をペローのなかにみる。すなわちペローは、建築家が自由に比例を変更してきたことを認めながら、比例が法則として確立したらそれを厳守しなければならないと論を進める。建築家たちが混乱に陥らないよう規則を定めなければならないし、単純で記憶しやすいシステムが必要である。

ペローの歴史的な枠組みは、一見すると常套的である。古代ギリシアの優れた様式が、古代ローマに伝えられ、その遺構を学習した近代人たちが古典主義を再確立する。こうした歴史観は、フレアール・ド・シャンブレもブロンデルも共有している。しかしペローは、ウィトルウィウスが伝えた「太古」(ancien)と、遺構のなかに学べる「古代」(antique)と、「近代」(moderne)という三者を区別しなければならないというように、言葉を置き換える(九六頁)。

最初の「太古」は古代ギリシアに相当し、古代ギリシア人たちはオーダー比例の考案者たちである。太古人とは古代ギリシア人を実質的に意味するが、ペローはとくにギリシア人だとはいわない。しかし彼ら太古人は、建築の真正なる比例の「最初の考案者」である。ウィトルウィウスはそれらを伝えようとしたが、正確には伝わらなかった。また太古人は細部の寸法を決めるさいも、細部を等分することを繰り返す方法を選ぶ。こうした方法は容易に適用でき、覚えられるという利点がある。現代の建築家は、この単純な等分法を採用することで、初源の単純な比例を復活させることができると、ペローは述べる。

古代人とは具体的には古代ローマ人であるはずだが、ペローはそうは明言しない。フレアールが古代人による作品こそ最良の教科書であると考えていたのにたいし、ペローは古代ローマの作品もオリジナルではなくコピーにすぎず、比例もまちまちであると考える（九九頁）。デゴデの『ローマの古代建築』が示すとおりである。古代の職人たちは、ある寸法を等分してさらに細部を決める方法を無視してしまう。そののちの建築家は端数や混乱した数を使う。

ペローにとって近代とは、建築書として書き残された建築である。ルネサンス時代は自然法則が応用されたが、これは認められない。またフレアールやブロンデルらのように、モデュールとその三〇分の一であるミニットにより細部まで決定するシステムは、やはり分数や小数により記述されるしかない、煩雑な寸法規定となるとして、否定する（九八頁、注一四）。

ペローは、実体として示された古代建築から遡及して、太古における最初の建築比例なるものを想定する。しかしヘルマンは、それは「想像上の太古様式」だと指摘するのを忘れない。そしてその比例は、建築家たちのオーダー書における規定とそれほど違うわけではない。ただパラディオ、ブロンデル、セルリオ、ドロルム、ボスたちはそこからヴァリエーションを創造することを許していたし、そうすれば建築家は自由に才能を発揮できると考えていた。ペローはそれにたいし、規則を守ることを要求しようとする。

ヘルマンによれば、ペローは、諸例の中間値をとることで比例を定めようとする。しかし彼の中間値とは、算術的、幾何学的以上の意味をもつ。両極端から等距離であるという意味で完全なものであり、形而上学的とはいえないにしても、時代の空気を呼吸し、パスカル(46)やデカルト(47)らの「中庸」の思想をも反映している。ウィトルウィウス、セルリオ、ヴィニョーラ、パラディオ、スカモッツィらを範例とし、デゴデの『ローマの古代建築』に依拠するのは恣意的な選択であるし、計算はしばしば誤っており、むしろ彼自身の比例を正当化するために諸例を列挙するという順番で、ペローは提案している。かくして彼は、ペデスタル高さ、コラム高さはトスカナ式からコンポジット式までが等差数列をなすようにし、エンタブラチュア高さは視覚的ではなく構造的な原理にもとづいて二直径という同一の値になるようにする。さらにペデスタルにかんしては、刳形《くりかた》の数がトスカナ式からコンポジット式にいたるまでひとつずつ増やされるなど、比例とともに、装飾においても序列が生じるようにしている。

ヘルマンはここで、皮肉な口調で指摘する。ほかの建築家たちはオーダー比例を状況に応じて変化させていたが、ペローはそれを批判しつつ、しかし彼自身の作品においては『五種類の円柱』の記載とは異なる比例を使っている、と。ルーヴル宮東ファサード、サンタントワーヌ城外地凱旋門のコリント式オーダーである。それらは執筆の一〇年以上まえとはいえ、そうなのである。さらに一八世紀後半にピエール・パット(48)は、ルーヴル宮のコリント式オーダーを実測し、それが『五種類の円柱』とは同じ比例ではないこと、ペローはその乖離を説明していないことに当惑している。ジャック＝フランソワ・ブロンデル(49)は、ペロー自身が自分のプランから実施設計が乖離していることを知らなかったと推測している。ヘルマン自身、ウィトルウィウス第一版と第二版では寸法が異なっているので、ペロー自身が一貫していないことを、さらに指摘している。ペローはコロネード設計のための小委員会のメンバーであったが、最終的な決定権は与えられない。

ペローにおける蓋然性と信憑性という概念が説明される。ペローは中庸をとるという態度において、極端や過度が特徴となるバロックに対抗しようとしている。のみならず、モールディングどうしの境目をあいまいにし、要素と要素を融合させようとするバロック的傾向にも批判的である。こうした中庸をとる平均的な比例は、個人の趣味の反映ではなく、一種の規範となって建築家たちを拘束するものである。さらにこうした中庸が正当化されるのは、これら中庸なるものが真なるものかどうかは断言できないにしても、それは「蓋然的」（probable）であり「信憑性がある」（vraisemblable）からである（一二七頁）。この論法は、科学の概念が美学に転用されたものである。ペローは『自然学試論』（I、序文）のなかで完全な知識に到達することは不可能であり、科学においては「知識の蓋然性」（『自然学試論』IV、二頁、科学アカデミーでの討論）を求めるしかない、と述べているからである。ペローは、神の創造における真実とは異なり、建築比例には真実はなく、それを探し求めるのは無意味であり、蓋然性を求めることしかないと考えたのであろう。ペローは建築家の自由を制限しようとしたが、そもそも宮廷の側、権力の側にあったのであり、その立場でコルベールのために建築の絶対律を制定しようとしたのである。その友人でもあったホイヘンスは『光論』のなかで、蓋然性とは確実さの最高位の段階であると述べている。[50]

第五章「後日談」（一三〇〜八九頁）は、そののちの時代において建築家たちがどのようにペローを受容したかの歴史である。とりわけ同時代のフランソワ・ブロンデル、一八世紀のシャルル＝エチエンヌ・ブリズ、一九世紀のコルネリウス・グルリットらが説明されている。

まずフランソワ・ブロンデルは、ルネ・ウヴラール[51]やサンティラリオン神父（Abbé de St.Hilarion）の理論[52]に立脚しながら、自然法則としての比例理論は建築にも有効であり、また視覚補正は正しいと信じていた。その『建築教程』第二部（一六八三年）は、ペローの『五種類の円柱』とほぼ同時期に出版された。ブロンデルはペローの著作を手稿の段階ですでに読んでおり、またウィトルウィウスの脚注をとおしてペローの思想を知っており、それへの批判をこめて自著をものす。ペロー批判のために三章をあてる。ペローは、ウィトルウィウス第二版の出版前にそれを読む機会はあり、ブロンデルをほとんど無視しているものの、カップルド・コラムと視覚補正については反応している。ブロンデルとペローとのあいだに対話や論争があったはずだが、その形跡が少なすぎることに、ヘルマンは不審の念をいだく。ウィトルウィウス第二版では、視覚補正やカップルド・コラムの論じ方はかなり変えたが、比例、音楽比例、慣習についてはほとんど再録に等しいことから、それらについてはブロンデルの意見を取り入れたのではないか、とヘルマンは推測している。ペローは比例の絶対法則があるはずだという古典主義の考え方を拒否し、比例は人為的マターであるとしたが、それをつきつめると古典主義そのものの否定になってしまうので、ペローはそれ以上の追求をしなかったのではないかと、ヘルマンは推論する。

さらに「比例」概念そのものである。『建築教程』におけるブロンデルの定義は明快だが、『五種類の円柱』におけるペローの定義はそれほど明快でもない。さらにペローは比例に批判的であり、比例をすこし変えたところで建物の美は変わらないとしているが、それはオーダーの細部の比例のことであって、パンテオンが美しいのは壁圧と内部空間の比例のおかげだ、というような文脈ではまさに比例が美をもたらす。オーダーの比例と、建物全体の一般的な比例を区別してペローは考えている。しかし本人はこの二分法に気がついていないようで、ブロンデルと理論において直接対決することは避けたと、ヘルマンは推測している。[53]

同時代あるいは直後の世代は、理論家ペローをまったく支持しない。スフロは一七三九年リヨン・アカデミーでの講演で、ブロンデルとペローの対立に言及し、前者を支持すると明言している。ジャック＝フランソワ・ブロンデルもブリズもそうであり、ブロンデルを支持しつつペロー理論をあくまで一般論として受け止めている。イギリスではエドマンド・バークが[54]「比例は美の原因ではない」と同じ趣旨のことを『崇高と美の観念の起源』において指摘する。一八世紀フランスの建築家たち、ブレ、スフロ、ロジエ[55]、ブリズらは、議論で高揚しただけだ、頑固な気質のせいだ、などという受け止め方である。一八世紀後期にピエール・パットとブリズはペロー理論を真摯にとりあげたが、一般的に、ペローが正統派理論に挑戦したことは無視される。『五種類の円柱』はときに言及されても、批判的な部分は無視され、ひとつのオーダー書としてであった。かくしてパットは一七五五年に、「パラディオ、スカモッツィ、セルリオ、ペロー、フランソワ・ブロンデルやそのほか無数の作家たちが比例を確定し、建築の美を定めようとしてきた」として、ペローを建築家山脈のなかの正統なひとりと位置づける。同時代人ルイ・サヴォ[56]は、ブロンデルとペローの論争を知りつつ、ペローを支持したのだが、それも彼の比例体系を認めてである（一四一頁）。コルドモワ神父[57]もまたペローの比例体系を採用したが、理論はこみいりあいまいだとして拒否する。ローマのフランス・アカデミーの主事は『五種類の円柱』に言及したし、ジャック＝フランソワ・ブロンデルも好意的であった。

アカデミーでは一七〇一年の会合で、ペロー理論にあるがごとくエンタブラチュア高さを一定の二直径とするべきという決定をするが、そのときには彼の名は言及されていない。また小モデュールにもまったく言及されていない。一六八九年には『五種類の円柱』が七週連続で講読される。序は、学生には不向きな内容だとしながらも、最後まで読まれた。しかしエンタブラチュア高さを扱った四章で、打ち切りとなる。それからの二〇週は、最良の比例を探究するために費やされる。ルーヴル宮東コロネードの設計者としての名声があまりに高いので、理論家としてのペローはほとんど無視されたと、ヘルマンは結論づけている。

アメデ・フレジエ(58)はエンジニアであり土木あるいは築城士官であった。一七三八年の『建築オーダー論』のなかでは、ペローの理論に賛同の姿勢を示し、美は恣意的である、美は慣習にもとづく、などと指摘する。フレジエは相対主義であり、建築もモードの流行のようなものととらえていたが、とはいえペローとの共感はさほど徹底していない。ペローにとって、習慣は好むと好まざるとにかかわらず美に影響をあたえるが、フレジエにとって、美は建築の表皮のようなもので、習慣とは自身が考える「自然な建築」の本来の目的を損なう要因である。つまりフレジエは、ロココやローマ・バロックに対抗するために、習慣や流行と戦わねばならなかった。

ヘルマンは、ペローもフレジエも近代人であると考える。ふたりとも「機能」という概念を重要視するのである。フレジエは、「古代建築の実測から原理をさぐるのではなく、機能から導くのだ」と考える（一四八頁）。ペローの『五種類の円柱』においては、機能という概念は散見されるていどである。フレジエにとっては一義的であり、すべての要素はそれから演繹されねばならない。ただ、フレジエがペローと類似しているのは途中までである。ペローがある意味で詳細な比例にこだわったのにたいし、フレジエは比例の細部までに時間を割くのは無駄だと述べている。さらに彼は「ローマ人がギリシア人のオーダーを変容せねばならなかったように、私たちもローマ人の思想を変える権利がある」というブロンデルの一節を引用する（一四九頁）。ペローは、古代の範例を変更してできたオーダーのシステムは、変更されてはならないというパラドクスを述べる。フレジエはむしろブロンデルの立場にちかく、規制を強化するのではなく、共通の感覚にもとづく規範を打ち立てよう、という。

ヘルマンは、ペローにおける美の二分法が、一八世紀における一般的な美の二元論、あるいは三元論などと関連があることを示唆している。ペローの本質的な美は「感覚」に、恣意的な美は「理念」に対応している。

アンドレ神父[59]は、ペローの影響をうけ、一七四一年の『美試論』のなかで本質的な美、自然な美、恣意的な美を区別する。比例が与える美は恣意的なものであり、これが習慣の作用などによって、別の本質的な美によって伴われ補完される（一五〇〜一五一頁）。

ヘルマンはここで、異なる種類の美が共同することを一種の観念連合としてとらえ、イギリス経験主義美学と比較しようとする。

アレクサンダー・ジェラード[60]は『趣味試論』（一七五九年）のなかで、ペローののちはじめて、美をこの観念連合の観点から考察する。さまざまな観念が主観のなかで連合するとき、原因と結果は交代しうるのである。この考え方により、ヒュームもペローと同じような観念連合を論じる。[61]ケームズ卿ヘンリー・ホーム[62]もまた『批評の基礎』（一七六二年）のなかで、文学構成における固定された法則と、恣意的な法則という概念を論じる。結果としての美は、観念の変遷により、原因へと差し戻され、原因の特性のひとつとして知覚される。そうして美がそもそも内在しない事物も、美しいと思われることになる。こうして内在的な美と、相対的な美とが区別される（一五二〜一五三頁）。

イギリスでは、ペロー版ウィトルウィウスの英語版が一六九二年に、『五種類の円柱』の英語版が一七〇八年に出版される。イギリスへの影響は、フランスでの反響より、むしろ大きかったとヘルマンは指摘する（一五四頁）。そもそもペローの思想は、むしろイギリス経験論と共鳴しやすい。イギリス建築界への影響の例として、レン、チェンバーズ、ウェアが言及される。

クリストファー・レン[63]は一六六五年にパリを訪れたが、そのときペローと対面したかどうかは不明である。しかし文献がイギリスに紹介されると、その理念を知るようになる。レンもまた美の二分法をいい、「美にはふたつの原因があって、自然なものと習慣的なものである」と指摘している。[64] しかしその中身はペローとは逆である。レンにとって美は、同等性と比例からなる幾何学に由来するものであり、幾何学形態で最も美しいのは正方形、円、平行四辺形、楕円、直線である。彼は習慣的な美は「親しみや特有の好みによりそれ自身は愛らしくないものに愛を感じるように、通常はほかの原因により私たちを心地よくするこれらの対象に、私たちの感覚を使うことによりもたらされる」とするが、ペローが明証的な美が恣意的な美となるとしたこととは違う。しかしレンにとっては、自然な美が慣習的なそれに優る。前者は真の試金石であり、後者は誤りをもたらす源なのである。ペローにとり恣意的な美にかんする知識こそが、建築家に不可欠なのであるのだが。レンとペローには共通点がある。ふたりとも、もともと科学者であり、それぞれ科学アカデミーに所属し、解剖学、生理学、自然科学の研究をおこなっていた。しかしレンが建築家プロパーに転身したのにたいし、ペローはそうではない。このことも対比的である（一五五〜一五七頁）。

つぎにウィリアム・チェンバーズ[65]は、ペローによる美と比例の議論を学習している。チェンバーズは異なるふたつの考え方、すなわち建築オーダーの比例がもたらす美は内在的なものではなく、明証的な質との連合によるものであるというペローのような考え方と、数は重要であり、さまざまな多様な意見があるとしても、多様性、新規性、調和関係、幾何学、数学にもとづくというブロンデルのようなそれを、対比的に紹介する。そして哲学的な問題には結論づけられないとして、「比例は美の本質には必要ではない」と考える。そこから、ペロー理論を知りつつも、別な方向に進む。美は厳密さを超えて存在する。古代からの建築にみられるさまざまな比例を、その多様性と端数の存在ゆえにむしろ好む。というのは、ヴィニョーラやペローが考えたように、オーダーの最初の考案者たちの比例は、古代遺跡をとおしては知りえないのであるから、チェンバーズはむしろ、細やかな整合しない寸法や数値を好む。それゆえ、等分、再等分して刳形の寸法を決めるペローの方法よりも、モデュールとミニットによって決めようとする。チェンバーズは、ジェイムズ・ギブズがペローの方法論を踏襲して等分する方法を採用したことをも批判している[66][67]。

チェンバーズは、ペローのように音楽比例を否定する。また美の二元論を展開する。まず、「視覚器官に直接働きかける視覚対象における固有な質」であり、寸法、光の質、色の輝きがそうである。もうひとつのカテゴリーは、「適切さ、比例、シンメトリ、固有の色、優美、威厳、模倣、正確さ、施工の端正さ、材料、適切さ、完全性、距離」であり、これらは前者と関連づけようとする理念に負っている。すなわち生理学と心理学とが区別される。ただしペローの二分法とは対応しない。しかし心理学レベルでは、やはり一種の観念連合により成立する。この観念連合という観点は、さまざまな比例がなぜ快をもたらすかという議論にも適用されており、快は「先入観のせいか、あるいはこれらの理念をこれらの形象に結びつける、わたしたちの習慣のせいでもある」のである。この推論は、ペローの影響でもあり、同時代のイギリスの思潮でもある。ペローの思想をどこまで真摯にうけとめたか定かではなく、自身の建築論ではペローの分割法を否定したが、コラムの絶対高さに相関して縮減を操作することを否定的にとらえたことには、合意している(一六一頁)。

アイザック・ウェア[68]は、『五種類の円柱』英語版を座右の書としながら『建築全体系』を執筆する。彼のテキストは、固定的なものと恣意的なものという二分法など、部分的にはペローのものの書き写しであり、要約であったと指摘されている。小モデュールを賞賛するほど、ペローに傾倒する。その彼に倣い、古代建築の比例がさまざまであり、それらが古代の職人たちの先入観や不器用さに由来し、そもそも比例は慣習、偶然、先入観、流行などによって変化し多様であったという説、さまざまな諸例の平均をとること、両極端の値の中間値をとること、を受け入れている。しかしウェアの結論はペローのそれとはまったく異なっている。古代建築の多様さは、ウェアにとっては「古典的自由」なのである。彼はそこに立脚する。またそもそも彼にとって、パラディオが最良の建築家なのであり、そのオーダー比例もまた一種の権威である。そして平均の比例は、パラディオのものを否定するものではなく、パラディオの代替案であり異本なのである。比例は多様であり、両極端のあいだにはパラディオの比例、平均的な比例があり、その範囲内でまさにさまざまな例がある。ペローはだからこそ、そこからひとつの規範に収斂させねばならないと考える。しかしウェアは、そこに範囲があることが建築のすばらしさであり、建築家はそこに「古典的自由」を発揮し、思慮と謙虚をもって比例を選択しなければならない、と考える。古代建築を研究した彼は「かくも多様でありながら、いずれも美しい」という態度なのである（一六一〜一六八頁）。

ヘルマンによれば、ペロー理論はイギリスにとってはそれほど革命的ではないからこそ、むしろ受容される。しかしフランスにとっては古典主義建築の組立てを逆転させるものである（一六八頁）。

シャルル＝エチエンヌ・ブリズ[69]は『芸術本質的美論』（一七五二年）のなかで、同時代におけるロココの優勢に批判的であり、法則性を無視した「趣味」すなわち気紛れと偶然の支配を批判しようとし、数学的な真実、自然の法則にもとづいた、しっかりした法則によって芸術を再興しようとする。こうした趣味の支配という現状をもたらした人物は、ブリズにとって、ほかならぬペローである。彼こそが、比例は建築の美には貢献しないという指摘をし、趣味の支配を許した責任者なのである。ブリズは『五種類の円柱』序文を理論的に批判し、比例は習慣、流行、偶然からは独立した美の基本であると結論づける。聴覚的な調和と視覚的なそれは同じであり、自然に基礎づけられ、美学理論の基礎となる。しかし、比例は恣意的であるからこそ法則化しなければならないという論旨は理解できず、混乱し、ペローとブロンデルの論争の個人的な文脈のせいにする。ところがブロンデルの『教程』は、アカデミーでの二週間ごとの講演をまとめたものであるし、フレジエ、ルクレール、ラ・イール、デゴデ、クールトンヌ(70)という建築アカデミーの重要人物たちは、ほとんどペローには言及していない。ペローの理論がもし受け入れられていたなら、この言及のなさ、さらにペローの建築比例を採用した建築家はひとりもいないという事実はどう説明されるか。このように文脈をたどると、ブリズが趣味の支配という罪をペローに負わせるのは正しくないとヘルマンは指摘する。ピエール・エステーヴ(71)は『美術の精神』（一七五三年）のなかで、数学的幾何学的比例にもとづく法則性を無視するのは悪い考え方だとする。ピエール・パットは、むしろ法則を確立しようとしたペローを評価する。当時の建築家たちにとって、ペローもブロンデルも、むしろ法則性の擁護者たちなのであり、非難されるべき放縦な建築家は、たとえばボロミーニなのである（一六八～一七五頁）。

ニコラ・ル・カミュ・ド・メジエール(72)は『建築精髄』（一七八〇年）のなかで、ウヴラールの音楽比例理論を賞賛するというアナクロニックな態度を示しながら、比例の法則はなく趣味がたよりであるというペローの考え方を批判する。いっぽうイギリスのジョン・ソーン(73)もそう解釈したが、ウヴラールの音楽比例は風変わりな考え方であり、比例の固定的な法則はないので、ペローの考え方にしたがい、趣味、良識、健全な判断により相対的である比例に、調和と正しさをもたらすよう、建築家の心を導くべきであると考える。いっぽうエチエンヌ＝ルイ・ブレ(74)は、『五種類の円柱』を表面的にしか理解しておらず、ペローが建築を幻想と発明の芸術ととらえている点は把握するが、自身の論としては、聴覚比例と視覚比例の相違を主張する、あるいはシンメトリ、規則性、秩序などの重要性を強調するなど、しらずしらずのうちにペローと同じ道を歩むばかりか、一〇〇年まえのブロンデルと同じ教義に立ち戻る。ペローは、規則ではなく幻想にもとづく建築を探究したとして、ほとんど誤解されていた、とヘルマンは指摘する（一七六頁）。

一九世紀は、ペローの本質がさらに忘却された時期である。カトルメール・ド・カンシ(75)は、美術史が登場する以前に『五種類の円柱』に言及した最後の作家である。彼が新古典主義の時代において『百科全書』初版（一七八八年）を書いたとき、ペローの著作として『五種類の円柱』という項目をあげておくだけで済ませる。しかし四〇年のちのロマン主義の時代において改訂版（一八三二年）を出すとき、その重要性を強調すべきと考え、古典主義の建築理論全般にかんする良書であり、その序にはすぐれた概念が紹介されていると絶賛する。ただ一九世紀においては、カンシの立場そのものが古いと考えられている。一般的にペローについては、その理論はほとんど言及されず、もっぱらルーヴル宮コロネードの建築家として著名である。一九世紀の偉大な建築修復家ヴィオレ＝ル＝デュクにとって、ペローはベルニーニを排除したという点で気高い建築家である。ラボルド(76)にとってもそうである。セザール・ダリ(77)は雑誌『建築公共工事総誌』のなかで、建築家は「芸術の自由」を求めなければならないとするとともに、一七世紀の建築家としてブロンデルやペローにも言及したが、ペローがその自由を体現しているとまでは断言してはいない。一九世紀の作家たちにとり、ペローは建築理論家ではなく、エレガントにして清浄であり、偉大にして壮麗などと評価されるルーヴル宮東コロネードという顕著な作品の建築家である。しかも「バロック」という様式概念もまだ成立していないのである。

コルネリウス・グルリット(78)は、ブロンデルとペローの論争を論じた最初の近代美術史家である。ブロンデルの音楽比例などの概念、ペローの習慣、美の二元論のそれらについて分析し、論じている。とはいえ、ペローをかなり恣意的に解釈しており、自分の論旨に都合の悪い箇所はすべて無視している。古代の建築家たちは自由に比例を操作しているから、恣意的な美をむしろ好意的に解釈しているペローは「ロココの精神的な父」なのである

(一八一頁)。ブロンデルもペローもバロック的渾沌よりも古典主義的な単純性をより評価した。とはいえ、あきらかにペローにより好意的であった。グルリットはバロックを専門とする美術史家であり、美術史家として、法則や規則よりも、芸術(家)の自由こそが創作のエネルギーであると考える。「芸術は自由」なのである(一八三頁)。こうした自由観は、一九世紀中葉ドイツにおける自由主義、個人主義という文脈に由来する。グルリットにとって、ルネサンスののちの美術史は、芸術的才能の自由な個人主義と、芸術の規範性という矛盾が発生し、そしてしだいに個人主義が展開するプロセスでり、その枠組みのなかでバロックは考察される。こうした論のなかで、ペローのコロネードは「まさに自由であり縛られていない」。ペローはいっぽうで規則性や標準性を主張しながら、たほうで自己の個性や自発性を発揮しているのである。

こうした近代的な意味での自由の概念は、ユベール・ジロの[79]『新旧論争』(一九一四年)にもみられる。ジロにとって、近代派は「芸術における自由の権利を雄弁に断固として」(一八七頁)主張し、権威と戦い自分たちのプログラムを実現しようとする一派であり、近代派とは「個人の解放」あるいは「個人主義の勝利」のための試みを開始し、ロマン派はそれをなしとげる。こういう意味ではペローは、ジロが構想したプログラムのなかに組み込まれる「近代人」なのである。

ヘルマンはこのように、ペローの理論とその受容、より正確にはそれへの批判、誤解、無視そして忘却というのが一九世紀末までの事情であることを説明している。ヘルマンの歴史叙述もまた遡及的である。二〇世紀初頭になり、ようやく文学上の「新旧論争」という概念が成立するとともに、建築界においてはペローが近代派で、ブロンデルが古代派であったのではないか、というまさに遡及的な理解が可能になる。そしてバロック、新古典主義、そして近代主義などという建築史概念が二〇世紀の研究史において成熟してくる。ヴェルフリンは『ルネサンスとバロック』（一八八八年）と『美術史の基礎概念』（一九一五年）により、エミール・カウフマンは『ルドゥからル・コルビュジエまで』（一九三三年）や『三人の革命的建築家』（一九五二年）により、バロックと新古典主義の概念との比較で、近代主義を対比的に明らかにしてゆく。ヘルマンは一九五〇年代と六〇年代において、ペローを再解釈し、この一七世紀の建築家を研究した。おそらくそれは、こうした歴史と近代を並行して批判しようとする流れにおいてである。

文献としての組立てにおいて終章「後日談」はあたかも付け足しであるかのようだ。しかしペロー研究者列伝として書いていると、著者であるヘルマン自身が、その列伝に書き込まれそうになるというウロボロスのような構図ができる。二〇世紀中盤においてモダンとはなんであったかを問うことは、自分自身を問うためであり、そのためにペローにまで遡及しなければならなかった。

ルドルフ・ウィットカウアは、ルネサンス建築のなかに古代からの比例理論が受け継がれており、それが新プラトン主義という哲学とパラレルであることを『ヒューマニズム建築の源流』（一九四一年）などのなかで解明した。音楽比例や宇宙論、神人同型説などにもとづく新プラトン主義的比例観がルネサンスにあり、二〇世紀初頭に再発見され、近代建築のなかに、さらには近代建築の理論的解釈のなかにこの主義が活用されてきたという文脈である。それにたいし、一七世紀の科学革命の時代に超越的な比例などないといって批判理論を構築したペローを紹介した、というのがヘルマンの立ち位置である。

新プラトン主義的モダン解釈に対抗する、近代科学的モダンという批評の構図もとりあえず成立している。さらにはブロンデルとペローの葛藤は、神秘主義的な建築論と科学的なそれとの対立の構図であり、この対立そのものが二〇世紀において反復されているということを、ウィットカウアとヘルマンとの対比ということで、身をもって、再現してみせたようでもある。

一七世紀の人びとはすでに近代人を自称していた。それが二〇世紀はじめ、過去との断絶という意識のなかで近代芸術運動が展開したとき、この枠組みが遡及的に適用され、二〇世紀的な近代人の祖型は一七世紀のたとえばペローであった、ということにされる。

それではなにが近代性の指標としてとりあげられたのだろうか。たとえばイギリス観念論におけるロックやヒュームの観念連合であろう。とくにヒュームは懐疑論にもとづいて観念的にすぎる形而上学を批判し、近代市民社会が成立するための理論的基礎を構築したのであるが、その哲学そのものは既知のものとしてとくに論じられていない。ペローもまた、神による宇宙の設計といった形而上学を語ることなく、知覚機械としての人間のメカニズムのうえに比例のシステムを構築しようとした。

しかし、それでもなお、ヘルマンは一七世紀と二〇世紀を単線的につなぐのみであって、その狭間である一八世紀と一九世紀の歴史的枠組みを、広がりとして示してはいない。そこにはカウフマンに代表されるような、近代建築運動をすこし単純化しすぎたうえで遡及するという方法論そのものの限界が露呈している。

注

（1）Wolfgang Herrmann, 1899-：ドイツ出身の美術館学芸員。建築史家。ヴィルヘルム・ピンダーのもとで学位を取得。ハインリヒ・ヴェルフリンにも学ぶ。一九二五年にベルリンの国立産業博物館の学芸員。一九三三年にイギリスに亡命する。一九五〇年に建築史および建築理論の研究に着手し、ペローとロジエ、ゼンパーの研究に集中する。著書に：*Laugier and Eighteenth-Century French Theory*, London, 1962; *The Theory of Claude Perrault*, London, 1973; *Gottfried Semper, In Search of Architecture*, MIT Press, 1984.

（2）Rudolf Wittkower, 1901-1971：ドイツ出身の美術史家。まずベルリンで建築を学び、ついでミュンヘンでヴェルフリンのもとで美術史を学ぶ。一九三三年にロンドンに渡り、ウォーバーグ（ヴァールブルク）研究所などで教える。一九五四年からはアメリカに滞在し、ハーバード大学、コロンビア大学で教える。『ヒューマニズム建築の源流』（一九四九年）、『数奇な芸術家たち』（一九六九年）、『アレゴリーとシンボル』（一九七七年）など著書多数。

（3）*Les dix livres d'Architecture de Vitruve corrigés et traduits par M.Perrault*, Paris, 1984, p.12 note 13.

（4）Roland Fréart de Chambray, 1606-1676：フランスの建築理論家。一六四〇年に建築総監の指示でローマにわたり、王室コレクションとするためにローマの古代彫刻のレプリカを探す。パラディオ『建築四書』を翻訳し、一六五〇年に出版。同年『古代と近代の建築の比較』（*Parallèle de l'architecture antique avec la moderne*, 1650）を出版したが、そのなかでソロモン神殿のコリント式オーダーを描き解説している。

（5）Philibert de l'Orme（Delorme）, c.1514-1570：34頁注（7）参照。

（6）オランダの神学者ヤンセンの神学を、教皇が異端としたにもかかわらず、支持する人びと。アウグスティヌスの神学を基本とし、恩恵論を説く。

（7）Pierre Nicole, 1625-1695：フランスの神学者。ジャックリーヌ・アルノーが一六二五年、あらたにパリに創設したポール＝ロワイヤル修道院が、ジャンセニスムの学校となっていた。パスカルもこの学校で学ぶ。ニコルはアントワーヌ・アルノーの導きで修道院での活動に参加する。著書に『真の美と偽の美にかんする論』（*Traité de la vraye et de la fausse beauté*, Paris, 1698）。

（8）Jacques-Bénigne Bossuet, 1627-1704：カトリックの聖職者。著書に『神と自分自身の知』（*De la connaissance de Dieu et de soi-même*, -1681?）。

（9）Juan Bautista Villalpando（Villapandus）, 1552-1608：スペインのイエズス会士。35頁注（24）参照。
（10）ヘルマンは指摘していないが、精神と身体の関係は、生命と宇宙の関係に似ている。デカルトの心身二元論は両者をはっきり区別するものであるが、ペローは身体に遍在する魂を考えており、むしろ神において見ると考えたマルブランシュや、身体を精神の場と考える現代思想のある側面に近い。
（11）Nicolas-François Blondel, 1618-1686：83頁注（55）参照。
（12）Pierre Gassendi, 1592-1655：フランスの神学者。哲学者。コレージュ・ロワイヤル数学教授。アリストテレスのスコラ学的解釈を否定し、コペルニクスなどの近代物理学を擁護する立場であった。古代ローマで否定されたエピクロス哲学とその経験主義的な唯物論哲学を復権させた。
（13）Nicolas Malebranche, 1638-1715：フランスの哲学者。デカルト哲学を深化させたが、同時にアウグスティヌスの哲学にもとづいていた。視覚について考察し、神において見るというテーゼを確立した。『真理の探究』（*De la recherche de la vérité*, 1674.）
（14）Jacques Rohault, 1618-1672：物理学者。デカルト哲学を発展させ、それがさらにアリストテレス哲学を凋落させた。『物理学』（*Traité de Physique*, 1671）、『哲学講話』（*Entretiens sur la Philosophie*, 1672）など。
（15）Niels Steensen, 1638-1686：ラテン名でステノとも呼ばれる。デンマーク、コペンハーゲン出身の解剖学者。オランダ、フィレンツェなどで脳の解剖などについて研究活動をする。パリに滞在した一年のあいだに、ペローも彼の講義に出席した。
（16）André Félibien, 1619-1695：建築家。史料編纂者。一六六四年にコルベールより王の史料編纂者に指名される。一六七一年より建築アカデミー秘書。芸術、建築について多くの著作を残す。『古代と近代の最も優れた画家列伝』（*Entretiens sur les vies et sur les ouvrages des plus excellents peintres anciens et modernes*, Paris, 1685.）
（17）ヘルマンは、quod scimus, debemus rationi; quod credimus, auctoritati を引用している。Cf. Herrmann 1973, p.51.

（18）Antoine Gombaud, chevalier de Méré, 1607-1684：フランスの作家。パスカルの議論相手。

（19）Herrmann 1973, p.54 note 74.

（20）Claude Perrault, *Ordonnance*, 1683, p.vii.

（21）John Locke, 1632-1704：イギリスの哲学者。『人間知性論』（一～四巻、大槻春彦訳、岩波書店、一九七四年）など。経験論哲学の父。人間の精神は、誕生したときはタブラ・ラサであり生得観念はなく、経験により外の世界から得たさまざまな観念を結合させて知識とするという図式を考えた。

（22）Thomas Hobbes, 1588-1679：イギリスの哲学者。『リヴァイアサン』（水田洋訳、岩波書店、一九九二年）など。人間や社会の自然状態を想定しつつ、機械論的世界観を展開した。

（23）*Les dix livres d'Architecture de Vitruve corrigés et traduits par M.Perrault*, Paris, 1984, p.105 note 7.

（24）Ibid., p.12 note 13.

（25）Jean de La Fontaine, 1621-1695：フランスの詩人。一六七四年よりアカデミー・フランセーズ会員。新旧論争においては古代派。

（26）Marin Mersenne, 1588-1648：フランスの神学者。ミニム会修道士。哲学、数学、物理学、音楽論を研究。私的な研究者グループとネットワークを構築したが、やがてアカデミーと呼ばれるようになり、のちの王立科学アカデミーの母体となった。

（27）Dominique Bouhours, 1628-1702：フランスのイエズス会士。宗教史、宗教論作家。

（28）Giovanni Paolo Lomazzo, 1538-1592：イタリアの画家。マニエリスムの理論家。作家。

（29）Franciscus Junius, 1591-1677：ドイツの哲学者。文献収集家でもあり、キリスト教文学のコレクションをもっていた。

（30）Leon Battista Alberti,1404-1472：イタリアの人文主義者。建築家。『建築論』（*De re aedificatoria*, 1485）

（31）Sir Henry Wotton, 1568-1639：イギリスの作家、外交官、政治家。ウィトルウィウス建築十書を翻訳し、一六二四年に『建築の諸要素』（*The Elements of Architecture*）を出版。

（32）Albrecht Dürer, 1471-1528：ドイツの画家。版画家。数学者。美術理論家。人体比例、ウィトルウィウス研究、透視図法などを論考し、多くの著作を残す。

（33）Cesare Cesariano, 1475-1543：イタリアの建築家。建築理論家。画家。おもにミラノで活動。一五二一年コモにてウィトルウィウス建築十書のイタリア語版を出版。

（34）Daniele Barbaro, 1513-1570：ヴェネツィア出身の作家。ウィトルウィウス注釈者。聖職者。パラディオに別荘を依頼し、またその設計のために彼とともにローマの古代建築を見学する。ウィトルウィウス建築十書をイタリア語に翻訳し、一五五六年に出版する。

（35）Guillaume Philandrier, 1505-1563：115頁注（65）参照。

（36）Jean Bullant, 1515-1578：アミアン出身の建築家。彫刻家。ローマで古代芸術を研究し、帰国ののちエクーアン城を建設し、一五七〇年にフィリベール・ドロルムを継いでカトリーヌ・ド・メディシスの建築家となり、チュイルリ宮などを担当。一五六四年パリで、『建築の一般法則』（*Règle générale de l'architecture*）を出版。

（37）Giacomo Vignola, 1507-1573：イタリアの建築家。『建築の五つのオーダー』（一五六二年、長尾重武訳、中央公論美術出版、一九八四年）。

（38）Henrik Hondius, 1573-1650：オランダの版画家、版画商。『幾何学法則速習』（*Brève instruction des règles de la géometrie*, La Haye, 1625）

（39）J. Dubreuil,?-?：一六五一年に『実用的透視図法』（*La perspective pratique*）をパリで出版。

（40）Abraham Bosse, 1604-1676：フランスの芸術家。銅版画を多くてがける。絵画彫刻アカデミー会員。建築家にして幾何学者ジェラール・デザルグの投射幾何学を学ぶ。『リヨンのデザルグ氏による建築截石のための作図法』（*La pratique du trait à preuve de M. des Argues Lyonnois pour la coupe des pierres en Architecture*, 1643）、デザルグの講義をもとに書き起こし出版した『デザルグ氏……透視図法を実践するための普遍的法則』（*Manière universelle de M. des Argues pour pratiquer la perspective*, 1648）、『円柱のオーダー』（*Des ordres des colonnes*, 1664）など。

（41）**Walther Hermann Rivius**（Ryff）, 1500-1548：医学、解剖学、哲学、建築学の研究者。一五四七年にウィトルウィウス建築十書の最初のドイツ語版を出版。

（42）**Jean Martin**, 1500-1553：フランスの人文主義者。ミラノ公ルドヴィーコ・スフォルツァのフランスにおける秘書。ウィトルウィウス建築十書をフランス語に翻訳し、『建築すなわち古代ローマの作家マルクス・ウィトルウィウス・ポリオの優れた建築法』（*l'Architecture ou art de bien bâtir de Marc Vitruve Pollion, auteur romain antique*, 1547）として出版する。

（43）Giovanni Antonio Rusconi, 1520-1587：イタリアの建築家。没後一九五〇年その建築書が出版される。

（44）Vincenzo Scamozzi, 1548-1616：ヴェネツィア出身の建築家。パラディオが着工したテアトロ・オリンピコを竣工させる。『普遍的建築の理念』（*L'Idea della Architettura Universale*, 1625）。

（45）**Roger de Piles**, 1635-1709：フランスの画家。版画家。芸術理論家。外交官。一六八二年より駐ヴェネツィア大使。一六九九年より絵画彫刻アカデミー名誉評議員。デッサンよりも色彩を重視し、この観点からヴェネツィア派を擁護した。

（46）『パンセ』第七章には、人間の感覚は極端なものを知覚しないし、ふたつの極のあいだの中間にあるのが魂の状態だという指摘がある。

（47）『方法序説』のなかで、多くの意見を聞き、穏健なものを選ぶということに言及している。

（48）**Pierre Patte**, 1723-1814：フランスの建築家。ジェルマン・ボフランのもとで建築を学ぶ。ジャック＝フランソワ・ブロンデル（次注）の助手であり、師の『建築教程』を一七七四年に完成させる。『ルイ一五世の栄光のためにフランスで建設されたモニュメント』（*Monuments érigés en France à la gloire de Louis XV*, 1765）において、いくつかの国王広場からなる都市の全体的構想という観点をはじめて示す。『建築の最重要対象についての覚書』（*Mémoire sur les plus importans de l'Architecture*, 1769）において、クロード・ペローの理論を批判する。

（49）Jacques-François Blondel, 1705-1774：フランスの建築家。建築教育者。フランソワ・ブロンデルの甥にして弟子。一八世紀半ば、アカデミーとは関係なく建築学校を開校し、ブレ、ルドゥ、ブロンニャール、ド・ヴァィイらを育てる。一七六二年に建築アカデミー教授。その教育内容を一七七一年に『建築教程』（*Cours d'architecture*）として出版（抄訳『建築序説』、白井秀和訳、中央公論美術出版、一九九〇年）。没後、ピエール・パットが引き継いで一七七七年に続巻を出版。

（50）*Traité de la lumière*：ホイヘンスが一六七八年に科学アカデミーに提出した論考にもとづく。光は波動である、その速度は有限である、などと論じている。蓋然性についてはXX章四五四頁参照。

（51）N.-F. Blondel, *Cours d'Architecture*, t.5, 1683, pp.756-760.

（52）Ibid., p.761.

（53）Jacques-Gabriel Soufflot, 1713-1780：新古典主義の建築家。一七三一年ころからローマで建築を学習し、一七三四年からローマのフランス・アカデミーのメンバー。一七三八年に帰国、リヨンで建築活動に従事、中央病院などを建設。一七四七年にパリの王立アカデミーで展覧会を開催。一七五〇年、将来の建築総監マリニ侯のグランド・ツアーに随行して、ルブラン神父、コシャンとともにイタリアを旅行する。パエストゥムとヘルクラネウムの古代ギリシア神殿を見学し、その柱基なしドリス式オーダーを観察し、新古典主義の興隆のきっかけをつかむ。一七五五年、マリニ侯からサント＝ジュヌヴィエーヴ教会の建築家に指名される。一七八〇年竣工。現パンテオン。

（54）Edmund Burke, 1729-1797：イギリスの哲学者、政治家。『フランス革命の省察』（一七九〇年）、『崇高と美の観念の起源』（一七五七年、中野好之訳、みすず書房、一九九九年）。

（55）Marc-Antoine Laugier, 1713-1769：フランスのイエズス会士。一七四四年からパリに派遣され、王の説教師となる。

『建築試論』（*Essai sur l'architecture*, 1753, 三宅理一訳、中央公論美術出版、一九八六年）において「初源の小屋」の概念を示し、原型と構造原理から演繹された建築オーダーのあるべき姿を提示する。それは柱こそが建築の本質であるという姿である。『省察』（*Observation sur l'architecture*, 1765）ではさらに、古典主義とゴシックの両立を提案する。カルロ・ロドリやアンドレア・メッモといったヴェネツィアの合理主義者たちからの影響をうけている。『ヴェネツィア共和国の歴史』（*Histoire de la République de Venise*, 1759, 1768.）。

（56）Louis Savot：フランスの建築家。『個人建築』（*L'Architecture des bâtiments particuliers*, 1685）。

（57）Jean Louis de Cordemoy, ?-?：デカルト派の哲学者を父とする、聖職者。ペローの建築理論をつよく反映した『全建築新論』（*Nouveau Traité de Toute l'Architecture*, 1706）を著す。

（58）Amédée François Frézier, 1682-1773：フランスの築城技師。旅行家。地図学者。パリで神学と数学を学び、イタリア旅行をへて、一七〇七年に国王技師となる。南米などへの築城のミッションののち一七二七年に帰国。エンジニアとして機械学、截石術に詳しい。コルドモワ神父、ロジエと建築観をめぐって論争をする。一七五四年に『メルキュール・ド・フランス』誌に論文『建築の美と良き趣味に関する新刊書への注釈』（*Remarques sur quelques livres nouveaux concernant la beauté et le bon goût d'architecture*）を発表。オーダーについては『理論的・批判的建築オーダー論』（*Dissertation théorique et critique sur les ordres d'architecture*, 1739）、石工技術にかんしては『ヴォールト建造のための截石の理論と実際』（*Théorie et pratique de la coupe des pierres pour la construction des voûtes*, 1737-1739）を刊行する。人文主義の名残りのあった建築論を批判し、気候、建材、社会の多様性のなかで、美もまた一種の先入観であり状況によって変化するものである。古典的な用・強・美ではなく、技術が優先されるべきである。またゴシック建築よりも古典主義建築が優位にあるという主張は、アカデミーに代表される保守的な考え方と同じであったが、フレジエは技術の観点からこそ、古典主義そして建築オーダーは正当化されると考える。

（59）Yves André, 1675-1764：フランスのイエズス会士。イエズス会で修練期をすごし、一七二六年から一七六四年までカン市のコレージュで数学教授。デカルトを信奉し、マルブランシュと交際があったので、イエズス会内では立場が悪く、宗教上のキャリアは不遇。一七三二年以降の数学教授としての講義内容をとりまとめ、一七四一年に『美試論』（*Essai sur le Beau*）を出版。アウグスティヌスの「悦びを与えるから美しいのか、美しいから悦びをあたえるのか」という問いかけをふたたびとりあげ、美を主観性の領域において守ろうとした。デカルトによる理念の三段階論、すなわち内在的、付随的、人為的という図式をなぞるように、彼はまず本質的で絶対的な美があり、それが自然な美を経由して、人工的な美という主観的なものにいたるという構図を考える。また建築には二種類の原理があるが、ひとつは普遍的に有効である幾何学の原理であり、もうひとつは個別性を観察することに立脚する原理である、とする。後者は恣意的であり、五オーダーの部位の比例を決めるための法則はこれに属するとする。数学者としてのアンドレは、比例の法則性は否定しなかった。それゆえ、法則性を否定しないブロンデルの立場と、美の主観性を強調するペローの立場を和解させる理論であった。『人間論』（*Traité sur l'homme*,1700）では魂がいかに身体に作用を及ぼすかを説く。Cf. Françoise Fichet, *La Théorie Archtecturtale à l'âge classique*, 1979, pp. 323-325.

（60）Alexander Gerard, 1728-1795：スコットランドの政治家、教授、哲学者。『趣味試論』（*Essay on Taste*, 1759）。

（61）David Hume,1711-1776：イギリス経験論の哲学者。印象と観念という二元論で、人間の知覚を論じる。因果関係は客観的には存在しえず、観察者がふたつの出来事をくりかえし理解するなかで習慣の力で、観察者のなかに「因果」が成立するだけのことだと論じる。この因果は確実なものではなく、蓋然的であるにとどまる。ジル・ドゥルーズは、主観の事情を世界に投影しようとするカント哲学ではなく、事物のたちあらわれから哲学を開こうとする。ヘルマンは、同じような視点からクロード・ペローに注目するのである。

（62）Henry Home, Lord Kames, 1696-1782：スコットランドの弁護士。判事。哲学者。作家。『批評原理』（*Elements of Criticism*, 1762）。

（63）Christopher Wren, 1632-1723：イギリスの科学者。建築家。ロンドンのセント＝ポール聖堂など。

（64）Christopher Wren, *Parentalia*, London, 1750.

（65）William Chambers, 1723-1796：スコットランド＝スウェーデンの建築家。ロンドンを拠点に活動。一七四〇年から一七四九年までスウェーデンの東インド会社の一員であり、そのあいだ中国にも滞在。それからパリでブロンデルのもとで建築を学び、イタリアにも滞在。事実上の国王付建築家であり、サマセットハウスなど王室関係の仕事もする。

（66）James Gibbs, *Rules for Drawing the several parts of Architecture*, 1732. ギブズは一八世紀のイギリス建築家。ロンドンに教会堂を建設。

（67）ヘルマンはアイリーン・ハリスやジョン・ハリスの先行研究に依拠している。Eileen Harris, 'Burke and Chambers on the Sublime and Beautiful', *Essays in the History of Architecture presented to Rudolf Wittkower*, 1967, pp.207 off; John Harris, *Sir William Chambers*, 1970; Cf. Herrmann, 1973, pp.157-161.

（68）Isaac Ware, 1704-1766：イギリスの建築家。バーリントン卿のもとで活動。レオニ版にあきたらなかったので、みずからパラディオの『建築四書』を翻訳し、一七四三年に出版する。『建築全体系』（*Complete Body of Architecture*, 1765-）はパラディオの建築理論をのりこえ、バーリントン卿による趣味の支配を打破しようとするもの。

（69）Charles-Etienne Briseux, 1680-1754：フランスの建築家。建築アカデミー会員。ロココ時代、あるいはルイ一五世様式の時代に活躍。一七五〇年にパリ市内に邸宅（現九区の区役所）を建設するが、建築家としてのキャリアは不明な点が多い。『近代建築すなわち優れた建設法』（*L'Architecture moderne ou l'Art de bien bâtir*, 1728）、『田園住宅建設法』（*L'Art de bâtir des maisons de campagne*, 1743）、『芸術本質美論』（*Traité du beau essentien dans les arts*, 1752）。建築オーダー理論については、ペローとその賛同者を批判し、ウヴラール、ブロンデルを再評価して、建築比例を建築の使用目的などの観点、とくに間取りのそれ、から正当化する。

（70）Jean de Courtonne, 1671-1739：一七二八年に建築アカデミー第二部会員。一七三〇年にアカデミー教授。建築オーダーの比例にかんする議論をとりまとめた。

（71）Pierre Estève, 1720-179?：*L'Esprit des beaux-arts*, 1753.

（72）Nicolas Le Camus de Mézières, 1721-1789：フランスの建築家。建築理論家。パリの中央市場（レ・アール）内に穀物市場を建設。建築理論において、建築と劇場の類推を考えており、演劇が場面を変えるごとにその装飾を変えてゆくように、建築も展開すべきと考えた。また建築の形態は、社会的使命や施主の要求を反映すべきだと考えた。『建築精髄すなわちこの芸術と私たちの諸感覚との類似』（*Le génie de l'architecture, ou L'analogie de cet art avec nos sensations*, 1780）など著書多数。

（73）John Soane, 1753-1837：イギリス新古典主義の建築家。

（74）Étienne-Louis Boullée, 1728-1799：フランス新古典主義の建築家。

（75）Quatremère de Quincy, 1755-1849：フランスの美術史家。哲学者。建築においては新古典主義の支持者。一八一六年からアカデミー終身秘書となり、美術界を支配した。『百科全書』の「建築」の項目（一七八八年と一八二五年）、『エジプト建築論』（一八〇三年）、『建築史辞典』（一八三二年）など著書多数。

（76）Louis-Joseph-Alexandre de Laborde, 1773-1842：フランスの古美術研究家。

（77）César Daly, 1811-1894：フランスの建築家。教会建築の保存にかかわる。司教座建築家としても活動。一八四八年には宗教美術・建築委員会のメンバーとなり、ユートピア主義者としてエチエンヌ・カベとともにアメリカ大陸を訪問。建築家中央協会の秘書も務めるなど、多方面に活躍。それらと並行して『建築・公共工事総誌』（Revue générale de l'architecture et des travaux publics, 1840-1888）の創設者にして編集者として、建築ジャーナリズムを構築する。すなわち「建築界」そのものの立ちあげに中心的な役割を果たす。

（78）Cornelius Gurlitt, 1850-1938：ドイツの美術史家。建築家。バロック芸術研究のパイオニア。ドイツ建築家協会の創設者、協会長。*Geschichte des Barockstiles, des Rococo und des Klassicismus in Belgien, Holland, Frankreich*, England, 1888.

（79）Hubert Gillot, *La querelle des anciens et des modernes*, 1914.

解題
ジョゼフ・リクワート『最初の近代人たち』一九八〇年

ジョゼフ・リクワート(1)は、ペローの建築論を近代性のはじまりとしてとらえ、それについての議論から書き起こし、おもに一八世紀を詳細に論じ、浩瀚な文献の最終章を結論にあて、そこでふたたびペローを論じる。しかし、ルネサンス的な美学がいかに否定されたかに着目するヘルマンとは違い、むしろ美の二分法がいかなる結末をもたらしたかを論じている。すなわちこの二分法そのものが、建築界と建築思想の根底にある、一種の構造のようなものとなり、近代を支配するようになったのである。明証的な美とは、一般の市民のコモンセンスで理解できるものであり、シンプルで幾何学的なものであり、新古典主義の基盤はそうした理性至上主義になる。恣意的な美とは、専門家である建築家が、訓練によって身につける趣味にもとづく。

リクワートは美の二元論を、これら理性と趣味のそれとして位置づけなおす。一八世紀の建築は、理性と趣味の葛藤なのである。この枠組みにたち、ペロー理論の帰結として、建築家は理性にもとづく思弁的な世界から疎外されるようになり、むしろその地位を低めるようになる。そして建築は、人間の基盤的な産業のひとつとなってしまう。その典型例である合理主義者デュランは、新旧論争そのものを観念的にすぎるとして価値なしとし、経済性のみを求めるグリッドプランの設計法を考案する。このように建築がプラグマティックな方向に流れてゆく趨勢に反動的にたちあがったのが、たとえばフリーメイソンの建築家たちである。彼らにとり、建築とは秘教、神聖なる知識への探究にほかならなかった。そして、そういう探究がされなくなったのが近代にほかならない。

したがってリクワートは、基本的には近代建築批判の立場にたち、その批判されるべきもののはじまりを一七世紀後半に発見する。言い換えれば、ヘルマンは建築の形而上学が否定されたことに重点をおいて、そこに可能性を発見しているのにたいし、リクワートはその否定のプロセス、否定されることへの反動としての一八世紀を描くのである。

第一章「古典派と新古典派」（一～二二頁）では、その形而上学が一七世紀においてはまだ生きていたことが描かれる。ストーンヘンジを研究したジョン・ウッド父は、そこにピタゴラス数学にもとづく比例の原理が含まれていると信じる（一二頁）。そしてこの法則は、古典建築にとって絶対的な価値をもつものである。この思想の系譜として、キケロ、ボエティウス、[2]アウグスティヌス、そして一五世紀と一六世紀におけるプラトン哲学復興までが回顧される。それは新プラトン主義の再確認でもある。そして一七世紀フランスにおいて「より確固とした定式化」をみいだす。オラトリア派司祭ルネ・ウヴラールが『調和建築』のなかで、ウィトルウィウスの記載する建物や建築オーダーの各部位がいかに音楽比例を満たしているかを示した、などである（一三頁）。

第二章「明証的と恣意的」（二三～五三頁）ではそれをうけて、聴覚にかかわる音楽比例と、視覚にかかわる建築比例が同根で共通の原理に立脚するものである、というウヴラールの立論を繰り返しつつ、ウィトルウィウス翻訳者であるペローを論じる。ペローはこのウヴラールの理論をまっこうから否定し、建築比例が悦ばしいとき、観察者はその理由を知っているが、音楽が耳に快をもたらすとき、聴取者は和音にかんするその理由を知らなくともいい、と指摘して、視覚と聴覚の違いを強調する。ウィトルウィウスや後世の新プラトン主義哲学者たちにとって自明の理であった建築調和が自明でないとしたら、建築はなにを根拠とすべきなのか、という課題が設定される。

リクワートは、ペロー一族を紹介(二三~二四頁)したのち、ビュルレスク文学運動を重要項目としてとりあげる。アレッサンドロ・タッソーニ(3)は一六二二年にパリでビュルレスク『盗まれた手桶』(*La secchia rapita*)を出版していた。クロードの兄ピエールは、フーケの失寵と連座して財務官の地位を失っていたが、ヴィリに引きこもり、これを翻訳し、一六七八年に出版する。(4)ペロー兄弟はこの流れをくんで、ウェルギリウスの『アエネーイス』の、主人公が冥府巡りをするくだりの第六書を冗談めかして翻訳する。それはウェルギリウスを批判するためではなく、ペローたちの同時代人たちが、古代人を忠実に模倣することによってのみ、芸術家は前進できると信じたことを、揶揄するためである(二四頁)。

シャルル・ペローは官僚として詩人として有名であったが、古代派と近代派のあいだの浩瀚なる対話集『古代人と近代人の比較』(一六八八~一六九八年)を著す。これは近代派を代表する啓蒙的神父と、古代派を代表する法曹家である部長評定官との対話であり論争である。この論争はアカデミー・フランセーズにおいて国語制定が課題となり、その文脈でフランソワ・シャルパンティエが一六八三年に『フランス語の優位』を出したことによる。論争は広まり、芸術や政治にとどまらず、歴史観論争にまで発展し、過去の文化をどう扱うかまでが論点となる。イタリアではホメロスのパロディを書く作家まであらわれる。リクワートが冒頭で紹介したペロー兄弟のビュルレスクは、過去を相対化するそういう潮流のひとつとなる。過去の相対化は、ルイ一四世の世紀の絶対化でもあり、王の賞賛はこの時代の産業のようなものであった、とリクワートは指摘する。「ルイの世紀はアウグストゥスのそれに比肩される」(5)のみならず、それ以上でもある。古代派のボワローは、ラ・フォンテーヌ、ラシーヌらとともにペロー派に反論する。いっぽうで進歩という概念がすべてを支配していたわけでもないことも、指摘する（二八頁）。

リクワートは、『五種類の円柱』序の革命的書き出しについて述べる。まず古典的教養の破壊である。ペローは音程と長さ、視覚的調和と音楽的調和のアナロジーを全面的に否定する。とはいえ彼は議論を単純化するために、古代音楽の再解釈をめぐって、無理数にもとづく比例について当時のフランスにあった議論を意図的に無視していると、リクワートは指摘する。(6) その証拠が比例の多様性である。ドリス式柱頭の張出しは、古代から近代までに一と二分の一から一七ミニットまで変化しており、そこに法則性があるかどうか疑わしい。人体比例が建築に応用されたということはあるていど認めるが、建築比例がさまざまであるのは身体の比例もそうであるからだ。また美貌はある比例に収束しているように、建築もそうであろう。いっぽう音楽比例は、質的にまったく異なったもので、建築比例と同一視できない、とペローは指摘している。

リクワートは、音楽比例との関連をより詳細に論じる。自然科学者ペローは音楽にも関心があり、古代のインド音楽や中国音楽にも詳しい。(7) ペローにとって古代音楽とはオリエントの単旋律音楽であり、近代の東洋人とおなじく、古代人はポリフォニーや対位法は知らなかったが、音高（pitch）の概念そのものは普遍的であり、現在でも有効だという（三五頁）。

そしてリクワートは、当時の音楽理論のありかたを述べる。

「これ〔ペローの音楽理解〕は古代音楽にかんするあらゆる議論を破棄するものである。またそれはメルセンヌの音楽観をも暗黙のうちにに拒否している。メルセンヌは、音響問題についてきわめて鋭く多作な作家であり、科学的な音響問題と音楽批評とをはっきり区別していた。彼は鼓膜の振動と楽器のそれとのあいだの相関性を確立した。だから調和には絶対的な治癒効用があるのだと、つよく信じていた。古代の作家たちも音楽が治癒力をもつと説いていた。メルセンヌも、もともとそう信じていた。ただ彼は、そういう信仰は捨ててしまい、近代音楽の力は古代のそれを凌駕すると信じるようになったのだが。

とはいえメルセンヌは、デカルトが明快に説いた主観的審美理論を受け入れる。ふたりとも自分たちの聴覚計量法が重要であることは認識していた。しかしある音がべつの音より快をもたらすという説明は、メルセンヌには理解できなかった。デカルトはある有名な一節のなかで、まだ三世紀のちまで待たねばならない心理学実験室を予想しながら、バイオリンの音にあわせて数回鞭《むち》をうたれた犬は、その音楽を聴くや、かならず吠えて走り去ってしまうであろうと、メルセンヌに書き送った。

この点では、ペローは聴覚の性質についてはデカルトとは袂を分かつ。しかしそれでも、彼の段階をおって推論する方法には従っている。音高は変化しうるとしても普遍的である。なぜならその鼓膜と楽器の振動との定量的関係を基礎としているからだ。しかし機械的な効果がもたらされようと、聴く人にとって数量的には把握できないから、この関係は——メルセンヌがすでに指摘したように——視覚にくらべて閾は低いのだ。私たちが音を聞いて心地よいと思うかそうでないかは、経験と同一性の認識によるのだ。」（三五頁）

だからペローは推論する。耳は比例にかんする知識を精神に伝えられないが、眼はそれを精神に伝えるのであり、精神が比例を見て快を感じるのは、もっぱらこの知識をとおしてなのである（三六頁）[8]。視覚と聴覚との関連は、当時、ヨーロッパにおける重要な議題であった。ペローはこのように聴覚と視覚をはっきり区別する。すなわち音楽的調和がもたらす美は明証的で自然によるものだが、建築における比例はそうではない。後者は、知識を媒介とするという意味で、恣意的なのである。

音楽比例は自明であり、観念連合の力は必要ない。音楽的量は直接感知できるものではなく、音楽の効果はまったく抽象的であり、関係から独立している。ペローは解剖学的見地に立脚する。ウヴラールによれば、耳は眼よりも鋭敏であり、正確な協和音を脳に伝えることができる。ブロンデルもこの推論に従う。しかし解剖学者ペローは、この論理を逆転させる。耳は、眼よりも粗野なのである。音の知覚はまったく抽象的である。音楽的な調和は不変なものである。しかし眼はもっと複合的なのであり、よりよく外部情報を記録する装置なのである。こうした複合性ゆえに、眼は知識を伝えることができる。知識は学習されれば、共通感覚の作用とは異なった効果をもたらす[9]。だから視覚的である建築法則は、異なる方法論において考察されねばならない。ペローは自問する。人びとは建築の法則に合致する比例を好むが、なぜ自分たちがその比例を好むかは知らない。問題は、その理由が明証的なものか、流行のドレスがその比例によって快をもたらすような、習慣に立脚するようなものか。そこでペローは、明証的で確信的な美と、先入観に立脚した恣意的な美を区別する。後者は恣意的であり、それは移りゆく流行のようなものである。しかしそれでも、それだからこそ、規範は必要である。

このように聴覚と視覚、音楽と建築の根本的な相違から、二種類の美、すなわち明証的な美と恣意的なそれが区別される。後者にかんする知識を基礎として「良き趣味」が形成される。この知識を所有するのが建築家であり、なければ建築家ではないという議論が、一八世紀における趣味概念の展開の出発点となったと、リクワートは位置づける[10]。ペローは古代人によるシンプルな方法論に回帰しつつ、新しいモデュールのシステム、ミニットにかわる等分の方法などにより、「蓋然性」と「信憑性」のある中庸の比例をもたらすオーダーを提案することで、建築家集団の職業的な秘密であった建築比例をいわば「脱神話化」（三九頁）しようとしたと、リクワートは分析する。

リクワートは、活字書体という主題をめぐるペローの同時代性をも指摘している。ペローは『五種類の円柱』の序のなかで国王体とローマン体を区別している。[11] まさにこの時期、王室もまた書体を開発するという事業に取り組んでいた。そこでもコスモロジー的発想は後退し、脱神秘化する。[12] 新しい活字書体は、ペローのアプローチに類似している。すなわち蓋然性のある、抽象的な枠組みにより、近代の職人たちがみたところ恣意的なものであっても、それを合理的に処理できるものとする。そして幻想にしか立脚しない建築のような分野にあり、すなわち「言語、アルファベットの書体、モードといった、すべてたまさかである分野」（ウィトルウィウス序文）では権威が必要とされるのである（三九〜四二頁）。自由ゆえにそれを抑制する権威が必要だという、ある意味でシニカルなこのような態度はピエール・ガッサンディ[13]の態度とも共通するし、演繹的な思考法、あるいは人間の自由と慣習という視点では、デカルトにも負っていることを指摘し（四二頁）、ボワローの「デカルトが詩人ののど笛をかき切った」という批判を、リクワートは引用している（四三頁）。

リクワートは、ポール＝ロワイヤル修道院を本拠としていたヤンセン主義との関連を強調している。ペロー兄弟の父ニコラは、ジャクリーヌ・アルノー[14]と知己があり、その神学にも親しかった。シャルルは、自分がパスカルの『プロヴァンシアル』[15]に着想を与えたと主張する。またクロードがウィトルウィウス序文で議論した想像力の性質や美の知覚は、やはりヤンセン派に近かったパスカルが『パンセ』で直感的に示したものの展開なのである[16]（四四頁）。ただしパスカルもペローもかならずしも明快とはいえない。マルブランシュも、「想像力という言葉は広まっているが、それに言及している人びとがみな、その意味をはっきり認識しているわけでもなさそうだ」と述べている。[17] そうしたなかでピエール・ニコルは、客観的な美学を構想し、ペローにも影響を与える。

アルノーの弟子であったニコルは『真の美と偽の美にかんする論』をラテン語で一六五九年に、フランス語で一六九八年に出版する。この書は版を重ね、反響も大きい。ラシーヌは、神がとくに自分のためにこの書をもたらしたと友人に書き送っている。ニコルは、美はすべて自然に属しているが、中世のスコラ学が区別した二分法、すなわち「能動的にみずから自然とする自然」(nature naturans)と「受動的に自然とされた自然」(nature naturata)に似た論法で、知覚されるものとしての対象と、知覚する主体を区別する。多くの人びとは、美は感覚的な快で判断されると、誤って信じている。趣味を決定づけているのは習慣や他者の意見なのである。真の美は、印象の次元をこえた理性によってのみもたらされる。(18) こうした理性にもとづく明証的な美と、趣味あるいは自然の部分的破綻によってなりたつ恣意的な美という二分法が、ペローの二分法に影響を与えていると、リクワートは指摘する。

ところが新古典主義建築では「趣味」は否定され、ひたすら「理性」にもとづくことが強調される傾向にある。ニコルのより鋭利でより教訓的な部分、すなわち誇張、隠喩、ウイットなどポール=ロワイヤル派にとって人間知性の豊かな側面があったことは忘れられる。ニコルは、不協和音が聴く者の趣味を鋭くすると考える。こうした葛藤は、古代のモノフォニーと近代的なポリフォニー、すなわち古代音楽と近代音楽の対話であり対立という構図と同じであり、また同時代の音楽比例と空間比例との葛藤というテーマに回帰する。シャルル・ペローも『比較』のなかで、古代人の音楽は単旋律的であり、それが東洋の音楽のなかに保存されていると、指摘しているのである。そしてそれは「東洋の驚異」という一八世紀の観点へとつながってゆく。

リクワートは博識を駆使しつつ、ペローの二元論が、近代と古代の葛藤から、東洋への文脈へと展開することを第二章の終わりで示唆することで、第三章「驚異と距離」(五四～七九頁)への伏線とする。第三章以降では、東洋、ロココ的自由、知的アマチュアリズムとしてフリーメイソン、ピクチュアレスク庭園、考古学、新古典主義、などが論述される。一八世紀がひとつの系譜ではなく、その多面性において描かれる。しかしペロー理論はひとつの指標となり、それへの態度のとりかたで、建築や建築論が特徴づけられる。すなわちペローが試みた脱中心化や脱神話化が多様な探究をもたらすのである。

ペローが脱神話化であるとしたら、ニュートンは再神話化である。あるいは、その一八世紀を代表する人物として位置づけられる。「詩人ののど笛をかき切った」というデカルト批判は、ニュートンには妥当しない。ニュートンは『光学』において古代の調和概念を復興しようとする。色という現象そのもの、色の調和もまた、普遍的で確かなものであり、数的調和分割に対応する。したがって音的スケールに対応するというその議論は、必然的に、ピタゴラス的な調和的宇宙の概念にちかづいてゆく。ニュートンのあとは、その弟子のデザグリエ[19]やウィリアム・ホイストン[20]らがそうする。さらに一八世紀の啓蒙主義者ヴォルテールは分光列とオクターヴ音符の類似性を指摘したりする。プレヴォ神父[21]は「眼のクラヴィコード」という表現で、音と光の平行関係を前提とする。これらにより世界の調和にかんする新しいバージョンが確立される（一六一～一六二頁）。ニュートンのおかげで、建築理論家たちは「高貴な」感覚の調和を論じられるようになる（四六九頁）。一七世紀において聴覚と視覚は本質的に違うものだと指摘したペローは、ここで克服され、時代遅れとなる（一六二頁）。新デカルト主義者ペローは、「高貴な」調和を建築家たちが信じることを阻止しようとするが、最初は無視され、そしてニュートンにより否定される（四六四頁）。

すなわち理性と趣味という一八世紀の二項対立の構図のなかで、ニュートンは理性であり、ペローは趣味なのである。恣意的な美の側に立つ建築家たちの始祖として、ペローは位置づけられる。

だからペローは理論家としてではなく、むしろルーヴル宮コロネードの設計者として、その比例体系を考案した作家として記憶され評価されるようになる。一般的に、宮殿などヨーロッパにおける独立コラム付きポーチの諸例は、ペローのコロネードが起源である（八四～八九頁）。クリストファー・レンは、デゴデの文献、ペロー版ウィトルウィウスや『五種類の円柱』英語版を読んでいるはずである。パリでペローのコロネードも視察して印象をうけており、一七〇〇年までにはペローのカップルド・コラム弁明を読んだはずである（一四七頁）。イギリスの建築家ラングレは、ペローの理論は無視したが、ペローのように、通約でき、端数のない比例でオーダーを設計する（一八七頁）。セルヴァンドーニは、ペローの権威主義は否定したものの、ルーヴル宮の影響をうけて、そのカップルド・コラム、破断ないエンタブラチュアを借用してサン＝シュルピス教会を設計する（一一一、一一四～一一六頁）。ジャック＝フランソワ・ブロンデルは、ペローとマンサールを崇拝するのは一八世紀中葉の常套であるように、ふたりを神格化する（四七八頁、注四七）。建築総監マリニは、ペローとマンサールの時代のルイ一四世とコルベールの偉大な様式への回帰を考える（四二一頁）。スフロはパンテオンの構造を鉄の部材で補強するが、その前例がペローの補強石造システムである（四三七～四三八頁）。こうして、「趣味」理論の構築者として、そして良き「趣味」の体現者として、ペローは記憶される。しかし美の恣意性にかんするその議論は忘れられる。

リクワートによれば、一七世紀までは連続的歴史観が支配的であり、建築史は断絶なく継承されると考えられていたが、一八世紀からは、東洋、さまざまな古代像からなる分散的な歴史観となる。この世紀、ブロンデルとペローに比肩される理論提唱者はいない。ガブリエル、スフロ、コンタンらはたえずペローに言及する。趣味の恣意性がいわれ、古代の至上性が否定されるか相対化される。スフロは、彼らの相違を翻訳し、ある意味でブロンデル好みにおいて、哲学者の言葉に置き換える。論争はいわば再解決されて、ブレの言説となる（四六四〜四六五頁）。こうした流れのなかで、一七世紀の新旧論争は明確な二元論的対立であったが、一八世紀の建築理論は総体として「理性」と「趣味」のあいだの揺らぎのようなものとなる。

ブリズは『芸術本質美論』（一七五二年）[22]のなかで、すべての比例の基礎となる調和比例を提唱する。この「本質美」というタイトルは、マルブランシュ主義者イエズス会士アンドレ[23]から借用したものである。ブリズはオーダーの性質にかんする議論をし、調和比例の本質的性質についても論考しており、アンドレと同じく、ニュートンによる色彩と音程のアナロジーを論拠にしている。すなわちペローと同じ近代哲学を基盤としながら、ペローが否定した調和比例を肯定するのである（五〇一〜五〇二頁、注一七五、一七六）。

ロジエ神父[24]は、ブリズには懐疑的である。ペローは矛盾のなかから比例を抽出しようとしただけであり、ペロー自身もパラドクスは不条理だと知っていたと述べる。同時に、色彩と音程とのニュートン的アナロジーを拒否する。聴覚と視覚は類似していない。当時注目されていたカステル神父の「視覚的クラヴィコード[25]」はイマジネーションの産物であり、真実とは関係がないと批判する。とはいえペロー理論にはおおむね批判的であり、そのデカルト主義的な議論は、建築には適用できないと否定する。その推論はコルドモアにも、もとづいているが、ブリズを非難している。ブロンデルはほとんど言及していない。ロジエは『建築試論』や『省察』において、一般的な建築法則をたてるため、ウィトルウィウス的な建築起源論をくみこんだ一種の神話、すなわち「高貴なる野人」という神話にうったえる。とはいえ、ルーヴル宮ファサードは偉大さの例として賞賛する（五〇一〜五〇二頁、注一七五、一七六）。

イタリアの合理主義建築理論家ロドリ[26]はペローを読んだようだが（三一一頁）、その美の二分法を論破しようと決意を固めていた（三二四頁）。彼は初期機能主義とされるがそうでなく、むしろ表象を合理的に正当化しようとする。のちの機能主義者とも、ペローの理論からは遠く（三二二頁）、ペローとも区別される（三二五頁）。

フランス新古典主義の建築家エチエンヌ＝ルイ・ブレ[27]は、ペローの趣味は恣意的なものだという考え方も、ブロンデルの音楽アナロジーも、否定する。そしてニュートンの再神話化のためのプロジェクトを立案し、さらに身体の規則性という一種の「自然」概念に立脚する（五〇一〜五〇二頁、注一七五、一七六）。

スフロ[28]は、理論においてペローを批判し、作品においてその影響下にある。スフロは一七三九年、リヨン・アカデミーで比例理論についてレポートを提出し、ローマの教会堂を実測した結果を根拠として、ペローよりもブロンデルの意見を尊重する（五〇一頁、注一七五）。じっさい、スフロのコリント式オーダーの高さはペローのものより小さい（四九四頁、注一三七）。彼はサント＝ジュヌヴィエーヴ教会堂を設計するため、ペローの前身教会案を閲覧したようだが、しかし真に影響をおよぼしたのはルーヴル宮東ファサードである。この建築において、ペローは古代建築を凌駕《りょうが》しようとし、中世をその混乱した造形ではなく構造合理主義により、さらに、フランス的なものとして未来志向的に解釈しなおし、ルイ一四世のための新コンスタンティノポリスとしようとする（四八三頁・注八五）。こうしてスフロは、キリスト教的古代にもどるのでもなく、ローマのバシリカ建築にまで遡及するのでもなく、古代の単純さとゴシックの軽快さが融合した新しい、ある意味で「ナショナル」な建築を目指す。その意味でペローを継承している。ペローの影響は、コンタン、スフロ、ガブリエルに及ぶ。コシャンはサント＝ジュヌヴィエーヴ教会堂の作者は、ルーヴル東ファサードの建築家だとさえする（四三〇頁、四三二頁・注八三）。しかしリクワートにとり、サント＝ジュヌヴィエーヴは新古典主義の簡素さを越えるものである。さまざまなアレゴリーやイコノグラフィーが秘められている。パンテオンとは諸様式の結合である。その背景の建築史はもはや一貫したものではなく、断片化された諸時代や諸様式による過去の混成となる。こうした状況の起源が、まさにペローの恣意的と明証的という二分法なのである（四六八～四六九頁）。

リクワートは全一〇章のなかで多様な対象について言及している。それらの構成そのものが彼の歴史観である。それは終章（四一五～五〇六頁）の最後に、ペローの二元論にふたたび触れられていることに、あらわれている。ペローは、感覚的調和を信じる建築家たちの信仰を否定した。リクワートによれば、この建築論はネオ・デカルト主義である。このペロー理論が一八世紀において、いちどはニュートン物理学により拒否される。しかしそれでも趣味という概念をもたらした尊敬すべき理論家として、ガブリエル、スフロらによって評価される。そして古代は、ひきつづきインスピレーションの源泉ではあっても、もはや絶対的な権威ではなくなる。すると一五世紀からの歴史観、すなわちエジプト、ギリシア、ローマ、中世をのりこえて伝えられてきたひとつの建築、ひとつのオーダー理論という信念が動揺する。そのうえ中東から中国までの多様な異国の建築の姿が伝えられる。するとこんどはギリシア、ローマの建築もひとつの規範に従っているのではなく、内部において多様なのだという歴史観が生まれる。さらに明快なオーダー比例ではなく、スフロのサント＝ジュヌヴィエーヴ教会のように、建築はすぐれてアレゴリー、イコノグラフィーの混交であるという見方が優勢になる。「過去は細部や引喩の石切場ではありえなくなった。歴史はそれぞれの時代の様式へと分類され、こうして諸形態はいっぽうでは特定の参照へ、たほうでは紋切り型の化粧へと分断されていった」（四六八頁）。この変化をもたらしたのがペローの二元論であると、リクワートは分析する。すなわち明証的な美は万人がコモンセンスにより感知でき、恣意的な美は経験を積んだ建築家たちが感知できる。この二元論を、ペローの意図とは違う方向で、一八世紀人たちは展開してゆく。ニュートン科学に影響を受けた建築家たちは、感覚の調和をふたたび信じるようになるものの、たほうで理性のみならず、趣味において判断する専門家となる。

こうした全体の流れのなかで、ペローの二元論は、建築家から理性の領域を奪い去るための口実となる。そして建築という領域における建築家の役割は矮小化されてゆく。

「ペローの主な論点からあらたに導かれる結末が、じっさい、建築家のその領域における権威がさらに失墜したということだ。建築家が評価される基準は、理性を行使することではなくなる。建築家が、その建物に明証的な美を保証するために初源的幾何学を採用する方法は、趣味によってもたらされた。趣味のみが建物に必要な多様性を確保できた。趣味のみが建築アカデミーにおいてつねに議論された主題であった。こうして建築家は工作や契約にかんする行使から疎外され、無私なる職能的立場という限界の内部においても孤立する。建築家の作品は理性が及ぶ範囲をこえて希薄になった」(四六九頁)。

このような状況のなかで、建築家がフリーメイソンの着想をえたのは、建築家が聖なる知識と精神性をもって世界の設計家であったことをノスタルジックに回想したからである。たほうでデュランのように建築を経済と機能に還元する建築家もいた。世界を制御しようとする立場と、世界のある意味で機械的な翻訳であろうとする立場との分離。この矛盾するふたつのあいだの亀裂。これこそが近代なのだと、リクワートは指摘する。そしてこの亀裂の源泉が、明証性と恣意性、理性と趣味、というペローの二元論にして亀裂なのである。この亀裂のなかで、一七世紀と一八世紀の最初の近代人たちは自覚なく苦悩していたのかもしれない。

注

（1）Joseph Rykwert, 1926-：ワルシャワ出身の建築史家。一九二九年にイギリスに渡る。一九五八年より教職。いくつかの重要なポストを経て、一九五七年にエセックス大学教授。一九八八年よりペンシルヴァニア大学教授。著書多数。*On Adam's House in Paradise*, 1972（邦訳『アダムの家』一九九五年、黒岩いずみ訳、鹿島出版会、一九九五年）、*The Idea of a Town: The Anthropology of Urban Form in Rome, Italy, and The Ancient World*, 1963（邦訳『〈まち〉のイデア』一九九一年、前川道郎訳、みすず書房、一九九九年）、*The First Moderns*, 1980; *The Dancing Column: On Order in Architecture*, 1996.

（2）Boethius, 480-524：イタリアの哲学者。プラトンとストア派を基礎とする。世界の調和としての音楽という概念をうちだし、中世に大きな影響を与える。

（3）Alessandro Tassoni, 1565-1636：イタリアの詩人。作家。

（4）フランス語タイトルは*Le Sceau Enlevé*。

（5）Charles Perrautlt, *Parallèle des Anciens et des Modernes*, 1688, pp.253ff. Le Siècle de Louis Le Grand, p1

（6）Rykwert 1980, p.51 note 45：リクワートは、ウィトルウィウスが第六書第四章で言及している無理数の比例を例にあげ、ペローはそれを無視していると指摘している。

（7）*De la Musique des Anciens, Œuvres Diverses de Physique et de Mécanique de MM. Charles et Claude Perrault*, 1721, pp.295-321, II, esp. pp.301ff. ペローは、カシオドルス（Cassiodorus, ca.485-ca.580：ローマの作家。政治家。東ゴート王国のテオドリウス大王に仕えた）の指摘とイロコイ（Iroquois 北米先住民）文化のアメリカ・インド音楽記述が似ていると述べ、余談として中国の漆パネルに言及し、「中国人たちはほとんど真似できない端正さと正確さで使うが、そこには意図も比例も精神もない」とのべている、とヘルマンは指摘している。Cf. Rykwert 1980, p.51 note 48.

（8）Claude Perrault, *Ordonnance*, 1683, p.iv.

（9）Rykwert, 1980, pp.51-52 note 56.

（10）リクワートは注63（Rykwert, op. cit., p.52）のなかで、建築アカデミーにおける趣味概念の検討について詳述し、アントワーヌ・ゴド（Antoine Godeau）やブウール（D.Bouhours）などの理論にも言及し、良き趣味とは、エスプリ（ウイットも含む）と理性のあいだの調和あるいは一致と考えられていたことを紹介している。

（11）Claude Perrault, op. cit., p.xxiv.

（12）ルイ一三世とリシュリユはすでにこの授業に着手していた。フランソワ一世のジュネーヴ・グリーク（Genevan Greek）体、オスマントルコ宮廷の大使であったサヴァリ・ド・ブレーヴ（François Savary de Brèves, 1560-1628：フランスの外交官）が収集した東洋体、これら二種類の活字母系を一六三二年、王室が購入した。それらをコアに、実質的に王室印刷局のようなものが成立した。ルイ一四世は、新しい局長をすえ、科学アカデミーに諮問したうえで、新活字の開発にあたらせた。ペローは含まれてはいなかったが、四人のアカデミー会員が委員会に参加した。彼らは一辺に六ドット／ユニット×八ユニット、すなわち四八ドットに分割され、正方形全体で二三〇四のドットで構成される基本形式を考えた。それまでは活字の上下の端部にはセリフと呼ばれる細いヒゲ状の飾りがあり、それは古代の石版画の手法による尖ったものであった。しかしこの新しい方法では、扁平な短辺として終わるようになった。活字を正方形というフレームにおいて考案する方法は、その時点ですでに新しいものではなく、ダ・ヴィンチ、デューラー、ルカ・パチョーリ、ジョフロワ・トーリらがすでに提案していた。彼らは正方形の枠組みの中に円が内接しているという枠組みにおいて、さまざまな書体を考案していた。ダ・ヴィンチ描くウィトルウィウス的身体のように、それらはミクロコスモスなのであり、新プラトン主義的思想のもとに活字が考案されていた。しかし、担当のグランジャン（Philippe Grandjean de Fauchy）が提案した「国王ローマン体 Romain du Roy」は、コスモロジー的発想を払拭した、今日風にいえばきわめてデジタルなものであった。Cf. Rykwert, 1980,pp. 39-40.

（13）Pierre Gassendi, 1592-1655：フランスの哲学者、物理学者。懐疑論者でもあり、アリストテレス哲学を批判した。
（14）Jacqueline Arnauld, 1591-1661：ポール＝ロワイヤル修道院の修道院長。
（15）Pascal, *Les Provinciales*, 1656-1657：パルカルは匿名でイエズス会を批判し、ヤンセン派を擁護した。
（16）リクワートは、パスカルの『パンセ』（xxxviii *œuvres*, 1963, p.582.）から引用している。「魅力や美のモデルというものは、強かれ弱かれ私たちのありのままの性質と、私たちの嗜好のあいだの、所与の関係のなかにある（後略）」。
（17）Malebranche, *Traité de la Morale*, XI, pp.135ff.
（18）リクワートは、ニコルの理論を詳述している。判断は、対象の性質と、観察者の性質が一致することである。しかし観察者がみな正しい基準で識別しているのではなく、虚偽の自然もあり、誤った精神もある。美がなにかを知るためには、正しく形成された精神、健全な自然に訴えねばならない。真である美はあらゆる時代の趣味に対応し、偽の美は追随する者がいようがながくは追随されない。後者の美は自然に反し、自然は自然からは由来しないものには不快を感じさせる。さらにニコルは、芸術家は、公衆の堕落した自然とは縁を切るべきであり、堕落した自然は緊張を維持するには弱すぎて、同じハーモニーがずっと快を与えつづけることができない、とする。人間の耳は素晴らしすぎる調和にずっと満足というわけではないので、音楽家は不協和音なる偽の音符をいれる。音楽の不協和音にあたるのが、文学における隠喩や誇張である。Cf. Rykwert, op. cit., pp.45-46.
（19）John Theophilus Désagulier, 1683-1744：イギリスの科学者。近代フリーメイソンの創設者。ニュートンの熱烈な支持者。
（20）William Whiston, 1667-1752：イギリスの数学者。神学者。ニュートンの推薦でケンブリッジ大学教授となる。ニュートン『普遍算術』を編集。
（21）Antoine François Prévost, 1697-1763：フランスの作家。カトリック聖職者。
（22）*Traité du Beau Essentiel*, 1752：302頁注（69）参照。

（23）Yves-Marie André, 1675-1764：300頁注（59）参照。

（24）Marc-Antoine Laugier, 1713-1769：299頁注（55）参照。

（25）Louis Bertrand Castel, 1688-1757：イエズス会士。『万有引力論』（*Traité de la pesanteur universelle*, 1724）、『色彩光学』（*L'Optique des couleurs*, 1740）。色彩クラヴィコード制作をライフワークとし、一七三五年にはその案を公表している。

（26）Carlo Lodoli, 1690-1761：イタリアの建築理論家。バロックやロココを否定し、合理主義的な建築観を構築した。

（27）Étienne-Louis Boullée, 1728-1799：新古典主義を代表するフランスの建築家。父親は幾何学者。一七四四年から一七四七年まで、ジャック＝フランソワ・ブロンデルの建築学校に学び、ジェルマン・ボフランやジャン＝ロラン・ルジェらに師事する。一七六二年に王立建築アカデミー会員。革命ののちは新政府に協力する立場をとり、一七九五年にフランス学士院美術アカデミーの創設会員。実作も少なくはないが、むしろ建築理論と空想的なプロジェクトにより歴史的に評価されている。《ニュートン霊廟》（一七八四年）、《王立図書館》（一七八五年）、《メトロポール計画》（一七八一年）など。「語る建築」（architecture parlante）の理論を展開。一七九〇年代に書かれた未刊の『建築、芸術試論』（*Architecture, essai sur l'art*）では、感情の意義を再評価し、人間と自然の共振を示唆する。

（28）299頁注（53）参照。

解題
アルベルト・ペレス＝ゴメス『建築と近代科学の危機』一九八三年

ペレス＝ゴメス[1]の論考の出発点はフッサール[2]哲学である。この哲学者が『ヨーロッパ諸学の危機と現象学的還元』（一九三六年）のなかで指摘した危機、すなわち事実学的な学問が生にたいする意義を喪失し、学問世界と生活世界とが乖離してゆく危機である。とりわけガリレイ[3]における自然科学、デカルトにおけるコギト概念あるいは物と心、主観と客観の二元論の、それである。ペレス＝ゴメスはフッサールの批判をそのままなぞるように、世界の計量化、あらゆるものの数学化を近代科学のはじまりととらえ、そのなかで一七世紀の建築理論、とりわけクロード・ペローのそれを批判的に再検討してゆく。

第一章「クロード・ペローと比例の制度化」（一八～四七頁）では、ペローの比例論とそのビジョンが、いわば近代を先取りしており、あまりに早熟すぎて、同時代人たちには理解されなかったことが述べられている。

ペレス＝ゴメスによれば、一七世紀と一八世紀における建築の認識論的な枠組みは、人文科学と自然科学を区別しない一体的なものであり、建築はルネサンスから自律的な領域を形成していたが、その建築はおもにその外部を参照していたのであって、この意味で普遍的な世界に関心をいだくペローは、そういう伝統にある典型的な人物である（一八頁）。

ところが、まだ実証主義は形成されておらず、科学と魔術がきびしくは峻別されていないこの時代、ガリレイは「生きられた空間」を幾何学化しはじめる。デカルトとガリレイがもたらしたのは、知覚と概念の分離である。知覚は生きられた世界をとらえる。しかしそれとは独立して、人間は抽象的な観念を組み合わせて整合性のある構築物をつくりあげる。これが概念である。そして知覚と概念は、そもそも違う次元であることに意味があるにしても、そこに、認識論上の解きがたい難問が生じる（二二頁）。

デカルト哲学は、哲学と信仰を和解させようとする。ところがペロー兄弟はむしろ前＝実証主義的といってよい。自然現象を検討するなかで、原因すなわち神の意志を知る必要はすでにないことを前提にしている。ペローは『自然学試論』のなかで、自然現象をさぐるために、さまざまな仮説を準備するのは人間の自由であり、自然のなかの隠された真実などを探す必要もない、と指摘している。一種類の説明法ではなく、仮説の束で対応できるので、真の原因がわからなくとも蓋然性の概念で対応すべきとする（二六頁）。さらに古代の教義はいちど失われたのであり（三五頁）、その失われた教義そのものは再発見できない。ウィトルウィウスはその一部にすぎない、と主張する。残された遺構のなかから現代の建築家が蓋然性をもって、いわば復元すべきものである。それは考案でもあり、創造的あるいは発明的な行為であるはずでもある。

古代建築における比例の多様さについて、フレアールは『比較』のなかでは、比例をさまざまに工夫して使えるという相対主義を肯定する立場である。しかしペローは、過去の建築家たちが、まさにこの相対主義に甘んじ、包括的な体系を構築するという意思をもたなかったことを批判する。ペローが音楽比例を否定し、二種類の美をあげたこと、大宇宙と小宇宙の相似、視覚補正理論などを否定したことを、ペレス＝ゴメスは整理して紹介している。

しかしペレス＝ゴメスの論がきわだっているのは、ペローの諸論のなかから、ペロー自身の、視覚をふくむ知いる点である。

覚理論を再構成し、それをフッサールが指摘し、彼自身が依拠する歴史的枠組みのなかに、位置づけようとして

「世界はすでに透視図のなかに『与えられている』。そのような世界のなかで数学的で幾何学的な、歪められていない諸関係を、直接的に知覚する能力が人間には備わっている。ペローはこの人間的能力に信頼をおいていた。それが彼の認識論的な立場なのである。

伝統的な視覚補正、すなわち自然の透視図法（perspectiva naturalis）が想定している世界では、知覚のなかでも視覚が絶対的な至上権をもっているとは、みなされていなかった。光学的次元は、根源的な（前概念的な）形象化された世界知覚、その圧倒的に機動的で触覚的な次元、とバランスをとっていた。しかしペローの理論においては、観念は物理的現実にたいして絶対的な上位にある。かくして理論は、技術により現実を指導する体系となり、その基本的な目的は、たやすくただちに適応されうることであった。

ペローは理論をひたすら工作術（ars fabricandi）に変容させようとした。」（三二二頁）

さらにペレス＝ゴメスは、ペロー理論をフッサールの枠組みにあてはめるために、すなわち現象学的な検討の対象とするために、自分の用語で言い換えてゆく。

「ペローは建築美を可視性により定義していた。彼にとって、可視的なものすなわち現象は、不可視なもの、すなわち推論にもとづくことから、はっきり区別される。そして前者はつねに後者より優位にある。ペ

ローの建築理論は、可視的な形式と不可視の内容との隔たりが解消できなくなるような、最初の建築理論なのである。このような不同は、デカルト主義が構築されて、はじめて存在しえた。ペローの著作のなかには明らかな矛盾が多い。これはまさに、知覚の次元と、概念のそれとでは、彼のアプローチが異なっていることに起因する。ペローは、可視性の名において伝統的建築の因習的な形態を受け入れながら、美の不可視の原因だとして、数システムは魔術でもあるという含意は否定するのである。」（三四頁）

さらにペレス＝ゴメスは、ヘルマンが出した「観念連合」の概念をさらに発展させて、ペローの美学を知覚の問題として、枠組みを拡大し、分析する。観念連合つまり連想は、自明な美を、裁量にもとづく美に結びつけるにとどまらない。まず建築を知覚し、さらにその意味を理解する一連のプロセスを、一種のメカニズムとして説明する概念となる。ペローによれば、建築はどのように把握されるかが時系列で論じられる。まず知覚からただちに意味が発生するのではない。連想、概念によって建築的価値が発生する。それはすでに近代的な心理学における理解のようでもある。まず人間の知覚は、視覚、触覚、聴覚などに分解されており、それらバラバラな知覚情報が精神のなかで統合される。だから可視的な現象と、不可視な概念というのは、空間的な布置であるというより、時間的なプロセスでもある。まず知覚され、つぎに処理され、さらに統合される。ペローにとってウィトルウィウスは古典建築の現実における姿を記録した建築家だから、可視的な現象にあたる。しかし比例は、本質的に不可視の原因であり、人為的な概念でもある。ここでも知覚すなわち現象と、人間が美を感じとるシステムは一連のプロセスにおける異なる段階なのである。このような現象と本質の分離は、心理学の用語では「分裂」（splitting）(4) すなわち、ほんとうは同一物である観念やエゴを、ふたつ以上に分離することで、心理的防御とする精神の作用である。こうした意味で、ペローは一九世紀あるいは二〇世紀の理論を先取りした建築理論家であると、ペレス＝ゴメスは位置づける（三八頁）。

ペローにおいて数は象徴的な意味を剝奪され、操作の概念となり、いわば脱魔術化されるというヘルマンの指摘を、彼は繰り返している。

いっぽうでペレス＝ゴメスは、新旧論争、とりわけペローとフランソワ・ブロンデルの対立の枠組みを拡大する。それは古代建築への敬意の違いというより、世界観の違いである。現実世界とアプリオリな概念世界を区別したペローは、一七世紀にも一八世紀にも理解されない。ペローが誤解された当時は、バロック建築の時代であり、フランソワ・ブロンデルはその代表者である。後者の世界観はガリレイのそれに近い。彼らは真の原因と、観察された効果としての幻想とを区別できない。人間精神と世界は緊密につながれており、両者を媒介しているのが幾何学的な構造である。すでに確立された調和である。世界は幾何学そのものであり、幾何学が物質化されたものである。自然という書物は数学のアルファベットで書かれており、ユークリッド幾何学の図形は、現実の世界を知覚するその構造であり、そういう意味で幾何学は普遍科学でありかつシンボル科学でもある。こうした普遍的な幾何学観を、バロック建築を体現するレン、グァリーニ、ブロンデルはいだく。つまりそこには「分裂」はまだ発生していない。

ペローとブロンデルの相違は、古代建築の権威をどこまで信用するかのみならず、こうした認識論的な基盤のそれにもとづいている。ペローは、たとえ知覚が誤りをおかしても、精神はただちにそれを補正すると考えた。だから建築家があらかじめ補正する必要はないと指摘する。これは理論と実践のあいだの距離を小さくするという指向である。いっぽうブロンデルは、建築家たちが才覚をもって比例を変化させたのは、理論はむしろ超越的なものだからであり、ランダムな実践を超えることで、理論と実践の乖離が乗り越えられると考える。つまりブロンデルは数のシンボル性と操作技術性の違いについてほとんど無頓着であって、異なる二者を同一視しつづけている。ペローは現象と概念を違うものと考えていた。だから両者は見解どころか、立脚点そのものが違っている。和解の余地はまったくない。

このようにペローを、現象と概念枠組みという近代的ビジョンのあまりに早期の出現として、近代学問の危機を建築において先取りしていた科学者として、ペレス＝ゴメスは位置づける。

第二章「比例体系と自然科学」（五〇～八三頁）では、一七世紀末から一八世紀初頭にかけての、建築比例と新しい科学概念との関係が論じられ、建築の脱魔術化や再魔術化という観点から検討されるべき、多様な建築家たちの論考が示されている。

ペローとブロンデルの論争は、建築の意味そのものを問い直すものである。機械論的世界観、主観主義、ガリレイがもたらした新しい認識論のインパクトなどは、一六八〇年から一七三五年まで感じられる（五〇頁）。近代建築は産業革命により一七五〇年ころにもたらされたのではない。近代科学とともに、建築理論はテクノロジー化し実証主義化してゆく。それは自然の脱魔術化である。

ところがペレス＝ゴメスによれば、いわゆる新古典主義の本質は、技術と美学が統合されていることであり（八三頁）、いわば再魔術化なのである。一七五〇年代より、数のシンボリズムが建築のなかでよみがえる。経験主義哲学の影響で、建築は「美しき自然」に接近する。新古典主義すなわち理性の時代の建築において、近代科学により駆逐されたはずのシンボリズムが蘇生している（八三頁）。新古典主義はじつは数の神秘主義を認めていた。歴史家はこの反動的な態度を無視することがある。しかし、この神秘主義はサバイバルでもリバイバルでもなく、近代科学においては、たんにそうあったことでもある（七六頁）。

ペローのフランス建築界への直接的なインパクトが、事実をフォローするように淡々と述べられる。まず表面的には追随され、つぎにやはり表層的に否定された。けっしてその認識論的深さにおいて理解されることはない。ミシェル・ド・フレマン[5]は『建築批評論』（一七〇二年）のなかで、建築オーダーを重要視せず、建築図面は原理から還元されたものの表現であるとする。その意味では一九世紀の実証主義を先取りしているのだが、逆に理論の形而上学的な意味には気づいていない（五〇～五一頁）。コルドモワ神父[6]は『全建築新論』（一七〇六年）において、比例の超越的な意義はまったく認めず、ペローの建築比例は職人にとってまったく有用という立場である（五一頁）。セバスティアン・ルクレール[7]は聖書とデカルト哲学の和解を試みつつ、『建築書』（一七一四年）においては、数学と幾何学がオーダー比例の基礎であるというブロンデルの前提は踏襲しつつも、ペローのいう合理的幾何学と現実の比例のあいだの齟齬は認識していたが、最終的にはペローと異なり、オーダー比例は事後的に定まってくる、すなわちアプリオリな理性と、相対主義的な趣味という二極において定まる、と述べる。この視点は新古典主義の先駆けである。アメデ＝フランソワ・フレジエ[8]は『建築オーダー論』（一七三九年）において、エンジニアという立場から科学性を求めた結果、一八世紀の認識論の枠組みのなかで、建築法則は思弁からではなく、たとえばドアの寸法は身体のそれに従っているように、経験主義的な自然観察からもたらされると考える。アンドレ神父[9]は『美試論』（一七四一年）のなかで、両義的であいまいな美と、法則による自明な美を区別する。建築はそれらを横断している。すなわち建築美そのものが恣意的だと考えたペローの観点はここでは否定されている。

シャルル＝エチエンヌ・ブリズ[10]は『本質美論』（一七五二年）において、ペローを相対化し否定する。ペローの恣意的な建築比例にかんする理論は、伝統からの自由を宣言し、ロココを準備するものであったとしても、まさにそれゆえに、まったくの主観の世界における観念的な構築物であって、自然観察によるものではない。だから一八世紀の建築家たちはそれを無視する。ブリズは、観察されるべき「自然」とは、創造主が創造した超越的な自然である。その意味でニュートンによる虹の喩え、すなわち色のスペクトラムは、そのまま音のそれに対応しているという喩えは、有効なのである。同じ法則にしたがって形成された視覚と聴覚は、同じ反応を示すはずである。すなわち視覚も聴覚もたがいに無関係であるが、これらたがいに独立した諸感覚を、数学的な構造をもつ人間知性が、連合する。心はさまざまな印象を、自然が課したまさにその法則にしたがって判断してゆく。そして趣味とは、自然がもたらした超越論的で間主観的なものである。このような論法により、ペロー理論における過度の主観性が矯正される（五七〜六〇頁）。

いっぽうでジェルマン・ボフラン[11]は『建築書』（一七四三年）のなかで、建築オーダーを古代文学のゲヌス[12]と比較して論じている。そこから美しき自然といった形而上学的なものを取り除くと、まさに近代の構造主義のようなものとなる。ボフランは、芸術と科学は、幾何学的そして数学的な基礎づけを共有しているとし、ふたつの分野を構造主義的に架橋しようとする（六一頁）。

マルク＝アントワーヌ・ロジエ[13]は『建築試論』（一七五三年）のなかで、原始的な小屋の概念を提示し、ウィトルウィウスよりそれまで個別の三基準として述べられていた用、強、美をひとつのものとして融合させようと試みる。建築の起源において、創造主の形而上学的な意味は、やはり措定しなければならなかった。とはいえ、ロジエにとり絶対的な美は存在するのである。

建築は自然に還元されるのだから、単純な原理から美が生じるという信念。ニコラ＝マリ・ポタン[14]は『建築オーダー論』（一七六七年）でそれを繰り返す。クリスティアン・ヴォルフ[15]、レオンハルト・オイラー[16]もそうである。そしてやや立場は違うがジャック＝フランソワ・ブロンデル[17]も単純な幾何学から美が生じるというフランソワ・ブロンデルの教義に回帰する。

旧サント＝ジュヌヴィエーヴ教会、現パンテオンの建築家スフロ[18]は、自然の根本原理である幾何学が建築に美をもたらすと考えた。スフロ理論は一八世紀の認識論的逆説を典型的に映し出している。すなわち自然を観察し、そこから普遍的な法則を抽出してはじめて、趣味をとおして建築法則を定めることができる、ということである。そこでは歴史的プロセスは意味がない。二〇〇〇年まえに美しくあったものは今でも美しい、のである（七一頁）。スフロはガリレイの著作を読んだ形跡がある。自然が数学的に秩序立てられていることが、建築に美をもたらす。そして自然のなかに含意された比例を発見しうる趣味もまた、超越的なものであると考える。

ピエール・パット[19]はその『建築の最重要対象についての覚書』（一七六九年）のなかで、ペローの『五種類の円柱』を批判する。恣意的な美に関する理論のはてには、建築にはまったく自明な美がないことになってしまう。しかし彼はペローと同じく、美は視覚補正に由来するのではないという点には同意し、中庸の比例ではなく、「実践をとおしてえた最適な比例」を提唱する（七三頁）。それでもパットにとって、ペローはプラトン主義者であり、非難されるべきである。彼自身は自然のなかに超越的な原理を探しうる経験論者なのである。

さらにル・カミュ・ド・メジエール[20]は『建築精髄』（一七八〇年）のなかで、ペローによる美の分類そのものを相対主義だとして批判する。美はひとつなのである。ともに自然に基礎づけられたはずの建築比例と人間の感覚は、同じ構造であるはずだ。ゆえに建築は調和的でなければならないと主張する。

ペレス＝ゴメスはここで彼独自の歴史的枠組みを述べる。すなわち、それまでの新古典主義建築の理解では、新古典主義がいっぽうで宇宙論的なビジョンを保存しつつも、科学的なアプローチを深化させ、構造理論を進歩させており、建築形態を単純な幾何学に還元しようとする傾向がみられるとする。前者は、この時代がルネサンスから近代への過渡期であるという解釈となる。後者は、エミール・カウフマン[21]が『ルドゥからル・コルビュジエまで』（一九三三年）で典型的に示したように、新古典主義が近代建築の先駆けであるという見方となる。ペレス＝ゴメスはどちらも誤りであると指摘する。ペローを批判したこれら一八世紀の建築家たちに共通しているのは、法則性に満ちた宇宙すなわち世界についての信頼であり、比例には神秘的な力があるという信仰である。それは反動的なのではなく、当時の科学そのものが、そうだったのである。また幾何学的な造形が、近代のデ・スティルやピュリスムの先行者というわけでもない。彼によれば、一八世紀において、建築的アプローチと科学的アプローチはまったく同一であり、建築は科学の一部であり、それらはひとつの認識論的な枠組みに属している。であるからこそ、前＝実証主義者であるはずのペローは、数の神秘主義をまっとうに信じていた新古典主義における科学＝建築パラダイム、すなわち創造主の普遍的原理が宇宙にも建築にも貫通しているというビジョンのなかで、否定的にしか扱われない。

建築と二人三脚であった科学の例として、ペレス＝ゴメスはニュートンをあげつつ、この偉大な科学者を、脱魔術化ではなく再魔術化の方向で語り直す。ニュートンは、世界を記述するための普遍数学への希求をライプニッツとも共有しつつ、自然観察においては仮説をたてないという主義である。たとえば万有引力についても、引力の原因はなにかを調べることは放棄し、その数学的法則を描くことに集中したし、微分学もまたこの関心から生まれる。これはガリレイの科学革命を継承し、近代の認識論を確立し、一九世紀の実証主義に道を開くものとして位置づけられる（七七頁）。

たほうニュートンの自然科学には、錬金術や薔薇十字団[22]の秘法にも無関係ではなかった当時の科学として、メタフィジカルな大前提がある。それが絶対空間と絶対時間[23]である。これらは人間が日常的に経験する世界とはまったく異なる観念的なものであり、全能の神が遍在し不滅である、つまり、いずこにも（絶対空間）、永遠に（絶対時間）、存在することを意味している。重力は、この神そのものであり絶対空間のなかでのみ作用する。こうした宇宙観の核心には、プラトンが『ティマイオス』でのべたような、ある純粋な空間から事物が創造されるという考え方が反映されていると、ペレス＝ゴメスは指摘する。

トマス・クーンは『科学革命の構造』で一七世紀の脱魔術化を指摘した。ペレス＝ゴメスはそれとは異なるものを探究している。それは科学と魔術がまさに一体であった、融合していた、そのありようそのものである。そこにおいて世界は再魔術化される。

「ある意味で、啓蒙された理性はバロック哲学よりも謙虚であった。真理は世界のなかに属し、経験される現実の一部だと認識されていたのである。理論の役割は、自然の秩序のなかの明白な合理性を明らかにすることであった。すなわちこのような操作は、たんなる技術的な関心を動機としているのではけっしてなく、形而上学的な必要性によるのだ。ようするに古代の神話において述べられていた、あらかじめ確立されていたとされる秩序が、いまや、実験と技術的行為をとおして人間に明らかにされたのである。」（八一頁）

このように世界を脱魔術化すると思われた数学は、それ以前よりもさらに深い次元で、世界を再魔術化する。そこにおいて数学とそれにもとづく建築は、メタフィジカルなものとなる。このように近代科学とシンボリズムが同一化していたという側面をみないと新古典主義は理解できないという点を、ペレス＝ゴメスは強調する。

「一七五〇年から、数の比例は建築理論における伝統的役割を復活させた。経験主義が優勢になるにつれ、建築はますます自然との類推関係で考察された。建築家は『美しき自然』を模倣しようとし、ますます自然とはシンプルなものだと思うようになった。このプロセスを、次章から、さまざまな角度から示したい。ガリレイ革命がいかにインパクトがあり、一七世紀における建築構想、一八世紀における理論と実践の基礎的な伝統的枠組みに影響を及ぼしたかが示されよう。すでに明らかなように、近代建築は一七五〇年前後に登場したのではない。いわんや産業革命によりもたらされたといった、単純なものでもない。理論というものが変容し、技術が支配するための道具となるというプロセスは、近代科学そのものとともに始まった。しかし自然哲学の謙虚さをうけいれた、理性の時代の建築は、まずシンボル性を求めようとしたのであった。」（八三頁）

ペレス＝ゴメスが「理性の時代の建築」と述べるとき、それはカウフマンの『理性の時代の建築』（一九五五年）のことを念頭においていることは、ほとんど自明である。カウフマンは、カント哲学における人間の自律性を理想化する側面を継承して、その概念が、カントとほぼ同時代であるルドゥから二〇世紀のル・コルビュジエまでの流れのなかに発見できるという歴史観をいだいていた。それとはまったく異なり、ペレス＝ゴメスはまさに一八世紀特有の構造を説明する。新古典主義における純粋形態は、同時代の科学が所有していた、あらたなコスモロジー的、シンボル的な含意にもとづくものである。そのように整理しないと、ペローがいかなる意味で先駆的であったのか、またその先駆性ゆえに一八世紀においてまったく理解されなかったことが、理解できないのである。

第三章「意味の源泉としての幾何学操作」（八八〜一〇〇頁）では、バロック建築の代表例として建築家グァリーノ・グァリーニの理論と、そのほかの建築家たちの理論が提示される。そしてそれとは対照的に、新しい幾何学を提唱し一九世紀の実証主義の先駆けとなった幾何学者ジラール・デザルグの重要性が強調されている。

まずグァリーノ・グァリーニ[24]はそもそもカトリック神学者であり、芸術、科学、宗教の統合者でもあった出発点が強調されている。一六六二年から一六六六年にパリに滞在し、神学を教授する。その内容は、デカルトがコギトと延長という概念をもちいて、じつは神の存在証明をしていたという同時代現象や、やはりデカルト派の哲学者マルブランシュが人間はすべてを神のイデアにおいて見るという学説を展開していたことと、共鳴している（八八頁）。このバロック建築家にして宗教家は、反ガリレイ、反地動説、アリストテレス派、カトリックである（八九頁）。そうしたグァリーニにとって、幾何学はルネサンス時代にそうであったにまして、宇宙の根本原理である。彼の『市民建築』（一七三七年[25]）では、すべてを幾何学に還元するやり方が顕著であるし、そこにおいて建築は、幾何学と経験、数学と感覚のまったく矛盾を感じさせない統合である（九〇頁）。彼の幾何学とはユークリッド幾何学であり、まさにユークリッドの『原論』を出版しているのだが、平行線はどこまでいっても一致しないといった理解をユークリッドからそのまま継承している。それは純粋に技術的な道具であるとともに、プラトン的シンボリズムとアリストテレス的現実主義の融合であり、感性と理性とを連続的につなげることであり、コギトと、延長と、神とのダイレクトな関係づけなのである（九六〜九七頁）。

そうしたなかで建築家にしてエンジニア、幾何学者でもあるジラール・デザルグ[26]は、形態のシンボル性などという発想のまったくない、新しいタイプの幾何学を提案する。彼の弟子アブラアム・ボス(27)が一七世紀中葉にその著作を刊行したものの、同時代の理解はまったくえられない。時代が彼に追いつくためには、一八世紀末まで待たねばならない。

ペレス＝ゴメスはあきらかに、デザルグとペローを、近代性の早すぎた先駆者として位置づけている。彼らは同時代と次の時代には徹底的に誤解され批判された。しかし一九世紀からの実証主義を準備するのである。彼はデザルグの新しさを指摘するために、まず「無限遠」の概念を指標としてとりあげている。

「(無限遠という概念からシンボリックな意味を取り除いて幾何学に応用するという) このようなことは、現代人の有利な視点からはなかなか判断できない。というのは、現代人は視覚的な透視図法は外の世界を理解するための、真の唯一の法則だと思い込んでいるからである。じっさい、子供による創作やプリミティヴで非西洋的な世界の芸術においては明らかであるように、前概念的な知覚とは透視図法的な知覚ではない。ユークリッド幾何学では平行線が交わることはない。そこでは身体的な空間性から由来する触覚的な考察が、いぜんとして、純粋に視覚的な情報よりも重要なのである。ユークリッド幾何学は直感の科学として構想されたし、その起源は知覚なのである。アリストテレス的カテゴリーのように、その法則はアポステリオリなものだ。ユークリッド理論はほとんど実践であり、その根本には直感がある。ユークリッド理論が正確で真実であるのは、それが言及する事物が可変であいまいなものとして受け入れられる限りにおいてである。

デザルグは逆に、すべての線は無限遠にある一点にむかい収束するとする。とすると、あらゆる平行線のシステム、あるいはいかなる個別の幾何学的形象は、一点に収束する直線群という、普遍的な単一システムのバリエーションであるということになる。デザルグの基本的な目的は、一八世紀末になってガスパール・モンジュの画法幾何学として実現されるであろう。じっさい、デザルグの基本原則は、恣意的な距離点を使うことなくパースペクティヴな射影線を引くことと定式化できる。やがてこれが射影幾何学の一般前提となる。その科学がさらに一九世紀後半になり、ジャン＝ヴィクトール・ポンスレにより発展されたのであった。その公理は、『一点に合流する三本の直線上に二点ずつ点をとると、（二つの三角形が構成されるが）それらの辺の延長が交わる三点は同一直線上にある』である。」（一〇〇頁）

アブラアム・ボスの『デザルグ氏によるパースペクティヴ実践の普遍手法』[28]（一六四八年）によれば、その幾何学において平面図と透視図法は区別されることはなく、同一なものである。なぜなら図像が投影されても、実寸をそのまま保つからである。実寸をつねに保つということは、遠くから、あるいは斜めから見たりすることで、寸法や比例が違って網膜には映るはずだという権威主義的な発想から、まったく自由であることを意味する。したがってペレス＝ゴメスはこれを、正確で自律的な「理論の理論」、あるいは現実の機能化であるとする。さらに重要なのは、デカルト的な主客二元論において幾何学図形そのものと、記述される図像との連続性である、と指摘する（一〇一頁）。さらにデザルグは、パラボラ、ハイパーボラ、楕円という三種類の円錐断面はどれも円の透視図法的投影であることを指摘した最初の人物でもある。このようにデザルグは、現実というものにまったく依拠せず、したがって形而上学にもまったく依拠しないで、機能する幾何学を発想したのであり、この点で彼は前＝実証主義である、とペレス＝ゴメスは指摘する。

一八世紀の状況が整理されて説明される。デザルグの理論は無視され、平行線は交わらないとするユークリッド幾何学がなお支配的である。いっぽうライプニッツは数学や幾何学における神秘主義やシンボリックな意味合いを一掃した。すると透視図法そのものが超越的な意味を失い、外の世界を単純に再現するものとなる。一七五四年、ディドロは透視図法をふくむ幾何学の発展は、もはやみられないと記すなど（一〇五頁）、透視図法の停滞期でもある。そのなかでニコラ・カルレッティ[29]（一一二頁～）、ライプニッツの弟子であるクリスチャン・ヴォルフ、イギリス人建築家モリスら[30]は、ニュートン的宇宙はまだ神に依拠していたように、幾何学が、旧約聖書のノアの方舟やソロモン神殿といった神聖な建築から由来するメタフィジカルなものと考える。そして幾何学であるのだから、客観的なものでもある。ペレス＝ゴメスはこれを、「理論においては自然神学の形而上学的な原理、実践においては超越的な客観性、これらをともにそなえた建築という観念のうえに、一八世紀の建築は成立していた」と評する（一二七頁）。

このようにペレス＝ゴメスは、ユークリッド幾何学は「生きられた世界」の幾何学である（一〇三頁）いっぽう、デザルグの射影幾何学はむしろ自律的幾何学である、という対比的な構図を描く。このように彼は、フッサールの指摘した生世界と幾何学の分裂を、一七世紀のデザルグ幾何学のなかにみるのである。

第四章「フランス一八世紀後期における象徴的幾何学」（一三〇～一六一頁）では、いわゆる「ロマン主義的古典主義」と形容された新古典主義の位置づけが批判されている。単純な幾何学形態という共通点から、ルドゥの建築とル・コルビュジエのそれが似ているなどということを根拠に、一八世紀後半の新古典主義が近代建築の起源であるという通説を、ペレス＝ゴメスは否定している。さらにルネサンスより、建築はリベラル・アートの一種となって、透視図法理論に依拠するようになったという通説をも、否定している（一三五頁）。

エチエンヌ＝ルイ・ブレ[31]の建築理論が、ペローとニュートンとの関連性で説明される。一八世紀の哲学は理性の限界を拡張したり確定したりする。ペローは理性の自律性という立場である。ブレはそれにたいして批判的であり、建築の目的は自然の模倣であると信じる。観念と知覚はすべて自然の外なる対象に由来する。ところがそれを確信するために、ペローのように、「建築は純粋発明の芸術である」、すなわち人間は、外の対象との関係に依拠しないで、独立して、像を把握できなければならない。外的対象がさまざまな印象を主観にもたらすのは、外的対象と人間の組織が類似しているからである。主観と客観のこうした相互性そのものが自然的なのである。こうしてあるものを美とし、ほかのものをそうでないと判断できる。建築は、身体との類似性のもとにある（一三六頁）。

ブレは、建築の進歩や、音楽比例と視覚比例の基本的な相違にかんするペローの説を信じていたものの（一三四〜一三五頁）、依然として、ユークリッド幾何学に依拠しつつプラトン的宇宙観をいだき、幾何学立体は超越的秩序のなんらかのシンボルである、という理解でいる。しかも当時の思潮であったニュートン的宇宙観を崇拝する。《ニュートン霊廟碑》の球体内部はまったくの真空として構想される。科学者の理論にしたがったからである。また《メトロポール計画》のバシリカ案などで、柱が無限に並んでいるさまは、ニュートンの絶対時間と絶対空間という観念の直截な表現である。そしてブレは、ニュートンのように、こうした宇宙があるための根拠として、神を構想する。過去のようなコスモロジー理解を示しているようで、しかし、ブレが描く首尾一貫していたはずの世界は、じつは内部から分裂しはじめている。それはシンボル性が失われつつあるという直感にもとづく、シンボル性の希求なのである。神がまだ認識論からは追放されていない宇宙のなかで、人間の合理性と、有限な生きられる世界とを和解させようという絶望的な試みなのである（一四〇〜一四四頁）。このようにペレス＝ゴメスは、フッサールが指摘した近代の危機を、ブレのなかに読みとる。

おなじく、一八世紀後半に華々しい活躍をしながら大革命で不遇の建築家となり、『芸術、品性、法制との関連で考察された建築』（一八〇四～一八六四年）をものしたクロード＝ニコラ・ルドゥもまた、[32]フリーメイソン会員であったからというわけではなにしても、メイソン的な神を前提としていたし、神が絶対時間や絶対空間をつくったなかに、根源的な形態や建築の詩学（一四八頁）、絵画としての建築、そして話す建築（一五四頁）の概念を成立させる。

こうしたブレとルドゥにおいて形態はシンボル性を回復する。そこでは古いものが新しい枠組みのなかで延命している。プラトン的シンボリズムは、経験主義により延命してきていたアリストテレス的知覚をとおしてのみ、継続している。空間概念においても、均質空間の概念はまだ支配的ではなく、空間はいろいろな場所に分節化されたものとして構想されている。ペレス＝ゴメスはそこに、ユークリッド幾何学の支配をみる。

「ブレもルドゥも、建築における『科学的な』次元と『芸術的な』それの相違を強調した。かつて想像力はつねに合理性と手をたずさえていたが、一八世紀末にむかって、まさに有意味な建物をつくるための基礎的な手段として前提とされた。理論は、以前も以後もやはり合理的なものであるとされたが、ブレはそれを構造だけにかんする科学とみなした。真の芸術は、いっぽう、修辞的なイメージを思いつくことにあると信じられた。理性の領域と知覚のそれのあいだの均衡はもろい。それが一八世紀の認識論における枠組みであった。ただこういう文脈でみないと理解できないのが、ブレとルドゥの建築理論にある、そうした天才的な形而上学的関心なのである。」（一六〇頁）

ブレもルドゥも、宇宙論と近代科学とくに実証主義の乖離のなかで、引き裂かれていた。理論はもはや理論として成立せず、彼らはそれを「詩」に変換せざるをえなかった、とペレス＝ゴメスは比喩的に述べる。定型詩というそれ固有の構造をもつものに言葉を構成しなければならない。言葉はもはや、別のしっかりした理論を代理するものとはならない。だから言葉は自律しなければならない。ガリレイによる科学革命のいきつく果ては、まだきていない。世界がすべて散文で描かれる一九世紀実証主義の一歩手前で、ブレとルドゥは歴史のエアポケットにいたる。

第五章「透視図法、庭園、そして建築教育」（一六六〜二〇一頁）では、一七世紀の科学革命の構図が細説され、主観と客観の分離、個人がほかの個人や世界から分離された状況、コスモスから天文学への移行がふたたび指摘される。この宇宙の幾何学化という認識論的革命は、まだあいまいな移行期的な段階にあり、一七世紀の科学はいぜんとしてシンボリックな含蓄が深い。

この文脈で造園家ベルナール・パリシ[33]、サロモン・ド・コー[34]らも、自然を創設した神を念頭においている。ニスロン[35]が展開したアナモルフォーシス[36]は、じつは近代科学の揺籃であったミニム修道院とそのメルセンヌ神父[37]らのグループにおける主要なテーマである。クロード・モレ[38]もまた庭園を神学的に意味づけ、ボワソ[39]も『造園論』のなかで神が自然を創造したとする。ただバティ・ラングリー[40]の『庭園の新原則』（一七二八年）や、ダルジャンヴィル[41]の『庭園の理論と実践』（一七一一年）においては、幾何学はいぜんとしてシンボルであるものの、超越的な意味あいは希薄になってゆく（一六八〜一八八頁）。

神は、その存在の残滓をずっと示しながらも、退場してゆく。デザルグとデュ・ブリュイ[42]が、アナモルフォーシスの本質的な意味をめぐって対立し、論争する[43]。しかしデザルグ自身や、彼の教えを記録したボスは、透視図法を純然たる技術として位置づける。フランスの数学者オザナム[44]、アンドレア・ポッツォ[45]やビビエナ[46]の劇場理論もそうである。ところで、ライプニッツの幾何学[47]は、ユークリッド幾何学に親近性があり、モナドとは定量的アトムではなくいまだに定性的であり、形而上学でありつづけながら、しかしそれでも神学に依拠しない機能概念によるシステムを成立させようとする。このライプニッツの超越論的次元を否定したフォントネル[48]は『無限幾何学基礎論』（一七二七年）において、形而上学的な無限ではなく、純粋に数としての無限という概念を提出する（一九四頁）。彼はライプニッツを否定することでバロックから脱出するのだが、それは同時に形而上学からの脱出でもある（一九五頁）。

教育制度にもそれが反映される。フランス建築では、フェリビアンが建設技術を体系化し、職人と近代工学を分離しようとした。ラ・イールはデザルグの弟子であり、建築の科学化を推進する（一九五頁〜）。それでも建築大臣ダンジヴィレ[49]はまだアカデミーに不満である。一八世紀のアカデミーはジャック＝フランソワ・ブロンデルの努力にもかかわらず、一九世紀ボザールはデュランによりやっと科学化された。同様な経緯が、土木や築城術について述べられ、後段のモンジュ画法幾何学への伏線とされる。

こうした一八世紀の過渡期性は、透視図法が主観と客観、主観と世界の分離を前提としながら、この時代はいちど分断されたものを和解させようとしたことに、あらわれている。おなじくバロックは触覚的であり、真空概念はなく、無限はシンボルで充満しており、その象徴的な例がヴェルサイユである。ヴェルサイユは一九世紀オスマンの都市空間ではまったくない。そうした過渡期的一八世紀が、デザルグを受け入れなかったのは当然なのである（一七四〜一七五頁）。

第六章「築城法、求積法、そして截石法」（二〇三〜二三六頁）では、近代化と脱魔術化という同じ視点で、これら三つの工学技術の歴史が説明されている。築城法については、一七世紀の初頭においてはそれはだ神の法則をなぞるべきものであり、多角形は人間身体とコスモスの関係を写すものだという発想があった。ヴォーバン[50]においては経験主義的アプローチがとられ、数学は脱シンボル主義的なものとなる。フォントネルは彼を「人間の必要性を解決するために数学を天から（地上に）もたらした」と評する（二一三頁）。求積法にかんしては、ピエール・ビュレ[51]はパリ市の都市計画図を作成し、『実用建築』（一六九一年）においてコストなど定量的なデータのみに立脚した数学的体系としての建築学を構築した。截石法では、一六世紀のドロルムいらいの理論がレビューされる。一八世紀になってもデザルグの理論、射影幾何学の理論は建築では理解されなかったことが指摘されている。そして立体を実寸の平面で記載することは一八世紀においては果たされなかったことが、最後に強調される。

第七章「静力学と材料力学」（二三七〜二六七頁）でもやはり、超越論的な数学観から、定量的システムとして自律した実証主義的な数学への移行期としての一八世紀の限界のなかで、建築にかんする構造力学も材料力学も、そのような過渡期的な性格を帯びたのであり、スフロ設計のサント＝ジュヌヴィエーヴ教会における支柱クラックをめぐる論争にもそれがあらわれていると指摘している。

第八章「実証主義、画法幾何学、そして建設科学」（二七一〜三二六頁）では、一七世紀の科学革命から一八世紀の過渡期をへて一九世紀の実証主義にいたるプロセスが、近代科学の危機の誕生として描かれている。

まず哲学者ヴォルテールは『ニュートン哲学基礎』（一七三八年）[52]のなかで、イギリスの科学者の万有引力の法則は、神の存在を前提としており、それが認識論における無神論の抑制になると指摘している、と述べている。しかし事実はその逆方向に進展する。神の退場がますます求められる。ラプラス[53]は『蓋然性哲学試論』（一八一四）[54]のなかで、脱魔術化した「実証主義哲学」あるいは生きられた世界から価値をとりのぞきすべてを数字であらわす考え方をしめす。とりわけ『天体力学論』[55]において、形而上学的な意味あいに満ちていたニュートン的宇宙観を批判する。この書を読んだナポレオンは、神に言及しなかった理由をたずねると、ラプラスは自分はそういう仮定を必要としないという逸話が、披露される（二七二〜二七四頁）。

ペレス＝ゴメスによれば、こうした新しい認識論の枠組みは、無条件の相対主義にいたる。近代的な考え方によれば、理性には無限の可能性があり、つぎつぎと真理を発見してゆくいっぽうで、人間の主観性は極端であり、まったく個人ごとのものであり、知覚をとおして世界を把握することはきわめて限られている。これはまったくのパラドクスなのだが、一八世紀に哲学者や科学者が、数学の万能を信じはじめたころから、この矛盾が生じる。それまで人間と世界は神秘主義により和解させられていた。しかし数学がこの神秘や形而上学を排除すると、いまや人間と世界はまったく疎遠なものとなる。この形而上学が排除された顕著な例が、ニュートンの絶対時間と絶対空間にたいする批判である。ラプラスによれば、もし絶対空間などというものがあれば、運動するものと不動のものは区別される。しかし、すべては、おたがいに運動しあっているのである。

さらに「無限」の概念である。算術上の無限も、ほかの数字のように、ある数字であるはずだ。しかし一八世紀のあいだは、そうではない。幾何学的無限はある意味で「形而上学的に汚染」されていた（二七四頁）。

哲学と科学が連携していたがゆえに解決困難であったテーマもある。無限大と無限小という、抽象数のあいだの移行がそうである。無限を超越的なものと考えると、この移行はできない。しかし哲学と科学とはたがいに無縁な、別のものだと考えはじめると、それが可能になってくる。ダランベール[56]は「極限」の概念を導入した。無限大とは有限なものの極限であり、有限なものがいくら大きくなっても到達できないものである。ラグランジュ[57]

は、微分計算をするために極小を考えることなく、有限量を代数的に考えることで、可能になると考える。このように科学の進歩のために、形而上学は排除される。ラプラスは『天体力学論』のなかで、宇宙はもはや序列のある秩序ではないことを示す。ラグランジュは『解析力学』（一七八八年[58]）のなかで、メカニズムなるものの一般的定式そのものを考え、もはや幾何学的図形にたよるのではなく、純粋代数的なメカニズムに還元する（二七五頁）。

このように、現象を数学のみに還元しようとする思潮が一九世紀を支配していた。そうして実証主義が登場する。すでにカントは『純粋理性批判』において人間理性の有限性を指摘し、思索的形而上学を否定し、実験的哲学を称揚する。いわゆる実証主義はドランブル[59]とサン＝シモン[60]から受け継がれ、オーギュスト・コント[61]が大成する。彼はすべては相対的であるということだけが絶対的であると述べながら、現象は不変の自然法則に従うと考える（二七四頁）。この思想がエコール・ポリテクニク[62]と、そこにおけるデュランの建築教育につながってゆく（二七六〜二七七頁）。

この一九世紀のまったく新しい建築教育そしてすべての工学教育体系の基礎として、ガスパール・モンジュ[63]の『画法幾何学』（一七九五年[64]）が論考のコアとされる。

すでに一七世紀にデザルグは射影幾何学についての新しい考え方を出していた。モンジュはこの先人に依拠しつつ、それを広げ、建築をふくむあらゆる工学のための基礎を画法幾何学として打ち立てる。それはユークリッド幾何学の限界を超えるものである。この古い幾何学では面積は測れるが、体積については二次元的にのみ測ることだけができる。それにたいし、画法幾何学は空間そのものを数学的に測ることができる。すなわち三次元をただしく二次元に、あらゆる構築物を代数に還元することができる。モンジュの弟子シャール[65]は『幾何学的方法の起源と展開にかんする歴史的概観』（一八三七年）[66]において、画法幾何学のメリットを指摘する。それはデカルトの分析幾何学では解けなかった問題を解くものである。一般法則が欠けていたユークリッド幾何学を内包しつつ乗り越えるものである。代数とは変容のメカニズムであり、それを幾何学に応用することで、平面と立体というそれまでは別個であった二項目を連続的に処理するのである。おなじようにジャン＝ヴィクトール・ポンスレ[67]も『図像射影の特性』において、立体と平面を連続的に取り扱うことの意義を述べている。ペレス＝ゴメスは、まさにこれが「生きられた世界の機能化」の端緒であるとしている（二八三頁）。このように画法幾何学に代表される射影幾何学があらわれたことが、一九世紀と二〇世紀におけるヨーロッパにおける学の危機なのである。ここに彼はフッサールと同じ危機意識をいだいている（二八四頁）。

「ユークリッド科学では異なる感覚的なあらわれにそくして、さまざまな解釈や演繹がなされる。しかしポンスレにとって形態それぞれが、単独のものとして検討されてはならなかった。個別の形態は、それを含むシステムの部分として、そしてそれが変形されうるすべての形態のなかのひとつの表現として、検討されるべきなのである。デザルグはすでに無限の直線と円弧が似ていることに気がついていた。しかしポンスレは、ある平面上の無限遠に射影されるあらゆる点は、理念的には、無限遠に置かれたある単一の直線そのものとして考えることができる、と断言した。ポンスレは、二次元の平面と三次元の空間とが相同であることにはっきり気づき、多次元的で非ユークリッド的な幾何学への道を示した最初の人物であった。つまり現実的なものにかえて理念的なものをもたらすという置換能力である。この能力こそが西洋科学の危機の根源である。だから人びとは方向感覚をまったく失ってしまうのだ。それはまたモダン・アートのパラダイム上の問題でもある。空間は一八世紀終わりにむかい、ますますよりフラットになった。そのあげく、キュビスムを予感させるように、描かれた対象のあいだのユークリッド的な関係は消えた。」（二八四～二八五頁）

こうした幾何学の発展のなかで、工学や建築についての課題も、生きられた世界のなかで考察されなくともよくなり、乾いた純粋な数字の世界のものとなった。こうした文脈で一八世紀の建築構造家ロンドレ(68)がパンテオン構造補強工事に取り組み、建築学校で構造教授になったことなどが、くわしく紹介されている。『理論的実践的建設術書』（一八〇二年）においてエジプト建築やギリシア建築は、その構造技術の未発達ゆえに批判される。ルネサンスのセルリオやパラディオの建築書は、構造という理論的な支柱を欠いた、グラフィックなドローイング技術でしかないとされる。そしてサン＝ピエトロ大聖堂やサント＝ジュヌヴィエーヴ教会堂の構造補強の事例について語りながら、一八世紀はまさに建物の堅牢さという本質的な課題が対象とされた時代であると述べる。建築は、超越論的な建築論から解放される（二八七頁）。それと並行してユークリッド幾何学は参照されなくなる（二九一頁）。このような現象が、見積計算、橋梁建設、材料力学についてみられる。建築学全体において、生きられる世界は後退してゆくのである。

第九章「デュランと機能主義」（二九七～三二六頁）では、エコール・ポリテクニク建築教授デュラン(69)の建築理論は、モンジュの画法幾何学に依拠しており、その世界観そのものを継承していることが述べられる。ペレス＝ゴメスは、デュランの『古代と近代のあらゆる分野の建物の集成比較』と『建築講義摘要』とを素材にして、その建築理論を論じる。デュランは経済性と利便性のみを重視する。ブレやルドゥとはちがい建築の超越的意味をすべて消し去る。ロジエ神父とはちがい模倣の概念を否定する。グリッドプランにもとづく設計法を提案する。

このグリッドも形而上学的な意味はない、純粋に道具としてのグリッドである。さらに平面と立面を投射的に関係づけることで、建築をつねに二次元に還元する。しかもつねにシングルラインの、あいまいさのない図版として描く。ブレやルドゥらの図面が一種の絵画として描かれていることとは対照的である。

「ルドゥは、建築家はまず画家でなければならないと主張したが（ブレはその『試論』の題辞に「かくて私は画家でもある」というコレッジォ(70)の言葉を使った）、デュランとエコール・ポリテクニクにおけるその弟子たちは、新しい科学的で専門分化した建築に誇りをいだき、自分たちのきわだって合理的な職能と、直感に頼っているそのほかの美術との違いをつとめて強調しようとした。彼らにとり、建築ドローイングは建物を正確に再現するための道具であることの、以上でも以下でもなかった。建築史上はじめてドローイングは手段となり、それ自体の価値はなくなった。三次元空間とドローイングの連続性を念頭におけば、図像はもはや建物のシンボルではなく、それを機械的に平面に還元したものにすぎない。」（三〇八〜三一〇頁）

このようにして、幾何学と生きられた世界が分離する。バウハウス、インターナショナル・スタイル、近代建築運動はその前者を体現するのである。

最後に、ペレス＝ゴメスはみずからの立場を述べている。シンボル化は奥深い人間性に根ざしている。これを回復するためには、主客の分離という近代科学のアポリアに挑まなければならないが、そのためには現象学的な方法論が有効ではないかと示唆する。すなわち身体論、知覚論、間主観性論であり、そうして散文化した建築学にたいして、詩学としての建築を復活させることが希求されるのである。

注

（1）Alberto Pérez-Gómez, 1949-：メキシコ出身の建築史家。カナダで教鞭をとる。フッサール現象学を基盤に、建築の近代性を批判的に分析する。*Architecture and the Crisis of Modern Science*, 1983; *Architectural Representation and the Perspective Hinge*, 2003.

（2）Edmund Gustav Albrecht Husserl, 1859-1938：オーストリアの哲学者。現象学の始祖。『現象学の理念』（一九〇七年、長谷川宏訳、作品社、一九九七年など）、『内的時間意識の現象学』（一九二八年、立松弘孝訳、みすず書房、一九六七年）。

（3）Galileo Galilei, 1562-1642：イタリアの天文学者、物理学者。一五八九年にピサ大学教授。一五九二年にパドヴァ大学教授。物体の運動を、定性的ではなく定量的に、数的に、記述し分析するという方法論を主張し、近代科学に決定的な影響を与えた。

（4）ウィーン出身の心理学者メラニー・クライン（Melanie Klein, 1882-1960）が提唱した概念。幼児が発揮する、原始的な自己防衛機制。自分の母親には、良い面も悪い面もある、すなわち矛盾するものの統合が母親であるということを受け入れられず、母親を良い乳房と悪い乳房に分裂させて認識することが、例として示される。フロイト理論の発展であるとともに、フランスの心理学者ジャック・ラカンや哲学者ジル・ドゥルーズに影響を与えている。

（5）Michel de Frémin：生没年不詳。一六六五年から一七〇四年ころまで、法曹界で活動。土木にも関心があり、橋梁建設の監督もする。一七〇二年の『真の建築と偽りの建築の理念に関する建築批評論』（*Mémoires critiques d'architecture concernant l'idée de la vraye et de la fausse architecture*）は、建築家ではなくブルジョワ的な好奇心で書かれており、構造や構法などが中心課題であった。

（6）Jean Louis de Cordemoy：300頁注（57）参照。

（7）Sébasten Leclerc, 1637-1714：フランスの芸術家。ドローイング、エッチングに才能を示す。一六七二年に絵画・彫刻アカデミー会員となり、透視図法を教える。建築にかんしては、一七一四年に『建築に取り組もうとする若者たちに有用な指摘と省察あふれる建築書』（*Traité d'architecture avec des remarques et des observations très utiles pour les jeunes gens, qui veulent s'appliquer à ce bel art*）を出版する。

（8）Amédée François Frézier, 1682-1773：300頁注（58）参照。

（9）Yves André, 1675-1764：300頁注（59）参照。

（10）Charles Etienne Briseux, 1680-1754：302頁注（69）参照。

（11）Germain Boffrand, 1667-1754：フランスの建築家。当初ジラルドンのもとで彫刻を学ぶ。ジュール＝アルドゥアン・マンサールのもとでも建築を学び、そのアシスタントとなる。ロレーヌ地方やパリの貴族のために、宮殿や邸宅を建てる。一九〇七年に建築アカデミー第一部会員。『建築書』（*Livre d'architecture*, 1743）において、建築比例は美を保証するという古典的立場を示し、趣味を美を判定する基準と位置づけ、さらに具体的手法として視覚補正理論を展開する。

（12）genus：ラテン語で、種族、種類を意味する。生物の分類学では、種、属、科、目というヒエラルキーにおける「属」にあたる。音楽における「旋法」、芸術や文学においては「様式」にちかい概念。

（13）Marc-Antoine Laugier, 1713-1769：299頁注（55）参照。

（14）Nicolas Marie Potain, 1723-1790：フランスの建築家。王立建築アカデミーの学生で、一七三八年にローマ大賞を獲得。ローマでは、版画家コシャン、建築家ジャン＝ロラン・ルジェ、マクシミリアン・ブレビオン、ニコラ＝アンリ・ジャルダンたち新古典主義提唱者らと知り合う。一七四八年、国王首席建築家アンジュ＝ジャック・ガブリエルにより首席製図係に選ばれる。士官学校、ルイ一五世広場（現コンコルド広場）建設において、重要な役割を果たす。一七五六年に建築アカデミー会員。『建築オーダー論』（*Traité des Ordres d'Architecture*）初版を一七四七年に出版する。

ロジエ神父の『建築試論』が一七五三年に出版されると、その独立円柱に尊厳を与える建築論に感銘し、再推敲して一七六七年に刊行する。この書は建築長官マリニ侯と建築アカデミーに献呈される。ポタンは感覚論哲学に立脚しており、ゴシック建築は軽さの印象を眼にもたらし、ギリシア建築はじっさいは堅牢ではないが堅牢さの感覚を観察者の眼に与える、などと論じている。

（15）Christian Wolff, 1679-1754：ドイツの哲学者。

（16）Leonhard Euler, 1707-1783：スイス出身の数学者。物理学者。天文学者。位相幾何学の嚆矢。関数概念を導入。

（17）Jacques-François Blondel, 1705-1774：299頁注（49）参照。

（18）Jacques-Gabriel Soufflot, 1713-1780：299頁注（53）参照。

（19）Pierre Patte, 1723-1814：298頁注（48）参照。

（20）Nicolas Le Camus de Mézières, 1721-1789：303頁注（72）参照。

（21）Emile Kaufmann, 1891-1953：オーストリアの建築史家。一九二〇年にルドゥと新古典主義にかんする論文で博士学位を取得。一九三三年に『ルドゥからル・コルビュジエまで』を出版し、新古典主義から近代建築までの連続性を強調する。しかしハンス・ゼードルマイヤーは『中心の喪失』においてこの近代主義を批判する。ナチスが政権をとると、アメリカに亡命。一九五二年に『三人の革命的建築家：ブレ、ルドゥ、ルク』を出版。『理性の時代の建築』（*Architecture in the Age of Reason: Baroque and Post-Baroque in England, Italy and France*, 1955. 白井秀和訳、中央公論美術出版、一九九三・一九九七年）。芸術の「自律性」にかんする概念など、カント美学の影響が強い。

（22）西洋の神秘主義のひとつ。クリスチャン・ローゼンクロイツを始祖とする秘密結社。中世から存在するとされる。一七世紀初頭に顕在化した。古代の英知により世界を救うことが使命とされる。

（23）絶対空間とは、すべての物質の運動を観測するための基準となりうる静止した空間。おなじく絶対時間とは、時間は過去から未来へと、どこにおいても同じ速さで進むものであるので、事態が進展する共通の舞台のようなものとして相対されるもの。

（24）Guarino Guarini, 1624-1683：イタリアの建築家。ミラノやトリノで活動。モデナで生まれるも、一六三九年にテアティーニ修道会の修練僧となり、ローマの修道院ですごし、一六四七年にモデナにもどり、一六四八年に聖職者に叙任される。そののちパルマ、プラハ、リスボンに滞在し、一六六〇年代以降はピエモンテ地方で建設活動にはげむ。数学、ユークリッド幾何学、画法幾何学についての文献を出版する。またコペルニクスとガリレイに対抗して天動説の文献も書く。トリノのサン＝ロレンツォ教会、トリノのカペラ＝デッラ＝サクラ＝シンドーネは幾何学的神秘主義とバロック的な流動的空間が融合している。

（25）Guarino Guarini, *Architectura Civile*, 1737.

（26）Girard Desargues, 1593-1662：フランスの数学者。ユークリッド幾何学によらない、射影幾何学の基礎を確立する。この幾何学では、「無限遠点」が使われ、「平行線は無限遠点において交わる」とされる。同時代ではパスカルは同じ関心をもっていたが、やがて関心を失う。デカルトもデザルグを評価したが、ほかの同時代人は無視する。アブラアム・ボスがデザルグの理論を文献として記録する。一八世紀末にガスパール・モンジュが画法幾何学として復活させる。デザルグの定理は、空間内のすなわち同一平面上にないふたつの三角形のたがいの関係にかんする定理である。

（27）Abraham Bosse, 1604-1676：297頁注（40）参照。

（28）Abraham Bosse, *Manière Universelle de M. Desargues pour pratiquer la Perspective*, 1648：絵画・彫刻アカデミー会員アブラアム・ボスがデザルグの講義をもとに書き起こし出版したもの。

（29）Nicola Carletti：イタリアの建築家。『市民建築機構』（*Instituzioni d'Architettura Civile*, 1772）。

（30）Robert Morris, c.1702-1754：イギリスの建築家。新パラディオ主義の理論家。『古代建築擁護論』（*An Essay in Defense of Ancient Architecture*, 1728）、『建築講義』（*Lectures on Architecture*, 1734-1736）。

（31）このブレ理論は、建築の観察者が建物を自分の身体との類似性においてとらえることで共感するという建築心理学の理論に類似している。またメルロ＝ポンティの身体論と似ている。322頁注（27）参照。

（32）Claude-Nicolas Ledoux, 1736-1806：新古典主義を代表するフランスの建築家。ジャック＝フランソワ・ブロンデルに師事。一七六〇年代より、きわめて多作。大規模な邸宅、城館の仕事をしたのち、アルケ＝スナン王立製塩所（一七七四年から一七七九年）、ブザンソン劇場（一七八四年）、パリ市の一連の徴税所（一七八五年から一七八八年）。作品集、プロジェクト集にして論考を『芸術、品性、法制との関連で考察された建築』（*L'Architecture considérée sous le rapport de l'art, des mœurs et de la législation*, 1804）として出版。一九二〇年代より、近代建築運動、シュルレアリスム、ポストモダンの先駆者としてなんども復活、再評価される。

（33）Bernard Palissy, c.1510-c.1590：フランスの作家。また陶芸、エナメル細工、絵画、ステンドグラス制作をもこなした。とりわけ造園家として活動し、庭園を神と人の接触の場であるとみなし、空気、水、火、土というアリストテレス的四元素を重視し、シンボル性豊かな幾何学庭園を手がけた。

（34）Salomon de Caus, 1576-1626：フランスの建築家。エンジニア。活動領域は広く、建築、機械、水力学、透視図、音楽、日時計、造園におよぶ。著作も多い。一六二〇年代より、ハイデルベルクの庭園にも関与する。

（35）Jean François Niceron, 1613-1646：フランスの数学者。ミニム会修道士。メルセンヌ神父のもとで数学を学ぶ。デカルト、カヴァリエリ、キルヒャーらとも知己を得ており、最新の科学や哲学の問題に精通していた。透視図法の問題を解くために、だまし絵やアナモルフォーシスの理論を研究する。『興味深い透視図法』（*La perspective curieuse*, 1636）。

（36）anamorphosis：ギリシア語で ana は「後」や「再」を、morphe は「形態」や「形式」を意味する。歪んだ投影や透視図法を使用し、特殊な装置や極端な位置にある視点から見ることで、正常な像を得るような工夫。しばしばあるのは、円筒形の鏡に映したり、斜めから角度をつけて見たときに、正常な形に見えるように歪んだ絵を描くような技法。ホルバイン《大使たち》が有名。あるいは転じて、ある図像をある規則により変形し、また逆の規則により正常にもどすことをも意味する。

（37）Marin Mersenne, 1588-1648：296頁注（26）参照。

（38）Claude Mollet, 1557-1747：フランスの造園家。庭園理論家。国王付造園家の家系。『平面と庭園の劇場』（*Théâtre des Plans et Jardinages*, 1652）。

（39）Jacques Boyceau, c.1560-1635：フランスの造園家。アンリ四世の庭園総監。パリのリュクサンブール宮の造園に尽力。『自然と芸術の道理にしたがった造園論』（*Traité du Jardinage, selon les raison de la nature et de l'art*, 1638）。アリストテレスの四元素がまだ造園にとって重要であった。

（40）Batty Langley,1696-1751：イギリスの造園家。『庭園の新原則』（*New Principles of Gardening*, 1728）。トゥッケナムの庭園の造園家。父も造園家。父の仕事を引き継ぐとともに、さまざまな形式を混在させた平面を探究し、メイズを創案したりした。新パラディオ主義、ゴシック趣味の台頭とも深くかかわっている。『修復された古代建築』（*Ancient Architecture Restored*, 1742）、『法則と比例により改善されたゴシック建築』（*Gothic Architecture, improved by Rules and Proportions*, 1747）により、ゴシック建築に古典主義の比例を適用しようとした。

（41）A.J. Dezalliers d'Argenville,1680-1765：パリ高等法院の次席評定官。国王秘書。庭園愛好家。『庭園の理論と実践』（*La théorie et la pratique du jardinage*, 1709）は造園専門書だけでなく、建築家や施主のために書かれたもの。フランスのみならず、ドイツ語訳、英語訳も出版された。ロンドンのロイヤル・ソサイエティー会員にもなった。フランス式庭園の特質、水路、噴水などの技術面の解説、中産階級のための造園までも含む。また自然誌的な発想もふくまれている。

（42）Jean Du Breuil, 1602-1670：数学者。その書は、透視図法、建築、築城術などに関係し、よく読まれた。一六二二年に書籍商となる。この職を辞し、イエズス会士となり、やがてディジョンで修練士となる。『実用的透視図法』（*La Perspective pratique*, 1642）。

（43）デュ・ブリュイの『実用的透視図法』が出版されると、ただちにデザルグが批判したことによる。デザルグが一六三六年に書いた『透視図法を実践するために普遍的方法』のなかの文章を無断で借用したことがきっかけ。ペレス＝ゴメス『建築と近代科学の危機』一九〇頁。

（44）Jacques Ozanam, 1640-1717：一七〇一年に科学アカデミー会員。『透視図法』（*La Perspective*, 1711）。

（45）Andrea Pozzo, 1642-1709：イタリアの建築家。画家。イエズス会士。クアドラトゥーラ（Quadratura）と呼ばれる、無限の天球に上昇するような幻視の天井画を、教会や宮殿でてがけた。ローマのサンティニャツィア教会、ウィーンのイエズス教会、など。『絵画的建築的透視図法』（*Perspectiva pictorum et architectorum*, 1693）。

（46）Ferdinando Galli Bibiena, 1657-1743：イタリアの画家。建築家。舞台装置家。多くの芸術家が輩出したビビエナ家のひとり。『幾何学により準備され透視図法に還元される市民建築』（*L'architettura civile preparata sulla geometria e ridotta alle prospettive*, 1711）のなかで斜めからの視線を考慮し、消失点の設定により奥行きのある、そして仮想の無限空間によってなりたつ、舞台空間を創造した。

（47）ペレス＝ゴメスは、一六七九年の『状況の幾何学にかんする研究』をとりあげている。

（48）Bernard Le Bouyer de Fontenelle, 1657-1757：フランスの作家。科学者。科学アカデミー会員。『世界の多数性についての対話』（*Entretiens sur la pluralité des mondes*, 1686）。『無限幾何学基礎論』（*Eléments de la Géométrie de l'Infini*, 1727）

（49）Comte d'Angiviller, 1730-1810：一七七四年より建設長官。新古典主義の擁護者。ルーヴル宮大ギャラリーの王室コレクション絵画を一般市民に公開する展示場に改造する決定をし、その案をスフロにゆだねる。

（50）Sébastien Le Prestre de Vauban, 1633-1707：フランスの軍人。築城技師。一六六八年のアラス（Arras）城砦をはじめ、一二〇件以上の建設にかかわる。稜堡（bastion）式。一六七七年に築城総監。とくに一六八九年から一六九九年建設のヌフ＝ブリザク要塞は、城砦都市として都市計画の作品でもある。『要塞攻囲論』（*Traité de l'attaque des places*,

1703)。

（51）Pierre Bullet, 1639-1716：フランスの建築家。パリ市建築家でもあり、フランソワ＝ブロンデルとともに、パリ市都市計画のための実測都市図を作成する。サン＝トマ＝ダカン教会（一六七四年）。

（52）Voltaire, *Eléments de la philosophie de Newton*, 1738.

（53）Pierre-Simon Laplace, 1749-1827：フランスの自然科学者。数学者。因果論的決定論により宇宙の現象はすべて解明できると考えた。

（54）Pierre-Simon Laplace, *Essai Philosophique sur les Probabilités*, 1814.

（55）Pierre-Simon Laplace, *Traité de Mécanique Céleste*, 1799-1825.

（56）Jean Le Rond d'Alembert, 1717-1783：フランスの哲学者。数学者。ニュートン物理学にはまだ神の概念があったが、ダランベールはそれを払拭した。ディドロとともに『百科全書』を編集した。

（57）Joseph-Louis Lagrange, 1736-1813：イタリア出身のフランスの数学者。微分積分学を物理学に応用した。

（58）Joseph-Louis Lagrange, *Mécanique analistique*, 1788.

（59）Jean-Baptiste Joseph Delambre, 1749-1822：フランスの数学者、天文学者。『一七八九年以降の数学的諸科学の発展にかんする歴史的レポート』（*Rapport Historique sur les Progrès des Sciences Mathématiques depuis 1789*, 1810）においてはじめて、事実の集積としての、線的な発展としての科学史を描く。

（60）Comte de Saint-Simon, 1760-1825：フランスの思想家。社会主義者。産業により社会を再構築する壮大な思想を組み立てた。生前は認められなかったが、そののち国家官僚の思想的基盤となる。『産業階級の教理問答』（*Cathéchisme des Industriels*, 1823-1824）、『新キリスト教』（*Le Nouvel Christianisme*, 1825）など。

（61）Auguste Comte, 1798-1857：フランスの哲学者。社会科学者。エコール・ポリテクニクで数学を学ぶ。フランス革命後の社会の不安定化に危機感をいだき、社会再統合のための学問として「社会学」を創設。超越的なものを否定して、経験的な事実にもとづき、仮説と論証といった理論的推論に依拠しようとする実証哲学を提唱する。一八三〇年から一八四二年にかけて『実証主義哲学講義』（*Cours de Philosophie positive*：田辺寿利訳、岩波書店、一九三八年）を刊行。

（62）École Polytechnique フランスの理工系高等教育機関。ナポレオンが一七九四年に国軍の技術将校が不足していたことで創設した学校。初代校長がラグランジュ。

（63）Gaspard Monge, 1746-1818：フランスのエンジニア。数学者。デザルグやパスカルが確立した一七世紀の射影幾何学を発展させ、思弁的というよりエンジニアリングに有効に適用されうる画法幾何学として体系化する。

（64）Gaspard Monge, *Géométrie Descriptive*, 1795：このなかでモンジュは、画法幾何学の目的は、立体的なものを、その寸法を正確に把握しつつ、二次元平面の上に描き示すための方法であると述べている。

（65）Michel Chasles, 1793-1880：フランスの数学者。一八一二年から一八一四年までエコール・ポリテクニクに学ぶ。画法幾何学を発展させる。

（66）Michel Chasles, *Aperçu Historique de l'Origine et Développement des Méthodes en Géométrie*, 1837.

（67）Jean-Victor Poncelet, 1788-1867：フランスの数学者。エンジニア。一八一二年にエコール・ポリテクニクを卒業。一八二四年に同教授。一八四八年から一八五〇年まで同校を指揮。射影幾何学の再興に貢献する。『図像射影の特性』（*Traité des Propriétés Projectives des Figures*, 1822）。

（68）Jean-Baptiste Rondelet, 1743-1829：フランスの建築家。スフロの没後、一七八〇年にサント＝ジュヌヴィエーヴ教会の主任建築家を引き継ぐ。『理論的実践的建設術書』（*Traité Théorique et Pratique de l'Art de Bâtir*, 1802）。

（69）Jean-Nicolas-Louis Durand, 1760-1834：フランスの建築家。ブレのもとで学ぶ。機能、経済性を重視する建築観を形成する。エコール・ポリテクニクの建築教授。『古代と近代のあらゆる分野の建物の集成比較』（*Recueil et parallèle des édifices de tout genre, anciens et modernes*, 1801）では同一スケールでさまざまな建築のプランを比較して論じ、『建築講義要録』（*Précis des leçons d'architecture données à l'École royale polytechnique*, 1809：丹羽和彦、飯田喜四郎訳、中央公論美術出版、二〇一四年）では、グリッドプランにより建築の諸室といった要素を組み合わせて構成することで、建築を設計する方法論を示す。

（70）Antonio Allegri da Correggio, 1489-1534：イタリアの画家。《聖ヒエロニムスのいる聖母》など。

解題
アントワーヌ・ピコン『クロード・ペローあるいはある古典主義者の好奇心』一九八八年

ヘルマンはイギリス経験論、とくに観念連合との関連性においてペローの建築理論を分析した。リクワートは一八世紀の新古典主義と趣味の哲学との関連において論じた。ペレス＝ゴメスは一九世紀の実証主義、そしてフッサールが二〇世紀初頭に指摘した近代諸科学における危機との相関で論じた。そこではペローはデザルグのような、近代の先行者だとされた。さてアントワーヌ・ピコン[1]は、ペローを一七世紀に連れ戻し、一七世紀における近代科学そのものの近代性をふたたび詳細に分析するなかで、そこに位置づけなおそうとする。彼は『クロード・ペローあるいはある古典主義者の好奇心』（一九八八年）のなかで、ヘルマンの観点は継承するものの、よりひろく一七世紀的科学の観点から考察された建築とその理論というものに立ち戻り、ペローが探求していた自然学のなかに解凍しようとする。そして一七世紀の科学が、ペローをとおして、建築になにをもたらしたかを解明しようとする。その帰結は、建築にかんする基本的了解を、根本的にくつがえすような重大なものであった。

ペローはもともと医者であり、建築も研究するようになった。じつは当時、医者にして建築家である例は珍しくない。ルイ・サヴォ[2]、オズ[3]、イギリスではクリストファー・レン[4]がそうであった（二一頁）。しかしペローはたんに医者であったのではなく、科学アカデミー会員になったことを契機に、より専門的な科学研究の道を歩みはじめる。動物解剖学を中心とする自然学であるが、そこにはミシェル・フーコーが『知の考古学』において指摘した古典主義時代の博物誌的、マトリクス分類への指向がみられる。ピコンがペローのアプローチを「ある古典主義者の好奇心」とするのは、それを念頭においてである。宇宙、物質、動物、植物を貫通する普遍的メカニズムを解明しようとする多様な好奇心に満ちたペローは、その延長線上に建築をも解明しようとする。あるいはルーヴル宮東ファサード、天文台、凱旋門などの設計にも関与する。ただその関与の深さは、一八七〇年の火災によりその図面は焼失したので、完全には解明できないにしても。

第一章「クロード・ペローとその家族」（一三〜一八頁）ではペロー家の歴史が、第二章「偉大な世紀の医者」（一九〜四〇頁）では医師としてのキャリアが論じられたあと、第三章「知識人のデビュ」（四一〜五二頁）では、そのペローが自然科学の領域に踏み込んでいった過程が描かれる。

まず王立科学アカデミーが創設される経緯が説明される。このアカデミーの起源は一六三〇年代のメルセンヌ神父を中心とするアマチュア的な自然科学討論グループである。そののち科学の専門分化や、経験主義の洗礼をうけ、またヨーロッパ全体としてアカデミー創設という潮流のなかで、ルイ一四世は治世の栄光をたたえるため、コルベールにいくつかのアカデミーを設立させる。まず一六六三年に『科学と芸術の協会計画』と題された文書がしたためられる。そこではおおきく二領域が区別される。ひとつは数学とその応用である天文学と地理学という知的な分野である。もうひとつは広い意味での生物学であり、化学、解剖学、医学という実用的な分野である。これら二領域は、宇宙の構造から生命体までをシームレスに、ひとつづきに描き分析しようとしたデカルトの二元性に類似している。そのために分析対象を一覧表にし、アナロジーをもって体系化することが目指された。この最後の点は、フーコーが『言葉と物』で指摘したとおりであり、クロード・ペローもまたそのようなアナロジーの手法を多用する（四三頁）。このような計画をも含むより包括的な組織が構想されたこともあった。すでに設立されていたアカデミー・フランセーズは、単独で文学に没頭することを望んだ。科学アカデミーも、技術者を集めた建築アカデミーとの一体化は望まず、一六六六年に単独で設置される。そこには、イエズス会士や極端なデカルト主義者たちは排除される（四四頁）。

ペローはその創設会員である。そして一六六七年一月一五日のアカデミー会合で、二編の研究計画書を提出する。まず『解剖学の経験と観察の計画』では、真理の二元論が注目される。すなわち臓器の構造などにかかわる「ありのままの真理」（vérité de fait）と、それら臓器の用途や挙動を知ることにかかわる「あるべき真理」（vérité de droit）という区別である。前者は解剖学に相当し、見て触って観察することである。後者は生理学に相当し、仮説をたてて推論することであると理解できる。この二分法は、はっきり知覚されたものと、科学的手続きで推論されたものとのそれである。さらに展開すれば、「本質的に触覚的なものである明証的な美と、推論される余地があり、たいていは慣習によるものとされる恣意的な美」というペローの審美的な考察を予告するものではないか。さらにそれは、自然と制度、あるいは知覚的証言と理性的説明、眼と理性という二元論にも対応しているのではないか、という枠組みが提案される。おそらくそれは、ペレス＝ゴメスがペロー的二元論を「現象」と「概念」という現象学的二元論にあてはめて論を展開したことに暗黙のうちに対抗してなされた、並行するもうひとつの二元論であろう。

つぎに『植物学計画』は、テオプラストス(5)をさらに発展させ、古代植物学を修正するものであり、科学アカデミーの植物誌構築の大計画に追随するものである。ペローは古代ローマの医学者ガレノス(6)が体液を四種類に分類して構築した学説からも、デカルトの「後成説」(7)からも距離をとり、古代ギリシアの医者ヒポクラテス(8)の意見にちかづき、世界が創造されたときにあらゆる生命体の形式がすでに準備されており、養分や外的条件に反応して、ある状況である生命体が形成されるのであり、ゆえに生命はかくも多様である、と推論する。したがって神は世界のはじまりに、いちどだけ介入するのみである。このペローの見解は、じつはデカルトにちかい。しかし彼は慎重であり、つよく主張はしない。さらに動物において血液が循環し、地球に水が雨や蒸気となって循環しているように、植物においても樹液などが循環しているはずであると、「循環」の概念に固執している。それはイギリスの医学者ハーヴェイ(9)からの影響だと、ピコンは指摘している。

このようにペローは、生命の科学を探究するという科学アカデミーの計画にそい、フーコーが一七世紀の古典主義時代における「一覧表の精神」といったものを体現しつつ、「ありのままの真理」と「あるべき真理」の、すなわち身体における構造と循環の、相互補完性を理論の根本にすえる。ただその相互補完性だけでは生命の統一性という問題には答えられない。そこで当時パリにいたライプニッツの理論に依拠しようとし、あらたなアニミズム的発想もとりいれる。ペローは研究パラダイムを改訂し、科学アカデミー一六六九年一一月三〇日の会合で発表する。

第四章「動物の自然誌にむかって」(五三〜七六頁)では、科学アカデミーにおけるペローの動物解剖の実践と理論が述べられている。

解剖は、古代の権威を盲信することがなくなった一七世紀において刺激的な冒険であるいっぽう、のちの生物学者キュヴィエやリンネの時代からすると、方法論などにおいてまだ未成熟であった。この過渡期、科学アカデミーは創設当初から、熊、鹿、ネズミ、ラクダ、カメレオンなどさまざまな、国内外の、こんにちでは絶滅種になったものまでふくめ多様な動物の解剖をおこなう。ペローはそのアカデミーにおける解剖学者の長という立場である。

同時代の解剖学者ギヨーム・ラミ[10]がその関連で言及される。エピクロス[11]やルクレティウス[12]といった古代の学者たちは、世界は神の満足のためにのみ創造されており、世界は目的論的に構築されていると考えていた。ラミはこれにまっこうから反対し、自然は盲目であり、臓器をランダムに創造し組み合わせたので、適応できない種は滅びてしまうと考える。同じ思想からさらに、「眼は見ることを目的として備わったのではけっしてなく、眼を所有しているから、私たちは見るのである」と指摘して、それまでの目的論的な解釈を一掃する。

ペローはそこまで極端ではないが、このラミの見解も意識しつつ、おそくとも一六六八年からこの仕事にとりくみ、セバスティアン・ルクレール[13]を図版作成係としつつ、一六七一年と一六七六年には詳細な記録図版集『動物自然誌に有用な論文集』を出版したし、一六八三年にもその議論をしている。

ピコンはおもにこの文献に依拠しつつ、ペローの解剖学理論を解説する。アカデミーにおける共同作業において個人の恣意を排し、できるだけ多くの諸例を比較検討することで、古代人たちのいだいた目的論を克服し、経験にもとづく科学の可能性を探らねばならない。自然誌といっても、ひとつのテーマを軸に展開する普遍的なものよりも、個別の事象を集めた各論的なものが評価されるべきである。それは、「ありのままの真理」と「あるべき真理」という二元論の展開でもある。動物を外面的に記述するだけではなく、内部構造を解明しなければならないという主張は、デカルトの時代に内部構造を空間のことばで描くことが重視されることと並行している。ここに建築的メタフォアがあらわれる。構造は空間的にあらわされるのである。それとともに、人体は万物の尺度という説は間違いであり、人体は動物より比例が良いとはいえない。なぜなら事物の完全性は、目的のために比例づけられているかという基準により判断される。しかし同時に、「建築においてそうであるように、ある寸法、あるモデュールを決めねばならない。考えてもみれば宇宙は、構造の異なるアパルトマンからなる大きく壮麗な建築であり、そのほかすべての諸室を調整するためにきわめて高貴な比例を選ぶのである」（六一頁）。造物主が人間を創造したときに使ったとされる、神聖な起源をもつ比例にかんする議論をすてて、尺度にもとづく考察に移行しようというペローの議論は、ピコンの眼には「自然誌の脱魔術化」と映る。神が崇高な比例をもって万物を創造したから、人間は完全であり、動物はそこから退歩しているというのが古代的な思想であった。それを否定し、寸法を中心におくことで自然誌を脱魔術化し、形態論的な関係とみなす。そしてこの脱魔術化をこんどは建築にも適用するのが、ペローなのである。

ただしアカデミーの中枢にいたペローは、目的論をさりげなく避けつつ、宗教的中立というアカデミーの立場は守る。たとえば人間と猿とでは、発声のための臓器はきわめて類似している。しかし前者は「パロール」を所有する、すなわち会話をするが、後者はしない。臓器の形態上の類似性にもかかわらず、すなわち恣意的なサインを操れる能力によって、人間と猿を差異化したのは造物主の賢明さである。このような「パロール」は二重の意味で制度である。人間と動物をわける神の制度であるとともに、人間どうしのあいだの制度である。これが萌芽的な制度論をベースにしたペローの美学概念となってゆく。

しかしピコンがとりわけ注目するのは、やはりペローにおける真理の二元論である。それが解剖学的な知見を含んで書かれた別の著作『自然学試論』における議論に反映されているという。すなわち自然の事物を認識して説明する方法はふたつに大別される。ひとつは知覚によってとらえられたすべての個別の事象を分類し記載するという自然誌の方法である。もうひとつはあらゆる個別的事象の背後に隠されている原因や理由を推論により明らかにする哲学的な方法である。この対比は「ありのまま」と「あるべき」そのままの対比である。そして動物解剖学の探究における後者の方向性はかならずしも成功したとはいえない。それがペローの、そして科学アカデミーの限界である。

「自然誌の限界」節（七三〜七四頁）においては、生きた環境と実験室のなかの違いや、顕微鏡は採用されなかったこと、さらにはアカデミー会員たちがいだく自然誌概念はあいまいであり理論的な枠組みはなかった、などというペローらの限界が指摘されている。種ごとのモノグラフ的分析という手法のゆえにあいまいさは払拭されない。ペローの比較法には理論的基礎が欠けており、すでにホイヘンスもその不毛性を予測していた。ペローらが指向したものはキュヴィエがやっと発見する。

そうしたなかにおいてもペローは、二種類の認識を区別する。個別性を志向する歴史的手法と、その背景にある道理を解明しようとする哲学的手法である。これが「ありのまま」と「あるべき」のそれに対応する。しかし方法論的な弱さから、種や類の概念そのものもあいまいであり、動物の種の一般表を作成するという夢は頓挫することになる。一覧表への志向は植物学ではむしろ進んでいた。それとは対比的に、ペローにはリンネのような単純性が欠けていた。(14)

第五章「メカニズムとアニミズム、ペローの生理学概念」（七五〜八八頁）のなかでは、ペローが解剖の実践や同時代の思想家たち、とりわけデカルトとの対決のなかからその身体概念を展開したことが、その『自然学試論』の解題というかたちで説明されている。

「機械としての身体」節（七五〜七八頁）は、身体を一種の機械とみなす一七世紀の一般的な潮流から説き起こされている。レギウス[15]、ロオ[16]、トヴリ[17]らは身体をオルガンやポンプなどに喩える。とりわけデカルトは『哲学原理』(一六四四年)や『人間論』(一六四八年)において、物体が拡散しないのは引力ではなく不活性のゆえであり、身体が運動するのは、脳から送られた「動物精気[18]」が筋肉に届くからであり、それが筋肉を収縮させるからであると考える。

いっぽうペローは、デカルトとはかならずしも一致せず、物体が凝縮していられるのは、粒子が扁平なほどたがいに密着しやすいという内的要因と、周囲の空気からの圧力がかかるという外的要因があるからであり、脳から送られた動物精気はむしろ筋肉を弛緩させ、このことが運動をもたらすと考える。デカルトの身体機械論は動画的(cinétique)でありペローのそれは動力学的(dynamique)であるとピコンは対比づける(七八頁〜)。後者はとくに小腸の蠕動運動の説明において顕著である。この臓器は収縮と弛緩を交互に繰り返す。この蠕動運動は、この内臓器官に固有なのではなく、血液の循環や、宇宙の構造にも敷衍される普遍的なものである。そして身体に臓器がすき間なく充塡されて蠕動運動をするように、宇宙にも物体が充満し、それらが臓器に類似する運動をしてたがいに影響しあう。人間機械も宇宙も、こうした無数のダイナミックなメカニズムの集積なのである。

「生命体の知覚」節(七九〜八二頁)では、知覚が解剖学的にどう説明されるかが、論じられている。ペローは、生命体がどのように知覚するのかという基本的命題にたいして、まだプリミティブであるが、いくつかの示唆的な指摘をしている。まず筋肉が動物精気によって弛緩するという基本的な構図のなかで、知覚とは身体の任意の箇所において、動物精気による弛緩が作用して、微粒子が分離したことによりもたらされた効果である。五種類の知覚はどれも原因は同じであり、いずれも一種の微小な傷害である(七九頁)。その理論的帰結として、触覚こそが基幹的な知覚であり、ほかの四種類はそれからの派生にすぎない、とペローは考える。いっぽうでデュ・

ヴェルネの[19]『聴覚器官論』（一六八三年）などに依拠しつつ、視覚と聴覚を比較する。網膜も鼓膜もどちらも神経の束ではあるものの、眼は湿っているが耳は乾いているといった差異もある。そしてこの視覚と聴覚の比較論をやがて建築と音楽のそれにも応用することになる。いっぽうで、ペクや[20]、すでに網膜の「盲点」を発見していたマリオットらは[21]、網膜はほんとうに視覚が起こる場所なのかを疑い議論をしていた。ペロー自身は網膜で対象が捉えられると考えたが、その議論そのものを再開することには慎重である。視覚がなされるのは網膜か否かという設問そのものが機械論の限界であり、ペローはこの限界をアニミズムで超えようとしたと、ピコンは指摘している（八二頁）。

「魂の遍在」節（八二〜八七頁）では、ペローが魂（âme）が知覚の源泉であるとしたことが、論じられている。デカルトは『人間論』のなかで、魂は「松果腺」という臓器に宿ることを前提としている。しかしペローは、魂は身体に遍在しており、臓器横断的であると考える。さらに動物に魂があるかどうか、あるとすれば人間とどう違うかといったことを論じている。その詳細は省略するとしても、デカルトが光や空気の振動といった外的刺激が脳に痕跡を残すと考えたのにたいし、ペローは臓器横断的な存在である魂こそが、知覚の場所であると信じている。こうした発想は「魂の脱中心化」と呼びうるし、アウグスティヌスの考えにちかく、さらに記憶は脳のなかの痕跡ではなく、そのたびごとの判断であると考えたライプニッツにも類似していると、ピコンは指摘する。

このライプニッツとペローとの交流と、両者の思想上の類似性とが、たびたび指摘される。ライプニッツは一六七二年から一六七六年にパリに滞在している。そのあいだに両者はなんどか会っており、知見を交換している。たとえばペローは「随意的で明確な思考」と「とりとめのない混乱した思考」という二分法を展開したが、そのうち後者は、ライプニッツの「微小知覚」[22]に類似している。ペローはこのような、そのプロセスを本人がはっきり意識しない思考、心臓の鼓動や、内臓の消化のような非随意運動、あるいは「習慣」にもとづく思考、に注目する。それはヤンセン派のピエール・ニコルが『道徳試論』[23]（一六七一年）において言及している、はっきりした意識もなく、たんなる習慣による、ぼんやりした思考といったものに相当する。デカルトは意識と思考を同じものだと考えた。しかしペローはライプニッツらに倣い、思考と意識を別なものと考える。

ただし心身論においては、ペローとライプニッツは、同一面もあるし異なる点もある。非物質的な魂は、唯物論的な法則に従う身体にどう作用を及ぼすのかという問題点について、デカルトの心身論は、当時すでに説得力を失いつつある。ライプニッツは、直接の力の行使はないが、魂と身体は驚異的な調和を示すと考える。しかしペローは、魂は身体に支配力を拡大すると考える。

これはペローの身体機械論の限界でもあり、解剖学者として身体を機能的にとらえようとすればするほど、ペローはアニミズムという別の論理に依拠しなければならないという弱さを露呈するのである（八七頁）。

この弱さの別の例が、ペローも当時のパンスペルミア説を信じていたという事実である。同時代、マルブランシュが『真理の探究』（一六七四～一六七五年）において、前述のマリオットが、スワンダーダム[24]が『昆虫自然誌概論』（一六八二年）において、そうした議論を展開していた。ピコンによれば、ペローの心身論の起源はとりわけアウグスティヌスの思想であった。この古代末の思想家の哲学が直接、あるいはヤンセン派や、ニコラ・ペローを経由して間接的に、クロード・ペローに伝わったのである。そして人間が機械としてよく機能しているのは、魂が身体全体を指揮しているからであり、このような有機体が完全であるのは創造主である神の意図によると考える。そうしたペローの論を、概念的大胆さと宗教的小心の混在と、ピコンは評する。

第六章「ペローの世界、重力の説明から機械のすりあわせ」（八九～一〇二頁）では、ペローが宇宙の構造を、機械論的に説明しようとしたこと、彼自身の理論そのものはあいまいさも不徹底もあるものの、その根底には前述の二元論的発想がひきつづきみられることが指摘されている。

ペローは科学アカデミーの会合に、石灰の特質（一六六七年）、凝固、重力の原因、音と光の性質（一六六九年）についての論考を報告する。それらを含む論考が『自然学試論』としてまとめられる。彼の理論は、基本的には、当時支配的であった「微粒子論」にもとづいている。この理論はメルセンヌ、ガッサンディ、デカルトらにとって共通のパラダイムである。とくにデカルトは、延長、運動、衝突という基本概念にのみ立脚している。しかし重力がなぜ発生するかという基本的な課題に直面すると、自然界においては微粒子の「渦動」が一種の流体をなして、宇宙には真空はなくこの微粒子が充満しており、重力、磁力、そして物質の凝固（固体）などを発生させると説明する。しかし「結合の愛」や「結合しようとするあらゆる物体の傾向」といったデカルトの説を、ペローは信用しない。空気が周囲から圧することで固体として凝固し、熱はこの凝固力を解放して分離させる力をおよぼすと、ペローは考える。デカルトは「渦動」説により、宇宙がさまざまな渦動ユニットで構成されているという複雑な図式を展開した。それたいしペローは、とりあえず地球は二種類の渦動からなっており、物体にそれら渦動から働きかけられるふたつの力の合力が、重力となると考える。

「蓋然性、信憑性、新しさ：手続きのあいまいさ」節（九四〜九五頁）では、ペローにおける蓋然性などの概念の出所が論じられる。ホイヘンスといった当時の科学者たちは、真理そのものを発見することの困難さを自覚しており、そのため真実さの諸段階を論じた。ペローもまた「信憑性」に言及する。同時に彼は、新奇性、不可解な想像力をも求める。これら異種の概念を混合させようとする傾向が、ペローをして科学と芸術、物理と建築、理性と直感、法則と着想、というものの併存あるいは融合に導く。建築理論における比例の恣意性と規則遵守という二元論の融合への伏線となることが、ここで示唆されている。

「新発明の機械」節（九六～一〇一頁）では、ペローのエンジニア志向が論じられる。ペロー兄弟はみな機械への強い関心をいだく。ペローも揚石機、時計、アーチ橋などを設計する。機械の発明をアカデミーに報告したし、ウィトルウィウス翻訳の刊行もまた古代の機械を知らしめるためであった。海軍の強化というコルベールの政策にも合致している。とりわけ世界は機械であるというヴィジョンをいだいており、神＝職人が、微粒子の渦動もふくむこの世界＝機械を創造したが、この神は単純な法則にしたがって複雑な実施をおこなう。抽象的な機械論ではなく、ペローは現実の機械そのものにかかわる。そういう意味で、哲学者としての物理学者ではなく、エンジニアとしての物理学者である、とピコンは説明する（一〇〇頁）。

「発展する世界」節（一〇一～一〇二頁）では、このようなペローがいだいた概念枠組みの特性が指摘されている。それまでの伝統的考え方では、自然界は動物的、植物的、鉱物的に分割される。しかしペローにとって、自然が有機的と非有機的とに分かれるにしても、それらはたんに分割されたのではなく、ひとつの機械論的な論理が貫通される。生命体の組織と、そのほかの自然の構造とは区別されながらも、横断的に同一視される。それらは神が創造したものとして理解される。しかも神は、すべてが循環という原理で支配されるように創造したのである。宇宙の微粒子も、植物の樹液も、身体の血液もすべて循環である。すべてはこの機械論的モデルにあてはまる。こうした機械論モデルのうえに、ペローのアミニズムは成立する。この立脚点からペローは、ある意味で論理必然的に、決定論的に、建築に関与せざるをえなくなる、とピコンは続ける。

「解剖学におけるありのままの真理を前提として、生理学におけるあるべき真理が成り立つように、なんであれ現象を再現できるかどうかは、ペローのペンがなんどか記した言葉を借用するならば、その現象をもたらした『構造』を分析することにかかっていよう。有機体と非有機体とが区別される。そのことにより錯綜してみえる世界において、この構造すなわち組織という概念がきわめて重要になる。こう考えれば、ある知識人が建築についてどんな関心をいだきうるかが、わかるのではないか。建築ではオーダー理論から矩体の建設にいたる、あらゆる種類の構造の問題が探究される。建築はまたさまざまな機械に依拠しているのだから、こうした関心は科学的好奇心の自然な延長である。ここで建設にかかわる理論と実践が提供しうる動的シミュレーションは可能かどうかを自問しなければならない。換言すれば、建築を取り巻く絶え間ない循環を、それが反映できるような様態を探究しなければならない。構造と運動、建築と生成である。こうした二項対比は驚くほど現代的である。ペローの科学的な探究は、おそらくそこに到達するであろう。」（一〇二頁）

第七章「古代人に対抗する近代人」（一〇三〜一一四頁）においては、ペロー兄弟に代表される近代派と、ボワローらの古代派が、近代文学と古典文学のあいだの優劣を論じた新旧論争について触れている。この論争はそもそも、ボワローがその『諷刺詩』第九部でミダス王のロバの耳というように揶揄したことにたいし、一六六八年にクロード・ペローが批判したことを端緒としている。詩人は一六七四年の『詩法』のなかで、患者を死に至らしめる藪医者が良き建築家になったというあてこすりを書いた。建築家は『コウノトリすなわち完全なる忘恩者により治癒されたカラス』という詩で答える。忘恩のカラスにされてしまったボワローもお返しをする。さらにペロー兄弟のなかのピエールは『オペラ批評』で、さらにシャルルも非難の応酬に参加し、近代派の代表者となった。シャルルの『ルイ大王の世紀』は、一六八七年にアカデミー・フランセーズで朗読される。はじめは皮肉合戦であった新旧論争のなかから、新しい古代観と近代観が生まれる。

未参照の資料である手稿『トロイの壁あるいはビュルレスクの起源』は、ホメロスもウェルギリウスもときには滑稽文学の側面があり、奇妙な想像力が発揮されている。『自然学試論』の第二巻にある『古代人音楽論』（*Traité de la musique des anciens*）は古代文化のほとんど脱神話化であり、古代音楽はシンフォニックというより律動的であり、古典古代の文化圏の外のそれとさほど違いはない。そこでは感覚（sens）に作用する美、気分（cœur）に作用する美、精神（esprit）に作用する美の三種類が区別され、序列化される。それは医学や自然学では一般的であった感覚的、動物的、理性的に対応する。古代の音楽はその感覚と気分にしか訴えないが、現代音楽は精神にも訴えるのである。この二分法はさらに大衆芸術とエリート芸術のそれに、はっきりした思考とあいまいな思考、さらに万人に共通する良識と知識人のいだく批判的な趣味、というそれに発展する。

いっぽうシャルルによる一六九七年の『古代人と近代人の比較[25]』のなかでは、古代詩人たちがさまざまな視点から批判されている。しかし逆説的に、ひとつの文明を全体的に把握するということがなされ、包括的な文明論という意味で新古典主義の建築家ルロワや美術批評家ヴィンケルマンの先駆けにすらなっている。

ただ古代派と近代派は、論争しつつも、真実らしさや進歩といった概念を共有していたし、相互影響はある。逆に近代派こそが、近代を文明の頂点とするあまり、将来はもう進歩は少ないという考え方をいだくこともあった。古代派のほうがより権威主義的であったとはかぎらない。

デマレ・ド・サン＝ソルランは『フランス語の言語と詩と、ギリシア語とラテン語のそれらとの比較[26]』のなかで、自然と規則、「自然な美」と「発明の美」を対比した。ペロー兄弟は後者の「恣意的な」側面を認識する。

芸術とは「掟の堆積」である。古代模倣から芸術家を解放しながら、近代派は、芸術創作を管理しようという意思をあらわにする。模倣こそが古代人の自由である。それにたいし過去ではなく意図的に社会的なものである規則によって芸術を規制すること、これが近代派の意思である。その傾向はペローの建築観のなかにも刻まれている。

第八章「クロード・ペローと建築理論」（一一五～一五六頁）では、ペローの解剖学、自然学の研究をふまえて、それと彼の建築理論との関連が解説されている。

「ウィトルウィウス翻訳」節（一一五～一三四頁）では、ペロー版の意味が論じられる。コルベールからの指示にもとづいてなされた『ウィトルウィウス建築十書』の翻訳は、それまでのジャン・マルタン(27)とジャン・グージョン(28)によるフランス語版（一五四七年）の水準を格段に向上させるもので、翻訳者のギリシア語やラテン語の能力も反映されており、一九世紀にいたるまで定本として信頼されて読まれている。想定された読者は建築家のみならず、科学者たちも含まれている。そもそもコルベールの文化政策の鍵として、建築家たちが依拠すべき規範を定めることがミッションであった。建築のみならず古代の機械についての実用的知識をもたらし、アウグストゥス帝時代の古代ローマの栄光をフランス王室にもたらすことまで期待されている。翻訳とはいえ、ペローの注は膨大にして詳細であり、科学的知見に裏打ちされている。ウィトルウィウスにおける身体と建築の比較論についてコメントしたり、劇場の音響効果について解剖学的立場からの聴覚理論で反応したり、ほとんど一冊の建築書を構成している。

こうしたなかで、ペローによる生命体と建築のアナロジーが論じられる。建築が石材や木材で構成されることを生命体組織のようなものとみなし、「構造」を身体の組織と、建造物の経済性とを横断する概念とし、有機体という概念をより直截に建築にあてはめ、イオニア式柱頭の渦巻を蠕動運動する小腸に喩える。とはいえ、この類推がほんとうに的を射ているかどうかではなく、ペローが異なる領域を横断しつつ、同一の発想法を貫くことに注目すべきである。彼が植物と動物とを、ともに機械論的発想でみたように、建築と動物学をも横断してゆく。ウィトルウィウスによる神殿の分類は、ペローの眼には生物の種の分類のように映る。かくして一種の建築機械論が生まれる。古代建築は、その考古学性というよりは建築機械論的に、理論的に、注目され評価されるのである。ペローはこの着想から、古代劇場を一種の音響機械として、パリ天文台を惑星運動を観測する機械として構想するのである。

「挑発的な思考」節（一三五〜一三七頁）では、ペローがウィトルウィウス翻訳の注において革新的な理論、とくに視覚補正理論を批判する立場を表明していることが指摘されている。まず建築の比例体系は、最初の建築家たちが人間的なファンタジーをもって考案したものである。だからカップルド・コラムといったフランス人によるゴシック的造形も容認される。この点から、フィリベール・ドロルムの神聖比例すなわち神が宇宙創造のさいに定め旧約聖書にも記された比例、には根拠がないことになる。さらに視覚補正理論には根拠がないことも指摘される。フェイディアスの逸話を知っていたであろうウィトルウィウスは、遠くから見たり、下から見上げたりすると、物の寸法はちがって見える、すなわち視覚は誤るという前提である。これにたいしペローは、視覚はあやまたない、とする。すなわち魂（âme）は知覚されたままの情報を適宜修正して、正確な寸法を割り出す。この論点に注目して、ペローのアニミズムだと、ピコンは指摘する。

一六七四年の『ウィトルウィウス建築十書要旨』のなかで、ウィトルウィウスは、ようするに自分がアウグストゥス帝の栄光のもとにあることを誇りとし、比例は人為的規範であり、人為的であるからには、建築家には良き趣味が求められることが指摘されている。

そして『五種類の円柱』における明証的と恣意的という美の二元論について論じられる。こうした二元論は当時では一般的であって、デカルト派も習慣という概念に注目していたし、ニコルも『真の美と偽の美にかんする論』[29]において、本質的な美は真理から生まれるものだが、私見や慣用からもたらされる美があることも認識している。もちろんアカデミーはペローの二元論に反対である。

「建築アカデミー：フランソワ・ブロンデルとクロード・ペロー」節（一三八〜一四一頁）では、アカデミーの態度について述べられる。アカデミーは、ペローの「良き趣味」にかんするレポート（一六七二年一月七日の会合）や、ウィトルウィウス翻訳などを検討したが、ペローの急進性についてゆけず、まともな検討はしない。むしろブロンデルがペローの議論に答える（一四一頁）。彼は、ペローとはことごとく対立し、音楽家ルネ・ウヴラールの『調和的建築』を傍証としながら、音楽比例が建築にも有用なこと、聴覚と視覚は同相であること、ヴィラルパンド描くソロモン神殿もこうした音楽比例で構成されていることを表明し、さらにウィトルウィウス流の視覚補正理論をも擁護する。

「理論の決定的な形成」節（一四一〜一五一頁）では、ペローの建築理論の核心が批判的に論じられている。ここではじめてピコンは、ヘルマンによるペロー理解とは異なる自分のスタンスを明らかにしはじめる。

ペローの出発点となったのは、アントワーヌ・デゴデによる実測図面集『ローマの古代建築』（一六八二年）である。この正確な実測図面集から、古代遺跡の比例がきわめて多様であり、そこに一定の法則があるとは認めがたい状況が明らかにされる。この報告を根拠として、ペローは、建築美の根拠は、音楽比例でも、人体模倣でも、自然模倣でも、初源の小屋の発展でもないと主張する。さらに「明証的」と「恣意的」という二種類の美を区別し、両者の関係を説明するために「観念連合」と「習慣」という概念を使用する。これらは当時のフランスではしばしば言及されたものであり、デカルトは『情念論』[30]で、マルブランシュは『真理の探究』のなかで観念連合に言及している。この理論と、比例の人為性という概念が結合し、ペローの理解となる。精神は、最初の建築家たちが気紛れで考案した比例を、材料の質などにもとづく明証的な美に連合させる。つぎに、これら建物における比例が、のちの建築家たちにとってのモデルあるいは法則となってゆく。これが、比例の法則性についてのペロー理解の基礎である。

　美の二元論は別の方向にも展開される。まず恣意的な美は、比例を学習することで養成される良き趣味にもとづく。明証的な美は、規模や材料にかんする誰でもいだく「共通感覚」にもとづくので、下位にある。美が階層化されるとともに、それは専門家と一般人という階層に連動する。

　解剖学者ペローは「(騒)音」にかんする文献も書いている。彼は、視覚と聴覚は根本的に違うと主張する。耳はある決まった比例に拘束されるが、眼はそうではない。聴覚にとって比例は固定的だが、視覚は知覚した結果を推論できる。すなわち視覚は、聴覚にたいして優位であると主張しているととれる。

　さらにペローは、古代世界をも二元論的に階層化する。ギリシアとアウグストゥスののちのローマとを区別しなければならない。建築の源泉となった太古人による、そして今は失われた建築を、ローマ人が模倣した。彼らローマ人が風変わりな造形をしたと、デゴデは報告している。そして『五種類の円柱』の表題にふくまれる「太古人たちの方法による」とは、ローマ人による不器用な模倣による雑音をのりこえて、それらの雑音混じりの情報を合理的に処理することで、最初の建築家たちの考案した比例に遡及しようということを意味している。しかしウィトルウィウスのように初源の小屋を想定するのではなく、ペローは、古代ローマ人たちによる雑音混じりの建築比例の平均をとることによって、蓋然的で信憑性のある比例体系を精製しようとしたのである。もちろんこれは、当時デカルト、パスカルらがいだいていた中庸の精神にも合致する。古代ローマ人にたいして不信の念をいだく近代人としての思想を、ペローは弟シャルルの『古代人と近代人の比較』、『ポール＝ロワイヤル論理学』[31]などと共有している。ただし科学一般にかかわりあいながら、オーダー比例には進歩の概念は適応できないという矛盾した態度も示しつつ、比例も手続きも、いわば標準化しようとする。ヘルマンがこの態度を驚くべき無頓着と形容したことは正しいと認めながら、そうした挑発的態度はすでに「ビュルレスク文学」理解にみられると、ピコンは指摘する。そうしたことを念頭におきながら、ペローが『五種類の円柱』をパラドクスではじめ、また別のパラドクスで締めくくろうとしたことに注目して、そのパラドクスとは一般的な意見とは異なっているという意味だとするヘルマンに、ピコンは同意しない。そうではなく、まさにペローは科学においては慎重であり、建築においては教条主義的なのであるという点で、すなわち論理を転倒させているという意味での、逆説なのである。

ピコンはそうして「建築書と科学的考察」節（一五一〜一五三頁）において、ペローにおける科学と建築の関係を論考する。ペローは、「比例の神秘」を論じながら、古代建築の比例がばらばらなのは、生物において個体差があることに相当すると考えたし、人体がかならずしもじゅうぶん美しくないのは身体が形成されるその目的にあわせて構成されるからであり、建物がその修正過程のなかで優美を獲得するのは、母が子供を宿すときに遺伝の力によって胎児の身体を共生するのとパラレルだと考えている。このようにペローは、身体論の発想で建築を捉えている。しかし彼において身体論は、同時に身体機械論であって、五オーダーも動物内臓も、同じような意味で一種の機械なのである。しかしこのアナロジーを進めれば、建築と身体の相似性を認めるルネサンス的建築観となってしまう。ところがペローはそこで反転する。非有機体と有機体のアナロジーはそこまでであり、建築オーダーは彼にとってけっして生命体なのではない。

建築と生命のアナロジーは、構造や仕組みの即物的な比較によって観察されるのではない。それは理論構築者がいだく概念の枠組みというメタレベルに関わる。ペローは科学アカデミーにおいて臓器としての眼と耳について研究していた。その生理学上の学知をもって、観念連合や習慣を意味づける。一六六七年の『解剖学的経験と観察の計画』[32]の枠組みは、比例理論のなかにも生かされる。すなわち明証的な美とは、素材や組織の多様性を反映している解剖学的な「ありのままの真理」であり、これは建物の内在的な質のことである。恣意的な美とは、生命の機能を明らかにしようとする生理学的で動物学的な「あるべき真理」であり、建物でいえば趣味なるものの内部機能に対応する。

さらには円柱の種（espèce）としたのは、植物分類法のそれを連想させるのである。建築論が科学論に影響されたのである。たほうでは、「神＝職人」が宇宙を一個の巨大な建物のように創造したので、そこに単純な原理と現象の多様性という対比ができるということは、マルブランシュが『真理の探究』でも述べている。これらの発想が『五種類の円柱』に流入しているのである。

最後に「明証的と恣意的――建築における美の制度化」節（一五三～一五五頁）では、ふたたび美の二元論が論じられる。

ペローは『古代人音楽論』のなかで、感覚的、情念的、合理的な美を区別したのだが、それと二元論との対応を考えると、明証的な美とは感覚的でもありうるし合理的でもありうる。恣意的な美もまた判別しにくく、感覚にも理性にも訴えることができる。したがって建築家は感覚に留まることもできれば、理性の段階に達することもできる。ペローはこの理性という段階に建築家が所属することを推奨している。それは、混濁した思考を脱却して、明晰な思考にいたることでもある。動物性を払拭し、生理学的なものに立脚することである。

ペローの明証的と恣意的という二元論は、デマレ・ド・サン＝ソルランが『比較』[33]のなかで展開した自然な美と発明の美のそれに対応している（一五四頁）。自然の美は、それ自身の運命に、発明の美は「法則」に従う。ペローが「美には幻想しか根拠がないから、法則を定めねばならない」と述べるときの法則は、この意味である。あるいはヘルマンも指摘したとおり、それは言語の法則にも近い。コルドモワの『パロール身体論』[34]や『ポール＝ロワイヤル論理学』のような、言語の法である。さらにそこに「制度」という理念、法を定めるべき制定者、人民の合意のさらに上位に位置する法制者コルベールという視点を疑わなかった。それは、アウグスティヌス的な神をペローも信じていたことにあらわれる。美の制度は、言語の制度なのである。

いっぽうでピコンは、ペローが合理的で自由な美という理念もいだいていたことを指摘している（一五五頁）。ペローは、宇宙や生命を循環のシステムと考え、そこに単純な法則と複雑な現象が生まれるとして、『真理の探究』におけるマルブランシュの「多様性や変化が宇宙の美をなす」という主張の強い影響もうけて、静的な美ではなく、移動する美というものを考える。五オーダーの体系において、各オーダーが各部の比例や刳形の数などさまざまな関係において等差数列をなすというのが、循環の表現であるという。

「ブロンデルとペローの論争にもどって」節（一五五〜一五六頁）では、ふたりの科学者がふたたび対比的に論じられる。ブロンデルもまた科学者であり、『建築の主要四問題の解決』[35]や『投石術』[36]などで建築の問題にたいして明晰な数学的解法を示している。いっぽうペローは生理学や解剖学を建築に適応してはいるが、それは科学的というより、むしろメタフォリカルなのである。

「ペローがウィトルウィウス翻訳から『五種類の円柱』までしたためながら展開した理論は、それでも建築の範疇に留まるものだろうか。アカデミー会員の提案にたいして大多数の建築家たちは、意識的にあるいは無意識に、そう自問した。建物上部の寸法を大きくすることを拒否する、単純な比率をつねに求める、などによって概念は一貫したものとなる。しかし伝統的な建築文化からはみ出してしまう。スケールの概念がなくなり、純粋に算術的な考察のみとなることは、芸術にかかわる人びとにとって決定的に深刻なことだ。より一般的にいえば、観察者の知覚は、数学的そして光学的な法則にしたがうと考えられてきた。この関係性をペロー理論は否定する。すると、こうした関係性を具現化したとされてきた建物は、究極の指示対象ではなくなってしまう。感覚的なものをはっきりと理性的なものの下位におく。『五種類の円柱』はこのシフトをもたらす。すなわち建築という分野の重心を、建物からコンセプトにシフトさせたのだ。そのコンセプトは、本質的に抽象的なものであり、もはや無垢な知覚を相手にしないし、それを自分の要求に服従させるのである。」(一五六頁)

ブロンデルやアカデミーにとって、自然の秩序とは、客観的な光学と主観的な知覚との統合であった。ペローにとって、光学と知覚は対立するのであり、理性はそれらを調停しない。つまり見えるがままの世界と、理論的に想定される世界は、決定的に異なるのである。知覚と建築との関係が問い直される。ブロンデルにとってこそ、建築は数学に還元される。その「四問題」はまったく数学的である。幾何学的、数学的な整合性をつねに求めるという、むしろ古典的な態度であり、それは最終的には数の一元論にいたる。その担保があるからこそブロンデルは『建築教程』においてできるだけ多くの、矛盾する例を示した。このブロンデルのように、ペローもまた合理主義者である。しかし彼にとっては生物学、生命がモデルである。それを単純に当てはめるのではなく、『五種類の円柱』では建築と科学を別の方法で結合しようとする（一五六頁）。彼は生命という自律的なものと制度という他律性によるものを跳躍し、最終的には二元論である。そのペローのいう「太古人たちの方法」の「方法」とはなにか。それはもはや建物ではなく、人間が理性を行使する能力にかかわるものである。建物の内在的論理ではなく、社会の要求に応えることである。ボフランは「趣味」概念はあいまいだと指摘した。しかしペローは趣味のなんたるかを知っているつもりである。それは基礎の脆弱な構築物である。彼は建築の危機、その構造をすでに見抜いていた。すなわち比例理論という基礎の不安定さであり、社会が突きつけるという課題のあいまいさなのである。

このようにピコンは、ヘルマンのペロー理解をいちど原点にさしもどす。ヘルマンは、ペローの二元論のもたらす対立をそれほど際立たせようとはせず、むしろ観念連合によってペローが両者を妥協させたことに力点をおく。そのことによって一七世紀と二〇世紀を比較的やすやすと連続させているかのようである。いっぽうピコンは、観念連合の観点から捉えることは否定しない。ところが、そこから二元論に遡及して、この対立がもっと厳しいものであること、それがそもそもなにを意味するか、を問うている。感覚と理性、専門家と一般人、建築家と社会、事物とイメージのするどい対立が生じたことを強調する。この矛盾が三世紀のちの近代にまで及んでいることを説いている。

ペレス＝ゴメスは現象学的な発想から、現象と学問、知覚と概念という二元論をもとに、ペローの建築理論のなかの近代性のコアを明らかにしようとする。これにたいしピコンは、そもそもフッサールの視点がほんとうにヨーロッパ諸学の危機を代表しているのかという疑問を提示しているように、思える。フッサールの視点から遡及するのではなく、ライプニッツの微小知覚、それにもとづくペローのありのままの真理とあるべき真理という二元論、とりとめのない思考と随意の思考という二元論。それらこそが近代性の核であると指摘している。むしろ一七世紀のこのような哲学が、二〇世紀のヨーロッパ諸学の危機論を可能にしたことの指摘であるとさえ、読めるのである。

注

（1）Antoine Picon, 1957-：フランスの建築史家。フランスのエコール・ポリテクニクと土木学校で工学を学び、パリ＝ヴィルマン建築大学で建築の学位を、社会科学高等研究所で歴史学の博士学位を取得。ハーバード大学大学院デザイン・スクールで建築史・テクノロジー史の教授を務める。『クロード・ペローあるいはある古典主義者の好奇心』（*Claude Perrault ou la curiosité d'un classique*, 1988）、『近代工学の誕生』（*L'Invention de L'ingénieur moderne, L'École des Ponts et Chaussées 1747-1851*, 1992）、『サイボーグの領域都市』（*La ville territoire des cyborgs*, 1998）など著書多数。

（2）Louis Savot：一七世紀フランスの建築家。

（3）Adrien Auzout, 1630-1691：天文学者。科学アカデミー会員。建築についても論考を残す。

（4）Christopher Wren, 1632-1723：イギリスの科学者。建築家。ロンドン大火ののちにセント＝ポール大聖堂を再建。

（5）Theophrastus, 371BC-287BC：古代ギリシアの哲学者。博物学者。植物学者。アリストテレスの論理学を改良し、「様相」概念、「偶然」と区別される「可能」概念などを明らかにし、その後継者とみなされた。『植物誌』と『植物原因論』は古代からルネサンスにいたるまで重要文献であり、さらにルネサンス期にラテン語訳され、一四八三年に『植物誌』として出版された。樹形図をもちいた分類法などは、近代的なものの基礎となっている。

（6）Galenus, ca.129-ca.200：古代ローマ時代のギリシア人医学者。その医学理論はルネサンスにいたるまで有効であった。唯一の造物主による目的的な自然の創造という、プラトンにちかい考え方をいだいていた。ヒポクラテスの四体液説、すなわち血液、粘液、黒胆汁、黄胆汁から人間の身体はなるという説を基礎として医学を研究した。

（7）反対概念である「前成説」とは、生命の発生において、胚にあった原型がしだいに実現されるという考え方。これにたいし「後成説」とは、無から事後的にしだいにつくりあげられるという考え方であり、アリストテレス、ガレノス、近代ではカスパル・ヴォルフが『発生論』（一七五九年）を著し、この立場をとった。

（8）Hippocrates, ca.460BC- ca.370BC：古代ギリシアの医学者。四体液説を主張。医学を迷信から解放し、経験と観察にもとづく客観的なものに高めた。

（9）William Harvey, 1578-1657：255頁注（4）参照。

（10）Guillaume Lamy, 1644-1683：パリ大学医学部長。医療化学学説を説き、『アンチモン論』（一六八二年）、『解剖論』（一六七五年）を刊行。魂は人間身体のどこにあるかで、同時代の医学者ピエール・クレセ（Pierre Cressé）と論争する。

（11）Epikouros, 341BC-270BC：古代ギリシアの哲学者、エピクロス派の元祖。デモクリトスの原子論を基盤とし、原子と空虚からなる世界を把握するための感覚は、信頼できるものと考えた。

（12）Lucretius, 99BC-55BC：古代ローマの哲学者。『事物の本性について』のなかで、エピクロスの世界観を詩に書き換える。

（13）Sébastien Leclerc, 1637-1714：フランスの図案家。画家。版画家。築城技師。絵画・彫刻アカデミー会員。幾何学・透視図法教授。『建築論』（*Traité d'architecture*, 1714）を出版。

（14）Picon 1988, p.74.

（15）Henricus Regius, 1598-1679：オランダの哲学者。医者。デカルトの弟子的存在。

（16）Jacques Rohault, 1618-1672：フランスの物理学者。デカルト哲学を広げ、アリストテレス思想を弱体化させた。『自然学論』（*Traité de physiques*, 1671）。
（17）Daniel Tauvry, 1669-1701：フランスの医者。解剖学者。
（18）紀元二世紀のギリシア人医学者ガレノスが定式化した理論であり、脳にある動物精気（pneuma physicon）が運動、知覚をつかさどるという考え方。ちなみに生命精気が心臓にやどり、血液と体温をつかさどり、自然精気が肝臓にやどり、代謝や栄養をつかさどる。生命体には非生命にはない動因があるという考え方。この点で機械論と対立する。
（19）Joseph-Guichard Du Verney, 1648-1730：フランスの医師。解剖学者。一六八二年にパリの王室植物園の教授。一六七六年に科学アカデミー会員。クロード・ペローの助手的な立場。著書に『聴覚器官論』（*Traité de l'organe de l'ouïe*, 1683）ほか多数。
（20）Jean Pecque, 1622-1674：フランスの医師。解剖学者。生理学の開拓者。視覚についての論考も残す。
（21）Edme Mariotte, 1620-1684：フランスの物理学者。植物学者。一六六六年に科学アカデミー会員。『視覚新発見』（*Nouvelle découverte touchant la vue*, 1668）。
（22）ライプニッツが『形而上学』（河野与一訳、岩波書店、一九五〇年）や『モナドロジー』（清水富雄訳、中央公論新社、二〇〇五年）で展開した概念。人間の知覚は、きわめて明晰であるときも、かならず雑多なものを含んでいる。宇宙のすべての物体は共感しているので、人間の感覚もあらゆるものと関連している。ちょうど海のうねりは、無数の小さな波の音の集合体であるように、人間の感覚はさまざまな「微小知覚」の集まりである、という考え方。
（23）Pierre Nicole, *Essais de morale*, 1671. 294頁注（7）参照。
（24）Jan Swammerdam, 1637-1680：オランダの自然誌学者。顕微鏡を使い、昆虫が変態することを発見。*Histoire générale des insectes*, 1682.
（25）319頁注（5）参照。

（26）Jean Desmarets de Saint-Sorlin, *La Comparaison de la langue et de la poësie française, avec la grecque et la latine*, 1670.：サン＝ソルラン（一五九五～一六七六年）はフランスの詩人。劇作家。アカデミー・フランセーズの創設会員。
（27）Jean Martin, 1500-1553：298頁注（42）参照。
（28）Jean Goujon, 1510-1566：フランスの彫刻家。建築家。パリのカルナヴァレ美術館中庭を飾るレリーフ《四季》。ジャン・マルタン訳ウィトルウィウス建築十書に版画を提供する。
（29）294頁注（7）参照。
（30）*Les passions de l'âme* 1649.『増補版デカルト著作集3』一九九三年、花田圭介訳、一六五～二八六頁。
（31）*La logique de Port Royal*, 1662.
（32）*Projet pour les expériences et observations anatomiques.*
（33）注（26）参照。
（34）Géraud de Cordemoy, 1626-1684：フランスの哲学者。歴史家。言語理論家。デカルト的な心身二元論を引き継ぎながらも、『パロール身体論』（*Discours physique de la parole*, 1668）のなかでは、考えそして存在する自己（コギト）が、自分を取り巻いている人間たちもまた同じコギトであることを、どのように知ることができるかということを論じている。
（35）*Résolution des quatre problèmes d'architecture*, 1973. 四問題とは、円柱のエンタシスを幾何学的にひといきに描く方法、円錐の切断面を利用して左右の迫元が同じ高さにないアーチを描く方法、前述のアーチですべてのジョイントを描く方法、強度を保つために梁の寸法を決める方法。
（36）*L'Art de jetter les bombes*, 1683.

解題
アルベルト・ペレス＝ゴメス『五種類の円柱』英語版（一九九三年）序文

『五種類の円柱』のあらたな英語版[1]が一九九三年に出版された。ペレス＝ゴメスは、その序（一～四四頁）のなかで、すでに『建築と近代科学の危機』において検討したペロー論を、さらに発展させている。すなわち生きられた世界と計量的な世界の分離という危機をふまえたうえで、建築が知覚の問題となったのが近代であるという視点に移行している。

ルネサンス的宇宙観にもとづいてアルベルティの「リネアメンティ」も、ディセーニョとしての建築も成立するのだが、その地盤を崩したのがガリレイとデカルトの科学革命であり、ペローはそれを建築に適用して理論を再検討する（一頁）。これが近代の知的危機である。ペローはその危機の端緒に位置づけられる[2]。近代におけるこの危機のはじまりにおいて、フランソワ・ブロンデルは建築を一種の「形而上学」としてとらえる立場をいぜんとして代表する。それにたいしペローは、建築をより乾いた科学としてとらえ、デュランがある意味でそれを継承する。ペローは持論を、非正統的という意味での一種の「パラドクス」だという。建築理論は一種の形而上学であるというそれまでの正統な理解にたいし、ペローは自らの立場を明らかにする（三頁）。

クロードの弟シャルルは近代派の作家にして官僚であり、ニコラはデカルト主義の自然学者である。これら兄弟とともに、医者にして建築家であるペローは、科学とくに医学と自然学と、建築とを結びつけようとする。フランシス・ベーコンが主張したように、超越的なものを排除して、現象は観察されねばならない。こうして「生きられた世界を感じ取ったリアリティ」（九頁）は変容し、世界はもっぱら幾何学的で定量的なものとなる。ガリレイは、生きられた空間を幾何学化する。数はもはやピタゴラス的、プラトン的な超越的意味を帯びなくなり、客観的で知的に把握されるものとなる。デカルト哲学は、知覚されるものの領域と、概念的なそれの乖離をもたらす。かつて神により、主観と客観とが一致することが保証された。デカルトはそれを分離したままにおく。

デカルト哲学とペロー兄弟の関係が論じられる。クロードとニコラは物理学研究のためにデカルト的モデルを使う。しかしシャルルは、デカルトはアリストテレス批判だとして評価する。とくに『哲学原理』において、人間には神が与えた生得的な知識があるという点である。宇宙から人間の知覚にいたるまで、機械的に連動して作用するのである。彼自身は、最終的に教会から拒否されたとしても、いわば神学と哲学とを和解させそうとする。しかしペロー兄弟はそれよりもさらに近代的であり、信仰と理性をわけて考え、それらが衝突することを避ける。彼らはむしろガリレイに近く、自然界の現象の背後に、神の意図あるいは原因を「なぜ」と問うのではなく、現象が「いかに」展開するかを知るだけでじゅうぶんだ、と考える。これは一七世紀後半から一七三〇年代までにみられた前＝実証主義であり、一九世紀の実証主義を先取りするものである（一一〜一三頁）。

ヤンセン派の思想家たちは、より直接的に、ペローに影響を与える。ピエール・ニコルはペロー家と親交があったばかりでなく、『真の美と偽の美にかんする論』（一六五九年）のなかで、美は第一印象や偶然や習慣によることもあり、快楽ではなく理性こそが美の基準であるべきだとするいっぽうで、最終的には美は主観の問題であるという結論にいたる（三二頁）。アントワーヌ・アルノー(3)は、美は自然にも人間にも関わるのであり、それは主観と客観の関係のなかにあるとし、また「趣味」に依存するものであるとして、美の主観主義への道をきりひらく。これらの影響から、ペローは、絶対的な美と恣意的な美とは異なるものだと考え、合理的発明と気紛れとをともに強調し、美が主観的であり絶対的な原理がないのであれば、人為的に法則を打ち立てねばならないとする（三二頁）。このように主観主義、美の二元論という点で、ペローとヤンセン派の共通点は多い。

ペレス＝ゴメスは、ペローの諸論をふたたび要約する。すなわち比例は装飾より重要であるが、明証的な美は誰でも理解でき、恣意的な美は建築家でないとわからず、専門外の人はわからないと区別する。そのうえで、だから習慣は重要だとする。そこで、これらを「知覚」の問題としてとらえなおす。素人の認識はまだ知覚そのものであり、その知覚された情報がさらに習慣なり学習した知識なりをとおして加工されてはじめて深い専門的な認識にいたる。ペローはこのように二段階でオーダー比例の認識を考えたことになる。

「ペローは、知覚をとおしてただちに意味があらわれるという伝統的な信念を疑問視した、最初の建築家であった。エロチックな深さの最初の次元において、現前としての作品と観察者の具体的な体験との絡みにおいて。超越的な参照点がないということでは、彼の立場はニコルのそれから、ずれていた。そうではなく、彼による建築的価値の概念的説明と、知覚理解はすでに近代心理学を彷彿させる。すなわち視覚、触覚、聴覚はばらばらな現象（parets extra partes）であり、精神のなかで、はじめて融合されるのである。」（三三〜三四頁）

しかもこれは単純なリニア構造ではない。視覚、観念連合、概念、意味という順番のプロセスは縦軸であり、感覚連合や共通感覚というものは横軸であるというように、ひとつの平面をなす。ペローは普遍数学[4]としての建築を打ち立てようとした。数はすでに超越論的な意味を剝奪され、操作のための道具となる。そして観念連合的な発想から、彼の美学は主観主義となり、近代美学へとアプローチするものとなる（三四頁）。建築比例の真偽は問えない、たんに「蓋然性」において考えることができる、とする（三五頁）。

こうしてペレス＝ゴメスは、ペローが建築を視覚の問題として措定したことに注目している。それは視覚補正にかんする議論のなかにうかがわれる。ペローにとって知覚の問題とは、「視覚はあやまたない」という設問でもある。ペローは視覚補正が無効であると指摘した。すなわち観念と現実世界のあいだの相違を解決するというようなことは、建築家の問題ではないと考えているのである。ブロンデルは、個々の状況において、建築の各部分の寸法を調節することで、観念と現実をたくみにその場その場ですりあわせることが建築家の才能であると、述べている。しかしペローは『五種類の円柱』第二部第七章で、理論と実践のずれは意図的ではないとしつつ、知覚とりわけ視覚と聴覚はあやまたないし、バロック芸術におけるだまし絵でさえ、だませないとしている。やはり視覚は外の世界における現象を正しく把握できると考えたデカルトにしたがって、ペローも「比例が変えられれば、かならず気がつく」と考える。精神の眼は、比較したり観念連合したりすることで正確に計測できる。視覚補正はつねに歪みなのである。補正は、固定点からしか見ないことが前提である。しかし眼はつねに移動できる。対象物にかんする複数の像について、さまざまな情報を収集できる。古代建築において理論と実践が食い違っているようにみえるのは、古代の職人たちが寸法を間違ったからである（二五〜二六頁）。

認識論的にいえば、人間は歪みなき数学と幾何学の関係性をもって、直接的に世界をとらえることができると考えているが、ペレス＝ゴメスによれば、この「世界はすでに透視図のなかに『与えられている』」のであった。伝統的な自然な透視図法（perspectiva naturalis）では視覚が絶対というわけではない。しかしペローにおいては、視覚は、具体的世界にたいしてはっきりと優位に立つのである。そしてこういう意味で、ペロー問題は、近代の認識論的な危機につながってゆく。

「ペローの理論においては、すでにみたように、建築の美はその視覚的な様相として定義される。あきらかに彼は視覚的な現象を、事物の不可視のすなわち思索的な原因から区別した。このとき前者は後者よりもつねに優位にあるのだ。このように歴史上はじめて、視覚的な形態と、不可視な意味内容とのあいだに一貫した関係があるかどうかが疑問視された。これが最終的に、こんにちの『表象の危機』につながっているのだ。知覚の次元と概念のそれとの相違は、デカルト的世界観のはじまりのあとで、はじめて出現した。そしてペローの著作は、明らかな矛盾も多いとはいえ、それらはこの新しい緊張に由来している。ペローは伝統的建築の通常の形態を受け入れることができたようでいて、いっぽうで数のシステムを美の不可視の原因とすることは拒否している。」（二七頁）

ペローは、オーダーそのものは信じたが、古代の権威や建築書作家たちは信用しない。その『五種類の円柱』とは、建築の自然法を、人為の法とすることの提案であり（三六頁）、ペローののちの建築家にとって、建築の進歩とはより一層の数学化である。

「ペローの理論的著作のおかげで、可視的なものと不可視的なもの、価値の経験とその判断、信仰と理性、マクロコスモス（physisというよりいまや不活性の事物）とミクロコスモス（いまや考える機械すなわちコギト

res cogitans）とのあいだのつながりは切られた。ようするに理論のまさにその性質は、実践世界にすでに存在する意味を明らかにすること――形而上学的な言説――ではもはやなく、制御され効率のよい合理的道具としての建築を成就することとなったのである。そのような建築は『正統的に』、ポエシスのもともとの意味をなしていた、詩の真の核心をみない。そして理論が方法論すなわち応用科学とされることで、建築は近代世界へと駆り立てられたのであった。」（三六～三七頁）

こうしたデカルト／ペロー的建築理論の帰結として、ペレス＝ゴメスはまず一九世紀の実証主義をあげる。形而上学を不必要とするペローにちかいという意味で、デュランはその代表である。そして現代では、具体的なものの秩序に意味があるという信頼感はなく、神話語りもなく、ポスト産業社会の建築においては技術的あるいは道具的価値のみが語られ、民主主義や自由主義経済への貢献はふれられても、真の目的については空疎な語りしかなく、消費者や鑑賞者としてのみ人びとは位置づけられ、死すべき超越的な個人として、どこかへの所属感をもちうるようにはない。さらにデコンには意味の不在というニヒリズムがあるだけで、批判的意味はない。こうしたことから現代建築では、理論と実践、考えることとつくることの関係を再定義しなければならない。そうするにはペローのジレンマにいちど回帰しなければならない。これがペレス＝ゴメスの結びである。

注

（1）Claude Perrault, *Ordonnance for the five kinds of columns after the method of the Ancients*, 1683, translated by Indra Kagis McEwen, introduction by Alberto Pérez-Gomez, 1993. すでに一七〇八年にJohn James訳がロンドンで出版されている。*A*

Treatise of the five orders of columns in architecture, translated by John James, London, 1708.

（2）ペレス＝ゴメスはその危機の最後部に位置するのかもしれない

（3）Antoine Arnauld, 1612-1694：フランスの神学者。哲学者。数学者。ヤンセン主義の中心的人物。

（4）Mathesis（universalis）：古代ギリシアやローマからあった概念であるが、とりわけデカルトとライプニッツが注目した。数学をモデルにした普遍的科学のこと。ミシェル・フーコーも『言葉と物』のなかで言及している。

解題

アントワーヌ・ピコン『ウィトルウィウス建築十書』フランス語版（一九九五年）序文

アントワーヌ・ピコンは『ウィトルウィウス建築十書』フランス語版復刻版（一九九五年[1]）の序文「博学と論争：クロード・ペローのウィトルウィウス」で論考の若干の発展を示している。ピコンはペローにかんするモノグラフを、ペレス＝ゴメスの『危機』のすこしあとに出版しているし、ペレス＝ゴメスの『五種類の円柱』英語版の二年のちにこの序文を書いている。とうぜんふたりは意識しあっていることが予想されるが、直接の言及はない。

ピコンはこの序文のなかで、クロード・ペローの医学者、科学者、科学アカデミー会員としての経歴、ホイヘンスやライプニッツとの交流などを要約し、構造という概念に身体組織という概念をもたらし、『五種類の円柱』という表現のなかに生物の「種 espèce」の概念が挿入されていることをみる。

視覚補正理論が批判されたことも再録されている。視覚そのものはけっして誤ることはない。視覚判断は誤ることがあるにしても、この判断力はさほど欠陥のあるものではない。なぜなら精神がその自動的になされる評価エラーを修正するからである。

そして最終的には、ペローの建築理論にみられる二元論の構造がふたたび指摘される。『五種類の円柱』においては、恣意的な美と明証的な美であった。これは自然学者としての彼が、目視でわかる臓器の配置のような「ありのままの真理」と、たとえば血液の循環のような推論によってわりだす「あるべき真理」を対比づけたことに対応している。それとともにこの種の二元論は、一七世紀には普遍的である。たとえばピエール・ニコルは真理の探究からうまれる「真の美」と、私見や具体的局面に依拠する「偽の美」を区別する。[2] またそれはジェロ・ド・コルドモワが一六六八年に出版した『パロール身体論』[3] において、自然のサインと、制度のサインを区別したことに対応する。『ポール＝ロワイヤル論理学』にも同じような二分法がみられる。

これらの二分法が提示されるのは、当時の哲学においては、精神はどのような能力をもつかが考察されたことによる。たとえば観念連合、習慣の作用は、そういう精神のメカニズムである。デカルトは『情熱論』において、マルブランシュは『真理の探究』においてそれを解明しようとした。ペローはそれらを念頭において『五種類の円柱』のなかで、精神が比例をどう知覚し、認識し、理解するかというメカニズムを説き明かそうとしているのである。

そのメカニズムを解明したうえで提示される比例体系は、もはや神や自然を根拠とするものではない。かならずしも人間が中心ではない。しかし人間とその精神のメカニズムを反映したものとなる。そこにおいて「理論と実践との関係にかんする新しいビジョン」がもたらされる。ちょうど、すこしまえに設立されたアカデミー・フランセーズにおいて国語としてのフランス語が標準化され規則化されたように、建築アカデミーにおいては建築の規則が定められるべきである。ペローの建築比例体系はそのようなものであることが期待される。そしていちど制定されれば、けっして変更されてはならない、とされる。

ピコンはこうした二元論の果てに、芸術と科学、建築と工学の分離をみようとする。この分離がなされたのは一八世紀である。これが建築における危機の世紀である。彼は二〇世紀末の視点から、この危機をふたたび論考する。建築と、科学や工学は、いぜんとして一体化していないからである。

すでにみたように、ペレス゠ゴメスはフッサールの『ヨーロッパ諸科学の危機』と同じ観点から建築の危機をとらえる。そしてその危機はペローの建築理論からはじまった認識論的な地殻変動のゆえだとする。

それにたいしピコンは、ポール・アザール[4]の「ヨーロッパ意識の危機」の概念をもって、建築の危機を語ろうとする。たとえば建築では、一八世紀の新しい精神のもとでウィトルウィウスは再解釈され、ブレは新旧論争におけるペローとブロンデルの対立にふたたび注目するのである。さらにピコンは、ペローは科学にもとづく、脱神話化された新しい比例概念により世界の脱呪縛化（désenchantement du monde）をもたらした、と位置づける。そしてペローのウィトルウィウス建築十書翻訳は、建築と工学とが融合されていた時代の最後の残滓であるとともに、それらが分離されるはじまりでもあった。そうピコンは結論づける。であるなら『五種類の円柱』は、建築は建築でしかない、というあたらしいエピステーメーのはじまりに位置づけられるはずである。

注

（1）Antoine Picon, *Les dix livres de Vitruve*, 1995.

（2）Pierre Nicole, *Traité de la vraie et de la fausse beauté dans les ouvrages de l'esprit.*

（3）Géraud de Cordemoy, *Discours physique de la parole*,1668.

（4）Paul Hazard, 1878-1944：フランスの歴史家。文学研究者。アカデミー・フランセーズ会員。一九三五年に出版した『ヨーロッパ精神の危機』（*La Crise de la conscience européenne*：野沢協訳、法政大学出版局、二〇一五年）のなかで、一七世紀の古典主義と一八世紀の啓蒙主義を対比的に論じた。

知覚と建築
――クロード・ペロー『太古人たちの方法による五種類の円柱のオルドナンス』の読み方

一　重層的な読解

西洋建築史のなかのルネサンスという実り多き時代において、ウィトルウィウス復刻、アルベルティ、セルリオ、ヴィニョーラ、パラディオなどの建築書がつぎつぎと出版された。基本的にそれらは、執筆者の建築理論と古代ローマ建築との整合性を探究するものであった。

しかしペローの『五種類の円柱』はいわばメタレベルの著作である。つまり先人たちのこうしたアプローチを、仮説と方法論のレベルから批判し、俯瞰し、総括し、それをあらためて古代建築の理論や実例と比較検討する。古代建築を批判的に研究することで構築した建築理論の体系を、ふたたび批判し、より上位のレベルで古代建築とふたたびすりあわせ、検討するのである。このように西洋建築の歴史は、先行する建築観にそれぞれの時代のあらたな観点を単純に加算してゆくのではなく、先行するものの全体を批判し、その総体を変容させたうえで、あらたな建築観を提示する。そうした批判的な再構築の連鎖であった。ペローの理論は、そうした体系的な批判という最初の顕著な例であった。

ところでペローは医学者であり建築家ではなく、その理論も極端なところがあった。それについては当時から賛否両論であり、建築界の一部のみが受け入れただけであった。やがて忘却され、再発見されることの繰り返しであった。とくに新古典主義とモダン建築の時代には、その読み返しがなされた。建築の価値観が変わるたびに、ペローは再読された。ウィトルウィウスのように永遠に読まれつづける建築書とはちがい、ペローについては遡及して肯定できる部分と、そうでないところがはっきりしていた。それだけにその建築書はたんなる古典であるにとどまらず、読まれることの時代性をつよく反映している。二〇世紀中葉ののちも、ヘルマンからピコンにいたる研究もまたペロー再発見と再評価なのだが、このリバイバルは二〇世紀の建築史学そのものの歴史の一部をなしている。

このような重層的な読解は、日本における西洋建築史研究においては、まだじゅうぶんなされてはいない。ペロー『五種類の円柱』は一七〇八年の英語版とは別に、一九九三年に新たな英語版が出版されるなど、ひろく読まれる対象である。これらの英語版もまた西洋において重層的に読まれた結果として登場している。したがって日本語版『五種類の円柱』もまた、これまでの重層的読みをいくばくかは反映したものとして、提供されねばならない。ペローを論考した主要論文の解題をつけるとともに、訳者自身の読みを追加して、ペローを核とする西洋建築思想の展開を、独自性を目指す観点からとりまとめてみたい。

二　建築理論における二元論の構図

クロード・ペローの建築論にかんする先行研究は、いずれも二元論的であった。ヘルマンの論考は、トマス・クーンの科学革命論を彷彿とさせる。魔術と科学の分離、芸術からの科学の分離という枠組みは明らかである。

ペローはふたつのものの分離をきわめて早期に考えたので、一時的には影響力はなかったが、二〇世紀になってその重要性が再評価されるべきという見方である。ただヘルマンが重要視する観念連合の概念は、ペローの観念論とイギリスの経験論をむしろ和解させてしまうのであり、その先進性を指摘しえても、真の重要性はさほど指摘しえてはいない。

リクワートは、前近代と近代という二元論を抱いているようであり、その分水嶺を一七世紀科学、東洋への関心、古代の新解釈などにみる。ペローはそれら複数の切断面のひとつであるとして、やや相対論的である。基本的には、新古典主義と近代建築との隔世遺伝的な連続性という大きな枠組みのなかで、「趣味」概念をコアとする新古典主義時代の理論的枠組みを準備した重要な建築論として、ペローを位置づけている。だからこそ彼は最初の近代人なのである。

ペレス＝ゴメスとピコンは、近代という危機を、建築に限定せずにより広い枠組みでとらえる。ペレス＝ゴメスはフッサールの現象学と近代科学危機論、とりわけ『ヨーロッパ諸学の危機と超越論的現象学』のなかで述べられた普遍学としての哲学の危機という問題構制を下敷きにして、生きられた世界と抽象的科学の切断にかんする危機意識を根底にすえる。そこから見えるものと見えないもの、形而上学と実証主義、身体と意識、が分断されたことに由来する二元論に立脚している。

ピコンはおなじ危機でも、ポール・アザールの『ヨーロッパ精神の危機』に依拠する。一七世紀の古典主義との関係において、一八世紀の啓蒙主義こそが危機の根源であり、それが現代にまで及んでいるという歴史観を展開する。建築と科学の二元論という構図のなかで、とくにペローの科学者としての側面を、多様な意味づけが可能なものとして、多角的に論じている。

たしかにペローは、彼自身のことばを使えば、眼と精神をわけた。さらに信仰と理性を切断した。そして美には二種類あるというように、そもそも二元論を展開していた。ペロー研究者たちはこの二元論を、それぞれの問題意識にしたがい前近代と近代、芸術と科学、体験と認識、趣味と理性、スコラ哲学と啓蒙主義、というように読み替えていった。

これら論考のひとつの成果として、新古典主義の位置づけについて、新しい見方が提供されたといえる。エミール・カウフマンの『ルドゥからル・コルビュジエまで』（一九三三年）は、カント的な自律の概念なる軸が、新古典主義と近代運動とを貫通しているという歴史観に立脚している。この新古典主義＝近代史観にたいし、カウフマンと同時代人であるヘルマンは、態度があいまいである。リクワートは、カウフマン史観を前提として、それをより強化しようとする立場であると解釈できる。これにたいしペレス＝ゴメスは、ペローの近代主義にたいし、新古典主義は形而上学への回帰において反動であり、建築の本来性と思われていたものへの回帰であるとする。ピコンは、そこまで異論を唱えない。それでも一七世紀の古典主義と、一八世紀の啓蒙主義を矛盾としてとらえることで、ペレス＝ゴメスの史観にじつはちかい。

もっとも、近代性ではなく反動性においてこそ、新古典主義と近代主義は通底していたというように解釈しなおすこともできよう。たとえばハンス・ゼードルマイヤーの『中心の喪失』（一九四八年）は、今にして、そういう批判であったと思える。

これら全体からすれば、一七世紀から二〇世紀にいたるまでを統一的な視点から俯瞰することは、いまだに困難であると考えざるをえない。しかしそれにしてもクロード・ペローの理論が原点であると想定して、そこからどのような歴史すなわち解釈の空間を形成できるかが、ひとつの思索として試みられても許されるであろう。ここでどの二元論がより正しいかとか、新しい二元論を探究するといったことはもはや意味をなさない、という出発点を選ぶこともひとつの可能性である。ヘルマンからピコンまでの論考が発表されてから、すでにかなり時間がたつ。それら論考は詳細で優れたものであるとはいえ、基本的には近代批判という、それ自体すでに伝統的なものになったものの範疇にある。そしていずれも問題提起ということで論を終えている。ペローを解釈しなおすためには、新しい文脈のなかでの、図式的にも二元論ではない新しい構図が考案されてもよい。ただし予想にすぎないとしても、それは二元論を否定するものではないであろう。二元論はまず直截な与件として、動かしがたく無視しがたい。課題は、それを内包し、それを超えて、異なる図式となるような新しいなにかを構想することである。それは現代思想の最近の展開から学ぶとすれば、二元論のもつ堅固な構造を柔らかく変換するような枠組みであろう。それは定点がないこと、底のなさ、襞《ひだ》、というように表現できる。たとえばペロー自身が習慣という概念をもちいている。繰り返しのなかで、価値観が固定されそうで変容もするという考え方はジル・ドゥルーズのいう反復と似てはいないだろうか。規律はいちど決められれば変更されてはならないという考え方は、逆に、恒常的な変容というものが陰画となっていると考えられる。ペロー理論は相対論のなかでの収束可能性ということのモデルたりえるし、そのように再活用できると考えられる。

三　象徴的な去勢

ところが意表をついて、ペローの歴史観は三元論でもある。すなわち「建築には三種類ある。ウィトルウィウスが私たちに伝えた太古の（ancien）建築、私たちがローマ人の建物のなかで研究している古代の（antique）建築、そして一二〇〇年前から建築書が書かれて私たちに伝えられた近代の（moderne）建築、である」（『五種類の円柱』

8頁)。文字どおりに受けとれば、太古建築とは神殿建築の考案と関わりがある。イオニア地方に入植したアテナイ人たちは、男子の身体の比例を根拠にして最初のドリス式神殿の円柱の直径と柱幹長さの比を定め、「婦人の細さ」[1]をイオニア式オーダーのシンメトリアとした。コリント式を考案したカリマコス[2]を追加してもよいだろう。正柱式神殿のシンメトリアは「ヘルモゲネースがこれをさだめた」[3]とある。このように比例論をテーマとするかぎり、比例を考案した最初のギリシア人たちが、太古人であった。そのリストにマケドニアの建築家ディノクラテス、レオカレス、ヘルモドルス、ムキウス、ヘルモゲネス、メネスティス、ケルシプロン、アルケシウス、ピュティオスらの名[4]を追加しても不都合はないであろう。

翻訳では"ancien"と"antique"を区別するために、便宜的にそれぞれを「太古」と「古代」とした。この翻訳困難性はどこに起因しているかというと、それまでの、いや一般的な建築史了解では「古代」と一括されていたものを、ペローがさらに二分割するからである。私たちからするとほとんど「ふたつの古代」と表現したくもなる。あるいは、ペローの三元論は、ふたつの二元論の組合せであるかもしれない。まず近代と古典世界という二分法があり、そして古典世界が太古と古代に分けられる。もっとも、同じ"ancien"を明確にギリシア人あるいは最初の考案者としている箇所もあれば、きわめてルーズに、古代全般、古代ローマ人をも意味するとしか考えられない箇所もある。ペローは、別の日に、異なる意識で書いたテクストをそのままつなぎあわせたとしか思えない。訳者としては、ペローの歴史意識を尊重して訳し分けるしかないのだが。

それら太古と古代は一致しない。いや変容の力がはたらいている。前者において建築の法則は形成されたが、後者においてそれらは誤用され失われる。「ギリシア人が美しいと思ったコリント式柱頭の比例を、ローマ人は賞賛しなかった」(x頁)。コリント式とコンポジット式の円柱高さについては、「古代の建築家たちは、ほかの多くの部位と同じようにこの部位においても、太古建築の比例を変更したのだった。そして近代の建築家たちは、みなこの変更に追随した」（14頁）とある。それだからこそ、冒頭で「ふたつの古代」を強調したことはますます重要なのである。理論的にもペローの叙述においても、それは生成と変容について記すことになるからである。古代人（＝ローマ人）たちはこの太古人による比例を変更してしまった。彼らは、太古のエンタブラチュアが低いと考えて、改作したし（8頁）、柱身の高さも変更した（14頁）。

ただし『五種類の円柱』を読解するうえでわかりにくいのは、もちろんペローはきわめて自覚的な三元論者なので、「太古」と「古代」の区別は死活的なのであるが、そもそもこの区別はペロー以前からあったものではなく、一般的なものではなく、読者はなかなか共有しづらいからである。むしろ逆で、ペローの歴史認識においてこそ太古と古代の区別は意味をもつので、読者としてはともかくも筆者ならではの視点を承認しないことには、論を読み進めてゆくことができないのである。ペローは太古と古代、「最初の考案者たち」と「古代建築」という別の表現で、古代建築を切断しつづける。まさにこの切断しようとする意思に、彼の論理は立脚している。

ペローが太古と古代を切断し、区別したかったのは、様式上の時代区分をしたいからではない。「最初の考案者たち」の法則が失われたことを強調したいからである。そこに喪失があるのである。序では「比例をはじめて考案した人びと」の創作は、ローマ人には受け入れられなかった。通常の建築家たちは、神がソロモン神殿を建設させたときの比例がギリシア人に伝わり、彼らが比例の最初の考案者たちであると素朴に信じていることを、ペローは揶揄している（xvj頁）。彼らの法則は失われていたのだ。

「最初の考案者たちはこうした通約しやすい寸法により各オーダーの比例を定めた。しかしそれらは正確には古代建築に反映されていないようであり、むしろたんなる近似値であったようだ。（中略）最初の考案者たちが真正なる比例を確立したと信じていい。ところが古代建築の職人たちが無知であったので、私たちがこんにち対象とする古代建築においては、それらが正しく踏襲されておらず真の比例は不在である。これが真相である。」（xxj頁）

たとえばアッティカ式柱基の比例については、古代遺構にある比例は「あきらかにそれらの建物は真のオリジナルではなく、その寸法は最初の考案者たちが建物に与えた比例を忠実に反映したものではなかった」（4頁）のである。

すなわち建築は「失われていた」のだ。しかもその初源において、古代において。そしてその初源を回復することの不可能性が、ペローが立論するための出発点となる。

起源の不可能性についてのこの指摘は、おそらく、あまりに超時代的であり、同時代人たちはたんなる奇説と思っただけであり、反論するにはあまりに共通の基盤がなかったので、たんに無視したのであったろう。ペローと比較するべきなのは、むしろ二〇世紀の論者たちであろう。たとえばヘルマンは、ウィットカウアによる新プラトン主義的建築観にたいしてあえて反例を示すために、ペローのアンチ比例を再考したのであった。しかし献呈論文集では、ソロモン神殿をある意味で神秘主義的建築として分析している(5)。リクワートは『最初の近代人たち』においてペローを最初の近代人としながら、結局のところ新古典主義への展開のなかで位置づけているにすぎない。その背後にはさらに新古典主義をモダン建築の端緒としてみなすカウフマンの歴史観があったと推察される。すなわち、ペロー、ルドゥ、ル・コルビュジエを一直線につなごうという構図である。そもそもリクワートの『〈まち〉のイデア』も『アダムの家』も、それぞれ起源論なのであるが、どちらも二〇世紀の宗教学とくにトーテム論に負っており(6)、あまりに観念的である。だから比較文化論的な跳躍はスリリングであるにしても、私にとっては説得力がない。ペレス＝ゴメスは、ニュートンの宇宙観を建築として表現したブレの新古典主義も、むしろ世界の再魔術化であるとしている。建築が世界と一体であった、すなわち心理学における象徴的母と象徴的子が一体であったいわゆる想像界への回帰であると、言い換えることができる。

起源論は、時間軸での先行性に根拠を求めているのではなく、象徴的な意味合いで語られることで成立する。だからこうした論の進め方を、事後的に構造づけるとすれば、精神科医ジャック・ラカンの現実界、象徴界、想像界という概念が最適であろう。母子の親密なつながりという現実界において、幼児は母親と一体であり、自分の身体の限界を知らず、その自己同一性も自覚できない。しかし母親が不在となると、幼児は当座は欲求不満を訴えるが、やがてイメージを飛躍させ、想像の世界を捏造するようになる。おなじように、古代ギリシアや古代ローマのいわゆる古代建築は、それを成り立たせていた古代世界は永い中世のあいだに完全に失われていた。ルネサンスの建築家たちは、それを文献、実測、理論的考察などにより復興させようとした。いわゆる古代派の人びともそのことを承知していた、すなわち失われたものであることを自覚していた。しかしペローは喪失のポイントを、中世ではなく、古代そのもののなかに移動する。画期をずらすということだけではない。原理が失われたうえで古代建築は建設されていた、と述べることで、古代遺構の権威を相対化するとともに、真の比例へと遡及する道筋を、理論上なくしてしまった。不可能性ということをまず前提としてしまったのである。

ペローがながながと批判している古代への盲目的崇拝は、いわば欠落を埋めようとするラカン的想像界なのであろう。しかしこの欠落を埋めることができないという不可能性こそが出発点とされるのであった。だからこそ蓋然性、中庸、といった次善の策が提供される。最初の考案者たちはすっきりした比例を考案して、各オーダーの比例を定めたが、それらが正確に古代建築に反映されてはいない。だから多様に観察される諸比例を「蓋然的な」寸法に還元するのである（xix頁）。多様でばらばらな比例値が示す両極端の中間だけを賞賛することは有効でありかつ自由度があり（xiii頁）、巨匠たちの法則からはなはだしくは逸脱しないためであり（26頁）、中間値をもって比例とすることは蓋然的であり正当化される（xiii、xiv、9、31、33頁）。

ペローは自説を「パラドクス」としている。古代建築への一般的な理想化が当時の「ドクサ」であって、自説はそれを転覆するものとみなしていた。ペローの最初のパラドクスは、古代遺構やルネサンスののちの建築書のなかに真理や一般解を探しても無駄である、ということである。さまざまに定式化された比例システムはすべて無根拠であり、追随する意味はない。のみならず、それらの根拠となった古代建築ですら、真の比例が反映されたものではなかった。すなわち与えられた建築の世界には、ラカン的な意味での「母」がいると素朴に思念されていた。しかしペローは「母は不在だ」と宣言したのである。

しかし彼は、持論を第二の「パラドクス」によって締めくくる（96頁）。たしかに古代人や近代人は、さまざまに比例を変容させて建築をつくってきたのであり、そこに比例の法則などというものは不在なのである。それでも蓋然性のために中庸をとるという明快な手続きによって考案された比例は、これまでの建築家たちも考案してきたという事実により、ペローの考案もまた許される。そればかりか、いやそれにもかかわらず、この最後の考案は、いかなる理由や状況があろうと修正されてはならないのである。ペローのこの主張は、これまでの変容を認めながら以降の変容を認めず、考案されてきた事実は認めながら、これから考案される権利は許さないという、あえて自己矛盾を犯しつつなされる、二一世紀的な意味でのパラドクスなのである。

なぜ修正が許されないのか。律法となったからである。すくなくともペローは律法として構想していたからである。新しい比例体系は、民法、法制者の意思や人民の合意にもとづいて決められた律法であり、公正さについての自然な理解では解明されないものであり（xiii頁）、中庸を選ぶというのも、法曹家が訴訟を痛み分けで解決しようとする「農民の判決」（9頁）なのである。自然の法則ではなく、社会の掟として守るということが示唆されている。この点についてペローは詳述はしていない。しかしコルベールが芸術の領域においても絶対主義政策を展開しようとしたし、建築アカデミーはまさに法則を確立するための組織であった。

ペローに特有の思考の型のようなものがうかがえる。それが概念の二重化である。私たちにとっては古代でいいものを、太古と古代とする。そしてパラドクスもわざわざ二種類も用意する。最初のものが、母なる太古建築を建築家たちから引き離す。それとともに真理は得られないものとする。不可能性の代名詞のようなものとする。推論のこの段階では、建築はなんらかの根拠にもとづくものではなく、空虚で、想像上のものとなった。ペローは、あたかもジャック・ラカンのようだと仮定すれば、主観と客観が渾然一体となったぬるま湯のような母の想像界における安住を許さない。父の名において、戒律、掟、裁定、命令を遵守することで、象徴界に歩むよう指令するのであった。あくまで事後的な整合性であるにしても、第一のパラドクスと第二のそれは、本質的にまったく違うと考えていい。その理由は、ラカンの心理学の、現実界、想像界、象徴界という枠組みから得られる。いわば第一のものは「母のパラドクス」であり、ペローからみた他者への単純な反対意見である。第二のものはいわば「再パラドクス」あるいは「父のパラドクス」である。自己のなした推論そのものに矛盾を挿入し、肯定したものを否定し、新しい論の立場をもたらそうとする。それは建築の欠落をくりかえし徹底的に強調し、さらにその欠落を充塡することさえ不可能なことを論証することで。

このようにペローは象徴的な意味合いにおいて、建築に去勢を施したのであった。

四　触覚的なものと視覚的なもの

ペローは二種類の美を区別した。まず明証的な美は素朴であり、直截であり、一般人でも気がつくものである。それにたいし恣意的な美は高度であり、比例にかんする専門知識を要求するが、逆に趣味を形成することで、建築家をして建築家たらしめるものである（vi頁）。

この区別を知覚の概念にそくして再考してみよう。明証的な美とは、「素材の豊かさ、建物の大きさや壮麗さ、施工の的確さや端正さ、そして明証的で顕著な美をもたらす比例を意味するフランス語である〔小文字の〕サンメトリといった、その長所や価値が容易にわかるので、誰もが愛好する作品のもたらす美」（vij頁）だとされる。素材感とは手で触れた感覚から分離することはできない。施工感もまたそうである。素朴な意味での大きさとは、身体との無意識の比較とは無縁でない。左右が鏡像関係にあるというフランス的意味でのサンメトリとは、人間が自分の身体を所有している感覚である。これらの意味で、明証的な美は身体的あるいは触覚的なものを指向している。あるいはヴェルフリン的ないいかたをすれば、触覚的視覚であろう。

とはいえ触覚というテーマだけ単独に取り出したとき、ペローはそれを重要視しない。触覚は遠くの大きい炎と近くの小さい炎をあまりよく識別できない（102頁）。デカルトは『屈折光学』において、二本の指を交差させてボールを挟むときの触覚的認識を論じている（153頁）。ペローもおそらくデカルトを踏襲して同様な議論をしている（102頁）ように、触覚の力をさほど重視してはいない。視覚と触覚の関係もくわしくは論じていない。

いっぽう恣意的な美、すなわち建築家がさまざまに比例を操作してもたらされるはずの美は、古代遺跡に刻まれ建築書に記された数値から演繹されたものであるのだから、身体的というより観念的であらざるをえない。この意味では明証的な美にくらべて、触覚的であるとはいえず、まさに視覚的であろう。ただ端的により視覚的だとはここで明言できない。なぜなら「視覚的」であることの意味は、一七世紀ののちもさまざまな議論があり、二〇世紀美術もまた視覚そのものの定義をめぐる試みであったのだから、ペローにかんしては遡及的な議論になるからである。そういうわけで、いちど視覚論をすこし展開して、暫定的な本論としての枠組みを定めてから、遡及して戻ってこなければならない。ともかくも、恣意的な美とは視覚的なものだとしたら、どのような意味においてであろうか。

それには迂回して、まず「習慣」概念に言及しなければならない。恣意的な比例が好まれるのは習慣による（vi頁）。ドリス式なのに装飾豊かなコーニスは、理性や良識に反しているにもかかわらず、明証的な美とともに知覚されつづけることで習慣により許容される（viii頁）。円柱のなかほどを、垂直線をこえて膨らませることが、習慣により耐えられるものとなった（ix頁）。円柱の比例が美しくなるのはただその習慣である（x頁）。習慣は、ほとんど第二の自然であり、感覚にそなわっているはずの判断力をときには凌駕する（102頁）。建築比例を好ましいと思うか、良いと判断できるようになるには、長期の習慣づけが必要である（xiii頁）。このように、ここでの習慣という概念は幅広くとらえられるべきである。受動的な知覚が繰り返されることだけでなく、意図的な学習もまた含まれる。いずれにせよそれは「反復」であるとしたほうが、より正確であるようななにかである。

この習慣＝反復は、ヘルマンによれば、観念連合という効果を生み出す。ペロー自身は、「後者を恣意的とうるのは、異なる形をあたえても不格好にはならないものに、そしてだれもが納得できる理由によってではなく、習慣によってのみ、そして異質な二物を結合しようとする精神の働きによってのみ心地よくなるものに、ある比例、形態、姿を与えようとする意図により決められる美だからである。なぜならこの結合により、精神がその価値を知っている前者の明証的な美にたいしていだいていた敬意が、その価値をまだ知らない後者の恣意的な美についての敬意として刷り込まれ、知らず知らずのうちにそれらをも崇拝するようになるからである。そもそも信仰はこの原理をもとにして成り立っている」（vij頁）と述べている。すなわち習慣という反復により、隣りあわせで知覚された明証的な美と恣意的なそれという「異質な二物」が、観察者のなかで「結合」するのである。このことは私たちの用語をもちいて「触覚と視覚が結合される」としたほうが、より直截で本質的であろう。五感のなかでとりあえず異なるものとされる触覚と視覚は、習慣や学習などといった実践において連合し、いわゆる共通感覚[7]なるものを形成し、結合されるのである。

五　バークリの視覚論

このような補助線を引いていくと、ペローの立論は、ジョージ・バークリ[8]が『視覚新論』（一七〇九年）において展開した理論にちかづいてゆく。後者はまさに「視覚と触覚の習慣的結合」を論じているのである。ペローは視覚の能力をたかく評価し、バークリはそれを無能であるとしているという大きな違いはある。それでも両者において知覚はひとつのメカニズムなのである。

バークリにとって、観念連合されるまえのふたつの感覚は、まったく異次元のものである。「視覚の対象と触覚の対象は、……互いに全く異なった二つの観念の集団を形成する[9]」。ひとつのものを対象にしているようで「視覚と触覚の対象は、二つの異なるものだ[10]」。

視覚はまったく無力である。それは光と色をぼんやりと漠然と把握するだけである[11]。さらに視覚は、物体の大きさや、物体との距離などを把握することはまったくできない。「ひとつの明白な帰結は、空間、外在性、離れた場所に位置する事物などの諸概念は、厳密に言えば、視覚の対象ではない[12]」。「視覚の固有の対象は、いかなる触覚的事物からも距離を持たず、近くもなければ遠くもない[13]」。距離そのものが視覚とは無縁である。それどころか、「視覚的事物と触覚的事物の間には、近いとか遠いとか、およそ距離について語ることは無意味なのである[14]」。視覚は弱いので、地平線上の月と空の月は同じ大きさには見えない[15]。バークリはガッサンディ、デカルト、ホッブズらの光学研究に言及しつつ[16]、眼は視角度、あるいは距離と結合した視角度によって対象物の大きさを判断すると述べている[17]。

それにたいして触覚には、はるかに大きな優位性を与える。触覚という強力なサポートがあってこそ、視覚は外の世界を捉えることができる。またそれをひろく解釈している。歩くこと、すなわち身体を動かし移動させることは触覚によって知覚される。たとえば移動することで距離を認識する[18]。だから触覚とは身体と言い換えてもいいかもしれない。身体の移動、歩行、などによって計測された距離とは、まずは触覚概念なのである。

このように弱い能力である「視覚」は、そもそも「なににおいて」見るのか、という本質にバークリはふれる。人は、眼を道具とするが、眼において見るのではなく、心において見るのだ、と彼は答える。「視覚的眼は、他の一切の視覚的対象と同じく、心の中にのみ存在しているが、心は、それ自身の諸観念を知覚し、それらをお互いに比べることによって、それらのあるものを他のものとの関係において像と名付ける」のである[19]。すなわち眼はあくまで道具である。眼そのものは見るという行為をしない。ここで問題が移行する。すなわち見るとは、いかなる行為なのであるか。それは視神経を経由してやってきた視覚情報と、すでに所有していた観念など、たとえば三角形などという現実には存在しない観念[20]などをもちいて、それを関係づけることで、「心のなか」に「像」

を描くという行為なのである。

この心のなかに、というくだりは、マルブランシュなら「神において見る」というかもしれない[21]。じっさいバークリもまた、触覚が視覚をガイドするメカニズムを「自然の造物主の普遍的言語[22]」などとしている。触覚と視覚は異なるだけでなく、それらの対象もまた異なる。いや「物自体」なる哲学上は架空の存在なるものを常識的思考のなかであるものとして、それ、と呼べば、それを触覚的に知覚することと、視覚的にそうすることは二重化されているともいえる。このような意味で、「この視覚の対象が離れたところにある対象を我々に表示し明らかにする仕方は、人間の取り決めによる言語や記号がそうする仕方と同じなのである[23]」。なぜなら、この「仕方は、自然によるなんらかの類似や同一性によるのではなく、記号とそれによって表示される事物との間に我々が経験によって見いだした習慣的結合にのみよるからである[24]」。この論において視覚はシニフィアンであり、触覚はシニフィエであり、両者はまったく異なるがゆえに、連合し結合することによって、意味を生産する。

心において視覚と触覚は連合し、この連合によって距離や空間が認識される。ここにおいて「心」とは実体ではなく、そうした連合や比較がはたらく機能の場そのものであり、ひとつのメカニズムである。空間や距離は、視覚の対象ではない[25]のであり、認識のメカニズムなのである。網膜上では像は倒立[26]している。それでも人間は正立したものとして認識するのは、こうしたメカニズムの結果なのである。

距離は直接見えるものではない。「眼によってとらえられる対象には二種類あって」、ひとつは距離のない直接的なものであり、ほとんど触覚にちかいもので、もうひとつはほとんど触覚的なものによる「仲介によって」すなわち媒介的、間接的に捉えられるものである。すなわち、「対象がある距離にあるとか、接近したり遠ざかったりすると我々が言うときには常に、後者の意味で言っているに違いないのであり、それは触覚に固有に属しており、それは眼によって示唆されはするけれど、厳密には知覚されないのであり、それはちょうど、思想が耳によって示唆されるけれど、知覚されはしないのと同様である」[27]。すなわち知覚されないものとは、距離であり、ということは奥行き、思想である。これらは知覚されるのではなく、観念されるのである。そのような意味で、距離そのものは見ることはできない[28]、経験にもとづく判断である[29]。そして「大きさ」もまた、触覚にもとづいて把握したものを、視覚に転化するように把握される[30]。外にある対象の大きさは、視覚によっては直接は知覚できないのであり、その対象と必然的な結合をもつなんらかの仲立ちによって知覚するのである[31]。

バークリとペローの主張は正反対のようでいて、じつは一致する。前者は、視覚はきわめて弱い知覚であり、状況が変化すれば知覚内容も変容し、学習、触覚の補助により、やっと正確に対象を把握できるとする。後者は、視覚はそのままでは弱いかもしれないが、反復して知覚し、学習し、建築家として古代建築を熱心になんども見学し、対象物の周囲をさまざまな角度から観察することで、精神のなかで修正され、能力を高めることができるとする。だから最終的には視覚はあやまたない。この視覚の発達を、否定的にいうか肯定的に表現するかの違いであるように思える。

さらに両者に共通しているのは、視覚は単純で素朴ないちどきりの知覚ではなく、ひとつの総合であり、反復、学習、他知覚との共同、観念（奥行き、距離）の活用によって、ひとつの意味世界を構築してゆくこととみなしていることである。このようにバークリとペローの正反対であるかの主張は、ひとつの力強い認識に収斂してゆく。

ここでペローの視覚補正にかんする説明を読み返すと、もうひとつの別の理解がえられるかもしれない。視覚補正とは、建物の状況により見え方は変化するという理論である。しかしこの文脈では、ペローもまた「動く身体」を前提として論を進めている。視点の移動という観点を導入している。だから補正しても意味はない。人間は正しい比例を認識できるのである。視覚補正とは斜めから見ることである。そこでは身体性が介在している。ペローは視覚補正を否定するために、その前提をさらに普遍化する。人間は、特定の一点からでなく、まさにさまざまな角度から観察するのである。そうして感覚を検証することで、比例をただしく認識するとされる。これはバークレ流に言い換えれば、身体を移動させるという触覚的なものの補助により、建築比例の視覚的把握を矯正しているのである。視覚補正の理論は、一七世紀のアナモルフォーシスやだまし絵の世界と同じ前提である。ペローは、観察者が歩き、触り、さまざまな角度から見ることで、すなわち身体的そして触覚的な行動を付加することで、視覚は正しいものとなる、とする。彼は感覚と精神、光学的な視覚と精神による編集を区別しているのである。

だからバークリとペローは逆のことを主張しているようで、じつは同じである。ふたりとも、視覚は経験という時間の経過をへて構成される総合的知覚であるというふうに説明している。ではどこで、なにによって構成されるのか。それは心、魂、精神などといくつかの表現であらわされる場である。その場は、脳なのか全身なのか、さまざまではあるが、ともあれそこで判断力という能力が発揮される。

カメラ・オブスクラ論にはあまりに自明な欠点があると思われる。それは網膜に像が機械的に投影されるという現象の再現にしかすぎない。それは経験が介入できない瞬間的な構図を永遠化するものである。そして心や魂の場を示そうとしないので、視覚という時間のかかる総合的経験の全体を説明するものではないのである。網膜に像が写った瞬間をもって、あるいはその像をもって、知覚とすることはできない。視覚はそこから、たとえ短時間でなされたとしても、事前に所有していた概念や、経験や過去の記憶や、リアルタイムの触感や聴感などとの共同によって、事後的に構成されるイメージ総体なのである。

六　聴覚との関連で

ペローにとって視覚と聴覚は、ほかの触覚や味覚よりも正確である（102頁）。彼は耳による知覚を、ある意味で機械的なものとして捉えていたようである。音楽における比例は、美や心地よさをもたらすもので、「人為を超え」ている「正確で精度の高い」自然法則であり、このような比例についての音楽家たちの意見の相違はなく、感覚はそのような比例に満足する。音楽においては、協和音ができる理由を知らなくとも、人間の耳は和音に感動する（iii頁）。

そして、耳はたいへん感度が良く、遠くからでも大きな声なら聞き分けられるだけでなく、小さな声のなかの微小な雑音でも明瞭に認識できる（105頁）。それだけでなく、音楽比例は普遍的である。協和音は国ごとの手法を超えて不変である。弦の長さがわずかに増減しただけで聞くに耐え難い音響を生んでしまう（iv頁）。

音楽の和音は、明証的な理由にもとづいてる（vi頁）。しかし「明証的」を肯定的な形容詞として使っているようで、ペローの論の全体からすれば、そうではない。なぜなら聴覚はオートマチックで機械的な知覚なので、正確だが、本能や条件反射のようなものにちかいからだ。しかし視覚が恣意的であるのは、視覚のプロセスのなかでいろいろな要素が介入するからである。それが精神である。眼は、精神により、間接的に判断する。耳は直接判断する。「なぜなら精神は、耳を媒介にして二本の弦の比率から生じるものに感動するが、この比例そのものは認識しない。つまり耳は、この比例についての認識を精神に伝えることができない」（iv頁）[32]。すなわち聴覚は、精神以前的なのである。

七　視覚はあやまたない

ペローの建築論の新しさは、建築比例という課題を、すぐれて知覚の問題としたことである。それまでは建築の実寸と見え方の問題であった。しかし彼にとっては眼球、脳、魂という複合的な装置をもつ人間がそれをどう知覚するのかという、人間の側にひきよせての問題であった。あるいは客観世界に属すると思われていた課題を、主観の内部のものとして解こうとした。ところが、なぜ視覚はあるときは正しく、あるときは間違うのかという問題設定は、言い換えれば「実像」と「虚像」とが区別されるようになったことを意味するのではないか。このことはまさに建築図面のなかで、平面図や立面図などの均一な縮尺の図面と、透視図のような同一の面のなかで縮尺率がシームレスに変化している図面が、べつべつに描かれるようになったことと対応している。理論的にはそう考えられるのである。

視覚補正は、じつはこの実像と虚像の関係性を論じてきたとすると、問題がよく整理される。そして重要なのは、伝統的に視覚対象の大きさは、いわゆる「視角」によって決まると考えられてきた事実である。メルロ＝ポンティは球面視野の概念を説明するなかで、ものの大きさは視角で決まると述べている(33)。それはユークリッド幾何学にも由来している。ブロンデルら古代派の視覚補正の議論の立脚点でもある。またパノフスキーも『象徴形式としての透視画法』のなかでそう論じている。しかしこの視角の議論は、空間のなかの二物体、すなわち見られる対象と見る網膜の関係のみを考えている。すなわち「見る」主体を網膜においている点で、決定的な限界がある。対象と網膜上の像の関係は、まさに機械的なものなのだが、それは知覚メカニズムのひとつのプロセスにすぎない。すなわち視覚補正は、正しいか間違っているか以前に、視覚そのものを捉えていないのである。つまりカメラ・オブスクラ論的な限界が露呈している。あるいは「視角」は大きな「視覚」のごく一部の局面にしかすぎないのに、誤ってその全体だと思われていた。まさにこの点を、ペローは批判していたのである。

ただしペローは視覚補正理論を否定したといっても、理論的にではなく、歴史的事実を引用することでそうする。第二のパラドクスにおいて彼は、見え方や建物の設置状況を理由にして変えてはならないという掟をみちびく。その補強として、軒先のミネルウァ像にかんする逸話や、円柱高さと円柱直径やエンタブラチュア高さの関係に言及する（96頁）。こうした、ウィトルウィウスが述べているような、高い円柱には高いエンタブラチュアが載るといった視覚補正理論は、古代においては実践されなかった。たとえば円柱の絶対高さによって縮減が異なるというが、理論と現実は異なっている（98頁）。パンテオンの格間も、中心からはただしく見えるが、周辺部に近寄るとそうではなくなる（101頁）。それらはデゴデの『ローマの古代遺跡』から得られた情報のはずであった。古代人が距離や設置場所を理由として比例を変えた例はまったくない（102頁）。ペローは、「視距離は一定であり、眼の位置は変えないという前提でのみ、良い効果はもたらされるからである。そしてまたこれら図像は視覚補正され、比例はとてもよく調整されているので、ある場所から見ると、とても良い効果がうまれるものの、視点が違う場所に移ると、それらは歪んで見えてしまう」（107頁）と批判する。さらに実例において比例がさまざまであるのは、視覚補正が理由ではない（108頁）。真の理由は、古代の職人の気紛れ、精度についての無頓着（xix頁）、最初の考案者たちが確立した真の比例について彼らが無知であったこと（xxi頁）などである。

視覚補正の擁護者たちは、機械的に、視角のみを指標とした。ところがペローは、判断あるいは判断力に言及する。この能力は、習慣、反復、学習、経験によって強化され、正しい認識にいたる。彼はこの概念について別個に詳述してはいない。しかし用例をみると、ときどき重要な使い方をしている。多くの場合、たんに一般的な判断としてもちいているが、ときに視覚の本質をとらえている。たとえばサン＝ピエトロ大聖堂のヴォールト天井において「部位が部位に隠れているのは、ごくふつうに目撃するし、視覚は一部分しか見えなくとも全体の大きさを判断し、その判断により補充することで全体の比例がわかるくらい、たいへんよく習慣づけられている」（101‐102頁）。すなわち判断は、見えない部分も含めて総合的である。あるいは、「どの感覚にも判断力は備わっている。ところが、習慣のせいで、その能力を所有していることを忘れているし、それを使っていることにも気がつかない。この習慣はほとんど第二の自然であり、私たち自身も気づかないままその行為をなしているほどだ。そのため習慣による判断は、ほかの類の判断行為とは別のものになっている」（102頁）。すなわち判断は無意識にもなされる。斜視の人は「彼らは眼球が通常ではない位置にあることで犯しがちな誤りを、判断力により矯正することに慣れている」（103頁）というように、視覚臓器の欠陥さえ補うことができる。「動物は生まれたときは視力が弱く、遠くにある対象物は、網膜に投影された像が小さいので、そのように小さいと判断するものの、経験により学習することで自分が間違っていることに気づき、はじめの〔誤った〕判断が訂正される。このように判断力は誤りを回避するために、あらゆる手段を使うことに慣れ、注意ぶかく見ようとしはじめたときには、視覚はとうとう完全なものとなる。このように視覚が完成されると、遠くにある塔が眼の近くの指で隠されるからといって、その指よりも小さいなどと考えることもなくなり、斜めから見た円が楕円であるなどと、はたまた楕円が円であるなどと考えなくなる」（103頁）というように、判断力は視覚を完全なものとする。この判断力は、画家の修正や、あやまって盛り上がっていると見える床はじつはフラットであると認識できる（103頁）し、既知のものと未知のもの、距離と大きさを相関させる（104頁）というように、錯誤を超越した正しさをもっている。

この判断をおこなうのは「精神」である。触覚や聴覚の分析においてすでに述べたように、触ること、聞くことはより直接的であり無媒介であり、その感動はオートマチックであり機械的である。精神の介入なく、感覚するのである。しかしペローは、「精神は、眼を媒介として比例を認識してはじめて、その比例の効果を感じることができる」（iv頁）と指摘している。すなわち比例は眼を媒介として精神に到達してはじめて効果を生み出す。眼のさらにその先に、精神があるのである。

この精神とは、かならずしもひとつの実体ではなく、眼球をその一要素として含むような、ひとつのメカニズムであり、プロセスであり総合である。そしてこの精神は学習する。「精神は、長期にわたりほとんど無限の経験をすることで、これらの対象すべてをあわせて検討し、結びつけ、比較することに習熟し、とうとう無誤謬の能力をもち、離れた対象の寸法、距離、形状、色彩、そのほかの真実を識別するのである」（104－105頁）。もしヒュームのいうように、人間は感覚の束を所有しているが、それらを適切に統合することでイメージを得ているのであれば、それは精神においてである。恣意的な美と明証的なそれはまったく無関係なのだが、それらは「異質な二物を結合しようとする精神の働き」（vii章）により結合され、連合されるのであれば、ヒューム的な根本図式において、ペローは美的判断が作動していると考えていたことになる。ヘルマンはそれを観念連合であるとする。この連合は、単純な組合せではなく、時間を縦断し、複雑なプロセスと図式により成立するようなものであろう。

一七世紀の感覚論からすれば、ブルネレスキやデューラーのパースペクティブ理論の特色と限界も、おのずと明らかになるであろう。彼らは、視覚を対象物とスクリーンという関係に集約しようとした。光の直進性と、対象物とスクリーン平面というミニマムな関係に還元し、それらの幾何学的関係として、視覚を説明しようとした。したしかにカメラ・オブスクラは眼球モデルであり、きわめて直截に視覚を構造化しようとしたかもしれない。しかしそれは、眼球に眼球もどきを見せるという入れ子構造を提供するだけである。視覚は対象とスクリーンの間の狭い空間のなかだけに限定されて構想されている。しかしじっさいは、その対象物とスクリーンの前後に、さらなる広大な空間が展開しているのである。そしてその空間をどう描くかということが視覚の理解にかかわっている。すなわちスクリーンの後方にあるのが、眼球ではあるが、スクリーンそのものがもうひとつの眼球なのだから、この本物の眼球の背後を問わねばならない。それはここでは精神であろう。さらに、対象のさらにその先にも、大きな広がりがある。対象と眼球、スクリーンは、光によって関係づけられているのだから、対象はその光を眼球にむけて反射するものである。だから対象に光を届ける宇宙、太陽、そこからの光を反射し、ときには屈折させる大気や雲や自然界全般、さらには周囲をとりかこむ構築物などの人工物全般が、その対象の背後にある大きな広がりである。

八　デカルトのメカニズム論

この考察ためには、デカルト哲学がひとつの構図を提供する。それはまず、彼の著作群の組合せにあらわれている。すなわち『宇宙論』、『気象学』、『屈折光学』、『人間論』[34]という順番に並べてみると、それは光の道筋なのである。宇宙のなかの恒星たち、とくに太陽から発生した光が、地球上で気象となって現象し、屈折や反射という複雑な経路をへて、眼球という開口部から人間のなかにはいってくる。その情報はさらに、網膜、神経、脳にいたり、そして心、魂、精神に届く。対象物とスクリーンという枠組みはこの長く一貫した光の道筋のごく一部にすぎない。それそのものとしては間違ってはいないが、光というこの全体の文脈を無視することはできない。光は漠然と存在するのではない。光は、世界そのものであり、その秩序なのである。

デカルトの描く宇宙には、真空はなく微粒子が充満している。それらは恒星や惑星を中心とする巨大な渦流を形成しつつ、この渦流が集合して宇宙を構成する。微粒子は運動をやめることはなく、たえず動いている。そこではある物質が動けば、ほかの物質がはいりこむ。空間には元素が満たされており、ひとつが動けば、連動してすべて動く。眼が光を感じるということは、宇宙を満たしている物質により、眼が直接押されることであり、この押す力は宇宙空間を一瞬にして横断して到来する。(35) だから、視覚的なものとされる光が、じつは触覚的に、眼底に触れることで、視覚をもたらすことが暗示されている。宇宙から地球上に「微細な物質」(36)を媒介として到来した光は、水蒸気、風、雲、雨を経由する。それが虹、光環などとして現象する。空中に浮遊する水滴が、光にたいして屈折、反射といった作用をもたらす。光が瞬間的に長距離を旅できるのは、木の棒の一端を動かせばほかの端もすぐ動くように(37)、光は微粒子の運動ではなくその「作用」であるからだ。ここで光は粒子かつ波動であるという近代的な説明に、論理構造は似ていると思えば理解しやすい。音は、空気の震えであって、空気そのものの運動である風《かぜ》ではない。だからデカルトの光は一七世紀的であるにもかかわらず、「光線」理解では私たちと同じである。それは光の作用がそれにそって進む線なのである(38)。そしてこの作用、光線は人間の身体に、眼に、及ぶ。

そこから人間機械論の始祖は、複雑なメカニズムを展開させる。視覚機械としての人間は、まず「外部器官」と「内部器官」に大別される。前者は、眼球の透明な部分と、眼と対象のあいだにあるすべてである。それはデカルト自身がカメラ・オブスクラ、レンズ、メガネ、顕微鏡、望遠鏡とのアナロジーとして考察したすべてである。後者の内部器官は、神経と脳、である(39)。そして対象からの光は、外部から内部へ、すなわち対象、空気、水晶体、眼底という外部器官をへて、内部器官に侵入し、光線ではなくこんどは作用として、眼底、視神経、細糸、小管と呼ばれるもの、そして脳にいたる。脳もまた終点ではなく、「特別のしかたで織りなされた織物以外の何物でもない[40]」というように、複雑な内部構造をもっている。脳の内表面が神経パルスを受け、最奥所には腺というものがある。この腺はいわゆる動物精気の中心であり、そこから身体への指令がだされる。あたかも宇宙からの光がかたちをかえて循環しているように。

あるいは神が光をつくり、地球上を照らし、人間がそれを眼球から受け入れて精神により判断し、そのことで人間が神にちかづくとすれば、そこにある種の循環があることが想像されよう。

このように光が宇宙、気象、眼球、感覚などを縦断してゆくプロセスであると考えたとき、視覚を担うのは眼球ではない。デカルトにとって「感覚するのは魂であって身体ではない」のである。身体の各部をなすのはいわば外部感覚の器官であり、そこからの刺激が脳に伝達されるが、その脳を座とする魂が感覚するのである[41]。この魂は『人間論』では「精神」とされている。精神の座は脳のなかにあり、脳の内表面の孔が入口となり、神経の刺激が伝達される[42]。

そしてこの視覚は、対象物のコピーを脳内に描くことではない。対象からの刺激が脳に運ばれたものをデカルトは「形象イマージュ」と呼んでいるが、「それが表す対象とそっくりな形象というものはひとつとしてない[43]」のである。すなわち形象は対象には似てはいないのである。それを記号論の言葉では、ちょうどシニフィアンとシニフィエ関係のようだ、と考えてもよいだろう。したがってカメラ・オブスクラは、外の対象物を正確にコピーする装置でありえたとしても、外部器官にとどまるものにすぎない。内部器官をもふくむ視覚という包括的なプロセスを描くものではなく、その一部にすぎない。間違ってはいないが、じゅうぶんではないのだ。

九　デカルトの相のもとのペロー

視覚は総合的で経験的なプロセスであるから、学習、反復といったことが重要になる。たとえばデカルトは、二本の指をクロスさせてボールをつかむと、精神はふたつの異なった球に触れていると判断するだろう、とした。(44)これは視覚と触覚がいかに共同しているかを示しつつ、それでも精神が視覚の対象までの距離を知ることが困難であるかを論じている。それは学習しなければならないものである。いっぽうペローはあきらかにこの逸話を再録し、「もし棒の先端を、交差した二本の指の先端で触るとき、はじめは二本の棒に触っていると信じてしまう」(102頁)としつつ、ついで学習によってその錯覚を克服できると述べる。

ペローによれば、「視覚判断は的確であり無謬」(105頁)なのである。人間は生まれたときは視力が弱いので的確な判断はできないが、学習するにつれて既知の距離や大きさから未知のそれらを知ることができる。御者が五〇歩手前から自分の馬車の車輪にとって、わずか二プースの余裕が残されていることを予期できる(103頁)までになる。だから、「精神は、長期にわたりほとんど無限の経験をすることで、これらの対象すべてをあわせて検討し、結びつけ、比較することに習熟し、とうとう無誤謬の能力をもち、離れた対象の寸法、距離、形状、色彩、そのほかの真実を識別するのである」(104頁)。だから、古代派建築家たちが頼る視覚補正などというものは不要なのである。

建築家が視覚補正理論にしたがい建築物の部位を大小することの是非が、新旧論争の核心であった。これをデカルト的枠組みにおいてみると、こう説明できる。すなわち古代派は、いわば外部器官のみで考えていた。つまり対象とスクリーンというカメラ・オブスクラだけの構図、対象物からせいぜい眼底までの光についてである。

なるほど同じ物体でも高い位置にもちあげられると、下から見上げた視角は小さくなる。それを補正するために、寸法を割り増す。ウィトルウィウスはそういうことを建築に当てはめていた。しかしそれは、光は直進するという限定された狭い機械的、物理的世界における理論にすぎなかった。外部器官は対象のそのままの写しであるから、そもそも間違っていない。眼球の透明部分と、川の水は同等であり、その差は誤差やささやかな特性の違いにすぎない。外部器官とは物理法則そのものである。それを間違っていると判断して補正すること、そのものにおいて古代派は間違っているかもしれない。それは外部器官において補正できる、すべきであると考えることの、過ちである。

ペローは、内部器官とそこに座をもつ精神をも考えた。正しい視覚的判断をする「精神」という彼の言葉を、わたしたちは通り過ぎてはいけない。それはデカルト理論において、感覚するのは身体や器官ではなく、魂や精神であるとしたときの、視覚するのは眼ではなく精神であるとしたときの、その精神なのである。すなわち精神が、内部器官というシステムのなかに座をもちながら、外部器官からの情報を比較し、蓄積し、検証するから、経験を積むにしたがって間違いを犯さなくなる。ということは、精神はやはり視覚補正をおこなっている。ただし精神がそうするということは、視覚補正は外部ではなく内部器官においてなされる。そこが古代派の認識との決定的な違いである。そのおかげで眼はあやまたないのである。つまりペローは視覚補正メカニズムを、外部から内部化したのであり、それを否定したと自覚はしていても、実質的には、その古代派によるあたかも写真機のあおり補正のようなハードな視覚補正を、内部器官に移動させることで、画像処理ソフトウェアによる修正操作のような精緻なものとすることで、視覚そのものをより強度化したといえるであろう。

移ろいゆく流行にも喩えられた「習慣」は、この意味において、ポジティブな意味を担うようになる。習慣とは学習であり、行為の繰り返し、すなわち反復でもあり、精神や魂が時間をかけて経験的に学ぶことである。そこから美は生まれる（viii - x頁）のである。

一〇　大森荘蔵の光路理論

このようにペロー理論における「対象↓眼↓精神」という視線は、デカルト哲学における「宇宙↓天体↓気象↓屈折現象↓眼球↓眼底↓神経↓脳内壁↓松果腺」という光の長い行程の一部分であることがわかる。人間機械における外部器官と内部器官の区別もその光路のなかの一部分である。ただしペローは、「精神」があるということを前提にしたことによって、明言はしていないものの、主体である人間を潜在的に考えている。理論的帰結として、見る／見られる関係が不可避的に浮上せざるをえない構図となっている。だからそこにはアドルフ・ロースの理論へと導かれる可能性も、デカルト的な普遍的構図に還元されてゆくルートも残されている。

ここで大森荘蔵の視覚理論とデカルトのそれとの類似性を指摘できよう。大森は『新視覚新論』[45]のなかで、視覚をほとんど無能力なものにおとしめようとしたバークリを批判し、視覚とはなにかを再定義する。

大森もデカルトのように、宇宙あるいは世界のなかの光という大きな構図のなかで、視覚を考える。「天空の一角に一瞬の爆発[46]」がおこり、あるいは太陽があり[47]、光差をもって地上に到達し、遠景、中景、近景を経由して人間に届き、眼球、網膜、視神経、脳とくに大脳後頭葉一七野へと届いてゆく[48]。これは光路の構造なのであるが、大森によれば、人間がものを見る視覚はこの逆である。脳、視神経、網膜、眼球、風景という順で視覚は作用する。大森はこれを「見透す」といい[49]、その経路を「見透し線」とよぶ。すなわちルネサンス的な視覚理論が対象とスクリーンという関係において、そのスクリーンあるいは、スクリーンとしての網膜が視覚の「底」として設定されている。それにたいし、大森は「視覚には底がない」と指摘する。すなわち網膜に上下逆の世界像が投影されるにしても、それはいちど神経情報に変換されて脳に転送される。この脳もいわば一種の複雑な電子回路であり、その内部のどこが基底なのかもわからない。温度は絶対零度以下にはなりえないにしても、零度という限界は突破できないがそこに到達もできないという意味で、限界ではあるが底ではないという比喩で、この脳もまた限界ではあるが底ではないと指摘している。[50] すなわち光路と同じようにここで「視路」なる造語をしてみれば、視路は脳内から神経、網膜、眼球、空気、対象、大気、天体へと始まりもなく終わりもなく宇宙を貫通している。本論では時間というファクターにまで言及する余裕がないにしても、大森は、光路差など時間的要素をも考察し、この視路のなかには過去が含まれているとする。

デカルトは眼球を貫通して侵入する光を考えて「光路」としていたが、これを一八〇度逆転させることで、大森は、脳から眼球を貫通して外部世界へと発散する視線を考えたといえる。上述のように、それを本論では「視路」とでも呼んでみる。この視路は、脳、網膜、レンズなど現実の、あるいは任意に設定できる仮想の、多数のスクリーンを貫通する線である。それは直線でも、屈折でも、曲線でもありうる。しいていえば、仮想のファイバースコープが無数にあるようなイメージである。またある平面上には無数の点があるように、無数の視路が集合することで、視野が構成され、さらにこの視野は視路にそって無数のスクリーンを「見透し」と称して横断してゆく、これら全体が「視覚」なのだという一般仮説を設定できよう。この発想も突飛なものではまったくなく、古代から、眼から光が放出されているという理論はたびたび繰り返されている。[51]

こうした視路仮説、ファイバースコープ仮説にたって反省してみれば、まず視路こそが第一義的であり本質なのである。後段で示すように、それが知覚、存在などを構成していると考えられる。たほうでルネサンスのパースペクティブ理論で重要であったスクリーン概念は、不可欠とはいえ、視路に貫通されることではじめて意義をもつ二義的なものとなる。それとともに、スクリーンそのものが事後的に付加してゆけるとすれば、むしろそこに創造性の種を植え付けることができるようになる。このように素朴なパースペクティブ理論においては対象と網膜という単純な二元論しかなかった。しかし視路仮説にたてば太陽（光源）、大気（自然）、対象、空気、網膜、神経、精神、そのほかというプロセス化ができるし、多様化、付加化もできるようになる。

パースペクティブ理論の虚構性について付記すれば、円錐あるいは角錐の頂点に眼球があるという空間図式そのものが虚構なのである。その円錐をある平面で切り取り、切断面をなにかの素材のうえに定着したのがキャンバスでありスクリーンである。この幾何学的な操作は容易に理解でき、その構図そのものには矛盾はない。しかし形而上学的に、それでは頂点にあるとされる眼球は、まさに点であり、面ではないとしたら、そこにおいてなんらかの延長をもつ図形は認識されえないはずである。もちろん網膜は小さいとはいえ一定の面積をもつ広がりであるから、それが実のキャンバスをさらに小型化した虚構のキャンバスなのだ、ということもできる。すなわち、じっさいの網膜は、小さいとはいえ面積があるからには、視覚の円錐形の頂点には位置しえない。この頂点は虚でしかない。

この図式の虚構性については二点指摘できる。円錐図式を純粋に考えれば、キャンバスも網膜も、幾何学的に明確に規定された、ふたつの断面である。それゆえに幾何学的には整合するのであるが、そうすると対象であるキャンバスと、認識である眼球は、まさにそのように一致するように設定されているので、整合するもしないもない。さらに網膜は第二のキャンバスであるので、その視覚の要でありうる頂点は、網膜のさらに奥にあるはずだが、それは虚構の頂点としかいいようがなく、頂点としての機能を果たす臓器は存在しないか、すくなくとも保証されていない。

こうした矛盾にいたらない図式を考案しなければならない。すなわち光路の束が、屈折し反射し、しかし束のまま眼球を透過して脳内回路で演算処理され、こんどは視路の束として変換され、しいていえばここで「反射」し、逆方向に対象へと放射されてゆく、という図式が考えられる。すなわち、視覚のすべてを空間的な幾何学により描くことはできない。それは、どこかで情報化し定性化しないと成立しないのである。

一一　鏡像論

デカルトの光路と大森の見透し線は、方向が逆である。この逆転が可能であるためには、反射が必要である。そこに鏡像論を復習する必要性がうまれる。

もっともそのまえに一般理論を述べなければならない。光の直進、屈折、反射などは、じつは同じ範疇に属するのではないか。ちょうどデザルグが、平行線も無限遠で交わるとしたことで、すべての二直線は交わるとして一般化し、二直線の普遍理論を構築したように。ここでは直進するとされる光の経路の普遍的枠組みを考えてみる。デカルトの屈折光学を念頭におくと、屈折角度が〇度が直進であり、一八〇度になったものが反射であり、それら両極端のあいだが任意の屈折である。だから基本的にはすべてひとつの範疇のものである。ちょうど直線もまたひとつの曲線であり、すべての二直線は交差するように。しかし屈折角度一八〇度としての反射は、それら無数の光路の可能性のなかで特権的である。なぜなら、それにより二者のあいだの往復、対話が可能となるからである。さらに反射、鏡像、再帰性、さらには類似、アナロジーそして二元論全般が俎上にのせられる。

デカルト的光路と大森的見透し線、あるいは本論でいう視路もこのような鏡像の関係になっている。ただし文字どおりの鏡があるわけではないので、そこには底がない。経路を横断するスクリーンはすべて透過されるものであるから、「これ」と指示されうる反射面、反射スクリーンはない。だからリアルな鏡との類推によりイメージできる鏡像関係ではない。しかしそれでも同じ経路を逆方向に透視されるという点で、鏡像の関係なのである。鏡像という概念をより一般化すれば、そのなかに、逆転、反射性、再帰性といったものも含まれる。さらに二重感覚すなわち両手をたがいに握ったときの触る、触られるという感覚、あるいは見る、見られる感覚など、人間が感覚することの根底に潜んでいるような構造でもある。

この概念をもちいてオイディプス・コンプレクスを説明したのがジャック・ラカンである。ラカンの鏡像関係において、幼児はまず自分の身体を統一されたものとして認識していないが、鏡像において自分を見ることで、統一性をもった身体であることを把握する。それは他者の視線において自己を見ることであり、一種の自己疎外である。これにより鏡像的な自己は社会的な自己に反転してゆくという。(52) 鏡のまえに立ったとき、見ると同時に見られる。主体であるとともに客体でもある感覚にとらわれる。(53) メルロ＝ポンティもまた鏡像を見る／見られる関係のことだと指摘している。(54)

メルロ＝ポンティは『眼と精神』のなかで、知覚の謎に言及している。

「謎は、私の身体が〈見るもの〉であると同時に〈見られるもの〉だという点にある。すべてのものにまなざしを向けている私の身体は、自分にもまなざしを向けることもできるし、またその時自分が見ているものを、おのれの見る能力の「裏面」なのだと認めることができる。私の身体は見ている自分を見、触っている自分に触る。私の身体は自分にとっても見えるものであり、感じうるものなのだ。それは一個の自己である。ただし、それは何であれその対象を同化し、構成し、思考〔内容〕に変えてしまうことによってしかものを考えようとしない〈思考〔作用〕〉のように、透明さによって一つの自己となるのではない、――それは混在やナルチシズムによって、つまり〈見るもの〉の〈見られるもの〉への、〈触るもの〉の〈触られるもの〉への、〈感じるもの〉の〈感じられるもの〉への内属によって一つなのであり、――それ故、物のあいだに取り込まれ、表と裏、過去と現在……とをもつ一つの自己なのである[55]」

それをメルロ＝ポンティは「逆転性」とする。舟木亨によれば[56]、この逆転性とは、主客問題においては主体と客体が逆転するということであり、それらがたがいを内包しあうことを意味する。環境のなかの身体を考えてみると、身体は視覚能力によって自分自身と環境とをまるごと内部化する。それは他者となって自分とその周囲を見るばかりでなく、再度、その他者を自分のなかにしょいこむのである。この逆転が空間のなかで発生するのではなく、まさにこの逆転性によって空間が生じるとする[57]。鏡像によって奥行きがうまれ[58]、反射によって空間が分離し[59]、反射であることで空間性と時間性[60]がうまれ、さらには記憶がうまれるなど、鏡像構造とは空間と時間そのものにあらかじめインプットされた基本構造なのである[61]。鏡とは時間が向かい合うことである[62]。すなわち人間が世界を認識してそのなかに心身を置くことそのもののなかに鏡像関係がある、と舟木は指摘する。

しかしここで注意すべきは、鏡と、鏡像と、鏡像関係はそれぞれ概念として違うということである。たとえば「鏡そのもの」は見ることができない。鏡において見る、鏡をとおして見ることはできる。透視図法において奥行きそのものは見えない、奥行きをとおして見るのであり、そのときに奥行きとは認識の形式であり、ゆえにパノフスキーは、透視図法は象徴形式であると指摘するのである。したがって鏡とはガラスと薄い銀膜でできた物体だが、それをとおして鏡像と鏡像関係ができる。さらに鏡像とはあるとき、ある状況で知覚された特定のイメージであるかのように思念される。そして鏡像関係とはそれを可能にするメカニズム一般をも指し示すことができるであろう。であるならば、反射性、再帰性が際限なく反復される運動もまた、鏡像関係のあらわれであると考えられよう。いわば拡大された鏡像関係である。

一二　比喩としての建築人と拡大された鏡像関係

そこで空想的な喩えとして「建築人」という架空のカテゴリーを妄想してみる。建築家、建築研究者、工務店経営者、趣味人、公務員、学芸員など社会的肩書きは多様であるが、彼らは建築人の範疇にはいる。この建築人は、カメラを所持して建築を見学し、建築物から光路にそいつつ飛来する光の痕跡をCCDに定着させ、デジタル化し、画像情報を外部記憶装置に蓄積して、必要におうじて閲覧する。この学習でえた知見を、脳のなかでほかの情報と総合し、連合させ、理想的な建築像、依頼された建築プロジェクト、などを構想する。さらにそれを図像として可視化し、コンピュータのデータとし、そしてプロジェクタによりそれをスクリーンに投射して、他者たちに伝達する。それとともに、みずからの眼をとおして再入力し、脳のなかで点検し、バージョンアップしてゆく。このありふれた構図のなかで、カメラは光路に、プロジェクタは視路に対応する。彼は光路／視路コンプレクスを、カメラ／プロジェクタとして物体化し、日常化してゆく。

知覚でもあり創造でもあるこの拡大された鏡像関係において、建築と建築人は、反射しあう合わせ鏡である。ただし実体としての鏡は見えないのだから、鏡としての建築などは、あくまで比喩的であり、入射と反射という構造においてのみ同相であるにすぎない。

（1）鏡としての建築人

この建築人において、光は光路にそって網膜そして脳へと進む。そこで知覚は編集される。しかしこの受動的とも思える知覚作用は、じつは、菅野盾樹やネルソン・グッドマンや舟木亨らが指摘するように、解釈、欲望、制作なのである。(63) そしてこの解釈図式が、こんどは大森のいう見透し線すなわち視路にそって対象に投射される。つまり知覚するとは、ひとつの反射行為である。

ペローのいう明証的な美とは、建築にかんする知識のない一般的な人びとでも感受しうる大きさ、素材感、仕上げの緻密さといったものであった。それは常識や共通感覚の次元の知覚である。そして専門家である建築家の知覚は精神による判断をともなっている。この理論構成は、素人と専門家というように人種をわけたいいかたである。すると二種類の美は理論的に矛盾する排他的な関係であるかのようである。

しかしペロー自身も両者の関係をそれほど綿密に述べているわけではないので、発展的な再解釈は可能である。すなわち明証的／恣意的というのは、人間のカテゴリーとしてではなく、認識のプロセスとしても設定可能である。たとえ明証的な美しか感受できなかった素人でも、学習と訓練により審美力をつければ恣意的な美をも見抜くことができる。いやそもそも専門家であっても、知覚はプロセスなのである。対象からの光を網膜がキャッチし、その情報が視神経によって脳に送り込まれた瞬間は、まだ明証的な次元である。しかし脳は瞬時に、記憶と脳内情報ストック、観念の図式のなかに新情報を位置づけて、その建築の比例がいかなるものかを精神の判断力によって見極める、という構図を思い描くことができる。そして知的に解釈された対象からの視情報をもって、脳は対象にむかい視路を放射し、あたかもスクリーンに映像を投影するように、いわば物にむかい解釈を放射する。

こういう構図において、視覚作用をこなす人間は一種の鏡なのである。まだ精神による判断が低次元にとどまっている原知覚がある。これはカントの物自体ではなく、なんらかの意味がすでに付与されているが、それは相対的に低レベルなのである。それにたいして専門家としてのより高度の意味付与が、脳のなかでなされ、ひとつの像を形成するのである。

（2）鏡としての建築

脳のなかで形成された像は、対象に投影されて、相対的により意味が与えられた対象となる。そのグレードアップされた対象は、一種の鏡像である。人と人の場合、他者が鏡像であるように。視者は気がついていないとしても、視者の知識や視習慣のなかに蓄積されたなにかが、対象に放出され、そこで反射がなされ、光路にそい、ふたたび視者に再帰するからである。

このように拡大された鏡像関係とは一種の合わせ鏡である。玩具としてのそれは画像のたわむれしかもたらさない。なぜなら人間の身体はその鏡の外側に位置しており、それらの光路の錯綜やたわむれを高みから楽しむのみである。しかし視覚の原構造としての合わせ鏡の構図において、人間はまさにその一要素としてビルトインされている。

ふたつの鏡は像を往復させ、やりとりをするが、そこには時間軸がある。光の速度からすれば、人間の身体感覚では光は一瞬であり無時間なのである。玩具としてのそれは、見る角度によってさまざまな像が構成されるが、角度を一定にすれば、像はいくら複雑であったとしても安定し不変である。しかし建築と建築人とのこのような合わせ鏡の場合、脳の判断というプロセスが往復のたびになされる。だからこの往復は数秒、数分間でも、数時間でも、いや数年つづくこともありうるのであり、可変的である。その時間差のなかで明証的な美が、恣意的な美に成長しうるのである。さらにまったく同一の往復はなく、人間の微分的判断がつぎからつぎへと追記されることで、反復されるたびに差異が生まれる。

合わせ鏡の構図において作動するのは、対象と人間という二元論ではなく、光路と視路という逆方向のベクトルの往復運動である。そして光路と視路には明確な原点はなく、はじまりもおわりもない。それは往復するたびに変容しうるのであり、トポロジカルには螺旋運動である。

一三　生きられた世界

フッサールは生活世界と科学的認識の乖離という問題を問うた。(64) 基本的にその対立の構造は、心身、主客のそれに対応している。そして飛翔してしまった科学がとり残したとされる生活世界は、生きられた世界、生世界などと言い換えられつつ、困難な二元論を提示しつづけた。

とはいえふたつの領域のあいだの境界は固定されてはおらず、移動する。たとえばかつて多木浩二は生きられた建築にかんする論考を残したが、(65) 生きられた世界とするのは象徴、夢、空想、伝承、歴史性などのそれである。ところがこれらはかつて身近なものであったとはいえ、いわゆる超越的なものであったはずである。いっぽう、近代科学は、まさに日常的でマテリアルな世界に、生きられた世界に介入したのではなかったか。時代状況から考えれば、それは価格、寸法、面積、居住者の収入、年齢、睡眠時間、摂取カロリーなど、ありとあらゆる数値化をとおして書き換えられたのが家だったと解釈される。すなわち、もともとなまなましい生活、生世界だったはずの領域が科学化された。そこで多木は、生世界を、かつて形而上学的であった象徴や夢のなかに移動させたのであった。この反転こそが、近代性における困難である。

ペレス＝ゴメスはこのフッサールの危機論をとりあげ、建築においてはそれが実物としての建築と、建築の描写方法との乖離、とくに幾何学を駆使した建築の構造や空間の把握と描写方法とのそれ、としてとらえる。ペレス＝ゴメスがこの文脈でとりわけペローを重要視するのは、後者における美の二元論がまさにこの生世界と科学のそれに対応するからである。文字どおり解釈しても、建物の大きさ、素材感、仕上げの精度などはまさに常識的人間が生きている世界に属するいっぽう、建築比例は専門家のみが所有する観念的な方法論である。ペローの革新的な点は、この万人にとっての共通感覚であるとされた視覚的比例を、建築家が修得する学知、すなわち科学という別の領域に移行させたことにある。素人と専門家という区分は、まさに生活世界と学問に対応し、フッサールがほぼ二世紀のちに問題とした二元論をそのまま先取りするものとなった。それとともに、ここでも、神による被造物としての人間における普遍的感性とされた比例感覚を、生世界から科学へと移動させたこと、つまり領域確定の問題がここでもあったのである。

ペレス＝ゴメスは、ペローを近代性の先駆とすること、その二元論を指摘すること、においては正しいであろう。しかし、その先駆性の可能性を展開しつくしたとはいえないのではないか。近代問題のはじまりではあっても、その先駆であるゆえんは、二元論の始原のなかに、その切断の行為そのもののなかに、統合そして克服への可能性が読み取れるのではないであろうか。ペレス＝ゴメスの『建築と近代科学の危機』は、問いかけのまま終わっている。それを受け取り、克服の可能性を、だれが探究するのであろうか。

ペローは明証性（実）と恣意性（虚）を区別しているようで、じつは実物と虚像という二元論の廃棄をめざしていると感じられるくだりがある。たとえば女性の美貌をもたらす比例の割付け方は三種類あるが、その方法によって美がゆらぐとはされない（xv、xvij、2頁）。それどころか視覚は経験により訓練されて向上し、さらにつねに精神により完全なものとされるから、斜めから見た円を楕円であると誤解することもなく（103頁）、上部にあるアーキトレーヴを、そうあるより小さいと思い込むこともないのであり、このように視覚はあやまたないとペローは主張する。このことの意味は、たんに視覚器官としての眼は正確であるということではなく、より踏み込んで、視覚は二重ではない、実像と虚像という分離はない、という主張に読み替えられる。だからパラドクスなのだ。視覚情報として眼球にはいってきたものを、脳が変換するのだから、二段階の処理である。そう彼は解釈したはずである。だから知覚と判断、すなわち実像と虚像という二元論になるはずだ。しかし彼はこの可能性としての二元論はとらず、それらがひとつのイメージに収斂する方向で考えている。これが視覚はあやまたないという意味であり、みずから切断したにもかかわらず、やはりひとつだとしているのだからパラドキシカルなのである。

ペローのこの問題構成をよりよく整理するために有用なのが、やはり大森荘蔵の視覚論である。宇宙空間では光路差により光は螺旋形に進むこと、鏡、プリズム、ファイバースコープなどから容易に想像できるように、光は絶対空間を想定しても反射し、屈折し、屈曲して進むのであり、そのとき、眼はとびこんでくる直前の光路の逆方向に像があると思い込む。しかし鏡像は、虚像ではなく折れた視線で見える実物なのである。[66]さらに実像と虚像がずれているのではない。原因と結果がここでは反転している。ずれこそが、像と実体をそれぞれ生み出し、分離させる。[67]この機構を理解したうえでさらにいえば、対象と表象、実像と虚像は、じつは「重ね描き」されたひとつなのだ。だから表象経由で対象を探るという必要はそもそもない、ということになるのである。[68]おなじようにフッサールは『危機』のなかで、生世界と幾何学との分離を指摘した。大森流に批判するなら、その後者である幾何学は、そもそも空間と時間との一体性という誤った前提にたつ「痕跡学」であり、[69]世界は「立ち現れ」

の一元論なのであり、虚偽と真実という区別はさまざまな立ち現れの事後的分類にすぎないと指摘できるであろう。(70)生きられた世界と幾何学は、分離しているのではなく、重ね書きされている。実物と像は、まちがった二元論なのである。ふたたび大森に倣っていえば、実体としての円と、知覚としての楕円、というズレは、事後的で観念的な創作である。これこそペローが指摘したかったことではないだろうか。

大森の重ね描き理論(71)は、カメラ／プロジェクタ図式をとろうとする建築人にとっても、理解しやすいものとなる。対象から光路にそって到来した視情報は、脳のなかで処理され再構成され、こんどは眼から視路にそって対象にむけて逆照射され、対象のうえに「重ね描き」される。するとこんどは、この「重ね描き」された多重図像そのものが対象として措定され、光路により脳にもたらされ、再々解釈される。そしてふたたび視路にそって照射され、再「重ね描き」される。このように視覚は螺旋状に上昇してゆく。このように考える建築人にとって、知覚をめぐる議論をさらに展開することができる。メルロ＝ポンティによれば、知覚はすでに表現である。(72)舟木は鏡像関係を、空間、時間、他者性、共同主観性などに共通する基盤として考えて、ラカンの鏡像段階やメルロ＝ポンティの逆転性を再解釈する。(73)菅野により、知覚とは行動しながら制作することであり、(74)知覚はすでに表現である。(75)グッドマンは、建築とは視覚と運動感覚の統合であり、解釈を作品から区別できない(76)とともに、建物とは新しい洞察と不可分であり、世界のたえざる再制作であるとする。(77)これらはペローとともに光路＝視路図式を念頭におけば、より身近なものとなる。

建築人はもとより人間は世界を生きている。だから彼らは、生きられた世界から科学へと疎外されることにはならない。ただ科学とされるものから逃走すれば生世界に回帰できるのではなく、科学に逆見透し線を向けることにより、二元論は克服されるのであろう。

カメラ／プロジェクタ図式はこういうことであろう。対象から光路にそって楕円というイメージが輸送され、網膜に描かれる。脳はそれを円「として」加工して認識し、その認識を眼から照射する。こうして見かけは楕円でも円として対象化されるが、どうじに虚楕円としても対象化されているかもしれない。いずれにせよ対象と眼はそれぞれ、あるものが別のあるものとして措定される。こうした図式は廣松渉の「現象的世界の四肢的存在構造」に相似なのかもしれない。(78)

しかもそれは、対象と眼のもつ特性というよりも、光路と視路がそれら両者間を往復しているという運動のありかたによるのであろう。視覚とは、それゆえ運動であり往復であり、したがって繰り返しでもあり、その一工程、いや一行程ごとに、微分的に変容する可能性を秘めている。

古典主義とはある理想像を求める運動であるとすれば、一七世紀の古典主義者たちはまさに理想型の対概念であるさまざまなバージョンという課題に苦慮していた。建築アカデミーの初代主事にして教授フランソワ・ブロンデルは『建築教程』のなかで、もともと建築は地域の気候や素材を反映して多様であったものの、才能に恵まれた古代ギリシア人が「建築の法則」なるものを確立した。ブロンデルは、それはしだいに段階をおって確立されたのだから、多くの考案があり、作品としてのあらわれ方は多様であり、古代ローマ人たちも彼らの考案を追加したのであった、と述べている。(79) フレアールもまた、古代人たちは幻想により多様な作品を残した(80)としたが、ギリシア人の三オーダーこそが追随するべき規範であり、ローマ人たちが追加した二オーダーは認めなかった。(81)フレアールの比較論は、たとえばビュランとフィリベール・ドロルムのドリス式(82)などといった二例の比較であり、かならずしもひとつに還元することを目的としたのではなく、際限なく差異を示すためという印象を与える。

しかしペローは、古代遺構や建築書における比例の多様性を、否定的な態度をみせながらも、より積極的かつ戦略的に活用しようとしている。すなわち、「古代人が建てた建物の遺構においても、オーダー比例を論じたきわめて多くの建築家たちのあいだでも、ふたつの建物やふたりの作家のあいだで比例が一致していることは皆無であり、同じ規則に従っているようなことも、まったくない」（ij頁）のだが、「残存している古代の作品は、私たちが建築比例を学ぶべき書物のようなものだ。ただそれらは最初のそして真の作家たちがものした原典ではなく、さまざまな異本なのだ、と私は考えている。ある異本はある点において、別の異本は別の点において、忠実で正しい。だから建築においてテキストの本来の意味を復元しようとするなら、いわば、さまざまな異本を横断しつつ、その本当の意味を探さねばならない」（xxij-xxiij頁）。古代人が今に残した建物の寸法は「真のオリジナルではな」いのである（4頁）。古代建築観そのものについてブロンデルやフレアールと、ペローがそれほど違っているとは思えない。しかし際立っているのは、ペローにとって、いちど考案されたはずの建築法則は「失われた」という強い意識である。こうして建築ストックは、異本のアーカイヴとなる。

フィリベール・ドロルムは神聖比例、ルネ・ウヴラールは音楽比例、ヴィラルパンドのソロモン神殿復元においては、造物主の設計、あるいはそれを直接感知しえた太古の建築家たちが、絶対的な原型でありえた。ペローはそれを消去したのであった。

原型を方法論的に追放したあと、ペローは、すべては異本＝バージョンであるからこそ、そこにあらたな一異本を提案しても許されると自己正当化する。そうしたやり方の意味を事後的に説明しているのが、ネルソン・グッドマンの「世界制作」における多数の世界という概念である。地動説と天動説はどちらも正しいということは、世界という事実のふたつの描き方というより、事実としてのひとつの世界はないのだから、異なるふたつの世界があるということである。[83] 世界はひとつではなく多数である。つまり世界の原典に相当するものはなく、さまざまなバージョンがあるにすぎない。しかし、それでも世界は「他の世界から作られる。世界制作はわれわれの知る限り、つねに手持ちの世界から出発する。制作（メイキング）は作り直し（リメイキング）[84]」なのであり、ここにも物理的な世界＝バージョンと知覚的な世界＝バージョンという二元論[85]が介在する。そこには基底的な真理というものはないのである。このような状況のなかで、虚構とは一種の可能世界なのであり、それは現実世界のなかにある。[86] ここで虚構と現実は領域を分けているのではない。この虚構は、大森の表記を借りれば、ひとつの命題として現実のなかに重ね描かれているのであろう。そして絶え間ない世界の再制作という概念は、建築人がなす光路と視路の往復運動において、視覚も絶え間ない再視覚だということを思いだせば、理解しやすい。

あるいは、このように古典主義建築を際限のない異本制作として考察するための思考モデルとして、ドゥルーズの『差異と反復』も想起されよう。機械はまさに機械的に反復しつつ、まったく同一の反復もないので、差異こそが反復され、すべてはバージョンとなる。すべて異なる諸異本から差異を抜き取ると、それは習慣となり構造概念につながる。[87] ペローもまた、比例の諸バージョンの中間値をとるという、差異の消去により、彼なりの普遍的規則、すなわち構造的なもの、習慣的なもの、を抽出しようとしたのであった。そしてペローは、自分の制作のための素材であった古代やルネサンスの諸比例を、その差異ゆえにこんどは否定し、自分自身が提案するバージョンを絶対視する。それがパラドクスの意味である。しかしそのことは諸バージョンの制作を前提としてはじめてなされる否定である。

そしてペローの論理をこのまま推し進めると、彼が批判した古代派の立場に、逆に接近することに気づく。さまざまな異本が書かれたにすぎない、にしても、それは肯定的に受け入れられるべきではないか。なぜなら彼の論理は、そのことに根拠をえているからだ。近代派としてのペローは世界の複数性を認めるがゆえに、単一を求める。古代派は、建築の原比例があったことを大前提として疑わず、バージョンは視覚補正の技術が適応された結果とする。原因と結果を逆にすれば、近代派と古代派は和解できるのではないか。すくなくとも古代派も近代派も、矛盾し錯綜する諸バージョンの海からの救済を考えていたのだ。

比喩的に書くと、ペローは造物主や神や新プラトン主義といった実父を排除して、アカデミーという架空の虚父を考えた。そういう意味では、たとえば共同体を解体して自由な社会を構築するプロセスにも似ている。それは脱神話から再神話化までのストーリーをミニマムなかたちで繰り返している。近代は近代そのものと対決する。そこに再帰性という課題が浮上する。

一五　象徴界と再帰性

ドゥルーズは『襞』のなかで、世界と主体が相互に内包しあうこと、すなわち主体が世界にとって存在するためには、世界を主体のなかに置かなくてはならないという。(88) これは、メルロ＝ポンティが世界のなかに視点を置くためには、その視点のなかに世界が納まっていなければならないと指摘したことと同じである。ドゥルーズにとってこの相互内包を可能とするのが「ねじれ」(89) であったが、視覚の意味を探究する建築人にとっては、建築を見る行為が本質的にもっている鏡像構造であろう。ドゥルーズもまた、バロック時代の光学者デザルグが、遠近法を反転し、眼のかわりに光るものを置いたという表現で、反射について触れている。(90) 哲学者の指摘を待つまでもなく、プリズム、レンズ、鏡はそもそも、光の直進性に折り込まれた襞ではなかったか。さらに入射と反射、光路と視路は逆方向であることで、単純な折り込みではなく、反復されるものとするのではないか。この拡大された鏡像概念のなかでペローは語られよう。

ここでラカンの鏡像概念に戻れば、建築が象徴界に投げ出されるまえに施されるべき「建築の去勢」とは、太古の建築法則が失われたとしたことが相当するであろう。ペローは、それがそもそも「存在したためしがない」とは書いていない。失われたという表現は、「去勢」の手続きを、ある代理人がおこなったことにした、ということである。だとすればペローの比例システムは「父の名」であり、幼児期の諸段階をいちどリセットしたあとの、さらなる新たな出発点である。諸異本というバリエーションをとりまとめながら、それらを否定し、一元的な比例体系を定める。状況から判断すれば、建築アカデミーの権威によって墨守させようとした、というようなことであろう。これは彼がコルベールの依頼をうけて、ウィトルウィウス建築十書を翻訳し、みずから比例体系を構築した一連の背景のなかに看破されうる。

しかしペローは、ストレートに公理を構築しているようで、そこにいたる正当化プロセスにおいて、気づかないまま重要なことを示しているように思える。それは再帰性ということである。もちろん一七世紀の彼が二一世紀的な意味でこの概念を知っていたかどうかは確かめようもない。彼のテキストを読んでもそれを自覚した印象はない。しかし彼がいう「パラドクス」とは、じつはこの「再帰性」を含んでいるので、そう書かざるをえなかった、ということではないか。彼が古代の権威を否定してみずから権威であろうとしたことは、実の父の名を消去して、虚構としての父の名において比例を制定しようとした。そこには、比例にははっきりした根拠はないという理解そのものを、新しい比例のための根拠とした。この論理において、新しい比例には根拠があるのだから、すべての比例には根拠がない、ということはいえなくなってしまう。そのようにペローの論理構成を揶揄することもできる。これは嘘つきのクレタ人のパラドクスとまったく同じ構造である。バートランド・ラッセルのいう、「すべてのクレタ人は嘘つきだ」ということをあるクレタ人が指摘するというパラドクスである。この自己言及のパラドクスは、再帰性の理論のことでもある。純粋な観察ができず、自己バイアスがかかってしまう。なぜ再帰性の構造ができるかというと、外部をいちど否定して、内部だけにするからである。ペローは、神聖、音楽などという、建築比例を外部から正統化していた権威を排除した。比例の根拠は、まさに建築の内部のみに探さなければならない。そこで外部的な根拠がないことも、根拠とされる。建築アカデミーを根拠とすることは、内部にそれを求めることである。そこに再帰性が発生する。五オーダーの定義に、五オーダー自身を使用すること。五オーダーを定義するための根拠をいうために、五オーダーを定義する根拠などはないということを、いうこと。根拠の欠如そのものを、根拠とすること。この再帰性はしばらく理解されなかった。新古典主義は、あらためて宇宙の造物主に帰依しようとした。外部を求めた。それが新古典主義である。しかし再帰性の世界では、外部に出ようとしたら、そこもまた内部である。建築の外はやはり建築なのである。

ペローは、感覚のさらに奥に精神を想定して、光路を人間の身体内部にまで延長した。彼は、建築は人体比例にもとづくという神人同型説的な説明を重要視しなかった。逆に、人間を一種の感覚機械とすることで、身体と感覚を建築論のなかに導入したのだ。そうして、後世の哲学を建築に、事後的に適応できるものにしておいた。だからメルロ＝ポンティのように、感覚的なものの再帰性[91]を指摘しうる。ゆるい定義しかないとされる再帰性の概念のなかには、たとえば自分自身を見る、ということも含まれる。人間は、自分自身を景観の一部として知覚しながら世界を把握する。

カメラ・オブスクラの図式では、対象とスクリーンの機械的対応しか説明できない。これこそ、大森が痕跡学にしかすぎないと批判した幾何学図式の応用でしかない[92]。それは大きなメカニズムの一断面、いわば四次元空間のひとつの断面としての三次元空間でしかない。しかし、ペローの発想を大胆に展開した建築人のカメラ／プロジェクタ図式のなかでは、光路と視路は、対象と知覚のあいだを往復し、たえまなく上書きし、重ね描きするなかで、「見ること」と「見られること」は同じコインの表裏となり、イメージは対象と知覚のあいだでキャッチボールされる。再帰性を図式化すれば、たとえばそのようになるであろう。

近代は再帰的な世界である。ギデンズが、近代化は再帰するという理論で指摘しているように[93]、近代化とは合理化ではなく、自己言及の往復運動なのである。そこには入れ子構造が発生しうる。二〇世紀後半の近代建築批判が顕著な例である。「建築の近代性を批判する論」はそれそのものが近代的なのであり、その批判性のうえに建設された建築は、ふたたび近代性において批判される。この無限退行は際限がない。近代建築についての言及が、近代建築自身に影響を与えるのである。

ペローの建築論のもうひとつの読み方は、ラカン的な「父の名」と、このような再帰性の関係を考察することであろう。ペローがその「父の名」の概念を所有していなかったことはあきらかである。ペレス＝ゴメスが批判したのは、実証主義、生世界から隔絶した幾何学が、近代建築を支配していることなのであるが、この幾何学こそが「父の名」なのであろうし、それこそが近代建築の限界である。そうすればペローに回帰することのほんとうの意義は、オイディプス神話的な構造を前景化することで、それを脱構築することであろう。それが真の近代批判なのであろう。「父」とは絶対的な原点であり、始原であり、基盤である。そこにいつでも立ち戻ることができる。それは時間意識としては線分的である。しかし再帰的なものとは、それそのものは矛盾でありパラドクスであるにしても、「父」と思えるものはじつは反復（習慣）により構築された擬制であるというようなことである。近代という時間が再帰的なのだという指摘は、とくに新しいものではない。それは循環でも、線分でも、無限の直線でもない、回帰しつつ前進する時間である。ペローが一七世紀においてその構図で考えていたことは予言的であった。予言的、という意味は、直接の被影響者も思想的な後継者もいなかったからである。しかしそれでも彼の建築論が二一世紀において読まれるとしたら、そういう意識においてではないだろうか。

おおまかにいえばペローは、コスモロジーの崩壊と神の不在を前提とした建築論を構築した。彼はそれらを代替して、人間の知覚をすえた。眼はあやまたないという彼の信念は、眼は正確無比な映像マシンであるということだけでなく、知覚こそが建築を成立させるメカニズムであるというテーゼに昇華されるべきであろう。ただそのことの理解について、いわゆる建築人たちは過去の三世紀半のあいだ逡巡していた。新古典主義はコスモロジーの復権であるが、反動でもあったし、世界の神秘をふたたび信じようとした。実証主義は人間の経験というものを、可能なかぎり数量化することが使命であると単純化しすぎた。建築における合理主義はその延長でしかないように思える。二〇世紀の建築理論は前史におけるこうした矛盾をそのまま反映している。ときに計量至上主義であり、ときに理不尽なまでに神秘主義的であるというように、これら両極端のあいだを揺れ動くのである。

マルブランシュは人間は神において見ると述べた。人間は「なにか」において見る。たとえば「鏡において」見る。純粋な鏡そのものを見ることができない。むしろ鏡を装置として、人間はなにかを見るのである。すると鏡かもしれない「なにか」とは、ひとつのメカニズムであり、知覚機械そのものである。「生きられた世界」とは、古典主義にたいする新古典主義的反動であったのである、とペレス＝ゴメスなら指摘するであろう。生きることの意味が変わってしまった近代において、生世界、生きられる建築を、どう定義するのだろうか。これは批判ではない。生きることと世界、生きることと建築が鏡像関係に陥り、再帰性の関係にあるということなのだ。

厳しい二元論の深淵をこえて、人間と世界はいかに共振しうるか。この古典的問題がふたたび問われているのではないか。

注

（1）森田慶一訳『ウィトルウィウス建築十書』、第四書第一章。

（2）前掲書、第四書第二章。

（3）前掲書、第三書第三章8節。

（4）前掲書、第二書第一章、第二書八章11節、第三書第一章5－7節、第四書第三章1節。

（5）*Essays presented to Rudolf Wittkower*, Phaidon, 1967, pp.143-158, Wolfgang Herrmann, "Unknown Designs for the 'Temple of Jerusalem' by Claude Perrault".

（6）リクワートは『〈まち〉のイデア』においてはエリアーデの宗教学に依拠しつつ、人間による都市の創設は神による世界の創造のなぞりであると論じ、『アダムの家』においては近代建築や新古典主義建築における初源の小屋の探究を根源まで遡及すれば、トーテムに帰着するとしている。

（7）中村雄二郎『共通感覚論』岩波書店、一九七九年。

（8）George Berkeley, 1685-1753：アイルランドの哲学者。経験論哲学の立場にたち、「存在することは知覚されることである」というテーゼから出発した。*A Treatise Concerning Principles of Human Knowledge*, 1710（大槻春彦訳『人知原理論』岩波文庫、一九五八年）、*An Essay towards a New Theory of Vision*, 1709（下條信輔、植村恒一郎、一ノ瀬正樹訳『視覚新論』勁草書房、一九九〇年）など。

（9）バークリ『視覚新論』、一一一節。

(10) 前掲書、四九節。
(11) 前掲書、七七節、一〇三節。
(12) 前掲書、四六節。
(13) 前掲書、一一二節。
(14) 前掲書、一一三節。
(15) 前掲書、七三節。
(16) 前掲書、七五節。
(17) 前掲書、七六節。
(18) 前掲書、四五節。
(19) 前掲書、一一九節。
(20) 前掲書、一二五節。
(21) 木田直人『ものはなぜ見えるのか——マルブランシュの自然的判断理論』中央公論新社、二〇〇九年。
(22) バークリ前掲書、一四七節。
(23) 前掲書、一四七節。
(24) 前掲書、一四七節。
(25) 前掲書、一三〇節。
(26) 前掲書、八八節。
(27) 前掲書、五〇節。
(28) 前掲書、二節。
(29) 前掲書、三節。

(30) 前掲書、五二～六二節。
(31) 前掲書、六四節。
(32) バークリもまた、聴覚によっては言葉の音声は感受できても、思想は伝わらないと指摘している。
(33) メルロ＝ポンティは『眼と精神』(滝浦静雄・木田元訳、みすず書房、一九六六年)のなかで、ユークリッドの第八定理などを引用しながら論じている(三三五～三三六頁)。
(34)『増補版デカルト著作集1』(白水社、一九九三年)の『屈折光学』(一一三～一二四頁)と『気象学』(二二五～三三二頁)、『増補版デカルト著作集4』(白水社、一九九三年)の『宇宙論』(一三一～一二二頁)と『人間論』(二二三～二九六頁)にもとづく。
(35)『増補版デカルト著作集4』二〇〇～二〇二頁(『宇宙論』)。
(36)『増補版デカルト著作集1』二七七頁(『気象学』)。
(37) 前掲書、一一四頁(『屈折光学』)。
(38) 前掲書、一一七頁(『屈折光学』)。
(39) 前掲書、一五八頁(『屈折光学』)。
(40)『増補版デカルト著作集4』二六三頁(『人間論』)。
(41)『増補版デカルト著作集1』一三四頁(『屈折光学』)。
(42)『増補版デカルト著作集4』二四二頁(『人間論』)。
(43)『増補版デカルト著作集1』一三六頁(『屈折光学』)。
(44)『増補版デカルト著作集4』二五六頁(『人間論』)。
(45) 大森荘蔵『新視覚新論』東京大学出版会、一九八二年。
(46) 前掲書、一一九頁。

（47）前掲書、一二五頁。
（48）前掲書、一三四頁。
（49）前掲書、一三四頁。
（50）前掲書、一三三頁。
（51）Alberto Pérez-Gómez, *Architectural Representation and the Perspective Hinge*, 1997, p.19.
（52）ジャック・ラカン『エクリⅠ』（宮本忠雄訳、弘文堂、一九七二年）一三〇頁。
（53）舟木亨『〈見ること〉の哲学』世界思想社、二〇〇二年、一七六頁。
（54）Maurice Merleau-Ponty, *L'Œil et l'esprit*, 1953, p.34.
（55）メルロ＝ポンティ『眼と精神』滝浦静雄・木田元訳、二五八～二五九頁。
（56）舟木亨、前掲書、一七三～一七五頁。
（57）前掲書、一七五頁。
（58）前掲書、一四九頁。
（59）前掲書、一九一頁。
（60）前掲書、一九一、二〇一、二〇三、二二七頁。
（61）前掲書、二〇三頁。
（62）前掲書、二〇三頁。
（63）菅野盾樹『いのちの遠近法』新曜社、一九九五年。ネルソン・グッドマン『世界制作の方法』（Nelson Goodmann, *Ways of Worldmaking*, 1978）菅野盾樹訳、ちくま学芸文庫、二〇〇八年。グッドマン（一九〇六～一九九八年）はアメリカの哲学者。
（64）フッサール『ヨーロッパ諸学の危機と超越論的現象学』細谷恒夫・木田元訳、中央公論新社、一九九五年。

(65) 多木浩二『生きられた家』青土社、一九八四年。
(66) 大森荘蔵、前掲書、七九頁。
(67)「光学的異常を光学的正常に合わせて測るとき、そのズレが『位置のズレ』であり、その位置のズレが『像』の設定となるのである」。前掲書、八六頁。
(68)「……もはや『対象』が本物で『表象』はそのコピーだ、というのではなくなる。そうではなく逆に、『対象』は『表象』に基づいて定義され、考えられたものとなる（事実、ガリレイもニュートンもそうしたのである）。『対象』は『表象』に時間空間的に重ねて『考えられた』ものとなる。そして世界は表象言語（知覚言語）と対象言語（物理言語）によって時空的に『重ね描き』されることになる」。前掲書、七五頁。
(69) 前掲書、一六五頁。
(70) 前掲書、二四一頁。
(71) 前掲書、一九三頁〜。
(72)「知覚がすでに表現であり、作用しつつある記号形だということだ」。メルロ＝ポンティ『知覚の哲学』菅野盾樹訳、ちくま学芸文庫、二〇一一年、九三頁。「知覚が単なる受身の体験ではなく構成力をふるう〈表現〉である」同九五頁。
(73) 舟木亨、前掲書、一七四頁。
(74) 菅野盾樹、前掲書、四五頁。
(75) 前掲書、二三五頁。
(76) ネルソン・グッドマン他『記号主義』（*Reconceptions in Philosophy & Other Arts & Sciencs*, Nelson Goodman, catherine Z. Elgin, 1987）、菅野盾樹訳、みすず書房、二〇〇一年、六一頁。
(77) 前掲書、六六頁。
(78) 廣松渉『世界の共同主観的存在構造』勁草書房、一九七二年、二一〜四六頁。

(79) François Blondel, *Cours d'Architecture*, I, 1683, pp.2-4.
(80) Fréart de Chambray, *Parallèle de l'Architecture Antique et de la Moderne*, 1650, p.2.
(81) Ibid., p.3.
(82) Ibid., p.30.
(83) ネルソン・グッドマン『世界制作の方法』、一七〇〜一七一頁。
(84) 前掲書、二六頁。
(85) 前掲書、一七一頁。
(86) 前掲書、一八八頁。
(87) 國分功一郎『ドゥルーズの哲学原理』岩波現代全書、二〇一三年、九一頁、一二七頁。
(88) ジル・ドゥルーズ『襞——ライプニッツとバロック』（Gilles Deleuze, *Le pli: Leibniz et le baroque*, 1988）宇野邦一訳、河出書房新社、一九九八年。「まずアダムが罪を犯した世界は、罪人アダムのうちにしか（そして、この世界を構成する他のあらゆる主体の中にしか）存在しない。他方、神は罪人アダムではなく、アダムが罪を犯した世界を創造するのである。言いかえれば、もし世界が主体の中に存在するにしても、主体はやはり世界にとって存在する。」（四六頁）。これはライプニッツがアルノーにあてた書簡に書かれたものだとされている。このアルノーは、ヤンセン派神学者アントワーヌ・アルノーである。ライプニッツ／アルノーの交流のなかにペロー兄弟もいた。
(89)「したがってわれわれは、あるねじれとひきかえに、世界から主体にうつるのである」。ジル・ドゥルーズ『襞』四六頁。
(90) ドゥルーズは、バロックあるいは、ライプニッツのモナドにおける光と闇の対概念を論じる。「まるでデザルグのように〔傍点土居〕、遠近法を反転し『眼のかわりに光るものを、物体のかわりに不透明なものを、射影のかわりに陰影を』おくだけで十分だったのだ。ヴェルフリンは、この増大し、減衰し、度合いによって伝播する光の斬新性から何かを学んだ。それは明るさの（また動きの）相対性、明と暗が不可分なこと、輪郭の消滅であり、要するにデカルトに対する反駁である。デカルトは光の物理学と理念の倫理学という二重の観点から、ルネサンスの人であり続けたのだ。明るみはたえず暗がりに潜ってゆく。明暗は、二方向に移動することができる一つの系列にしたがってモナドをみたす」（『襞』五八頁）。ここで読み替えるなら、明／暗を放射／入射とすれば、光路／視路ということになる。見るということは、光を遡及することでもあり、暗の形而上学的意味はこう改造できるのではないか。光路と視路は、「二方向に移動することができる一つの系列」なのではないか。

（91）「鏡にうつった映像は、物のうちに視覚作業の萌しがあるということを、光や影や艶よりももっと完全に見せてくれる。あらゆる他の技術的対象、つまり道具や記号と同様に、この鏡も、〈見る身体〉から〈見られる身体〉へ開かれた回路の上に出現したのである。すべての技術は『身体の技術』である。技術というものは、われわれの肉体の形而上学的構造を形象化し、増幅する。私が〈見つつ─見られるもの〉であるが故に、つまり、そこには〈感覚的なものの再帰性〉があるが故に、鏡があらわれるのであり、鏡はその再帰性を翻訳し、それを倍加するのだ」。メルロ＝ポンティ『眼と精神』滝浦静雄・木田元訳、二六七頁。ここでは鏡があって鏡像関係＝再帰性があるのではなく、まず関係性としての再帰性と鏡像関係があって、鏡が鏡たりえるという構図が述べられている。

（92）「幾何学は運動学から運動（動き）そのものを引きさった運動の痕跡学なのである。」大森荘蔵、前掲書、一六五頁。

（93）ギデンズ他『再帰的近代化』松尾精文他訳、而立書房、一九九七年（Ulrich Beck, Anthony Giddens and Scott Lash, *Reflexive Modernization*, 1994.）

あとがき

二〇一五年秋、中国の三星堆遺跡を見学したときは、この『知覚と建築』はすでに書き終わっていた。とはいえ、見ることの本質的意義などという哲学の根本問題については、拙論はまだまだと思っていた。そんななか、眼から視線を照射している青銅製の巨大な縦目仮面を、ミュージアムで拝見する。眼球が円筒状に、ほとんどファルス的に、突出している。西洋では古代からあったという視線放出論が、きわめて普遍的であり、太古の中国大陸にもあったことの証左である。しばしば見入っては、なにか論を引き出せないかなと、感じいっていた。そのツアーは、磯崎新さんがついてこいとおっしゃるので、お供させていただいたものであった。どうして彼は、ぼくがこの主題をかかえていたことを知っていたのだろう?

本書は、拙著『アカデミーと建築オーダー』(中央公論美術出版)の続編である。この前著では比例論の分析を中心にすえたが、それについての観念論ではなく数値論であったので、四則算がひたすら続くという、読解には根気を求めるものとなった。それについての批判も聞いたことがあるし、建築オーダーと日本の木割りの比較文化論を勧めにくる人まであらわれて閉口したこともあった。そういうことではない。おなじ対象を、数値論から、今回のような観念論から、そして今構想している第三の視点から、マルチスキャンして多様性とともに核心をとらえるのである。

回顧すると、ペロー論については、それなりに時代に追随していた。ヘルマンの『クロード・ペローの理論』は一九七三年の刊行。それを修士論文のために読んだのが一九八〇年。リクワートの『最初の近代人たち』は一九八〇年の出版。読んだのは、たぶん一九八一年。このころは、なかなかいいペースであった。ところがペロー訳『ウィトルウィウス建築十書』第二版の、訳文の二倍の分量はあろうかと思われる注、ペレス＝ゴメス『建築と近代科学の危機』、ピコン『クロード・ペローあるいはある古典主義者の好奇心』などの重要文献を一瞥するにおよび、問題の広がりはあまりに大きいことがわかり、ペンディングしておこうと考えた。ところがほかの仕事をしているうちに、すぐそこに見えていたゴールが、どんどん遠ざかってゆく。老境にちかづき、さすがに改心して再開したという次第である。

西洋建築史は、建築書が書かれてきた歴史である。同時に、それらが読まれていった歴史でもある。そういう意識は昔からあったし、発言もしてきたものの、そもそも能力を超えていたのか、まだ論考をかたちにしていない。今回はそのイメージくらいである。とはいえ、ウィトルウィウスをアルベルティが読む。その読みをふまえて、パラディオが、自分自身が読んだウィトルウィウスと、アルベルティが読んだウィトルウィウスを区別し、自論を組み立てる。さらにペローが、その読解のモザイクを読む。だから思想の連鎖とは、単純なリニア図式にはおさまらない。読解が重層的、空間的に展開されてゆく。消化された思想要素や、影響関係、引用関係を探りながら、思想の独自性を解明することなど、気の遠くなるような複雑な作業である。行間を読まねばならない。なにが書かれているか、だけでなく、なにが書かれていないか、まで読まなければ、本当の読解とはいえない。テーゼ、公式、解法のテクニックをありがたくいただくような態度ではまるで及ばない。そこで、あえて学会誌における新刊紹介のように、論旨の圧縮をもってレビューとしてみる。そして三角測量の一辺一辺を計測しながら、地勢をこんどは俯瞰し、描いてゆくのである。

ヘルマンは、ウィットカウアが展開した新プラトン主義的な近代建築解釈への挑戦として読める。ペローによる美の二元論を、イギリス経験論における観念連合と結びつけた。ただしそれ以降の一八世紀、一九世紀は、忘却と批判であったとか、建築における「自由」が近代建築のコアになった、などという指摘は、今読むと、やや平板ではある。

リクワートの史観は、カウフマン的なそれの転倒ではある。後者は、新古典主義と近代建築は、理性の支配と、個の自律として通底していると指摘する。それにたいし前者は、一八世紀を理性と趣味のあいだのゆらぎとして、ひとつの危機として、とらえる。歴史観の転倒としておもしろい。ただかならずしもリクワートらしくはない。『アダムの家』も、『〈まち〉のイデア』も、建築起源論でありながら、歴史叙述が最後になって歴史外にワープしてしまう、その論理の飛躍と荒唐無稽さのなかに、まさにリクワートの思想が隠されている。そして、そういう読み物としての面白さがある。しかし彼の一八世紀論の結論は、建築の対社会的な意義をあまりにシリアスに考えているだけのようにも読めてしまう。

リクワートによるペロー論の最終章は「哲学により裸にされた真理」（Truth stripped naked by Philosophy）というものである。これはどう考えてもマルセル・デュシャン《彼女の独身者たちによって裸にされた花嫁、さえも》（The Bride Stripped Bare by Her Bachelors, Even）のもじりである。後者を、欲望の空虚な無限の自己充足、というように常套的に解釈すると、リクワートが描く一八世紀はどういうものか。啓蒙主義時代の理性とやらに、建築はその形而上学的な意味を脱がされて、機械的なものになり、建築家固有の領域としてのこされた「趣味」は、そのような独身者の欲望である。そうして建築は、自己目的的な永久機関と化してしまった、とでも指摘しようというのだろうか。それにしても、ルドゥとル・コルビュジエ、ルクーとデュシャンなど、近代主義はその形成過程においてすでに新古典主義により培養されていたのである。それを隠されていた系譜がはじめて暴かれたなどとするのは、困った歴史観であろう。

ペレス＝ゴメスによる組立ては、リクワートを継承しつつ、より体系的で明快である。ペローの建築理論が脱魔術化であるとすれば、一八世紀は再魔術化である。啓蒙と理性の時代とされた一八世紀は、じつは反動であったのである。この歴史解釈の逆転が、彼の立論のなかでいちばん面白い。そうするとカウフマンが『ルドゥからル・コルビュジエまで』で描いている啓蒙と近代主義の相同性、が意味しているのは、じつは反動者たちの同盟である、ということになる。そして近代そのもののなかに、脱魔術化／再魔術化の二元性、その往復運動、はたまた同居構造、それどころか相互浸透などまでが含まれるのかもしれない。たとえば、いわゆる近代建築運動のなかに、産業界や行政から要請される合理主義と、建築家の個人的な世界観、さまざまな神秘主義思想が、矛盾もなく同居し、混在していることはそのように説明されるであろう。

ただリクワートも、ペレス＝ゴメスも、自分たちの文脈のためにあまりにもペローをカスタマイズしすぎている印象である。ヘルマンの観念連合論、リクワートの理性／趣味二元論、ペレス＝ゴメスの生世界／近代科学二元論が、アングロ＝サクソン系か、すくなくとも英語圏の、いわば外国勢力による都合のよい遡及的な枠組みであるという印象もいなめない。

それにたいしてピコンは、ペローとおなじフランス文化圏の代表として、イギリス経験論も、フッサール哲学も必要とせず、あくまで一七世紀の内部でペローを分析し、ペローが直接関与した知的環境との相互刺激を分析している。とくにヤンセン派、ポール＝ロワイヤル派、デカルト、ホイヘンス、あるいはパリ滞在中であったライプニッツとの交流など、一七世紀の思想空間をくわしく描いた上で、そのなかにペローを位置づけている。そして決定版ともいうべきペロー論をつきつける。読み返すと、ほとんど完膚なきまでの勝利である。

それにしても四者のペロー論は、火花のでるような歴史観、建築観の闘いであった。わずか一五年ほどのあいだに、これら四篇により、ペロー論は格段に深化した。そのことにより常套的な近代建築史観も転倒される。近代建築のなかにルネサンスの新プラトン主義が脈々と生きているというウィトカウアの史観が覆される。一八世紀の新古典主義は、理性、啓蒙を反映しているというカウフマン史観も否定され、それは世界の再魔術化であったとされる。そしてそれが近代の先駆であるならば、新古典主義と近代は、合理主義ではなく、魔術と反動において通底するのである。さらに、ペレス＝ゴメスとピコンは、ペローの二元論を拡大し、普遍化し、それが近代、近代性の基本構図であると位置づける。そして二元論構図の架橋不可能性、その溝の深淵さを指摘することで、論を結んでいる。まさに未解決の大問題である。拙論では、二極のあいだの往復運動の可能性という組立てを構想することで、深淵の乗り越えを考えてみた。

とはいえ彼らは、ペローを近代性のはじまりとして捉えていることにはかわりない。けっきょく核心は、ペローをはじまりとして位置づけることの意味である。はっきりしているのは、ペローは近代建築運動から遡及して発見された過去の遺構、遺跡などというものではない。逆である。ペローをはじまりとする近代性という観点にたてば、二〇世紀の近代建築運動などは、こうした近代性の、いわば結末にすぎない。近代批判は正当であるにしても、その結末、帰結ばかりを論じていていいのだろうか。その原因、起源、根源を批判するために、なにを論じなければならないのだろうか。そう考えると、日本における建築論の特性もわかってくる。近代、近代性、そして近代主義をその根源において論じるとはどういうことなのか、同じ近代という問題をより普遍的でおおきな広がりのなかで共有するとはどういうことなのか、ほとんど想像もできない。

であれば妄想してみよう。歴史を勉強していれば、時代や文化圏が違うからなどといいわけもできないにしても、いちど極端に抽象的な枠組みを設定して、対象をとらえるのも方法であろう。つまり視点そのものを、まったく抽象的な、非在の場所においてみる。そのための建築論、建築理論である。見ることとはなにか。それは、ユークリッド幾何学の限界内であるにしても、幾何学にゆだねることである。ところが、この幾何学は、人為ではなく、先験的なもの、自然界に属するものである。するとこういうことになる。建築は、世界の一部を構築することである。ごく微小な一部にすぎないにしても、ほんとうの世界構築であることにかわりない。そこに普遍性があるのだし、求められる。そしてこの普遍性は、つきつめれば神学的なものにいたる。つまりペローという起源にまで遡及することで、彼の理論を、保存しつつ再度、逆転してみるのである。そこですこし神がかったことを、これから構想、妄想してみたい。それは、最終的には、建築へのオマージュとなるであろう。さらに建築となにかをクロスさせるぼくの方法論の展開において、『言葉と建築』、『建築と時間』、そして今回の『知覚と建築』につづく、あとふたつのための構想となる。すでに四番目は頭のなかでは、できている。五番目は模索している。建築の五つのオーダーにちなんで、五つの建築論という宿題を、古典主義の研究者でありながら、ひどく怠惰な自分自身に課すこととしよう。

この三番目は難儀であったこともあり、日本学術振興会と、中央公論美術出版への謝辞は書き尽くせない。小菅勉さんには『パリ都市計画の歴史』からお世話になりつづけていますが、一〇〇年後の読者のために書いていますなどという戯れ言をご寛容いただきました。堤智紀さんにも、たいへんお世話になりました。記して感謝します。

著者略歴

土居 義岳（どい　よしたけ）

1956 年　高知県生まれ
1979 年　東京大学工学部建築学科卒業
1983-87 年　フランス政府給費留学生としてパリ・ラ・ヴィレット建築大学とソルボンヌ大学に留学
1988 年　東京大学大学院建築学専攻・博士課程満期退学
1990 年　東京大学工学部助手
1992 年　九州芸術工科大学助教授
2002 年　同大学教授
2003 年　九州大学大学院 芸術工学研究院 教授
工学博士、フランス政府公認建築家
西洋建築史

著　書　『言葉と建築』（建築技術、1997）、『建築キーワード』（監修、住まいの図書館出版局、1999）、『対論 時間と建築』（共著、岩波書店、2001）、『アカデミーと建築オーダー』（中央公論美術出版、2005）など

訳　書　ロビン・ミドルトン、デイヴィッド・ワトキン著『新古典主義・19 世紀建築［1］［2］』（本の友社、1998, 2002）、ピエール・ラヴダン著『パリ都市計画の歴史』（中央公論美術出版、2002）、ジョン・オナイアンズ著『建築オーダーの意味』（共訳、中央公論美術出版、2004）など

知覚と建築—クロード・ペロー
『五種類の円柱』とその読解史—©

平成二十九年二月十　日印刷
平成二十九年二月二十八日発行

著者　土居義岳
発行者　日野啓一
印刷製本　藤原印刷
用紙　北越紀州製紙株式会社

中央公論美術出版
東京都千代田区神田神保町一—十—一
電話〇三—五五七七—四七九七

ISBN 978-4-8055-0778-0